LE BON, LE MAUVAIS ET LE PIRE

DU CAPITAL-INVESTISSEMENT

LE BON, LE MAUVAIS ET LE PIRE
DU CAPITAL-INVESTISSEMENT

Succès et échecs en terre LBO

SÉBASTIEN CANDERLÉ

© Sébastien Canderlé 2018

Traduction française 2021

Tous droits de traduction, de représentation, de reproduction, d'adaptation, d'exécution et d'utilisation, intégrale ou partielle, par quelque procédé que ce soit, réservés pour tous pays.

TABLE DES MATIÈRES

Figures et tableaux vi

Prologue. Une question de performance 1

PREMIÈRE PARTIE - Le Bon: Chanceux ou talentueux ? 11

Chapitre 1. Hilton Hotels: "le meilleur LBO de tous les temps" 13

Chapitre 2. Mergermarket: Le candidat LBO idéal 47

Chapitre 3. Un schéma pragmatique du private equity 71

DEUXIÈME PARTIE - Le Mauvais: Maudit ou insouciant ? 95

Chapitre 4. Univision: La telenovela d'une entreprise zombie 97

Chapitre 5. 3 i: Miroir du cycle économique et de la psychologie humaine 133

Chapitre 6. Toys "R" Us: L'effet de levier n'est pas un jeu d'enfant .. 177

TROISIÈME PARTIE - Le Pire: Cupide ou malicieux ? 213

Chapitre 7. Bhs: Manuel d'initiation à la banqueroute 215

Chapitre 8. TIM/WIND Hellas: L'effet de levier comme cheval de Troie 261

Chapitre 9. Vulgarité du private equity: collusion, corruption et conflits d'intérêts 295

Épilogue. Un problème de sous-performance 325

Remerciements 361

À propos de l'auteur 362

Index 363

Notes 371

FIGURES ET TABLEAUX

Figure 1.1 – Performance de l'action Hilton par rapport au S&P 500 et aux indices sectoriels de 2001 à 2006

Figure 1.2 – Répartition du chiffre d'affaires des quatre divisions principales de Hilton

Figure 1.3 – Performance de l'action Hilton Worldwide par rapport au S&P 500 dans les trois ans après l'IPO

Figure 1.4 – Ratio d'endettement et endettement net de Hilton (2006, et 2008 à 2016)

Tableau 1.1 – Investissements et gains dégagés par Blackstone dans Hilton

Figure 2.1 – Chiffre d'affaires et marge d'EBITDA de Mergermarket Group de 2003 à 2006

Figure 2.2 – Chiffre d'affaires et marge d'EBITDA de Mergermarket Group de 2006 à 2013

Figure 2.3 – Chiffre d'affaires et marge d'EBITDA de Mergermarket Group de 2013 à 2016

Tableau 4.1 – Évolution des taux d'écoute des principaux diffuseurs de télévision américains en 2014, 2015 et 2016

Figure 4.1 – EBITDA et ratio d'endettement d'Univision de 2006 à 2016

Figure 5.1 – Performance de l'action 3i Group plc entre juillet 1994 et décembre 1999

Figure 5.2 – Performance de l'action 3i Group plc entre janvier 1999 et décembre 2003

Figure 5.3 – Performance de l'action 3i Group plc entre janvier 2003 et décembre 2009

Tableau 5.1 – Principaux indicateurs de performance de 3i Group plc en 2000 et 2017

Figure 5.4 – Valeur de l'actif net et effectifs de 3i Group plc de mars 1994 à mars 2017

Figure 5.5 – Performance de l'indice FTSE 100 et de l'action 3i Group plc entre janvier 1999 et décembre 2017

Figure 6.1 – Chiffre d'affaires et marge d'EBITDA de Toys "R" Us de 2000 à 2006

Figure 6.2 – Chiffre d'affaires et marge d'EBITDA de Toys "R" Us de 2005 à 2017

Figure 6.3 – Ratio d'endettement et couverture d'intérêts (EBITDA/intérêts) de Toys "R" Us de 2003 à 2017

Tableau 7.1 – Indicateurs financiers de Marks & Spencer en 2004 et 2014

Tableau 7.2 – Indicateurs financiers de Bhs en 2004 et 2014

Figure 7.1 – Dette nette, résultat d'exploitation et ratio d'endettement de Taveta de 2005 à 2016

Figure 8.1 – Chiffre d'affaires et marge d'EBITDA de STET/TIM Hellas de 2000 à 2005

Figure 8.2 – Chiffre d'affaires et marge d'EBITDA de TIM/WIND Hellas de 2007 à 2010

Figure 8.3 – Chiffre d'affaires et marge d'EBITDA de WIND Hellas de 2013 à 2016

PROLOGUE

Une question de performance

La croissance de l'économie mondiale au cours des quatre dernières décennies a été alimentée par une énorme injection de crédit. Qu'il s'agisse de prêts immobiliers, de cartes de crédit, de prêts aux entreprises ou de dettes publiques, la croissance moderne dépend fortement de l'effet de levier. En Amérique, la dette totale en pourcentage du PIB national est passée de 50% au milieu des années 1970 à 400% quarante ans plus tard, tandis que la Chine a vu sa dette totale passer de 100% du PIB au début des années 1990 à 300% en 2017.[1] Durant cette période, le crédit a agi comme une injection intraveineuse dans le système sanguin de l'économie mondiale.

En tant qu'utilisateur avide de dette, le secteur du capital-investissement, communément appelé *private equity*, est l'un des principaux bénéficiaires de la financiarisation des marchés. Un nombre de plus en plus réduit de sociétés, qu'elles soient publiques ou privées, peut maintenant être considéré comme hors de portée des gestionnaires de fonds alternatifs. Les transactions de plusieurs milliards de dollars sont devenues des événements ordinaires. De nombreuses marques grand public comme Dell, Heinz, Hertz et Toys "R" Us ont fait l'objet d'opérations à effet de levier. Naturellement, à mesure que les firmes de capital-investissement grandissaient, leur performance et leur conduite subissaient un examen plus minutieux.

L'importance du rendement

L'excès de confiance des investisseurs et leur optimisme irréaliste sont parmi les penchants les plus courants identifiés par les économistes comportementaux pour expliquer la prévalence de mauvais résultats d'investissement. Lorsqu'on leur pose la question, moins de 11 % des gens se considèrent comme des investisseurs inférieurs à la moyenne.[2] Les investisseurs dits 'sophistiqués', comme les gérants de fonds professionnels, ont également tendance à exagérer leurs compétences. Les spécialistes du capital-investissement souffrent d'illusions similaires. La plupart croient (et rapportent) que leur rendement est dans le premier quartile.

Ce qui est peut-être plus révélateur, c'est le manque de cohérence dans la performance au fil du temps. Le plus souvent, un gestionnaire qui se distingue de ses concurrents pour un millésime donné ne le fera pas pour les fonds suivants. Ce manque de 'persistance' dans les résultats, comme les chercheurs universitaires appellent l'idée que la performance future d'un investisseur est prédite, ou non, par les rendements passés, a été démontré. En fait, cela a empiré au cours de la courte histoire du capital-investissement. Dans les années 1990, un peu plus de 30 % des gérants de fonds de capital-investissement du quartile supérieur le restaient pour les millésimes suivants. Au cours de la période 2000-04, cette proportion est tombée à 28 % avant de chuter jusqu'à 13 % en 2005-09 et 12 % en 2010-13.[3] La faible fiabilité des performances passées est un point qui refera surface tout au long de ce livre.

Pour les investisseurs désireux de sélectionner les meilleurs gérants de fonds parmi une vaste population de firmes et d'individus, ce n'est pas une bonne nouvelle. Mais la tâche est rendue plus difficile encore par les techniques utilisées par les gestionnaires pour cacher leur véritable performance sous-jacente. Pour soutenir l'affirmation selon laquelle elles sont supérieures à leurs pairs, les firmes de capital-investissement manipuleront leurs données de performance si nécessaire. Par exemple, pour améliorer les retours sur investissement dans le cadre d'un exercice d'analyse comparative, un fonds généraliste de taille moyenne axé sur les États-Unis sélectionnera les gestionnaires les moins performants de sa catégorie et exclura les meilleurs en utilisant sa propre méthodologie : il pourrait omettre certaines des firmes vedettes parce qu'elles couvrent différents secteurs ou zones géographiques, ou parce qu'elles gèrent également des entreprises en redressement plutôt qu'exclusivement des opérations à effet de levier (leveraged buyout, ou LBO). Les possibilités de manipuler les rapports sur la performance sont presque infinies.

Logiquement, tous les gérants de fonds et tous les LBO ne peuvent pas être dans le quartile supérieur ou même au-dessus de la moyenne. Ce que ce livre tente de mettre en évidence, ce sont les caractéristiques qui distinguent les investisseurs et deals de premier ordre des mauvais ou des vraiment désastreux. Il propose également des recommandations, éclairées par des études de cas.

Le modèle du capital-investissement

Au cours des quarante dernières années, le capital-investissement (dans sa définition la plus pure limitée aux rachats par effet de levier, ou LBO, qui est le domaine couvert par ce livre) est passé d'une activité locale ou nationale demeurant à peu près inaperçue à une industrie internationale et finalement mondiale ayant une influence considérable sur les agendas politiques et l'efficacité économique.

Le climat actuel pour une réévaluation fondamentale de la contribution du monde de la finance à l'économie au sens large requière des recherches et des analyses qui détaillent clairement comment l'ingénierie financière crée ou détruit de la valeur. La gestion de fonds s'est tellement développée que l'on peut à juste titre considérer qu'elle a supplanté le secteur bancaire. Auparavant, les banques étaient les principaux fournisseurs de services d'investissement et de prêts aux entreprises. Elles accordaient traditionnellement des rendements, sous forme d'intérêts, aux apporteurs de capitaux (y compris les particuliers) en échange d'une utilisation plus ou moins libre de leurs actifs.

Dans une économie de marché, vous êtes généralement payé si vous laissez quelqu'un d'autre utiliser votre capital. Lorsque vous placez votre argent sur un compte d'épargne, vous recevez des intérêts. Si vous louez votre appartement, vous êtes indemnisé par le locataire sous la forme d'un loyer. Lorsque vous investissez dans une entreprise, vous récoltez souvent un dividende en échange du risque encouru.

Ce qui est étonnant, c'est que les gestionnaires de fonds sont payés pour le privilège d'utiliser l'argent des autres. Non seulement les firmes de capital-investissement ne paient pas leurs clients – qui leur apportent les fonds et qui sont connus sous le nom de Limited Partners ou d'investisseurs LP – elles leur facturent une commission de gestion annuelle pouvant excéder 2,5 %. C'est en partie pour cette raison que le nombre de firmes de private equity a connu une expansion rapide.

En plus de cet énorme potentiel rémunératoire, la croissance du secteur a été stimulée par plusieurs facteurs uniques : les obligations contractuelles des investisseurs d'engager des capitaux à l'avance et pendant un certain nombre d'années, ce qui permet aux gérants de fonds de facturer des commissions sur ces engagements plutôt que sur la partie investie du capital uniquement; un manque de transparence et une responsabilité limitée; et, last but not least, l'opportunité de tirer pleinement parti des plus-values sans une exposition commensurable à la baisse (moins-values).

Il n'est pas surprenant que ces avantages extraordinaires soient accordés en contrepartie d'exigences d'un rendement des capitaux investis nettement meilleur que celui qui serait obtenu sur d'autres classes d'actifs.

Prologue

Une vue d'ensemble

Au risque de perdre des lecteurs dès le début, ce livre s'adresse aux gens incapables de croire que les marchés non réglementés sont la seule option viable pour diriger une économie capitaliste. Il s'adresse aux personnes qui ont fait le point sur la volatilité de la performance et le potentiel de destruction de valeur par des krachs boursiers tels que celui observé en 2005-10, sinon par l'engouement antérieur et tout aussi ravageur de la bulle Internet et des fraudes comptables de 1998-2003.

Les théories de l'économie de marché ont été inventées pour servir deux objectifs clés. Pour les économistes désireux d'assouvir leur soif de rationalité, en forçant dans des formules mathématiques ce qui est essentiellement un comportement humain émotionnel. Et pour les riches et les personnes politiquement motivées, afin de justifier des actes qui, autrement, seraient facilement discrédités par une inefficacité structurelle, des effets secondaires accidentels ou intentionnels, et des actes criminels.

Le fait que ce livre soulève des inquiétudes sur la façon dont le capitalisme est pratiqué en ce début du 21ème siècle n'implique pas que nous devrions revenir aux étapes révolutionnaires du siècle précédent. Le socialisme et le communisme ont démontré qu'ils ne sont pas à même de remplir les objectifs fixés. Mais au vu des nombreuses crises financières enregistrées au cours des cent dernières années, le fondamentalisme du marché libre ne l'est pas non plus.

Ce livre fait partie d'une trilogie décrivant l'impact des opérations à effet de levier sur les économies capitalistes modernes. L'une des principales critiques exprimées à l'égard des deux premiers volumes est qu'ils ne montraient que des erreurs commises par les gestionnaires de fonds, mais ne fournissaient pas suffisamment de directives sur la manière dont ces derniers étaient censés éviter les défaillances. *Private Equity's Public Distress* et *The Debt Trap* ont clairement montré que les praticiens du secteur étaient parfois victimes de leur propre ingéniosité. *Le Bon, le Mauvais et le Pire du Capital-Investissement* offre plus de contraste entre les meilleures techniques d'investissement ("le Bon"), les résultats malheureux d'une approche par tâtonnement ou dus à la négligence de certains ("le Mauvais"), et les excès occasionnels qui font partie intégrante de toute industrie manquant d'une gouvernance et d'une réglementation appropriées ("le Pire"). L'examen de ces transactions et des pratiques des gérants de fonds mettra davantage l'accent sur les enjeux du secteur. *Le Bon, le Mauvais et le Pire* propose des suggestions pour mieux évaluer la performance des LBO et des gestionnaires.

L'objectif de cet exercice est le même que pour les deux premiers volumes : aider les professionnels du secteur à améliorer leurs techniques d'investissement, en mettant l'accent sur l'évaluation des transactions, la gestion de portefeuille et la gouvernance d'entreprise. Là où ce livre diffère, c'est qu'il a été vidé de son contenu ésotérique en réponse aux commentaires reçus à propos des deux autres livres. Cela devrait rendre le sujet accessible à un public plus large sans affaiblir la substance du message : le fait que le capital-investissement bénéficierait d'une plus grande transparence et d'une gestion des risques efficace.

Certaines des personnes et des entreprises décrites dans les chapitres suivants ne semblent pas particulièrement talentueuses ni diligentes. Cependant, plutôt que de s'en prendre à ces individus, l'industrie doit reconnaître qu'ils ne sont pas des exemples isolés. Beaucoup des erreurs mentionnées dans ce livre persistent. Nous pouvons tous en tirer des enseignements utiles.

La recherche de méthodes optimales

Le livre est organisé en trois parties. Que ce soit par accident ou en suivant les meilleures pratiques, les gérants de fonds offrent parfois des rendements supérieurs. C'est l'image présentée dans la Première Partie. Elle met en évidence les résultats positifs des LBO en termes de performance pour les gestionnaires, les investisseurs et les dirigeants d'entreprises en portefeuille.

Prologue

Comme l'indiquent les chapitres 1 à 3, les gérants de fonds de capital-investissement peuvent produire des performances exceptionnelles. Il est important de comprendre que cette première section du livre ne concerne pas les effets potentiellement négatifs que les LBO peuvent avoir sur des tierces parties (ce que les économistes appellent des externalités), pendant ou après la période d'investissement. Ce n'est pas parce qu'une société d'investissement a obtenu d'excellents rendements que la transaction a été un succès absolu pour les employés, les clients ou d'autres participants.

Tout investisseur qui s'autoproclame averti doit continuellement s'efforcer d'améliorer ses compétences. Alors que les gestionnaires ont passé les trois premières décennies de l'histoire du LBO à investir de manière libre et détachée, beaucoup ont tenté de corriger leurs erreurs durant les années qui ont suivi la crise financière de 2008. La première section de ce livre examinera les critères spécifiques à une bonne transaction. Nous passerons en revue les caractéristiques importantes de l'optimisation de la performance (chapitre 1 sur Hilton), l'exemple d'un candidat au LBO idéal (chapitre 2 sur Mergermarket) et les déterminants d'investissements et d'une gestion de fonds réussis (chapitre 3).

L'objectif de la Première Partie n'est pas de réunir le meilleur de la pensée et de la pratique d'un point de vue officiel. Il existe peu d'informations publiques concernant la performance sous-jacente du capital-investissement, et les informations divulguées volontairement par les firmes du secteur sont généralement fortement biaisées et truquées. Après 15 ans de travail pour et avec des gérants de fonds, j'ai acquis mes propres convictions sur ce qui représente les meilleures techniques – ainsi, la Première Partie reflète des opinions personnelles.

La malédiction de la faute professionnelle

Il y a trente ans, la gestion de portefeuille et l'expertise opérationnelle n'avaient pas d'importance. Cela semble hérétique, mais c'était en partie dû au manque d'expérience des promoteurs de LBO. En outre, il y avait tellement de candidats pour des démembrements et redressements d'entreprises que les pionniers de l'industrie n'ont pas eu à s'exercer à la recherche active de cibles ; ils passaient la majeure partie de leur temps à s'approvisionner en dette. Aujourd'hui, les banquiers et les gestionnaires de fonds de dette privée se bousculent pour financer des LBO qui sont devenus les quémandeurs de prêts les plus acharnés. De même, les cibles actuelles sont mieux gérées que leurs homologues des années 1970 et 1980. Les gérants de fonds doivent donc recourir à l'innovation financière ainsi qu'à une discipline opérationnelle rigoureuse pour obtenir des rendements supérieurs.

Ce livre traite de la création de valeur du capital-investissement. Bien que pleins de potentiel, les composants clés du moteur de création sont parfois bloqués. Au cours de ma carrière de gestionnaire, j'ai souvent été frappé par l'utilisation généralisée de la terminologie décrivant les dangers associés à l'effet de levier. Des termes tels que "revolver" – une facilité de fonds de roulement – et remboursement "bullet" – le paiement d'un prêt entièrement à la date d'échéance plutôt que par le biais d'un calendrier d'amortissements progressifs ou dégressifs – rappellent de manière appropriée que l'utilisation de la dette est une opération précaire. Bien que les LBO soient une pratique de financement vieille de quarante ans, personne n'a encore trouvé la formule magique. L'approche adoptée par tous les gérants de fonds reste essentiellement une approche d'expérimentation. Plusieurs de nos études de cas souligneront que la faillibilité humaine peut avoir des conséquences désastreuses.

Ce que les Deuxième (le Mauvais) et Troisième Parties (le Pire) illustrent, c'est que, dans leur quête de rendements extraordinaires, les gestionnaires de fonds prennent souvent des risques inconsidérés. Ces récits nous aideront à mieux comprendre comment les faiblesses comportementales se développent au sein d'une société de gestion. Que les résultats catastrophiques soient dus à des circonstances imprévues, à la négligence ou à de mauvaises intentions est ouvert à l'interprétation. Ce qui ne l'est pas, c'est l'effet sur les sociétés de portefeuille et sur la réputation des gérants de fonds. La Troisième Partie, en particulier, expose les pires aspects des pratiques du secteur.

En divisant le livre en trois parties, je n'insinue pas que la contribution de l'industrie du capital-investissement est soigneusement divisée en trois parties égales : un tiers produisant de bons ou d'excellents rendements, un autre tiers offrant de mauvaises performances et le reste détruisant de la valeur. Je n'ai pas mené – ni personne d'autre, à ma connaissance – le genre de recherche exhaustive qui permettrait de déterminer la proportion de LBO réussis, ceux qui créent véritablement de la valeur économique au-delà de l'utilisation superficielle et mécanique de la dette. En fait, il y a chevauchement entre les trois sections. Il est rare qu'une participation soit une calamité absolue ou un triomphe sans équivoque, ou qu'un gestionnaire soit un échec intégral ou une vedette incontestable. Ce qu'il est important de garder à l'esprit, c'est que les transactions et investisseurs présentés dans ce livre fournissent simplement un contexte pour soutenir les principaux arguments de ma thèse.

L'objectif est d'offrir un contraste entre, d'une part, les transactions qui se sont bien déroulées et les gérants de fonds qui ont, parfois involontairement, pris soin de l'argent de leurs investisseurs et, d'autre part, les participations ou gestionnaires qui ont été victimes de défaillances humaines et institutionnelles. L'épilogue propose des solutions au problème épineux de sous-performance et aux mauvaises pratiques, montrant comment nous pouvons tirer des leçons à la fois de ceux qui échouent et de ceux qui réussissent.

Ce livre est une enquête sur l'état du capital-investissement. Il n'est pas destiné à être un traité ou un manuel. Il est écrit pour encourager à réfléchir à la façon dont le secteur fonctionne réellement et aux changements en cours. Parce que des changements sont nécessaires. J'ai commencé cette section en expliquant qu'en termes de performance les professionnels se bercent souvent d'illusions. Les comportements et la gouvernance doivent s'améliorer considérablement si les participants du secteur souhaitent prendre au sérieux leurs obligations fiduciaires.

TERMINOLOGIE

Tout au long de ce livre, le terme limited partner, ou LP, fait référence à l'apporteur de fonds engageant des capitaux auprès de véhicules d'investissement gérés par des general partners, ou GP. Ces derniers sont des gestionnaires, communément appelés firmes de private equity ou de capital-investissement, qui investissent les capitaux des limited partners sous forme de fonds propres dans un montage financier appelé leveraged buyout, ou LBO.

Des exemples de LP incluent les fonds de pension (tels CalSTRS et CalPERS basés en Californie et mentionnés au Chapitre 4), les compagnies d'assurance, les banques, les fonds souverains (comme GIC du gouvernement de Singapour, évoqué au Chapitre 2), les universités et les family offices. Ce livre couvre également des transactions réalisées par certains des plus grands GP du monde : 3i, Apax, Bain Capital, Blackstone, KKR, Providence Equity et TPG.

PREMIÈRE PARTIE

Le Bon : Chanceux ou talentueux ?

Les récits qui suivent ne doivent pas être considérés comme un soutien sans équivoque de toutes les méthodes adoptées par leurs protagonistes.

Des universitaires, représentants syndicaux, régulateurs et politiciens ont exprimé de sérieuses réserves concernant la contribution qu'apporte le capital-investissement à nos économies. De nombreuses pratiques, même si elles fournissent des gains conséquents aux gestionnaires de fonds et à leurs clients, peuvent avoir un impact négatif sur d'autres acteurs économiques.

Néanmoins, cette section présente les paramètres clés derrière la création de valeur des opérations à effet de levier. Pour cette raison, plusieurs aspects de ces transactions devraient aider lecteurs et lectrices à interpréter le succès du capital-investissement.

CHAPITRE 1

Hilton Hotels : "le meilleur LBO de tous les temps"

> *Les groupes hôteliers sont de curieuses cibles pour un LBO. D'une part, leur modèle à forte concentration immobilière offre de grandes opportunités pour l'obtention de prêts garantis par des actifs. D'autre part, leur nature cyclique signifie que la performance d'un investissement dépend fortement de son timing.*
>
> *Logiquement, l'achat d'actifs hôteliers lorsque l'économie est en récession donne à l'investisseur une chance de profiter de la reprise et de revendre à une valorisation beaucoup plus élevée. Inversement, acheter au sommet, au moment où l'économie est sur le point de s'inverser, peut être fatal, à moins d'être patient ou chanceux. Lors de son rachat de Hilton, Blackstone fut les deux à la fois.*

Avec tout le respect que je dois aux jeunes lecteurs, ce n'est pas l'ascension fulgurante de la très mondaine Paris Hilton vers la gloire de la télé-réalité dans les années 2000 qui a aidé à asseoir la réputation du nom Hilton. Le groupe hôtelier trouve ses racines à Cisco, au Texas. C'est là que Conrad Hilton – l'arrière-grand-père de Paris – a acheté sa première propriété, l'hôtel Mobley, pendant le boom pétrolier de 1919, en apprenant que l'occupation des chambres bénéficiait d'une triple rotation journalière.[1]

Ce n'est qu'après la Seconde Guerre mondiale, le 31 mai 1946, que la Hilton Hotels Corporation a été créée en consolidant les différentes propriétés que Conrad avait acquises et développées au fil des années.

L'immédiat après-guerre vit une croissance phénoménale de l'entreprise, avec un chiffre d'affaires doublant entre 1943 et 1946, tandis que les bénéfices triplaient. Le modèle commercial était déjà bien établi et diversifié : les tarifs de chambres ne représentaient que les deux cinquièmes du chiffre d'affaires en 1948 ; les repas comptaient pour près d'un tiers et les boissons pour plus de 12 %.[2] La même année, le groupe lançait ses opérations internationales.

Au milieu des années 1960, Hilton s'est développé à travers les États-Unis, générant près de 200 millions de dollars de chiffre d'affaires dans ce seul pays. En 1966, avec Conrad, alors âgé de 79 ans, comme président et son fils Barron, âgé de 39 ans, comme directeur général, le groupe cédait les activités internationales afin de se concentrer exclusivement sur l'énorme potentiel que représentait l'industrie hôtelière américaine à l'ère du tourisme de masse et de la consommation de loisirs. Trans World Corp, la société holding de la compagnie aérienne TWA, acquit Hilton International l'année suivante dans le but de tirer le meilleur parti de la mondialisation naissante de la "American way of life".

Après la mort de Conrad en janvier 1979, le groupe hôtelier décidait de développer la marque haut de gamme Conrad en l'honneur de son fondateur. Générant maintenant plus de 450 millions de dollars de chiffre d'affaires et 67 millions de dollars de bénéfice net, le groupe perdait 'un pionnier au sens le plus noble du terme',[3] comme son fils l'écrivait dans le rapport annuel. Mais Hilton était entre les mains d'un homme très compétent tout aussi ambitieux et dédié au service des gens. Barron passera les trois décennies suivantes à donner au groupe une envergure véritablement mondiale.

Dans les années 1970, Hilton acquit des actifs dans divers segments du marché de l'hôtellerie. Après avoir acheté quelques casinos de Las Vegas en 1970, le groupe achetait le prestigieux Waldorf Astoria à New York. La frénésie d'acquisitions s'accélérait vraiment dans les années 1980 et 1990. En particulier, après la nomination de Stephen Bollenbach – un ancien dirigeant de la Trump Organization – au poste de président-directeur général en 1996, Hilton est devenu la plus grande société de jeux et de casinos au monde grâce à l'acquisition de Bally Entertainment. Le conglomérat de l'hôtellerie et des loisirs clôturait la décennie avec l'acquisition de Promus, élargissant sa famille de marques hôtelières pour inclure Doubletree, Hampton Inn, Embassy Suites et Homewood Suites, entre autres.[4]

Après avoir cédé les opérations de jeu en 1998, l'équipe de direction de Hilton gardait tout de même le contrôle en nommant Bollenbach président de la division casinos nouvellement indépendante tandis que Barron Hilton restait membre du conseil d'administration. En 2005, à la suite d'une autre série d'acquisitions, l'activité de jeu était rebaptisée Caesars Entertainment; en mars de la même année, Caesars fusionnait avec son rival Harrah's pour former le plus grand opérateur de casinos au monde.*

En tant que groupe exclusivement axé sur l'hôtellerie, Hilton était prêt pour sa propre transformation. Un an après l'accord Caesars-Harrah's, Hilton Hotels Corporation finalisait l'acquisition pour 5,7 milliards de dollars de Hilton International, l'organisation basée au Royaume-Uni qui possédait la marque Hilton en dehors des États-Unis. Près de quatre décennies après la scission initiale, les deux entités unifiaient la marque sous un même toit.[5] En vérité, depuis 1997, les deux groupes partageaient les mêmes logos, promouvaient les activités de chacun et maintenaient des systèmes de réservation conjoints. Mais la fusion transformait instantanément Hilton en un spécialiste de l'hôtellerie à l'échelle mondiale.

Prouvant les compétences stratégiques de son management, au cours des cinq années qui précédaient l'achat des activités internationales, Hilton Hotels Corporation avait connu une progression largement plus marquée que ses pairs, tant sur le plan opérationnel que boursier (voir figure 1.1). L'année 2006 avait été particulièrement brillante grâce au

---

* Pour plus d'informations sur le chapitre suivant dans l'existence mouvementée de Caesars Entertainment, veuillez vous référer à *The Debt Trap* (2016)

regroupement synergique des activités internationales du groupe et à la scission de la division casinos.

"That's hot !"

Ces excellents résultats ne passaient pas inaperçus. Au cours de la première semaine de juillet 2007, le groupe hôtelier annonçait qu'il avait reçu une approche du Blackstone Group, la plus grande firme de capital-investissement au monde. Cette dernière proposait d'acquérir l'entreprise pour 26 milliards de dollars,[6] ce qui représentait le huitième plus gros LBO jamais effectué. Soixante et un ans après son introduction à la Bourse de New York et l'adoption du rôle de prédateur, Hilton devenait à son tour une cible.

Figure 1.1 – Performance de l'action Hilton par rapport au S&P 500 et aux indices sectoriels de 2001 à 2006

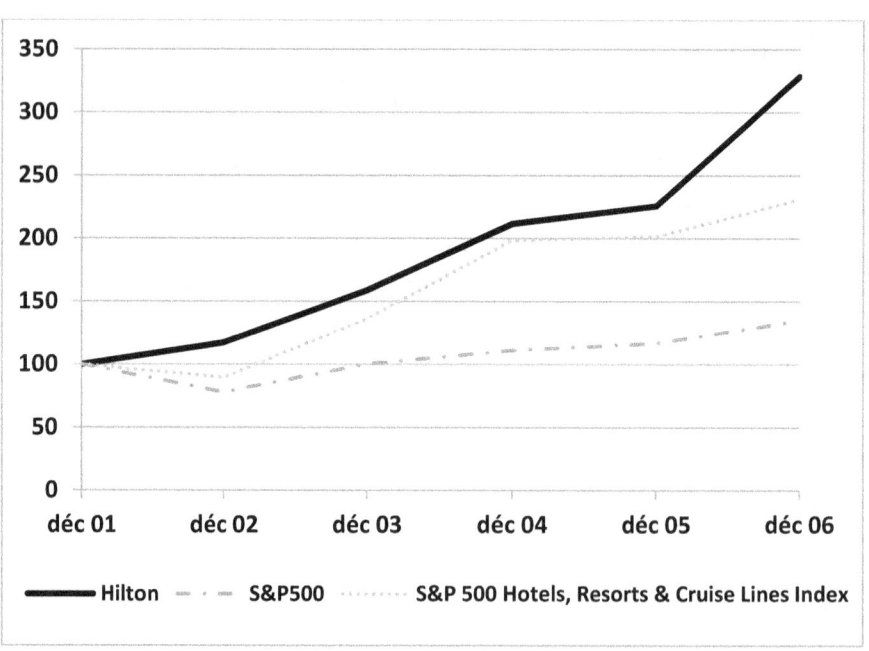

Note : rebasé 100 au 31 décembre 2001 – Source : documents de la société

Ayant rejoint le groupe en 1954, Barron Hilton le quittait une fois l'accord de vente signé. C'était certainement une décision émotionnelle, même si le fait d'empocher 1,2 milliard de dollars aurait rendu la sensation plus supportable. Il était peu probable que sa petite-fille en reçoive une part puisque Barron avait déclaré son intention de donner 97 % de sa fortune à des œuvres de bienfaisance.[7] De toute façon, Paris n'avait probablement pas besoin d'argent. Comme elle avait dit un jour: "Je reçois un demi-million rien que pour me présenter à des fêtes. Ma vie est, vraiment, vraiment amusante."

Malgré le tarissement du crédit qui avait commencé au printemps, Blackstone restait désireux de conclure des méga-deals: il offrait une prime de 40 % au-dessus du cours d'ouverture de l'action la veille.[8] Une commission de résiliation de 560 millions de dollars était à payer par Hilton en cas d'annulation par celui-ci, ce qui garantissait presque que la transaction aurait bien lieu.[9] Avec une équipe de direction dirigée par Christopher Nassetta, un expert de l'immobilier, et un montage comprenant 5,5 milliards de dollars en capitaux apportés par Blackstone et 20,5 milliards de dollars en emprunts, la firme de private equity réalisait en octobre 2007 sa deuxième plus grande transaction en 22 ans d'histoire.

Basé dans le bastion du capitalisme, à New York, Blackstone s'était forgé une réputation d'investisseur avisé au cours des deux dernières décennies. Hilton n'était pas sa première transaction dans le secteur hôtelier. Il possédait déjà plus de 100.000 chambres d'hôtel aux États-Unis et en Europe, dont La Quinta, une chaîne de 575 hôtels à service limité de taille moyenne, et LXR Luxury Resorts.[10] Alors qu'il préparait le retrait de Hilton de la cote, le groupe de capital-investissement avait orchestré sa propre introduction en bourse quelques semaines plus tôt. La flambée des marchés des dernières années représentait pour les fondateurs et associés gérants une opportunité d'accéder au marché boursier. La cotation des actions Blackstone avait débuté le 22 juin 2007. Évaluant le groupe d'investissement à 34 milliards de dollars, l'introduction en bourse était la plus importante aux États-Unis en près de cinq ans. À sa première clôture, l'action évaluait la participation de 23 % détenue par le fondateur Stephen Schwarzman à 8,7 milliards de dollars.[11]

Cette IPO très visible et extrêmement réussie avait soulevé des questions concernant le traitement fiscal généreux accordé aux détenteurs de parts sociales dans des firmes de capital-investissement. De même, certains investisseurs s'interrogeaient sur le fait que Blackstone vendait des parts de société en commandite ('partnership units') plutôt que des actions traditionnelles – les droits de vote de ces parts étaient limités.[12] De toute évidence, il aurait été naïf de la part des investisseurs potentiels de penser qu'ils pourraient exercer une quelconque influence sur la gestion de Blackstone. Schwarzman et ses associés savaient très bien à quel point la majorité des votes importe pour préserver le contrôle d'une entreprise. En sa qualité d'actionnaire majoritaire de sociétés de portefeuille, Blackstone fréquemment remplaçait les équipes de direction contre-performantes ou celles qui n'étaient pas assez malléables. En émettant des partnership units sans droit de vote approprié, Blackstone ne souhaitait accorder que des intérêts économiques à ses actionnaires publics. Ce qui était proposé, c'étaient des distributions de dividendes, et non pas des droits de veto.

Enfin, et surtout, pour des sociétés comme Hilton à la recherche de propriétaires riches en liquidités, Blackstone était sur le point d'annoncer début août l'achèvement de la plus grande levée de fonds de l'histoire du LBO : un véhicule d'investissement de 21,7 milliards de dollars.[13] En fait, 70 % de ce montant était déjà engagé, et Blackstone avait indiqué son intention de lancer bientôt une nouvelle collecte de fonds.[14] Le fait qu'à cette époque les banques avaient du mal à syndiquer des centaines de milliards de dollars de dette LBO ne décourageait pas les dirigeants du groupe.

Contexte de la transaction

Malgré le début du 'credit crunch', Blackstone s'était montré courageux en clôturant une transaction hôtelière très complexe et dépendante du cycle économique.

Hilton avait passé la décennie précédente à se transformer, passant d'une seule marque à une collection de neuf identités distinctes desservant un large éventail de segments de clientèle. À partir de sa présence initiale axée sur les États-Unis, le management avait construit un portefeuille d'actifs international. Au cours des dix années allant jusqu'en 2006, le nombre de propriétés avait décuplé pour atteindre plus de 2.900 et le nombre de chambres approchait le demi-million.[15] La création de valeur pour les actionnaires avait été solide, voyant le cours augmenter de 240 % sur cette période. Le potentiel unique des activités nord-américaines et internationales réunies était probablement l'une des principales raisons du LBO. Mais un changement récent du modèle commercial de Hilton aurait particulièrement attiré l'attention de Blackstone.

Comme en témoigne le rapport annuel 2006, le groupe hôtelier s'était progressivement orienté vers un modèle plus stable en ajoutant de nouvelles unités rémunérées sur commission, en augmentant le revenu par chambre disponible dans les hôtels, et en vendant des actifs tout en conservant les contrats de gestion ou de franchise. Les commissions avaient augmenté de 51 % en 2006 grâce à une combinaison de l'amélioration du revenu par chambre disponible et l'absorption de Hilton International. Cette expansion complémentait les redevances de gestion et de franchise prélevées sur les hôtels destinés à être vendus.

Le mastodonte Blackstone, déjà le gestionnaire de fonds alternatifs le plus important et le mieux diversifié au monde, en connaissait un bout sur les activités génératrices de commissions. Le groupe avait lui-même développé une variété de produits financiers basés sur des commissions de gestion qui avaient l'avantage d'offrir des flux de produits et primes plus stables et prévisibles que le modèle plus traditionnel de revenus tributaires de la performance.

Voir Hilton appliquer la même approche à la gestion immobilière aurait été instinctivement perçu comme le modèle idéal pour un LBO, toujours tributaire d'une production de trésorerie saine et méthodique. L'accent stratégique mis sur la généralisation de commissions était ce qui garantissait la viabilité des gérants de fonds et des gestionnaires d'hôtels, remplaçant des risques souvent difficiles à maîtriser en rentes. Mieux vaut laisser le coût et le risque associés aux capitaux à des tiers et conserver les droits de gestion rémunérés. C'est en partie ce raisonnement que les dirigeants de Hilton avaient suivi en cédant les activités de casino, bien que le cadre réglementaire oppressif spécifique au secteur du jeu était également en cause.

Blackstone n'était pas seul à avoir reconnu le potentiel de Hilton. En 2006, grâce au soutien enthousiaste de Wall Street, l'action du groupe hôtelier avait enregistré un rendement total de 46 %, dépassant de loin les indices S&P Hotels, Resorts and Cruise Lines (+15 %) et S&P 500 (+16 %).[16] L'acquisition des actifs internationaux avait fourni un excellent contexte de croissance. Hilton récoltait les bénéfices de cette transaction. Le plan de Blackstone consistait à garder le cap.

Renaissance et survie

Alors que l'année 2007 touchait à sa fin, la meilleure transaction de l'année pour Blackstone n'était ni la prise de participation dans Hilton ni la gigantesque acquisition d'Equity Office Properties quelques mois plus tôt. Blackstone avait chronométré son introduction sur le marché boursier à la perfection. Après une entrée à la cote réussie en juin grâce à des résultats solides, l'entreprise enregistrait une perte de 113 millions de dollars au troisième trimestre dans son premier rapport depuis l'introduction en bourse. Heureusement, certains employés de Blackstone avaient déjà encaissé une partie des produits de leur vente.

Après avoir fini le premier jour à 35 dollars, l'action du groupe se négociait à 22 dollars en novembre.[17] Sa trajectoire descendante ne faisait que commencer, et les processus compliqués de la syndication et de la structuration du LBO de Hilton n'aideraient en rien les choses.

Fin janvier 2008, la titrisation de 8 milliards de dollars des prêts LBO de Hilton n'avait toujours pas eu lieu. Alors que certaines tranches de dette subordonnée avaient finalement trouvé preneurs dans des placements privés, les investisseurs n'étaient pas très réactifs en raison de l'impact croissant de la pénurie de crédit.[18] Les marchés de la dette allaient bientôt défaillir, empêchant Blackstone de structurer de manière optimale la transaction. Mais ce serait bientôt la moindre des préoccupations du groupe de private equity. La récession économique devait avoir un impact énorme sur les séjours hôteliers, nuisant à la performance sous-jacente de Hilton.

Acquise avec plus de 20 milliards de dollars de dette à un taux d'intérêt composé oscillant autour de 5,7 %, la chaîne hôtelière gagnait 1,7 milliard de dollars par an en EBITDA.* Avec plus de 1,1 milliard de dollars en charges d'intérêts et des dépenses d'investissement ('capex') d'un demi-milliard de dollars, il y avait peu de marge d'erreur. Marriott International, un concurrent également coté, avait vu son action chuter d'un cinquième au cours des huit mois à février 2008, tandis que le prix de l'action d'InterContinental avait diminué de moitié. Tout cela impliquait que l'investissement de 5,6 milliards de dollars de Blackstone dans Hilton ne valait pratiquement rien.[19] Une récession prolongée empêcherait probablement Hilton de respecter les engagements contractuels au titre de sa dette et imposerait des décisions délicates à l'équipe de management et à l'actionnaire.

En mars, alors que le prix de l'action Blackstone s'établissait à 14 dollars, soit près de 55% sous le prix d'introduction, la division private equity de

---

* L'EBITDA est une mesure de performance qui représente le résultat d'exploitation (opérationnel) avant produits et charges financières, impôts, dépréciation d'actifs et dotations aux amortissements

la firme annonçait une perte pour le quatrième trimestre 2007.[20] L'action de nouveau diminuait de moitié après l'annonce d'une perte avant impôt de plus d'un demi-milliard de dollars au cours du trimestre à fin septembre 2008.[21] La faillite de Lehman Brothers, le sauvetage de plusieurs institutions financières 'too big to fail' et les licenciements massifs au cours des derniers mois de l'année affectaient les voyages d'affaires, les budgets de vacances et l'occupation des hôtels. Pour Hilton, le revenu par chambre disponible était désormais en chute libre.[22] Le management commençait à instaurer des mesures de réduction des coûts afin de jouer la montre ; peut-être que la récession largement attendue serait de courte durée.

Un facteur jouait en faveur de Blackstone. Exécuté au sommet de la bulle, le montage financier n'avait pas de clauses restrictives onéreuses et ses échéances de prêt étaient éloignées.[23] Cela étant, alors que la crise financière se propageait et que l'économie s'affaissait, Hilton enregistrait une baisse marquée de ses flux de trésorerie. Opérant dans un secteur notoirement cyclique reposant sur les dépenses des consommateurs et des entreprises, le groupe était désavantagé en cas de ralentissement économique. À l'été 2009, des options de refinancement, y compris celle d'échanger une portion de la dette contre des actions, étaient à l'étude.[24]

Blackstone n'était pas en meilleur état. Son action était passée sous les 4 dollars en février 2009. Elle passerait la seconde moitié de l'année à fluctuer entre 8 et 13 dollars, un niveau humiliant par rapport à son prix de lancement de 31 dollars seulement vingt mois plus tôt. Les groupes de capital-investissement Apollo et KKR, qui avaient tous deux envisagé leurs propres introductions en bourse durant l'été 2007, avant que le 'credit crunch' ne les oblige à reconsidérer, étaient sûrement soulagés que leur performance ne reçoive pas le genre de publicité qui s'abattait sur leur rival. Au premier trimestre 2009, la perte nette de Blackstone dépassait 230 millions de dollars, soit une légère amélioration par rapport au trimestre précédent.

Hilton croulait sous le poids de sa dette durant la plus grande crise économique depuis les années 1930. Après avoir réduit de moitié la valeur comptable de son investissement,[25] Blackstone préparait une restructuration massive de Hilton en injectant de nouveaux capitaux en échange d'une partie de la dette, alors impactée par une forte décote. Les discussions avec les créanciers visaient à éliminer jusqu'à 25 % de la dette de 20 milliards de dollars, à prolonger l'échéance des tranches restantes et à convertir les emprunts subordonnés en actions. La décision de Blackstone faisait partie d'un effort national visant à réduire la dette. Mille milliards de dollars de prêts prioritaires ('senior') et subordonnés venaient à échéance avant 2015 pour l'ensemble des entreprises américaines.[26] Dans une lutte de survie, de nombreuses firmes de capital-investissement adoptaient le même exercice que Blackstone tentait d'imposer aux créanciers de Hilton.

En février 2010, Hilton concluait un accord avec ses créanciers pour réduire la dette d'environ 4 milliards de dollars. Blackstone injectait 800 millions de dollars pour acheter 1,8 milliard de dollars de prêts, soit une décote de 56%. Certains créanciers ne recevaient que 35 cents par dollar, tandis que d'autres convertissaient leur dette en actions privilégiées, donnant droit à des actions supplémentaires lors d'une éventuelle IPO. Ce nettoyage du bilan, combinant un nouvel apport de capitaux et un échange de dettes contre des actions, permettait également un rééchelonnement de certains remboursements.

Incapable de gérer une structure d'endettement tendue, Hilton était contraint au refinancement. Et ses créanciers étaient particulièrement affectés. Y compris la Fed de New York ! La banque de réserve avait en effet hérité de 4 milliards de dollars en prêts LBO de Hilton qui faisaient partie des 29 milliards de dollars d'actifs dévalorisés de Bear Stearns récupérés lors du rachat par JP Morgan de cette banque en détresse en mars 2008.[27] Steven Kaplan, professeur à l'Université de Chicago, décrira ainsi la décision de Blackstone : "C'était comme refinancer votre prêt immobilier lorsque les taux d'intérêt sont bas. Ils ont essentiellement remboursé leur dette alors que c'était très bon marché de le faire, parce que tout le monde avait peur et que le prix de leur dette était très bas".[28]

Reconstruire sur de nouvelles bases

L'une des aspirations directrices de Hilton avait toujours été de développer une chaîne d'hôtels de luxe pour rivaliser avec Four Seasons et Mandarin Oriental. La marque Waldorf Astoria du groupe n'avait jamais gagné une part significative du marché exclusif de l'hôtellerie de luxe. Pour remédier à cette injustice, en 2008 Hilton avait embauché quelques cadres du groupe hôtelier rival Starwood. La chaîne W de ce dernier devait servir de modèle pour ce que la direction présentait comme la marque Denizen, ciblant les 'citoyens du monde'.

Mais les ex-dirigeants de Starwood travaillant au développement des hôtels Denizen étaient rapidement accusés d'espionnage industriel par leur ancien employeur. Au début de 2009, Starwood les poursuivait en justice, ainsi que Hilton, alléguant que le projet Denizen était basé sur des milliers de documents, de présentations et d'études de marché volés à Starwood. Il s'avérait plus tard qu'au moins 44 dirigeants de Hilton étaient au courant du vol de secrets commerciaux. Après une longue enquête et un passage devant les tribunaux, en décembre 2010 Hilton acceptait de verser 75 millions de dollars à Starwood et de ne pas créer de chaîne d'hôtels-boutiques haut de gamme.[29] Le groupe devrait se contenter de servir les masses de touristes et voyageurs d'affaires plutôt que les super-riches. Pourtant, ce revers ne devait pas avoir d'impact durable sur l'amélioration rapide de la santé du groupe.

Déjà en mars 2011, des équipes en interne examinaient les comptes pour les mettre aux normes internationales en prévision d'une réintroduction en bourse.[30] Depuis le début de l'année, les hôteliers étaient devenus prudemment optimistes : l'occupation des chambres était en hausse ; les touristes et hommes d'affaires étaient de retour. Grâce à la recapitalisation de l'année précédente, Hilton était d'aplomb, prêt à tirer pleinement parti de la reprise économique. En septembre, confirmant que le groupe était à nouveau en mode de croissance, Blackstone acquérait Mint, un groupe hôtelier britannique fusionné peu après avec Hilton DoubleTree et Garden Inn.

Démontrant que la chance avait tourné depuis le refinancement, en février 2012 Jonathan Gray, le directeur responsable du LBO de Hilton, rejoignait le conseil d'administration de Blackstone, devenant un successeur possible de Schwarzman.[31] Si Hilton n'avait pas été en bonne santé, il est peu probable que Gray aurait reçu un tel honneur.

Au début de l'année suivante, Hilton attirait l'attention des milieux bancaires en tant que candidat possible à une réintroduction pour le second semestre de 2013.[32] En anticipation de l'IPO, la société devait renforcer son bilan. En août, elle émettait un emprunt de 250 millions de dollars pour la division de multipropriété Hilton Grand Vacations.[33] Le même mois, elle alignait plusieurs banques de Wall Street pour préparer l'introduction en bourse. Pour faciliter ce processus, en septembre, elle tentait de nouveau de structurer 7 milliards de dollars en titres de créances hypothécaires commerciales, une transaction qui avait été interrompue cinq ans plus tôt alors que le 'credit crunch' prenait de l'ampleur. Mais les marchés ne s'étaient pas tout à fait remis de la crise, et en novembre la taille de l'émission de titres était réduite de moitié. Il s'agissait tout de même de la plus grande offre de titres de créances hypothécaires commerciales depuis la crise financière. En parallèle, Hilton émettait un emprunt de 7,6 milliards de dollars à sept ans, aux côtés de 1,5 milliard de dollars d'obligations non garanties.[34] Il était essentiel pour le management de rééchelonner l'endettement de l'entreprise alors qu'elle s'apprêtait à retrouver la bourse.

Après six années mouvementées, Blackstone aspirait à sortir du groupe hôtelier. Hilton avait connu une croissance phénoménale durant la reprise économique. Ayant atteint le creux de la vague en 2009 avec moins de 7,6 milliards de dollars de chiffre d'affaires – en baisse de 15% par rapport à l'année précédente, en 2013 Hilton était en voie de générer

9,7 milliards de dollars. Mais les marges étaient sous pression. L'EBITDA n'avait pas progressé depuis le LBO, ce qui impliquait une érosion de la marge de 20 % à moins de 18 %. Pourtant, sous la tutelle de Blackstone, le groupe avait remboursé ou effacé 30 % de sa dette, réduit les coûts, développé l'international et concentré ses efforts sur le modèle plus rentable de la franchise. Comme on pouvait s'y attendre, pour préparer l'IPO, l'EBITDA était présenté sur une base ajustée, excluant diverses dépenses et pertes jugées provisoires. Selon cette approche, la marge dépassait les 22 %.

Heure de départ

L'entreprise se réconciliait avec les marchés boursiers le 11 décembre 2013. Les recettes ainsi dégagées dépassaient les 2,3 milliards de dollars,[35] et serviraient à rembourser un peu plus la dette ainsi que les prêteurs qui avaient converti leurs titres en actions privilégiées lors de la restructuration de 2010. La reprise économique et les qualités de fin négociateur de Blackstone avaient sauvé l'entreprise. Comme le faisait remarquer Robert La Forgia, directeur financier de Hilton au moment du LBO : "ils ont presque perdu l'entreprise, et cela aurait été le cas sans la restructuration de la dette".[36] Les experts du marché se félicitaient de la réintroduction en bourse. Un article de *Bloomberg* applaudissait et s'émerveillait devant "le meilleur LBO de tous les temps".

Ce que les investisseurs achetaient, à un multiple supérieur à 19 fois l'EBITDA, c'était l'espoir que la tendance générale d'amélioration macroéconomique et du secteur du tourisme continuerait de stimuler la croissance à long terme du secteur de l'hôtellerie. L'accroissement de la classe moyenne au niveau mondial était censé stimuler la demande. Le document d'enregistrement expliquait qu'il y avait un déséquilibre entre l'offre et la demande aux États-Unis. Cela avait contribué à un taux de croissance annuel du revenu par chambre disponible de 6,8 % sur trois ans, incluant 2013. En outre, il y avait une sous-pénétration hôtelière dans la plupart des marchés émergents, avec des pays comme le Brésil, la Chine et l'Inde offrant un potentiel de croissance important. Par rapport aux États-Unis, en Chine l'industrie hôtelière fournissait un dixième du nombre de chambres par habitant, tandis qu'en Inde, elle offrait 75 fois moins de chambres par habitant.[37]

Les particuliers investissaient également dans une entreprise avec une volatilité des résultats plus faible. La réorientation vers des activités de multipropriété, ainsi que des actifs gérés et franchisés générant des redevances, facilitait la planification et réduisait l'imprévisibilité des bénéfices. Au fur et à mesure que cette tendance s'amplifiait, les commissions devaient contribuer à hauteur de 90 % de l'EBITDA d'ici 2016.

Enfin, pour accorder au groupe une plus grande marge de manœuvre après l'IPO, le 25 octobre 2013 le management avait refinancé 13,4 milliards de dollars de prêts subordonnés et de prêts garantis sur les actifs immobiliers.[38] Le fardeau de la dette, ramenée de 14,6 milliards de dollars à moins de 12 milliards de dollars, soit 7 fois l'EBITDA (voir figure 1.4), continuerait de mettre les nerfs des investisseurs à l'épreuve.[39] Mais Schwarzman était optimiste, notant: "Lorsque vous pouvez avoir ce type de croissance de l'EBITDA avec ce genre de montage financier avec effet de levier, l'accélération de la rentabilité est énorme. Vous voulez en quelque sorte continuer de soutenir vos meilleures participations parce que vous accumulez beaucoup de valeur pour nos actionnaires chaque trimestre".[40]

L'IPO attribua au groupe hôtelier une valeur d'entreprise d'environ 33 milliards de dollars, soit environ 27 % de plus que durant le LBO six ans et demi plus tôt. Représentant les trois quarts du capital, la participation de Blackstone dans Hilton valait 16 milliards de dollars. Le groupe de capital-investissement avait investi plus de 5,6 milliards de dollars lors du retrait de la cote en 2007 et 800 millions de dollars lors du refinancement de 2010. Il était donc sur le point de réaliser 2,5 fois sa mise.

Dans un article du *New York Times*, Steven Kaplan, l'universitaire de Chicago, faisait remarquer d'un style terre à terre bien que légèrement décourageant : "C'est un bon deal si vous le mesurez par rapport au marché bousier. Mais ce n'est pas un super coup." La plupart des fonds de LBO visant un taux de rendement interne d'environ 20 %, réparti sur six ans, l'investissement dans Hilton avait généré environ 16 % par an pour Blackstone, commentait le même article. Pourtant, avec Blackstone enregistrant l'une de ses transactions les plus réussies de son histoire, Kaplan admettait : "En valeur absolue, un bénéfice de 10 milliards de dollars c'est beaucoup d'argent, même pour eux".[41]

C'était typique du private equity. Mais le gain stupéfiant n'existait que sur le papier ; Blackstone n'avait vendu aucune action lors de l'introduction en bourse. Dans le capital-investissement, comme dans toutes les catégories d'investissements, les plus-values n'ont d'importance que si vous les encaissez. Tant que votre position n'a pas été liquidée, vos gains ne sont pas réels. Examinons donc à tour de rôle comment Hilton effectua sa transformation sous LBO et comment Blackstone réussit à s'extirper du groupe hôtelier.

Résultats exceptionnels

Ce qui ressemblait à une entreprise surendettée et vouée à l'échec en 2009, dépréciée à 70 % dans les comptes de Blackstone,[42] n'avait pas seulement survécu : elle promettait de donner d'excellents résultats à son sponsor. L'approche avait été à deux volets.

Modèle commercial et opérationnel repensé

Sous la direction de Blackstone, le groupe Hilton n'a pas initié beaucoup d'améliorations opérationnelles. En raison de la crise économique, les marges d'exploitation étaient passées de 15,6 % en 2006 à 7,2 % au plus bas du cycle en 2010. En raison de dépréciations d'actifs, en 2008 le groupe hôtelier enregistrait une perte d'exploitation de 4,5 milliards de dollars.[43]

Là où l'entreprise fut considérablement remodelée, c'est dans son abandon progressif mais marqué de la stratégie de propriété immobilière traditionnellement riche en actifs au profit de la gestion hôtelière et du franchisage. Entre mi-2007 et fin 2013, à la suite de la transformation menée par le P-DG, Nassetta, et son équipe, et malgré le fort ralentissement que l'industrie subissait pendant la Grande Récession, le groupe :

- augmentait le nombre de chambres de 36 % pour atteindre 176.248 unités, et le nombre d'hôtels de plus de 1.000 à 4.080 unités,

- gonflait de 60 % le nombre de chambres en développement, presque toutes dans les segments à marges plus élevées, et à faible demande en capital, de la gestion d'hôtels et de franchises,

- élargissait le nombre total de chambres en construction de 133 %,

- étendait la diversité géographique, avec des chambres en développement hors des États-Unis passant de moins de 20 % à plus de 60 %, et des chambres en construction à l'étranger passant de moins de 15 % à près de 80 %,

- augmentait la prime moyenne du revenu par chambre disponible pour toutes les marques et, sur le plan mondial, d'environ deux points de pourcentage à 15 %,

- élargissait le nombre de membres au programme de fidélité Hilton HHonors de 88 % entre 2007 et 2012, pour compter 39 millions de membres au moment de l'introduction en bourse.[44]

Contrairement au développement hôtelier traditionnel alimenté par les dépenses d'investissement, l'aspect clé de cette croissance tenait au besoin plus restreint de dépenses en capital. Le segment de la gestion et de la franchise générait des marges élevées et des cash-flows récurrents sur le long terme. Au moment de la réintroduction en bourse, cette division avait augmenté le nombre de chambres de 40 %, ce qui représentait 98 % de la croissance globale des chambres, avec pratiquement aucun investissement en capital nécessaire.[45] Les partenaires commerciaux devaient, eux, engager des capitaux tandis que Hilton facturait ses redevances pour le privilège de gérer leurs propriétés. Le modèle opérationnel à faible densité en capital adopté par Hilton avait vu le nombre de chambres et de propriétés augmenter à un rythme soutenu, alors que les dépenses d'investissement avaient diminué par rapport aux bénéfices et aux cash-flows.

La transformation la plus importante fut en effet le virage pris en faveur des propriétés gérées et franchisées, dont le groupe tirait 47 % de son chiffre d'affaires en 2013 contre 31 % six ans plus tôt. Comme le montre la figure 1.2, la tendance se poursuivait après l'IPO. Ce changement était la principale raison de la croissance significative de la rentabilité du groupe – entre 2010 et 2013, l'EBITDA avait augmenté de plus de 40 %. Au moment de l'introduction en bourse, le groupe hôtelier réalisait des marges d'EBITDA de 23 % dans sa division Propriétés, mais de plus de 30% dans la division Gestion & Franchise, tandis que les activités de multipropriété généraient des marges de 27%.

Cette conversion signifiait que le risque d'exécution était sous-traité à des tiers : les franchisés étaient responsables de l'expérience-client sur place. Les stratégies de franchise étaient menées avec beaucoup de brio dans l'industrie de la restauration : en témoigne l'image de marque mondiale de nombreuses chaînes de restauration rapide à partir des années 1960. Mais cette approche n'avait jamais été tentée à une telle échelle dans le secteur de l'hôtellerie. Grâce à son portefeuille de marques dans chaque sous-segment de l'hôtellerie haut de gamme, Hilton avait tenté sa chance. L'approche avait porté ses fruits.

Les activités de franchise dépendent de la confiance. C'est une chose de faire confiance aux franchisés de restauration rapide pour offrir un service à la clientèle sur une période qui dépasse rarement 30 minutes ; c'en est une autre d'assurer la qualité et la fiabilité du service sur toute la durée d'un séjour d'hôtel.

Figure 1.2 – Répartition du chiffre d'affaires des quatre divisions principales de Hilton

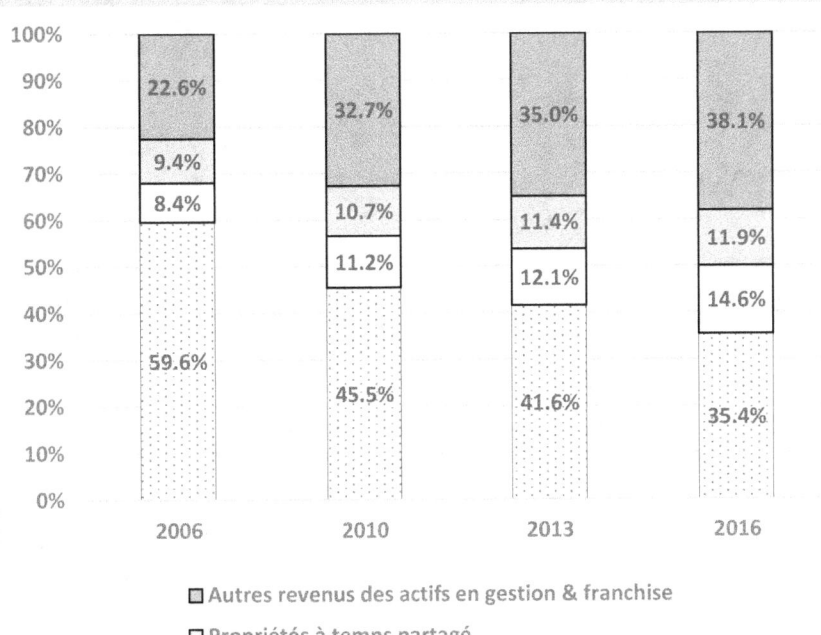

Source : documents de la société

Non seulement le groupe dépendait de sous-traitants pour fournir un excellent service, mais il leur demandait également de financer son expansion. Au moment de l'IPO, Hilton avait dans le pipeline la construction de 1.069 autres hôtels (représentant 186.000 chambres), mais un seul d'entre eux serait effectivement exploité par le groupe. Sur les 40 milliards de dollars nécessaires pour financer la construction de ces hôtels, la contribution de l'entreprise ne s'élevait qu'à 70 millions de dollars.[46] En imputant le coût de sa croissance à des partenaires extérieurs, le management avait perfectionné l'art de l'externalisation des risques. L'opération était un exploit de jonglage habilement exécuté entre une diversification du portefeuille immobilier et un contrôle attentif de la trésorerie et des coûts.

Restructuration habile de la dette

Trois raisons principales expliquent comment Hilton, soutenu par Blackstone, a pu refinancer sa dette en 2010. Tout d'abord, il s'agissait d'une version actualisée et surdimensionnée de la citation de J. Paul Getty : "Si vous devez 100 dollars à la banque, c'est votre problème. Si vous devez 100 millions de dollars à la banque, c'est le problème de la banque." Lorsque vous devez 20 milliards de dollars aux prêteurs et qu'eux-mêmes se voient imposer une restructuration de leur bilan – comme c'était le cas durant le 'credit crunch', la crise financière et la récession qui s'ensuivirent – votre dette devient le problème de toute la communauté bancaire.

La décision prise imprudemment par Blackstone de racheter Hilton à l'été 2007, quelques semaines seulement après le déclenchement du 'credit crunch', aurait pu être fatale. Ce qui a sauvé le groupe hôtelier, ce n'est pas seulement la remarquable stratégie d'expansion et le changement de la gamme de produits opérés par Nassetta. C'est aussi la faillite pure et simple de l'ensemble du système bancaire, obligeant les créanciers de Hilton d'être beaucoup plus accommodants qu'ils ne l'auraient été autrement. Le défaut de paiement sur toute portion des emprunts accordait automatiquement au syndicat des banques prêteuses le droit de prendre possession de certaines des propriétés Hilton utilisées comme garantie ou de demander des intérêts plus élevés et de facturer des frais de pénalité.

Avec une liste de créanciers comprenant des noms comme Bear Stearns et Lehman Brothers, deux banques qui se sont effondrées en prélude à la crise financière, un débiteur aussi important que Hilton risquait peu de se faire sermonner pour avoir pris des risques inconsidérés. Au lieu de cela, les banques prêteuses avaient capitulé, offrant une marge de manœuvre et un pouvoir de négociation fantastiques aux sociétés sous LBO. Cela permettait de répéter à foison des procédures de modification et d'extension de la dette ('amend and extend') qu'aucune petite entreprise ne peut adopter (comme nous le verrons dans le cas de TIM/WIND Hellas au chapitre 8, ces procédures ont souvent décimé les détenteurs d'obligations subordonnées et non garanties). Ce n'est pas le genre de comportement compatissant que l'on pourrait attendre des organismes prêteurs. Ces derniers sont souvent plus qu'heureux de prendre possession de logements hypothéqués de particuliers qui n'arrivent plus à rembourser leurs emprunts. Il est probable qu'une récession économique plus prolongée, sans le soutien d'un programme d'assouplissement quantitatif ('quantitative easing') et de taux d'intérêt historiquement bas, aurait pu faire perdre le contrôle du groupe hôtelier à Blackstone.

La deuxième raison du succès de la restructuration du capital tenait à la possibilité d'acheter une partie de la dette actualisée du groupe auprès de prêteurs en difficulté. Au pire moment de la récession, Blackstone mit à disposition plus de 800 millions de dollars pour racheter les tranches de la dette qui n'accordaient aucune garantie sur les actifs de Hilton. Le groupe hôtelier put également convertir une partie des prêts subordonnés en titres privilégiés.[47] Blackstone était riche en liquidités à un moment où les gestionnaires plus petits étaient à court d'argent et devaient restituer des capitaux à leurs investisseurs. Hilton bénéficiait également d'un coup de chance. Parce que les prêteurs initiaux du LBO n'avaient jamais été en mesure de syndiquer ou de titriser leurs prêts, les équipes de Blackstone et de Hilton n'avaient à renégocier et à rééchelonner le montage de dette qu'avec une poignée de banques et d'organismes prêteurs non garantis (dits 'chirographaires'), au lieu de centaines d'institutions plus typiquement impliquées dans les méga-LBO, avec des prêts de plusieurs milliards de dollars dans leurs bilans.[48]

Enfin, Blackstone effectue de nombreuses transactions chaque année, et ce, année après année. Aucun banquier ou gestionnaire de fonds de dette privée ne souhaite contrarier une telle institution au risque d'être exclu à l'avenir de transactions lucratives. Ce type de pouvoir de négociation est

> unique aux groupes de capital-investissement d'une taille mondiale. Blackstone en a tiré le meilleur parti.

Chronique du meilleur LBO de tous les temps

À une valeur d'entreprise de 19,3 fois l'EBITDA,* l'introduction en bourse de Hilton s'établissait à un niveau supérieur de ceux de Marriott (14,1x) et de Starwood (12,8x). Mécaniquement, la valorisation vertigineuse permettait au groupe de réduire quelque peu son ratio d'endettement. Malgré sa taille et son prix, l'IPO se déroulait sans incident, les investisseurs institutionnels s'étant familiarisés avec l'entreprise lors de refinancements obligataires précédents.

Dans les mois qui suivaient la réintroduction en bourse, l'action de la société ne suivait pas une progression très constante. Tout cela changeait après la publication de résultats trimestriels solides à la fin du mois d'avril 2014. L'action trouvant une fourchette d'évolution plus ferme au-dessus du prix d'introduction, Blackstone préparait sa sortie. À la mi-juin 2014, six mois après l'IPO, la société d'investissement réduisait sa participation dans Hilton de 76 % à 67 % et levait 2 milliards de dollars. La vente avait lieu à 22,50 dollars l'action, soit une prime de 12,5 % par rapport au prix d'introduction.[49] Fin septembre, Blackstone sortait de la période d'incessibilité qui avait suivi la vente d'actions en juin. Ainsi, en novembre, lors de la deuxième monétisation de sa participation, la firme vendait 90 millions d'actions supplémentaires à 25 dollars l'unité. Les 2,25 milliards de dollars du produit de la vente venaient remplir les poches de la firme d'investissement.[50]

En mai 2015, la chasse aux gains reprenait. Blackstone offrait de nouveau 90 millions d'actions alors que l'action de l'opérateur hôtelier continuait

---

* Après l'application judicieuse de plusieurs ajustements, les analystes financiers proposaient un multiple de valorisation plus raisonnable mais moins fiable de 14,9 fois l'EBITDA ajusté

de se redresser. Dans ce qui allait bientôt être surnommé le "massacre de la fête des mères" en raison de son timing et des échanges désastreux sur les marchés secondaires, la vente en bloc de 2,7 milliards de dollars – le bloc le plus important par une firme de capital-investissement jamais enregistré – laissait les trois banques du syndicat de souscription avec 90 millions de dollars de pertes du fait d'un manque d'appétit des marchés. La faible décote avait permis à Blackstone d'obtenir un prix élevé, mais l'impression générale était que la valorisation avait été trop élevée, provoquant la mauvaise performance sur les marchés secondaires. Cette troisième vente en bloc depuis la réintroduction en bourse réduisait la participation de Blackstone à 46 %.[51] L'un des principaux arguments en faveur de la transaction était la perspective que Hilton puisse rejoindre les principaux indices boursiers, y compris le S&P 500, car le flottant dépassait désormais 50 %.

Bien qu'à l'époque Starwood, le propriétaire des marques Sheraton et Westin, cherchait un repreneur, Hilton ne montrait pas beaucoup d'intérêt. Son management préférait s'en tenir à un plan de croissance organique, mais compte tenu du scandale d'espionnage avec Denizen, toute expression d'intérêt aurait probablement été boudée. Cela aurait également pu conduire à une chute du cours de l'action Hilton, ce qui n'aurait pas été une distraction bienvenue lorsque l'actionnaire principal du groupe voulait quitter l'hôtel. Plutôt que d'acquérir l'un de ses concurrents, en février Hilton avait vendu l'une de ses propriétés emblématiques, le Waldorf Astoria à New York, tout en négociant un contrat de gestion de 100 ans. Les recettes de 2 milliards de dollars étaient redéployées pour acquérir cinq hôtels avec un profile de croissance plus rapide. Cette décision se traduisait par une augmentation de 20 % du cours de l'action Hilton en seulement trois mois,[52] permettant à son actionnaire principal d'exécuter en mai sa vente en bloc à un prix plus élevé. Bien qu'extrêmement utile pour concevoir la sortie partielle de Blackstone, le bond du cours de l'action n'était que temporaire. Fin septembre, l'action avait perdu plus d'un cinquième de sa valeur. À la fin de l'année, les actions de Hilton – qui demeurait la plus grande participation de Blackstone – avaient encore chuté de 20 %.

Logiquement, l'action Blackstone avait nettement diminué au cours de la même période. Lorsque le groupe de private equity coté à la Bourse de New York annonçait que ses résultats trimestriels au 31 décembre 2015 étaient en deçà des prévisions, sa participation dans Hilton à elle seule avait perdu 2,6 milliards de dollars.[53] L'impossibilité de reproduire les gains réalisés en 2014 avait nui aux résultats. Après avoir généré 4,6 milliards de dollars provenant de deux ventes en blocs d'actions Hilton en 2014, Blackstone avait enregistré moins de 2,7 milliards de dollars l'année suivante. Son bénéfice avant impôts avait diminué de plus de moitié par rapport à l'année précédente.[54] Malgré sa décision de rester à l'écart de la vente aux enchères de Starwood afin de ne pas perturber sa stratégie ciblée et le cours de l'action, Hilton avait néanmoins subi un ajustement de valeur important, son action revenant en décembre 2015 sous le prix d'introduction de 20 dollars (voir figure 1.3).

Scission

Incapable de se débarrasser de sa participation et désireux de convaincre les marchés que la chaîne hôtelière, malgré ses milliards de dollars de dette LBO, valait plus que ce qu'elle était cotée, Blackstone travailla dur pour orchestrer sa sortie. La firme de capital-investissement suivait une double voie : (i) trouver un acheteur pour une partie de sa participation, dont elle pourrait disposer dans le cadre d'un placement privé, et (ii) scinder les différentes divisions de ce qui était en fait un conglomérat hôtelier. L'objectif était d'améliorer la transparence et, en fin de compte, d'augmenter la valorisation de chaque entité afin d'aider Blackstone à faire ses adieux définitifs.

Figure 1.3 – Performance de l'action Hilton Worldwide par rapport au S&P 500 dans les trois ans après l'IPO

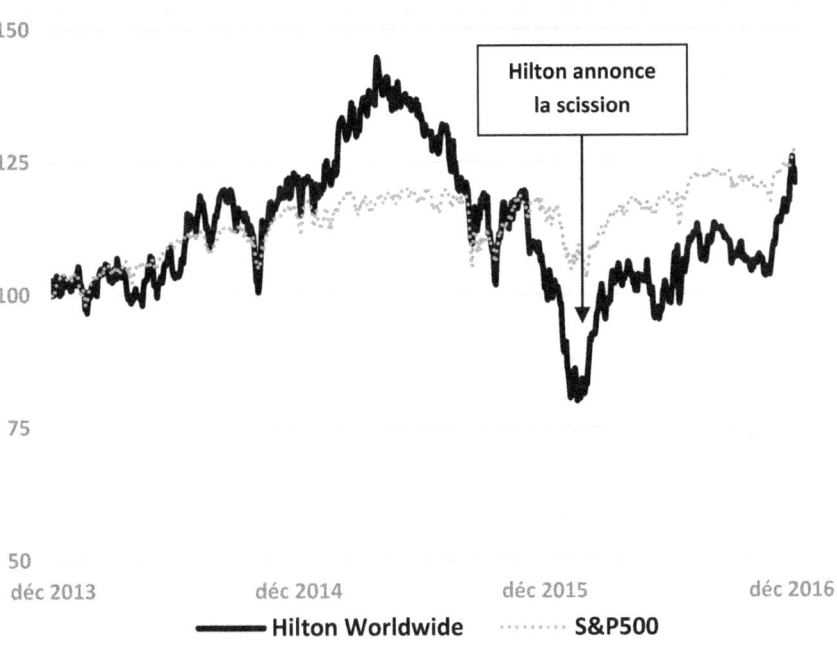

Note : rebasé 100 au jour de l'IPO

En février 2016, lors de l'annonce des résultats de l'année 2015, le management cédait à la pression exercée par les marchés publics. Hilton serait divisé en trois groupes dans le but de réduire sa feuille d'impôts et de créer de la valeur pour les actionnaires. La principale société d'exploitation incorporerait les activités de gestion hôtelière rémunérées sur commissions. Un fonds de placement immobilier (real estate investment trust, ou REIT) comprendrait les biens en appartenance (property company, ou PropCo) et assumerait la dette hypothécaire, tandis que la division de multipropriété à temps partagé formerait une troisième entité sous la marque Hilton Grand Vacations (HGV), gérant des centres de villégiature et vendant des intérêts de propriétés de vacances. Avant l'annonce, l'action du groupe hôtelier se négociait 20 %

en dessous de son niveau d'introduction. Dans le but de relancer le cours de l'action le plus rapidement possible, la scission devait avoir lieu d'ici la fin de l'année.

En août, Hilton demandait aux créanciers de donner un coup de pouce à l'entreprise en prolongeant les trois quarts des 4,2 milliards de dollars de prêts garantis de 2020 à 2023. L'équipe de direction organisait également l'émission d'un milliard de dollars d'emprunts non garantis pour refinancer des tranches subordonnées existantes.[55] Le groupe hôtelier s'étant vu accorder un peu plus de répit, en octobre Blackstone trouvait enfin un acheteur stratégique en vendant un quart des actions Hilton à HNA, un conglomérat chinois désireux de capitaliser sur le potentiel du groupe en Asie et sur d'autres marchés internationaux. La recette de près de 6,5 milliards de dollars évaluait les actions Hilton à 26,25 dollars, soit une généreuse prime de 15 % par rapport au cours de clôture.[56] Cette décision réduisait la participation de Blackstone à environ 21 %. Dans le cadre de l'accord, la société d'investissement préservait deux sièges au conseil d'administration de Hilton, dont un pour Jonathan Gray qui restait président. Ce dernier avait accru son influence au sein de Blackstone : fin 2015, les actifs de la division immobilière, supervisée par Gray, avaient dépassé pour la première fois la barre des 100 milliards de dollars.[57]

Le mois suivant, Blackstone vendait 55 millions d'actions Hilton pour 1,3 milliard de dollars, réduisant sa participation à moins de 16 %.[58] Hilton finissait l'année avec une nouvelle émission d'emprunts, cette fois par HGV. La division de location de vacances levait 300 millions de dollars de dette senior pour financer son indépendance imminente.[59] Gérant près de 50 clubs de villégiature en Amérique et en Europe, HGV devait conserver l'usage de la marque Hilton dans le cadre d'un accord de licence à long terme.

Complétant la réorganisation, Park Hotels & Resorts était structuré comme un fonds d'investissement fiscalement avantageux et héritait de 67 des propriétés hôtelières appartenant à Hilton Worldwide qui cherchait à s'alléger en actifs. La PropCo fraîchement indépendante était évaluée à environ 10 milliards de dollars.[60]

La performance commerciale décevait en début d'année, la clientèle d'entreprises étant plutôt nerveuse du fait d'un climat politique incertain à l'approche de l'élection présidentielle américaine. Mais le stimulant économique au quatrième trimestre dû à l'élection de Donald Trump à la Maison Blanche ouvrait la voie à la scission du groupe et au retrait significatif de Blackstone d'une participation de 46 % à moins de 16 % dans Hilton, générant plus de 7,7 milliards de dollars de recettes.

Ce qui avait motivé la décision de scinder le groupe en trois divisions distinctes, c'étaient leurs profils de croissance et de rentabilité très disparates. Alors que le management déclarait dans le rapport annuel 2016 que Hilton était la société hôtelière mondiale avec la croissance la plus rapide sur base organique, c'était une maigre consolation pour les actionnaires qui n'avaient vu aucune progression du cours de l'action durant les deux premières années qui suivaient l'introduction en bourse. Les propriétés gérées et franchisées ainsi que la division de multipropriété avaient connu une croissance de plus de 6 % cette année-là, mais elles avaient été tirées vers le bas par les activités en propriété et en leasing qui, elles, avaient vu leur chiffre d'affaires diminuer de 2,5 %. Au niveau de l'EBITDA, les activités de gestion et de franchise (la division principale de Hilton Worldwide) et de multipropriété (Hilton Grand Vacations) avaient connu une croissance de 5,6 % et 8,2 % respectivement, tandis que les cash-flows opérationnels de la PropCo (Park Hotels & Resorts) avaient diminué de 3,3 %. Cela n'empêcherait pas pour autant de nombreux investisseurs de franchir le pas et de s'intéresser à Park Hotels. Le principal avantage d'un fonds de placement REIT est l'intention de distribuer au moins 90% des produits et gains annuels aux actionnaires. Le rendement du dividende de la PropCo devait dépasser 6 %.

Figure 1.4 – Ratio d'endettement et endettement net de Hilton (2006, et 2008 à 2016)

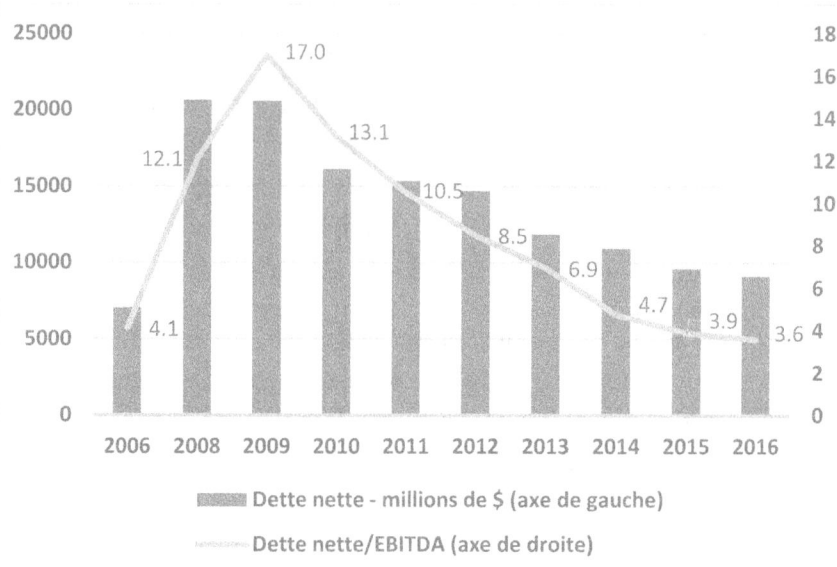

Note : L'EBITDA de 2008 et 2009 exclut 5,6 milliards de dollars et 475 millions de dollars de pertes de restructuration – Sources : documents de la société et analyse de l'auteur

À la fin de 2016, Hilton avait réussi à rembourser plus de 5 milliards de dollars de sa dette depuis son introduction en bourse. Pourtant, il était toujours assis sur plus de 9 milliards de dollars de prêts LBO (voir figure 1.4). Le groupe hôtelier mettait beaucoup de temps à se débarrasser de son fardeau hérité du LBO, mais la scission et les introductions séparées des différentes divisions l'avaient redynamisé. Son action avait grimpé de près de 30 % en 2016, devançant à la fois le S&P 500 (+9,5 %) et l'indice sectoriel S&P Hotel (+5,2 %).[61]

Tout au long de l'année 2017, les entités du groupe continuaient à restructurer et à rééchelonner leurs prêts pour soutenir leurs actions respectives et aider Blackstone à finaliser sa sortie. En mars, Hilton Worldwide réévaluait 3,2 milliards de dollars de ses emprunts seniors et en prolongeait une partie pour une somme totale de 750 millions de dollars.[62] Trois mois plus tard, Blackstone orchestrait une série de transactions pour réduire encore davantage son exposition à une participation de dix ans dans le conglomérat hôtelier.

Le 1er juin, il s'allégeait de 15 millions d'actions Park Hotels & Resorts pour une contrepartie totale d'un peu moins de 400 millions de dollars.[63] Une semaine plus tard, il vendait 15 millions d'actions Hilton Worldwide pour près de 990 millions de dollars, ramenant sa participation à 10 %.[64] Peu de temps après, il se présentait de nouveau au buffet avec un bloc de près de 10 millions d'actions Hilton Grand Vacations, empochant 342,6 millions de dollars. À la suite de cette vente, il ne restait à Blackstone qu'une participation de 5,4 % dans HGV.[65] Cette participation était cédée en septembre pour 183 millions de dollars.[66]

Un mois plus tard, la firme de capital-investissement se délestait de 14,6 millions d'actions Hilton Worldwide en un seul bloc évalué à 940 millions de dollars : le management avait choisi de racheter à Blackstone près d'un million de ses actions – tous les actionnaires ne peuvent pas s'attendre à recevoir ce type de soutien à la vente de la part des sociétés dans lesquelles ils investissent. C'était probablement le meilleur moyen d'éviter une version d'Halloween du 'massacre de la fête des mères' déploré deux ans plus tôt.[67] Se ruant vers la sortie, début novembre le groupe de private equity cédait près de 17 millions d'actions Park Hotels & Resorts,[68] ce qui lui permettait de générer un gain de 500 millions de dollars.

Après ces ventes, Blackstone se retrouvait avec moins de 6 % dans Hilton Worldwide ; il tirait sa révérence en 2018 en empochant 1,3 milliard de dollars pour cette participation. Au total, comme le montre le tableau 1.1, le groupe de capital-investissement avait empoché une somme de 19,8 milliards de dollars. Plutôt satisfaisant par rapport à son investissement de 6,5 milliards de dollars.

Tableau 1.1 – Investissements et gains dégagés par Blackstone dans Hilton

Année	Transaction	Milliards de dollars
2007	Investissement en capitaux	> 5.6
2010	Injection de capitaux ('equity cure')	> 0.8
	Investissement total	**6.5**
2013	IPO	0.0
2014	Ventes en bloc	4.6
2015	Vente en bloc	2.7
2016	Vente de 25% à HNA	6.5
2016	Vente en bloc	1.3
2017	Ventes en bloc	3.4
2018	Vente en bloc	1.3
	Recettes totales	**19.8**
	Gains nets	**13.3**

Sources : documents de la société et analyse de l'auteur

Qu'est-ce qui a mal tourné pour les petits porteurs

Au cours de l'exercice 2016, 90 % de l'EBITDA de Hilton dérivait des divisions de gestion et de franchise, les 10 % restants provenant de propriétés détenues et en location.[69] Cela dit, cette production régulière de flux de trésorerie était devenue un peu molle – l'EBITDA avait augmenté de 3 % en 2016. Comme nous l'avons vu, cela s'était traduit par des rendements décevants pour les actionnaires. C'était perceptible par comparaison au principal rival du groupe : entre le 12 décembre 2013 et le 13 décembre 2016, le rendement pour les actionnaires de Marriott International avait dépassé 91 %, le rendement de l'indice S&P 500 était de 36 %, tandis que le rendement de l'action Hilton n'était que de 26 %, soit un taux annuel d'un peu moins de 8 % au cours de ces trois premières années après l'IPO.

Surévaluation

Il peut sembler paradoxal qu'une entreprise qui avait accru son chiffre d'affaires d'un cinquième, et son EBITDA d'un tiers, au cours des trois années qui suivaient son introduction en bourse avait généré un rendement inférieur à ses concurrents et à l'indice S&P 500. Néanmoins, il existe une simple explication.

Hilton Hotels était introduit en décembre 2013 avec un multiple de 48 fois le bénéfice net. Trois ans plus tard, ce ratio était inférieur à 15, tandis que le bilan du groupe restait bourré de dettes LBO. Même évalué sur la base de l'EBITDA (ce qui exclut l'impact des charges d'intérêts), le multiple de valorisation de Hilton s'élevait à environ 12 fois au 31 décembre 2016 contre 19 fois l'EBITDA lors de l'introduction en bourse.

Il est difficile de comprendre pourquoi les investisseurs pensaient que l'IPO de Hilton était une bonne affaire à une telle valorisation. Même au plus fort de la bulle immobilière, en 2007, Blackstone avait payé 15 fois l'EBITDA pour le rachat du groupe hôtelier. Malgré les changements de son modèle d'activité, Hilton ne justifiait pas un arbitrage de multiple aussi généreux.

Délai nécessaire pour que le revenu par chambre disponible rattrape son retard

Alors que l'EBITDA connaissait une croissance à deux chiffres entre 2013 et 2016, le revenu par chambre disponible n'enregistrait qu'une croissance à un chiffre. Trois raisons expliquent cette situation.

Tout d'abord, le groupe se développant à un rythme beaucoup plus rapide que la concurrence, il fallait du temps pour augmenter le taux d'occupation du nouveau parc hôtelier. Ces développements récents allaient probablement porter leurs fruits sur le long terme, mais la bourse adoptait une vision plus prudente, attendant de voir si la stratégie d'expansion tenait ses promesses.

La deuxième raison de la croissance relativement lente du revenu par chambre disponible est une conséquence directe de la transformation de Hilton en un groupe plus léger en actifs hôteliers. Alors que les hôtels en propriété généraient plutôt un revenu par chambre disponible de 145 dollars, le parc géré et franchisé rapportait environ 100 dollars par chambre.

En outre, l'expansion sur les marchés à croissance rapide d'Amérique du Sud, du Moyen-Orient, d'Afrique et d'Asie avait eu un impact négatif sur le revenu par chambre disponible. Cet indicateur clé de performance était beaucoup plus bas dans les pays émergents. Encore une fois, à long terme, il était probable que de nouveaux marchés généreraient des rendements importants ; pour l'instant, leur revenu par chambre disponible était de 15 % à 20 % inférieur à celui des actifs américains et européens plus matures.

Tendance inattendue de la colocation pour séjours courts

Les milléniaux ont déjà intériorisé la dure réalité qu'ils seront plus pauvres que la génération de leurs parents. Pour eux, faire des folies sur le luxe hôtelier serait considéré comme irresponsable. Le document d'enregistrement de Hilton présentait une longue liste de risques auxquels les investisseurs potentiels devaient prêter attention. Cependant, une menace principale manquait, montrant à quel point il peut être difficile, même pour les experts du secteur (peut-être plus particulièrement pour eux) d'anticiper les changements disrupteurs. Aucune mention n'était faite d'une plateforme d'hébergement vieille de cinq ans appelée Airbnb. Alors que Hilton se concentrait fortement sur le segment des séjours hôteliers, ses marques plus abordables comme DoubleTree et Garden Inn pourraient être impactées par la tendance de fond en faveur de la colocation de courte durée.

L'avènement d'Airbnb et d'autres plateformes numériques offrant des services de colocation et de séjours de courte durée non réglementés était une grande inconnue pour tout investisseur potentiel. Début 2017, Airbnb offrait l'accès à 2,3 millions de chambres dans le monde, soit plus que l'inventaire combiné des trois plus grandes chaînes hôtelières Hilton,

Marriott et InterContinental.[70] Fondamentalement, Airbnb a davantage de coûts variables que fixes par rapport aux groupes hôteliers traditionnels. La plateforme devrait donc être plus à même de résister aux récessions économiques. Cela suppose que la réglementation en matière de santé et de sécurité et la législation sur les licences d'exploitation ne gâchent pas la fête. Quoi qu'il en soit, le nouvel environnement concurrentiel invitait les marchés boursiers à rester prudents dans leur évaluation des actions de groupes hôteliers. Malgré l'article flatteur de *Bloomberg* rapportant la performance fantastique du LBO de Hilton du point de vue de Blackstone, les rendements pour les investisseurs qui avaient participé à l'IPO étaient loin d'être spectaculaires. Mais c'était aux boursicoteurs de s'en préoccuper.

Le message principal de l'article de *Bloomberg* était prématuré mais finalement exact. Blackstone avait tant œuvré pour assurer sa sortie. Il avait été coincé dans l'apathie qui avait suivi la réintroduction en bourse, mais en échafaudant une triple scission à la fin de 2016, le management de Hilton avait finalement produit un peu plus de valeur pour les actionnaires, surtout pour le sponsor financier qui avait permis à l'équipe de direction de faire fortune. Nassetta à lui seul avait gagné 2 millions de dollars de rémunération annuelle chez Hilton, à laquelle s'ajoutaient 7,6 millions d'actions, d'une valeur de plus de 150 millions de dollars le jour de l'IPO. Après une aventure mouvementée de dix ans qui comprenait une vaste restructuration du bilan et une refonte complète du modèle d'activité, Hilton méritait bien son titre de meilleur LBO de tous les temps.

> ## INTERPRETATION DU SUCCÈS EN PRIVATE EQUITY
>
> *En guise de répétition, il est dangereux de tirer des conclusions définitives d'un LBO très rentable. Le succès peut être dû aux compétences, au travail acharné, à la chance ou à l'association de ces facteurs.*
>
> *Blackstone est un gestionnaire de fonds diversifié censé offrir des rendements supérieurs. Pourtant, dans la décennie qui suivi son introduction en bourse en juin 2007, ses actions n'ont pas offert grand-chose aux actionnaires. Après avoir été cotée à 31 dollars, l'action Blackstone valait 32 dollars en décembre 2017. Malgré le succès de Hilton, Blackstone lui-même n'était pas un bon investissement, en partie à cause de la forte volatilité de ses bénéfices, comme l'illustre ce récit, mais aussi parce que la plupart de ses revenus étaient redistribués aux employés.**
>
> *Les employés de Blackstone avaient obtenu près de 30 milliards de dollars en rémunération annuelle et en plus-values au cours de la première décennie suivant l'introduction en bourse du groupe. Cela équivaut à 85 % des commissions de gestion, de conseil et de performance du groupe sur la période. La rémunération du personnel était basée sur les rendements à court terme obtenus sur les opérations à effet de levier, tandis que les détenteurs d'actions Blackstone nécessitaient une performance constante à long terme. Les actifs sous gestion du groupe étaient passés de moins de 90 milliards de dollars à l'été 2007 à 390 milliards de dollars à la fin de 2017. Pourtant, les actionnaires n'en avaient pas bénéficié. Heureusement, dans son document d'enregistrement, Blackstone avait prévenu que ses "parts ordinaires ne sont pas un investissement approprié pour les investisseurs axés sur le court terme". Le très long terme fera l'affaire.*

---

* Certains soutiennent que la sous-performance de Blackstone est due à son statut de partnership. Si elle était structurée comme société (corporation), l'entreprise verrait ses actions automatiquement intégrées dans les indices boursiers, ce qui augmenterait la liquidité. C'est une mauvaise excuse pour une firme d'investissement offrant un business model soi-disant impérieux

CHAPITRE 2

Mergermarket : Le candidat LBO idéal

> *Peu d'entreprises réussissent avec succès leur transition de la phase de démarrage à la phase de croissance – où elles se développent de manière organique en lançant de nouveaux produits et services – et continuent à établir leur leadership sur leur marché, lorsqu'elles peuvent se transformer en plateformes de consolidation capables d'assimiler une série d'acquisitions dans des secteurs existants et adjacents. Mergermarket réalisa tout cela, devenant ainsi le candidat idéal pour une opération à effet de levier.*

L'appétit de l'industrie financière pour des informations est presque sans limite. Une information ne transmet pas seulement le pouvoir à son détenteur ; en finance, cela mène souvent à une abondance de richesses. C'est pourquoi les actes frauduleux restent si répandus, des décennies après l'introduction de lois interdisant les délits d'initiés. Une étude universitaire, basée sur l'activité des options sur titres avant les annonces de fusions et acquisitions, révèle qu'environ un quart des transactions présentent des volumes anormaux et une volatilité excessive susceptible d'impliquer des délits d'initiés. Des enquêtes moins exhaustives suggèrent que les sociétés cotées qui émettent des avertissements sur les bénéfices voient leurs actions chuter la veille de l'annonce dans les deux tiers des cas ; de même, les annonces d'offres publiques d'achat sont précédées d'une hausse du cours de l'action cible dans 70 % des cas.[1] La règle statistique de la distribution normale stipule que, dans un marché efficient, les cours des actions devraient augmenter et baisser dans des proportions égales avant la divulgation publique de toute nouvelle information.

Pour les particuliers et institutions désireux d'obtenir des rendements supérieurs, accéder à l'information avant les autres et de manière légale est donc très précieux. De nombreux acteurs du marché sont prêts à payer pour cela, qu'ils fassent des opérations en bourse ou investissent dans des sociétés privées.

Je suis tombé sur le produit éponyme et phare de Mergermarket pour la première fois en 2005, alors que j'utilisais cette base de données financières pour filtrer les cibles d'acquisition de l'une des sociétés de mon portefeuille. À l'époque, je travaillais pour la firme de capital-investissement Candover. Au moment où j'envisageais le rachat de Mergermarket Group, au premier semestre 2006, j'avais rejoint un autre employeur, le fonds spécialisé dans les médias GMT Communications Partners.

Mergermarket, un fournisseur de données sur les transactions de fusions et acquisitions, avait été mis en vente par ses capitaux-risqueurs, bien que ses trois cofondateurs – le directeur général Caspar Hobbs, le rédacteur en chef et responsable de produits Charlie Welsh, et le directeur financier Gawn Rowan Hamilton – restaient aux commandes.

Affirmer que j'étais désireux de faire ce deal ne serait pas excessif. J'étais confiant, d'après ce que je savais des caractéristiques du produit et des fondamentaux du modèle commercial, que Mergermarket était un candidat fantastique pour un LBO. Il s'agissait d'une activité à forte croissance et à marge élevée avec des ventes et des flux de trésorerie prévisibles et récurrents.

Chez Candover, j'avais travaillé sur deux transactions avec des caractéristiques similaires : le fournisseur paneuropéen d'informations financières, Bureau van Dijk (BvD), et le spécialiste mondial dans le pétrole et le gaz, Wood Mackenzie. Les deux étaient des sociétés d'analyse de données et d'édition avec de fortes barrières à l'entrée, une spécialisation sectorielle qui invitait le respect, et d'excellents profils de cash-flows soutenus par des taux de renouvellement solides et des contrats pluriannuels.

Mergermarket

Je proposais de structurer la transaction en payant 100 millions de livres sterling à l'avance, dont 40 % financés par de la dette bancaire. Les vendeurs voulaient que j'inclue 40 millions de livres sterling supplémentaires de versements différés, entièrement contingents à la réalisation d'un plan de croissance très audacieux. Après des semaines de négociations avec les conseillers et les fondateurs de Mergermarket, je n'avais aucun doute sur le fait que GMT Communications se verrait accorder l'exclusivité si nous étions prêts à déposer une offre de 100 millions de livres sterling plus des ratchets – mécanismes donnant droit à des actions supplémentaires – basés sur la performance des cadres dirigeants.

Bien que Mergermarket était une entreprise plus petite, elle offrait de bien meilleures perspectives de croissance que BvD et Wood Mac. Il ne me restait plus qu'à convaincre mes collègues à GMT Communications que cette transaction avait le potentiel de transformer notre fonds d'investissement, nous faisant intégrer le quartile supérieur en termes de performance. Malgré le fait que les associés gérants de cette firme d'investissement étaient spécialisés dans les médias, ma mission s'avérerait impossible.

J'avais assigné à l'entreprise un multiple d'EBITDA de 16 fois sur les 12 derniers mois et un multiple de 13 fois sur les résultats prévus pour l'année, hors versements différés – Candover avait acheté Wood Mac et BvD respectivement sur des multiples de 12 fois et 12,8 fois les bénéfices à venir. Mergermarket était valorisée plus généreusement, mais la croissance annuelle du chiffre d'affaires de l'entreprise avait été en moyenne de 80 % au cours des trois années précédentes. Les prévisions de ventes pour 2006 montraient un taux de croissance proche de 50 %. La marge d'EBITDA était passée de 17 % à 27 % entre 2003 et 2005 (voir figure 2.1). Je savais, d'après mon expérience avec BvD et Wood Mac, que la rentabilité était susceptible de s'amplifier à mesure que le nombre de clients augmenterait. Ces deux sociétés réalisaient des marges d'EBITDA de 35 % à 40 %.

L'argument le plus convaincant des éditeurs de bases de données numériques, c'est que l'information coûte autant à produire que vous la vendiez à un seul ou à une multitude d'utilisateurs. Les économies d'échelle sont quasiment hors pair. Aucun éditeur papier ne pourrait égaler ce genre de levier opérationnel et d'avantage concurrentiel.

Figure 2.1 – Chiffre d'affaires et marge d'EBITDA de Mergermarket Group de 2003 à 2006

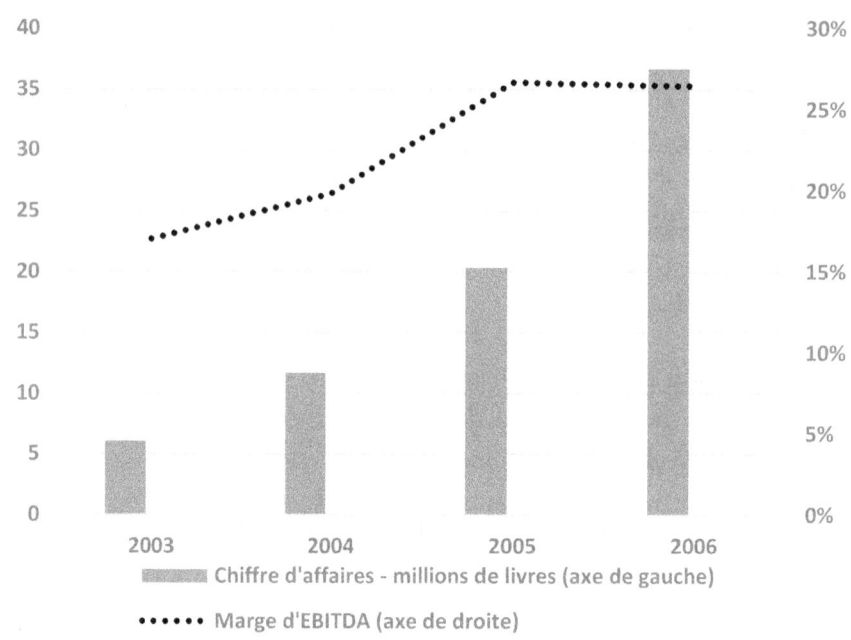

Sources : documents de la société et analyse de l'auteur

Et c'était plus ou moins le problème. Les associés gérants de GMT Communications avaient des années d'expérience dans l'industrie des médias, mais elles avaient été consacrées à l'investissement dans les médias traditionnels. Une telle connaissance était sans utilité au moment où l'industrie était remodelée par l'Internet. Pour ceux qui ne connaissaient pas le secteur des nouveaux médias, le bénéfice que l'on pouvait tirer des effets de réseau était parfois difficile à saisir. Quand, à la mi-2006, le comité d'investissement de GMT choisissait de rejeter le statut de quasi-exclusivité que j'avais minutieusement obtenu, je réagissais avec une frustration théâtrale mais navrée. Comme vous allez pouvoir le lire, la décision du comité était une énorme occasion manquée.

'Small' data

Ingénieusement conçu à la fois comme une agence de presse et un éditeur de bases de données, Mergermarket avait construit en l'espace de six ans un monopole dans le secteur de veille économique. Ses journalistes ne se souciaient pas de fournir des nouvelles cautionnées par des agences de relations publiques. Ils cherchaient des scoops concernant les transactions de fusions et acquisitions, allant aussi loin que possible en amont du processus de transaction. L'exactitude, la pertinence et la rapidité de diffusion étaient primordiales. L'idéal c'était de trouver des sources d'information prêtes à enfreindre les accords de confidentialité pour fournir des informations initiées que Mergermarket publierait ensuite à l'avantage de ses clients. L'information devait être utile, presque prédictive, permettant aux clients de générer des idées et de nouvelles opportunités transactionnelles.

Fondée à la fin de 1999, la société avait élargi son offre de produits par abonnement aux marchés du crédit, avec le lancement de Debtwire, et à la veille financière pour les traders et les gestionnaires de fonds spéculatifs avec sa solution dealReporter. Au cours du processus de due diligence, le management avait également révélé qu'il développait ou était sur le point de lancer d'autres services. Fait important, bien que la société ait établi une forte position sur le marché dans sa région d'origine, l'Europe, elle offrait un énorme potentiel de croissance internationale dans les Amériques et en Asie. Le management avait l'intention de développer sa présence dans ces zones géographiques en tirant parti de sa clientèle européenne : de nombreux clients de Mergermarket en

Europe étaient des banques, des firmes de capital-investissement, des gestionnaires de fonds spéculatifs, des cabinets d'avocats et de conseil américains.

Le segment de la veille financière était mal desservi, ce qui offrait au groupe londonien un avantage stratégique. Le marché potentiel valait des centaines de millions de dollars par an, répartis entre des milliers de clients. La diversité de la clientèle garantissait qu'aucun client ne représenterait une part trop importante du chiffre d'affaires du groupe.

Mergermarket avait des qualités de première classe. Le groupe avait développé un portefeuille de produits exclusifs dans le domaine de l'information financière. Il était impeccablement positionné pour construire un leadership sur le marché sans craindre d'être concurrencé par l'un des plus grands groupes de médias financiers. Contrairement à Bloomberg ou Dow Jones, Mergermarket couvrait les transactions des marchés privés, qui représentaient une fraction des opportunités dérivées des marchés de capitaux publics. Il était peu probable que Bloomberg et les autres éditeurs dénichent suffisamment de potentiel de ventes autour des fusions et acquisitions de sociétés privées. C'était le genre d'avantage concurrentiel qu'un opérateur peut se procurer simplement en restant discret ou dans un segment de niche. Les opportunités dans les marchés privés étaient suffisantes pour une entreprise en croissance comme Mergermarket, mais pas pour des groupes de médias réalisant des milliards de dollars de chiffre d'affaires.

Bien avant que le dernier engouement technologique ne propose ses propres mots à la mode, du "big data" à l'intelligence artificielle (IA), le monde des affaires avait reconnu l'importance d'acquérir des informations en exclusivité. La City de Londres regorge d'histoires où des conseillers financiers, ayant pris connaissance à l'avance d'un événement important, génèrent de jolis gains avec de telles informations. L'exemple qui ne cesse d'être évoqué est celui de Nathan Rothschild spéculant fortement sur les obligations d'État en apprenant, grâce à un réseau inégalé de messagers employés par sa banque familiale, la défaite de Napoléon à Waterloo en 1815 plusieurs heures avant même que le ministère de la guerre du gouvernement britannique ne soit informé.

Alors que la vitesse de circulation de l'information augmentait au fil du temps, d'autres fournisseurs de services faisaient fortune, tel Reuters, créé au Royal Exchange de Londres en 1851 par l'entrepreneur britannique d'origine allemande Paul Julius Reuter. Ce dernier se forgeait une réputation en diffusant des scoops venant de l'étranger grâce à l'application commerciale d'une invention récente : le télégraphe électrique. Au début des années 1980, le service d'information mis en place à New York par son fondateur éponyme et ancien associé à Salomon Brothers, Michael Bloomberg, s'appuyait sur une pratique ancestrale en propageant des informations sur des événements pouvant impacter les prix du marché.

En offrant des renseignements sur tout, des nouvelles politiques aux indicateurs économiques et aux mises à jour financières, les agences de presse et les éditeurs de données fournissent d'excellents outils pour se faire de l'argent. Leurs déclarations sont sûrement moins grandiloquentes que celles des geeks obsédés par l'IA, mais leurs journalistes connaissent la vraie valeur d'un scoop et sa distribution bien indiquée aux gens qui ont les moyens de l'acheter. Les personnes bénéficiant de ce type d'informations doivent négocier avec prudence afin de ne pas être reconnues coupables à la fois de délit d'initié et d'abus de marché, même si la lecture de best-sellers comme *Flash Boys* et *Black Edge* convaincra beaucoup d'entre nous que les investisseurs professionnels ne manquent jamais d'imagination pour gagner de l'argent en se positionnant sur un marché avant les autres.

Au-delà de la dissémination de données financières, ce qui faisait de Mergermarket un candidat au LBO si convaincant, c'était l'extension progressive de son réseau exclusif d'utilisateurs. Celui-ci gonflait les cash-flows qui, à leur tour, pourraient être utiles au remboursement de la dette ainsi qu'à la croissance organique et externe.

Pourtant, malgré la capacité à générer des flux de trésorerie, les opportunités de croissance du marché, la diversité de la clientèle, les synergies potentielles de vente, des fondamentaux solides dans les services financiers et le trading électronique, le besoin croissant des clients pour des données capables de leur apporter un avantage concurrentiel, et une longue liste d'arguments convaincants en faveur d'un LBO en 2006, pas une seule firme de capital-investissement n'avait soumis d'offre pour Mergermarket Group. Pour commencer, mes collègues de GMT Communications avaient été très réceptifs. En fait, en raison de ma persévérance, GMT avait été le dernier fonds d'investissement impliqué dans le processus de vente et, en se retirant, avait laissé le champ libre aux investisseurs stratégiques.

Pas d'excès

Alors que les fondateurs de Mergermarket auraient préféré mener un LBO et remplacer leurs capitaux-risqueurs par une firme de private equity, le manque d'appétit des fonds d'investissement ne leur laissait pas d'autre choix que de chercher un repreneur ailleurs. En contrepartie de leur investissement dans Mergermarket en 2000, les fonds de capital-risque auraient pu essayer de forcer la main des trois fondateurs, mais il aurait été difficile de vendre l'entreprise sans la coopération de ces derniers. De facto, les capitaux-risqueurs avaient besoin du soutien des cadres dirigeants pour réussir leur sortie.

Plusieurs entreprises du secteur avaient participé au processus d'appel d'offres dès le début, mais peu d'entre elles pouvaient démontrer une complémentarité stratégique. L'une des parties intéressées obtenait rapidement un statut d'exclusivité en raison d'effets synergiques évidents et d'un réel intérêt pour l'industrie. Après des semaines de négociations, le 8 août 2006, Financial Times Group, une division du conglomérat de médias Pearson, acquérait Mergermarket pour 101 millions de livres sterling. La structure de l'opération comprenait également jusqu'à 40 millions de livres sterling de paiements différés sujets aux futurs résultats.

C'était étrangement similaire aux conditions que j'avais négociées, preuve que l'offre que je proposais tenait la route. La transaction permettait aux capitaux-risqueurs de la cible de réaliser un retour sur investissement de 14 fois.[2]

L'acquisition de Mergermarket n'était que la partie visible de l'iceberg pour Pearson. En tant que tel, c'était un bon deal. Il complémentait le service d'information traditionnel du FT avec des données sur les activités transactionnelles du monde de l'entreprise. Il y avait un potentiel flagrant de synergies de vente des produits de Mergermarket à la clientèle du Financial Times, bien que la jeune pousse servît déjà un assez large éventail de clients de premier ordre. Parmi ses clients figuraient 29 des 30 plus grandes banques d'investissement au monde, 18 des 20 plus grands cabinets d'avocats et 25 des 30 plus grandes firmes de capital-investissement.[3]

En 2005, Mergermarket générait moins d'un tiers de son chiffre d'affaires hors d'Europe. Avec le soutien de Pearson, le groupe passait les années suivantes à établir une présence mondiale. Au cours du processus de vente, le déploiement en Asie avait été mentionné comme une énorme opportunité. Le Moyen-Orient et l'Amérique latine étaient également des territoires vierges. Tout cela était à portée de main.

En plus des synergies de vente et du potentiel à l'international, le groupe continuerait à développer ses produits existants. Par exemple, en 2006, Debtwire ne desservait que les marchés des prêts aux entreprises et aux LBO ; en deux ans, elle lançait un produit de titres adossés à des actifs (asset-backed securities, ABS), suivi d'une offre d'obligations municipales quatre ans plus tard. Élargir le portefeuille de produits signifiait également créer de nouvelles solutions dans différents secteurs verticaux. Au cours des quatre premières années suivant son acquisition par Pearson, la société développait des services de veille économique dans les secteurs pharmaceutique, du commerce international ainsi que du traitement numérique des transactions.

En tant que plateforme d'acquisition, Mergermarket s'avérait une opportunité sans pareille. Pearson l'utilisait comme véhicule de consolidation du segment très fragmenté de l'information financière. En septembre 2007, Mergermarket acquérait Infinata, un fournisseur d'informations et d'analyses pour les industries des sciences de la vie et de la haute technologie.[4] Le groupe concluait ensuite une série de petites acquisitions. Début 2010, il incorporait Xtract Research, spécialiste des données sur les prêts et les obligations, afin de renforcer son offre de titres à revenu fixe. Deux ans plus tard, le spécialiste du secteur des infrastructures Inframation Group rejoignait le groupe. La frénésie d'emplettes de Mergermarket confirme que sur un plan transactionnel, l'entreprise était une merveille. Sa feuille de route bien tissée en matière de fusions et acquisitions montrait qu'il était assez simple de générer des synergies de ventes, en particulier lorsque les clients sont insensibles au prix.

Grâce à la transformation du groupe, au cours des six années qui suivaient le rachat par Pearson, le taux de croissance annuel du chiffre d'affaires et de l'EBITDA s'élevait en moyenne à 19 %. En 2012, le chiffre d'affaires dépassait les 100 millions de livres sterling et, bien que la société se soit concentrée sur la croissance plutôt que sur la maximisation des bénéfices, les marges d'EBITDA de 27 % étaient à égalité avec celles réalisées l'année du rachat (voir figure 2.2). Pourtant, le génie entrepreneurial de Mergermarket s'était mal conjugué avec la culture plus conventionnelle de Pearson. À la mi-2013, Pearson prenait la décision de revendre le groupe.

L'assimilation des actifs de Mergermarket au groupe Financial Times aurait dû stimuler les synergies de ventes et la collaboration – les journalistes des deux divisions pourraient fournir un produit plus compréhensif et probant aux clients. Mais de l'avis des employés de Mergermarket, le degré d'intégration des deux groupes restait très faible. Les deux entités étaient demeurées tellement indépendantes que la scission proposée par Pearson n'aurait vraisemblablement que peu d'incidences. Elle était même plutôt bien accueillie par les équipes de management de Mergermarket et du FT. Pour ceux qui avaient fait toute leur carrière au *Financial Times*, la start-up suivait une approche quelque peu abêtissante pour fournir des informations financières à sa clientèle sophistiquée. Les activités de publication de bases de données de la jeune pousse n'étaient pas aussi nobles que la prose journalistique, plus stimulante intellectuellement. Pour les correspondants du *FT*, Mergermarket employait des pirates se faisant passer pour des détectives, tandis que pour les spécialistes industrieux du renseignement de Mergermarket, l'approche journalistique du *FT*, motivée par des objectifs de relations publiques, appartenait à une autre époque.

Pearson avait détenu l'entreprise pendant sept ans et, malgré des marchés financiers éprouvés par la crise, l'investissement avait été un succès. La figure 2.2 montre qu'il y avait eu une baisse du chiffre d'affaires en 2009, directement attribuable à la récession, mais il faut noter une autre raison derrière cette baisse.

Lorsque l'entreprise avait été vendue à Pearson en 2006, le management avait négocié un plan d'intéressement sur deux ans, basé en partie sur la croissance du chiffre d'affaires et la rentabilité. Pour maximiser leur rémunération différée, les cadres dirigeants de Mergermarket avaient signé des contrats de deux ans avec leurs clients afin de maximiser le chiffre d'affaires en 2007 et 2008. Lorsque ces arrangements pluriannuels avaient expiré au second semestre de 2008, de nombreux clients n'avaient pas renouvelé leur contrat ou profité de ce moment pour négocier de meilleures conditions alors que la crise financière battait son plein. Ceci avait contribué à une baisse de 8 % du chiffre d'affaires en 2009.

Toutefois, si l'on considère que la clientèle de Mergermarket était principalement composée de banques, de firmes de capital-investissement, de fonds spéculatifs, d'avocats d'affaires et d'autres institutions fortement dépendantes de la santé du marché des fusions et acquisitions, le fait que la baisse du chiffre d'affaires n'ait été qu'à un chiffre est une preuve supplémentaire de la résilience du modèle d'activité de Mergermarket Group.

Figure 2.2 – Chiffre d'affaires et marge d'EBITDA de Mergermarket Group de 2006 à 2013

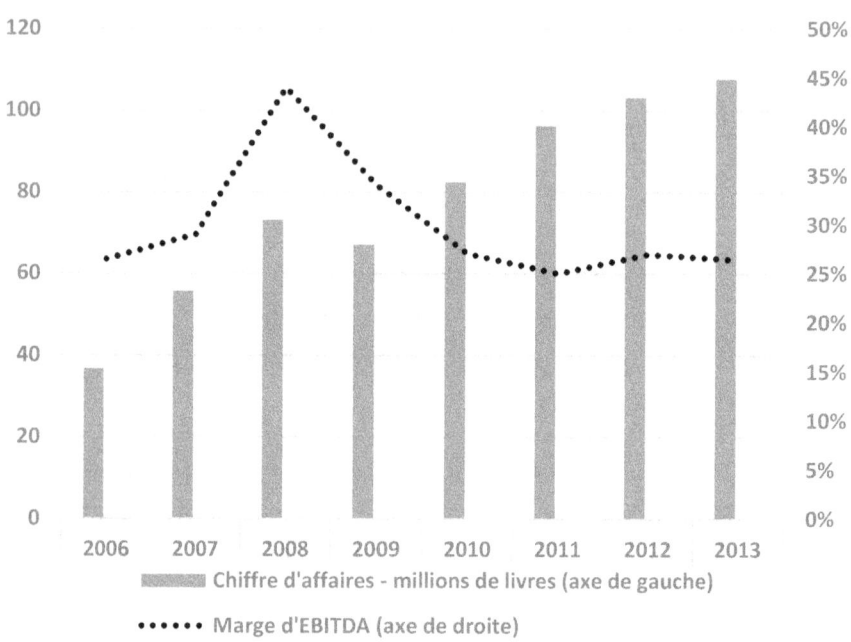

Sources : documents de la société et analyse de l'auteur

Un LBO qui s'était fait attendre

Après un processus très intense qui vit de nombreux concurrents se disputer la cible, le 29 novembre 2013 Pearson acceptait de vendre Mergermarket à BC Partners, un fonds de private equity basé à Londres. Ce dernier évaluait Mergermarket à 382 millions de livres sterling, dont 245 millions de livres sterling de dette LBO structurée en un prêt garanti de 150 millions de livres sterling sur sept ans, un prêt de 70 millions de livres sterling pour une durée de huit ans et une ligne de fonds de roulement de 40 millions de dollars. La transaction était conclue en février 2014 sur un multiple d'évaluation d'environ 13,5 fois l'EBITDA de l'exercice précédent, tandis que le ratio d'endettement se situait entre 7 et 7,5 fois les bénéfices.[5]

À ce stade de l'histoire du groupe, il convient de revenir sur les objections formulées en 2006 par les firmes de capital-investissement de taille moyenne. Sinon, il serait difficile de comprendre pourquoi BC Partners était prêt à payer un si bon prix pour un actif que des gestionnaires de fonds de LBO avaient rejeté sept ans plus tôt.

En 2006, Mergermarket était ce qu'on appelle une entreprise en phase de croissance. Elle était à un stade de développement compris entre le stade précoce et la maturité. De telles transactions se concentrent davantage sur le potentiel de croissance d'une cible que sur ses bénéfices. Pour cette raison, la rentabilité future et les flux de trésorerie étaient difficiles à prévoir. Il existe un compromis naturel entre l'accroissement du chiffre d'affaires et les taux de marges, car investir dans la croissance nécessite généralement d'augmenter la base de coûts, ce qui a un impact sur les bénéfices, au moins à court terme, lorsque les frais généraux de l'entreprise, les dépenses commerciales et de marketing augmentent. Cela explique pourquoi, en 2006, je n'avais pas réussi à négocier un levier d'endettement de plus de 40 % alors que BC Partners était en mesure de financer son LBO avec davantage de dette.

Le profil de risque plus élevé de Mergermarket en 2006 avait effrayé les gestionnaires de fonds de LBO, même s'ils étaient censés faire leur beurre d'acquisitions d'entreprises en développement et de taille moyenne. Un problème qui survient souvent avec les transactions sur le marché des moyennes entreprises est le fait que les cibles peuvent être vulnérables aux nouveaux entrants. J'avais essayé de convaincre mes collègues que Bloomberg, Reuters et d'autres n'étaient pas intéressés par les marchés privés, d'une taille somme toute modeste, alors que les opportunités des marchés de la dette publique et des capitaux pouvaient rapporter des milliards de dollars de chiffre d'affaires. Mes collègues avaient alors répliqué que Google pourrait être une menace. Peu importe que la firme technologique n'opérât que dans le domaine des services au consommateur. J'avais l'impression que si Google devait entrer sur les marchés B2B, et plus particulièrement dans le secteur financier, cibler le minuscule segment des données du marché des acquisitions et fusions privées n'allait pas les aider à accroître leur chiffre d'affaires. Il était plus probable qu'il s'en prenne à Bloomberg qu'à Mergermarket. Peu importe que Google exploitât un moteur de recherche, pas une agence de presse. Peu importe que Google gagnât de l'argent grâce à la publicité de masse, et non par la vente sélective d'informations de niche souscrites par abonnement. Peu importe que Google fût un agrégateur de données, pas un producteur de données.

Outre les préoccupations concernant les menaces commerciales, il y avait l'opinion erronée partagée par de nombreux acquéreurs potentiels selon laquelle les cofondateurs de Mergermarket allaient faire fortune durant le processus de vente (ils possédaient plus d'un tiers de l'entreprise), de sorte que leur cœur et leur motivation n'y seraient plus. Ils prépareraient probablement leur retraite. Étant donné que les trois fondateurs étaient âgés de 40 ans ou moins, avaient accepté de réinvestir plus de 70 % de leurs gains dans le véhicule d'investissement et détiendraient donc près de 40 % de l'entreprise sous LBO, mon opinion était qu'ils conserveraient suffisamment d'intérêt dans l'opération. J'étais même confiant qu'ils seraient prêts à réinvestir davantage si nécessaire.

Bien que je ne sois pas libre de divulguer la nature et le contenu des discussions du comité d'investissement de GMT Communications, j'avais finalement compris que mes arguments n'influenceraient pas le débat. Cette incapacité à identifier la forte compétitivité de Mergermarket, associée à un manque général de compréhension du potentiel que représentait la publication électronique de données dans ce qui n'était que la deuxième décennie de l'Internet commercial, explique pourquoi GMT et d'autres firmes de capital-investissement n'avaient pas su identifier Mergermarket comme une opportunité sensationnelle en

2006. En revanche, sept ans plus tard, BC Partners avait dû lutter contre une concurrence féroce pour conclure le deal.

Consolidateur de marché

Sous la houlette de Pearson, la croissance avait été principalement tirée par les nouveaux clients et les hausses de prix. Mergermarket était encore à un stade de développement où la croissance organique a de l'importance. Les acquisitions externes avaient joué un rôle dans la seconde moitié de la période d'investissement car l'expansion effrénée de la société s'était ralentie, mais l'entreprise restait de petite taille – un point soulevé par l'agence Moody's en janvier 2014 lorsqu'elle donnait aux prêts LBO de la société la notation 'très spéculatifs'.[6]

Néanmoins, de plus en plus mature, avec le soutien total de BC Partners, Mergermarket se préparait à suivre un scénario classique de consolidation du marché. En juin 2014, la société acquerrait Perfect Information, un fournisseur de solutions de flux de travail comptant 17.000 utilisateurs dans 42 pays. En septembre 2015, elle achetait les publications de capital-risque *AVCJ* et *Unquote* d'Incisive Media. Deux mois plus tard, le fournisseur de données et de renseignements sur les risques C6 Intelligence était ajouté à l'escarcelle. En janvier 2016, la société achetait Creditflux, un fournisseur d'information sur les fonds de crédit, un excellent complément à l'offre existante de Debtwire. Enfin, en mai 2017, pour environ 30 millions de livres sterling, Mergermarket absorbait Tim Group, un spécialiste de la livraison électronique d'idées et de recommandations en investissement et trading.[7]

Sans surprise, cette frénésie transactionnelle contribuait à stimuler le chiffre d'affaires, comme en témoigne la figure 2.3. Dans le même temps, il réduisait le multiple d'entrée de BC Partners, car bon nombre de ces acquisitions avaient été réalisés à des valorisations beaucoup plus faibles que celle payée pour Mergermarket Group. Cela aurait un effet positif sur les rendements que la firme de capital-investissement pouvait s'attendre à générer à la revente.

Figure 2.3 – Chiffre d'affaires et marge d'EBITDA de Mergermarket Group de 2013 à 2016

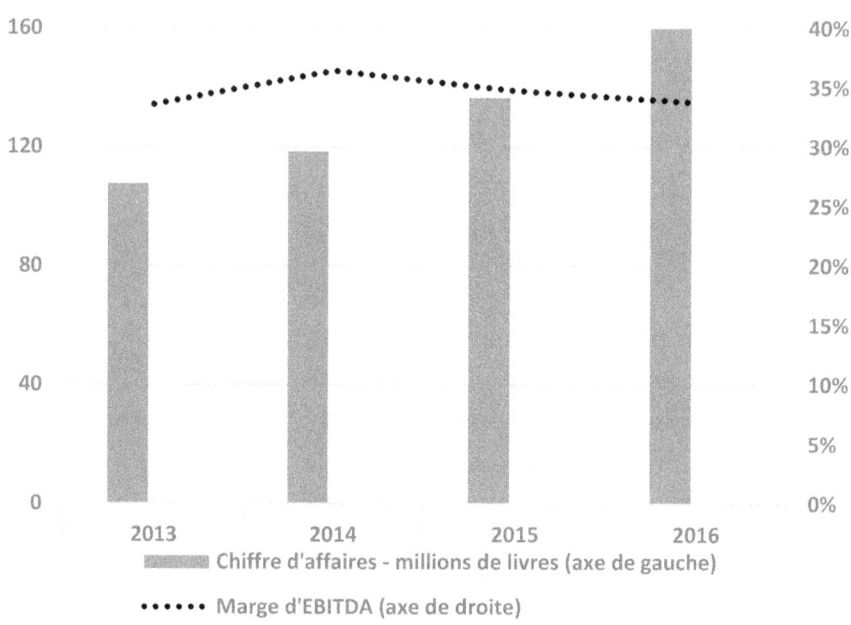

Note : *EBITDA ajusté pour revenus différés – Sources : documents de la société et analyse de l'auteur*

En parlant de sortie, après plus de trois ans, BC Partners décidait de tâter le terrain afin de tester l'appétit du marché pour sa participation. Tout au long de l'année 2016, le groupe de LBO avait reçu plusieurs approches non sollicitées. Mergermarket avait affiché une forte croissance du chiffre d'affaires et une amélioration des bénéfices. Les déploiements de produits et à l'international, associés à une consolidation horizontale via des acquisitions dans des segments tels que les marchés de capitaux, les titres à revenu fixe, les fusions et acquisitions, et la gouvernance, avaient créé un portefeuille très attrayant. Mais il n'était pas clair ce que tout cela valait sans obtenir de confirmation externe. Au printemps 2017, BC allait à la recherche de parties intéressées.

Moteurs de performance d'un bon LBO

On dit que les données sont le nouveau pétrole. Une fois que vous avez trouvé un réservoir abondant et fertile, le produit jaillira plus rapidement que vous ne pourrez réinvestir les recettes. Mergermarket s'est avéré être le candidat idéal pour une transaction à effet de levier. La création et la préservation de la valeur provinrent de sources multiples :

- Le LBO idéal est **rébarbatif, pesant et prévisible**. Mergermarket n'était pas très ennuyeux, mais il avait fait de son mieux pour offrir des performances fiables. La grande visibilité des revenus était basée sur l'abonnement, et la qualité et l'exactitude des données maintenaient les taux annuels d'annulation des contrats en dessous de 5 %, même s'ils augmentaient quelque peu pendant la crise financière.

- La **croissance rapide du chiffre d'affaires et des bénéfices** s'était poursuivie à un rythme soutenu. La pénétration des produits de Mergermarket était encore limitée en 2006. Comme nous l'avons vu précédemment, alors même que le taux de croissance organique diminuait en Europe, le groupe d'édition prévoyait de déployer son offre dans de nouvelles zones géographiques et de compléter son portefeuille via des acquisitions complémentaires, une stratégie à deux volets mise en œuvre avec ténacité sous le contrôle de Pearson.

- La **génération de flux de trésorerie stables et prévisibles** était amplifiée par des **besoins de capex limités** et le manque de saisonnalité, ce qui renforçait la conversion de trésorerie.

- Non seulement il n'y avait pas de saisonnalité, mais les **besoins en fonds de roulement étaient négatifs** car les clients payaient un an à l'avance. Comme je l'ai expliqué, certains clients acceptaient même de signer des contrats pluriannuels (une habitude que j'avais remarquée lors de mon LBO du fournisseur d'information pétrolière et gazière Wood Mackenzie). Grâce à ces paiements, Mergermarket et d'autres éditeurs de bases de données génèrent d'énormes sommes de revenus différés, ce qui permet d'évaluer, des mois à l'avance, avec quelle marge de manœuvre les clauses restrictives de la dette LBO seront respectées, facilitant ainsi les recapitalisations et renégociations avec les créanciers.

- La **conversion de trésorerie** élevée était principalement due à un facteur commun à tous les éditeurs de bases de données : les **économies d'échelle**. Lorsqu'un rapport ou un article de presse est produit, il coûte le même prix, qu'il soit livré à un client ou à un million d'entre eux. Au fur et à mesure que Mergermarket augmentait son nombre de clients, chaque dollar de revenu marginal se répercutait directement sur le résultat net, cet effet de levier opérationnel se convertissant de manière transparente et harmonieuse en cash. **L'effet de réseau** (le même produit livré à une clientèle toujours croissante) explique pourquoi la rentabilité s'améliorait. La marge opérationnelle du produit de base mergermarket était passée de 26 % en 2005 à 53,6 % en 2008. Il était encore de 50 % en 2015 malgré une concurrence intense.[8] En 2016, la marge d'EBITDA consolidé se situait bien au-dessus de 30% (comme le montre la figure 2.3), ce qui était inférieur aux 50% atteints par le produit de base, mais les états financiers du groupe comprenaient des activités à plus faible marge telles que la gestion d'événements et des publications imprimées.

- **Taux de renouvellement élevés** : la grande majorité des utilisateurs de bases de données spécialisées ont tendance à renouveler leurs abonnements. Le taux de renouvellement des contrats dépasse généralement 90 %, ce qui renforce la prévisibilité et la récurrence des revenus comme déjà mentionné. Chez Mergermarket, les renouvellements étaient souvent effectués avec des augmentations de prix, montrant que les produits de l'entreprise offraient des opportunités d'optimisation des prix.

- La principale raison derrière ce taux de renouvellement élevé n'est pas que les produits Mergermarket sont indispensables – un point clamé haut et fort par le management et leurs conseillers. Bien que cela puisse être vrai pour certains clients, je soupçonne que la plupart des gestionnaires de fonds de capital-investissement et de fonds spéculatifs ainsi que les banques et institutions prêteuses seraient en mesure de faire leur travail sans avoir accès aux produits de l'éditeur, même si ces derniers pourraient être décrits comme utiles. Non, la raison du taux de renouvellement élevé est que les **clients,** en particulier les plus gros, **sont insensibles aux prix**. Cette faible élasticité de la demande par rapport aux prix est due au coût relativement faible (des dizaines de milliers de dollars) que représente la souscription à ces produits pour des institutions financières gérant des centaines de millions, voire des milliards de dollars d'actifs.

- La **clientèle** de Mergermarket était **entièrement diversifiée**. Le groupe d'information ne dépendait pas d'un ou deux clients clés, ce qui est généralement un signe de danger pour les investisseurs. En cas de forte concentration des revenus, la perte d'un client majeur peut immédiatement anéantir une grande partie du chiffre d'affaires d'une entreprise, mettant en péril ses bénéfices et ses flux de trésorerie. Aucun des clients de Mergermarket ne représentait plus de 5 % du chiffre d'affaires total, de sorte que le faible impact d'une perte de clients offrait une visibilité des revenus et des cash-flows, permettant un remboursement prévisible de la dette.

- Compte tenu de sa position établie dans le secteur des données et de la recherche financières, il ne restait au groupe qu'à ajouter des produits et services à son éventail et à les vendre aux clients existants. La société mettait en place cette stratégie sur une base organique sous la direction des gérants de capital-risque (jusqu'en 2006), et la poursuivait assidûment au sein de Pearson (2006-13) puis sous LBO (après 2013) en menant un **programme d'acquisitions et de consolidation ('buy and build')** très agressif. Pearson et BC Partners étaient ravis de laisser le management élargir le portefeuille de produits tant que le processus se traduisait en une extension naturelle de la plateforme d'information de Mergermarket.

Vers la sortie

Rappelons qu'en 2006, j'avais obtenu de la dette pour financer un LBO. Les banques à qui j'avais parlé n'étaient disposées à fournir que 40 % de la valeur d'entreprise sous forme de prêts, le reste étant financé par les fonds de GMT Communications. Il peut sembler surprenant qu'une entreprise aussi génératrice de liquidités ne permettait pas d'obtenir un meilleur ratio d'endettement. Cela mérite quelques explications.

Contrairement à Hilton, Mergermarket n'avait pas beaucoup d'actifs au bilan. En 2006, ses actifs corporels étaient inexistants et son seul atout tangible était sa base de données. La marque était assez peu valorisée à l'époque, même si elle avait établi une notoriété dans le secteur des services financiers. Dix ans plus tard, lorsque BC Partners envisageait une vente, les actifs incorporels représentaient plus d'un quart de l'actif total du groupe, tandis que le goodwill (la prime accumulée sur la valeur comptable payée dans le cadre de diverses acquisitions depuis sa création) représentait 56 % de la valeur comptable totale de l'actif. Les actifs corporels étaient encore négligeables, mais les cash-flows prévisibles soutenaient la capacité de l'entreprise à emprunter. Les institutions prêteuses étaient susceptibles de vouloir garder Mergermarket comme client.

En juillet 2017, la société lançait une recapitalisation avec versement de dividendes dans deux devises d'une valeur de 500 millions de livres sterling.[9] Toujours au début de l'été, BC Partners organisait un LBO secondaire partiel en vendant une participation de 30 % dans Mergermarket au fonds souverain singapourien GIC. Ce dernier payait un multiple de 14 à 16 fois, selon diverses définitions de l'EBITDA.[10] Le refinancement de la dette comprenait 380 millions de livres sterling de prêts existants ainsi qu'une ligne de crédit renouvelable de 50 millions de livres sterling. L'opération comprenait également 295 millions de livres sterling versés à BC Partners par le biais d'un rachat complet d'actions privilégiées et de dividendes en espèces. En parallèle, GIC achetait 175 millions de livres sterling d'actions privilégiées. L'effet de levier était de 8,6 fois selon Standard & Poor's, ou 7,2 fois sur une base ajustée selon Moody's.[11] Malgré sa taille croissante, le flux de revenus concentré dans le secteur des services financiers accentuait le profil de risque de la société du point de vue de la notation de crédit. Les deux agences conservaient leurs notes 'très spéculatives', mais les investisseurs et prêteurs reconnaissaient désormais que l'entreprise était devenue un candidat LBO de premier ordre.

BC Partners suivait un ordre de route familier adopté par certains de ses pairs au cours des dernières années. Plutôt que de sortir complètement d'une participation ou de passer par une recapitalisation complexe avec versement de dividendes qui nécessitait des négociations stressantes avec les créanciers, il était plus simple d'organiser une sortie partielle avec l'un de ses principaux limited partners, ou investisseurs LP (ici GIC), tout en conservant une participation majoritaire dans la société. Avec cette vente partielle secondaire, BC Partners restituait à ses investisseurs plus du double de leur apport initial et conservait une participation de 60 % dans le groupe de médias nouvellement rebaptisé Acuris.

L'avantage évident d'une vente à des fonds souverains et à d'autres investisseurs LP* est qu'ils ont des attentes de rendement inférieures à ceux des fonds de private equity. Alors qu'un gestionnaire de fonds de capital-investissement comme BC Partners recherche des rendements annualisés de 15 % à 20 %, les investisseurs institutionnels comme GIC se satisfont de 10 % à 12 %. Les deux parties peuvent convenir d'un multiple d'évaluation plus élevé sans que l'une ou l'autre n'ait à faire de compromis. En septembre 2014, GIC avait également aidé Carlyle Group à se retirer partiellement de son investissement dans le groupe britannique de services de dépannage RAC. L'entente entre BC Partners et GIC suivait le même modèle. Un an plus tard, Carlyle avait vendu la participation majoritaire restante dans RAC au groupe de private equity CVC. La revente en deux étapes avait donné à Carlyle la chance de réaliser une sortie partielle similaire à une introduction en bourse (toujours bonne du point de vue valeur temps de l'argent, ou 'time value of money') tout en restant impliqué un an de plus pour bénéficier d'un mouvement haussier. Avec Mergermarket, BC Partners adoptait une approche similaire.

Un bon nombre de fonds de LBO de taille moyenne avaient examiné la transaction en 2006. Plus de 30 gestionnaires de fonds avaient reçu la note d'information des vendeurs. Pourtant, aucun d'entre eux n'avait su discerner la valeur intrinsèque de la cible. À l'époque, plusieurs firmes de capital-investissement, dont certaines ayant une forte expertise dans les médias, étaient incapables d'identifier Mergermarket comme l'une des sociétés les plus prometteuses dans l'édition électronique. Il convient de noter que n'importe lequel de ces gérants de fonds aurait fait plus de 4 fois la mise en investissant en 2006. En suivant la voie empruntée par Pearson et en vendant sept ans plus tard, en supposant prudemment qu'il n'y ait eu aucun remboursement de la dette ni aucune recapitalisation

---

* Un rappel que le terme 'investisseurs LP' fait référence aux apporteurs de fonds qui allouent des capitaux à des firmes de capital-investissement et à d'autres gestionnaires d'actifs

avec versements de dividendes pendant la période de participation, le LBO aurait obtenu un taux de rendement interne de 25 %.

Un tel résultat aurait garanti à GMT Communications une collecte de fonds sans douleur pour son millésime GMT IV. Au lieu de cela, après trois ans d'un processus sans impulsion, en 2017, l'équipe GMT avait dû abandonner la levée de fonds et engager une procédure de mise en liquidité pour le Fonds III, permettant aux investisseurs de liquider leurs participations ou de participer à un véhicule secondaire abritant trois sociétés de portefeuille restant à vendre.[12] Parfois, les deals que vous ne faites pas sont ceux qui font le plus mal. Découragé, j'avais quitté le fonds depuis longtemps, à l'été 2008.

CROISSANCE ET PERFORMANCE DU PRIVATE EQUITY

Les entreprises en phase de développement sont d'excellents candidats pour les opérations à effet de levier. Elles offrent généralement un potentiel de croissance important, à la fois organique et externe, garantissant aux LBO de taille moyenne des rendements supérieurs sans avoir à recourir aux types de techniques d'ingénierie financière que nous verrons dans les Deuxième et Troisième Parties.

CHAPITRE 3

Un schéma pragmatique du private equity

> *Il n'existe pas de 'meilleur gestionnaire de fonds'. Il existe de nombreuses façons d'obtenir d'excellents rendements. Chaque équipe d'investissement a ses propres compétences, sa propre idiosyncrasie et ses propres faiblesses.*
>
> *Cela étant, bien que l'environnement réglementaire frivole dont bénéficie l'industrie du capital-investissement explique le manque d'informations fiables sur les performances, certains outils et techniques peuvent être considérés comme des pratiques exemplaires.*

Ce chapitre n'offre pas de nouvelles théories de gestion financière. Il décrit des pratiques d'investissement qui devraient générer des rendements constants et meilleurs. Il tente d'esquisser les principales caractéristiques d'un modèle de private equity, où le mot 'modèle' doit être compris à la fois comme une représentation du processus d'investissement à une échelle plus petite que la vie réelle et comme une norme à imiter.

Les gestionnaires de fonds de capital-investissement ne sont pas connus pour leur rigueur. Faire des deals est une activité dynamique, créative et enivrante qui donne le droit à ceux qui concluent des transactions record et inventives de se vanter. Mais je dirais qu'une firme de private equity de premier plan ne devrait pas être un pionnier. Au contraire, elle devrait faire preuve d'une discipline quasi mystique dans la gestion et la croissance des actifs. Il y a de fortes chances que la plupart des lecteurs ne trouvent aucun des points de ce chapitre révolutionnaire. La performance dans la gestion de fonds ne devrait pas dépendre de l'innovation, mais de la constance et de la persévérance.

Tout est une question de management

Les groupes de capital-investissement ont acquis une mauvaise réputation pour la façon dont ils démembrent les sociétés en portefeuille et exécutent impitoyablement leurs plans de réorganisation, y compris parfois par des vagues de licenciements. Souvent, les réductions d'effectifs affectent l'équipe de direction.

Bien qu'il existe peu de données publiques sur ce point, on estime qu'entre les deux tiers et les trois quarts des équipes de management gérant des sociétés de portefeuille pour le compte de fonds de LBO seront redimensionnées ou remaniées (ce qui signifie qu'un ou plusieurs dirigeants seront licenciés) pendant la période de participation.

Le défi, pour un gérant, c'est d'identifier la meilleure équipe de direction pour mettre en œuvre un plan opérationnel et commercial capable de faire face à un montage financier qui laisse souvent peu de place à l'erreur. Le risque d'exécution d'un LBO est à son maximum lorsque la société sous LBO est mal contrôlée. Une entreprise à croissance rapide aura besoin d'un management capable d'accélérer son développement. Une autre entreprise négligée par ses anciens propriétaires pourrait avoir besoin d'un plan de redressement, auquel cas une équipe experte en efficacité opérationnelle pourrait être la mieux adaptée.

Ce n'est pas un hasard si les LBO ont été appelés à l'origine 'rachats par la direction', ou 'management buyouts'. Même si les transactions peuvent maintenant être complétées en faisant appel à des gestionnaires exclusivement de l'extérieur (dans une transaction appelée de manière confuse un 'management buy-in') ou en demandant aux équipes en place de travailler aux côtés de nouveaux cadres recrutés pour leur expertise, il ne fait aucun doute que les directeurs d'une société de portefeuille sont essentiels au succès d'une opération à effet de levier. C'est pourquoi les firmes de capital-investissement peuvent se montrer sans états d'âme dans la sélection des cadres exécutifs de leurs participations. Pourtant, il n'y a pas de formule secrète. Au fil du temps, après de nombreux succès et échecs, les gérants de fonds apprennent à identifier les dirigeants exécutifs ayant la bonne composition de ténacité et de flexibilité pour adapter l'entreprise aux obstacles et aux conditions économiques auxquels elle sera confrontée pendant la durée de la transaction.

Le risque de perdre toute objectivité

Si les dirigeants exécutifs sont si essentiels au succès d'un LBO, le corollaire est qu'une équipe de direction faible est souvent la principale raison d'un échec. Plusieurs études de cas dans ce livre mettront en évidence les conséquences des défaillances comportementales. Gérer l'argent des autres est un métier difficile, qui exige un haut degré de rationalité tout au long du processus de prise de décision. Licencier des personnes est une décision chargée d'émotions.

Le plus grand test auquel un gestionnaire de fonds est confronté lorsqu'il soutient les cadres en place ou sélectionne de nouveaux candidats pour diriger une société de portefeuille, c'est de décider du temps alloué à ces cadres pour exécuter le business plan. À quel moment les gérants doivent-ils déterminer qu'une équipe de direction n'est plus la bonne et doit partir ? Il ne faut pas agir trop tôt. Appuyer sur la gâchette sans donner suffisamment de temps au P-DG et à ses collègues serait contre-productif, indiquant aux autres personnes de la société que les gérants sont irréalistes dans leurs attentes. Mais ne pas prendre de décision est tout aussi dommageable.

Ne pas agir du tout, c'est perdre toute objectivité. Parce que les êtres humains ont tendance à sélectionner des individus qui leur ressemblent le plus (nous discuterons de ce concept d'homophilie plus tard), ils sont souvent incapables de prendre la décision difficile mais indispensable de licencier des personnes qui n'ont pas tenu leurs promesses. La procrastination n'aura pas seulement un impact sur le rendement d'un investissement. Il informera également les employés de la société de portefeuille que la sous-performance est tolérée, au risque d'institutionnaliser l'échec.

Faire sa propre due diligence

Avant de conclure une affaire, un investisseur consciencieux doit effectuer une analyse préliminaire approfondie. Au fil des années, le succès d'un gestionnaire de fonds peut légitimement être dû à la chance. Mais comme Benjamin Franklin l'a écrit, "la diligence est la mère de la chance".[1]

Les groupes de private equity ne font pas de due diligence pour satisfaire leur curiosité. Ils le font parce que, sans processus de vérification professionnel, ils ne seraient pas en mesure de lever de la dette pour financer leurs acquisitions. Un LBO n'a de sens économique que s'il est financé principalement par des prêts. Ces sommes sont empruntées à des banquiers et, de plus en plus, à des gestionnaires de fonds de dette privée qui s'attendent à ce que les firmes de capital-investissement fournissent des rapports de due diligence couvrant tous les risques propres à la transaction : situation macroéconomique, contexte du marché, positionnement concurrentiel, performance financière, litiges et autres paramètres susceptibles de mettre en danger la génération de flux de trésorerie, et donc la solvabilité, de la cible.

Ainsi, les organismes prêteurs sont à l'origine de la demande de due diligence. Pour preuve, d'autres gérants de fonds comme les firmes de capital-risque qui n'empruntent pas beaucoup pour financer leurs transactions et qui ne subissent pas de pression de la part de prêteurs pour démontrer leur compréhension approfondie de la société dans laquelle ils envisagent d'investir, n'effectuent pas d'études approfondies.

Ce qui arrive souvent, c'est que le labeur incessant de la due diligence devient plus superficiel à mesure que l'économie et le marché des fusions et acquisitions s'installent dans une phase haussière. Les études montrent qu'entre 2014 et 2017, les stades de due diligence sont passés d'une moyenne de 7,4 à 6,1 mois.[2] Bien qu'il y ait plusieurs raisons derrière une telle tendance, y compris l'adoption de produits d'assurance contre les risques liés aux fusions et acquisitions et l'amélioration des analyses durant la phase qui précède la mise en vente, le facteur principal c'est la concurrence accrue pendant le processus d'enchères.

Au cours de la période effrénée de 2006-08, de nombreuses transactions, y compris le rachat du groupe bancaire néerlandais ABN AMRO par son rival Royal Bank of Scotland, furent signées après seulement quelques semaines de négociations, ne donnant pas à l'acquéreur suffisamment de temps pour effectuer une évaluation approfondie. Ce qui était aussi devenu courant à cette époque, c'était la production de rapports de due diligence instruits par le vendeur (ce qui signifie que le vendeur analysait sa propre entreprise !). Ces rapports étaient dans certains cas fortement trafiqués. Des pratiques précipitées similaires sont apparues en 2017 et 2018, prouvant que de nombreux investisseurs en capital-investissement étaient une fois de plus prêts à faire fi de toute prudence alors que les marchés s'emballaient. Bien qu'une due diligence appropriée ne puisse pas garantir des rendements solides, une analyse superficielle laisse souvent de nombreux angles morts et peut conduire à l'échec.

Qui veut voyager loin ménage sa monture

Les gestionnaires de fonds doivent fournir un rendement fiable. Nous verrons dans les chapitres suivants que les investisseurs LP évitent les firmes de capital-investissement offrant des rendements imprévisibles ou médiocres, choisissant de réduire leur allocation aux millésimes futurs ou de complètement se détourner d'elles.

Lors de booms sporadiques, les gestionnaires de fonds ont tendance à montrer un goût certain mais frustrant pour le court-terme. Chaque fois qu'un rebond se transforme en bulle à part entière, le sang-froid fait généralement place à l'orgueil. Voici les principales caractéristiques des entreprises ou des marchés qui devraient offrir de meilleures chances de succès aux sociétés de private equity prêtes à maintenir une approche disciplinée en matière d'investissement.

- *Récurrence des revenus, prévisibilité des flux de trésorerie*

Parce que les sociétés sous LBO sont exposées à des années d'intérêts composés et, en fin de compte, au remboursement des sommes qu'elles empruntent, elles doivent produire des flux de trésorerie de manière régulière. La meilleure façon de sécuriser un tel flux, c'est d'adopter un business model où la récurrence des revenus et des cash-flows ne peut pas être compromise.

Les services basés sur des programmes de logiciel (software as a service, ou SaaS) sont préférables à la livraison de logiciels ou de matériel sans revenus annexes, car le fournisseur SaaS offre des solutions au fil du temps, pas une vente de produit seule et unique. Les fabricants de smartphones ne sont pas seulement des développeurs de matériel ou de logiciels. Ils représentent des plateformes qui attirent les développeurs d'applications et rendent leur offre plus incontournable pour l'utilisateur final. Une fois que les utilisateurs ont téléchargé plusieurs applications sur leur téléphone, leurs applis se trouvent dans le cloud et sont transférables d'un téléphone à l'autre, mais uniquement pour les appareils de la même marque ou du même système d'exploitation. Le fait que les développeurs d'applications soient des entrepreneurs indépendants, généralement à leur compte, réduit également le profil de risque de ce modèle de revenus (du point de vue de la plateforme). Le succès des applis dépend de paramètres similaires aux blockbusters du monde du cinéma, ce qui signifie que très peu d'entre elles seront gagnantes. Si Apple devait développer toutes les applis en interne, le fait

Un Schéma Pragmatique

que beaucoup d'entre elles sont sans valeur créerait un flux incertain de revenus tandis que les coûts de personnel seraient fixes.

Ainsi, la valeur n'est plus dans la vente d'un seul produit mais dans l'accès récurrent à la plateforme. Cette conception commerciale autour de solutions plutôt que de produits est ce que General Electric avait introduit dans les années 1980 sous la direction de Jack Welch. De la vente de réfrigérateurs ou de moteurs d'avion, GE est devenu un fournisseur d'options, d'accessoires, de maintenance et même de solutions de financement. Offrir une solution complète et intégrée rend les flux de trésorerie plus prévisibles car le coût de transfert et de conversion pour les clients augmente. Logiquement, Apple et General Electric sont d'excellents candidats LBO, en particulier ce dernier pour une stratégie de cessions par appartements. Seule leur taille les protège de l'appétit carnassier des firmes de capital-investissement...Pour l'instant.

Les modèles de revenus par abonnement et par commissions, comme ceux adoptés respectivement par Mergermarket et Hilton, sont meilleurs que les blockbusters (tels les jeux vidéo ou les films) car ils donnent une bonne visibilité. De même, les entreprises avec une base installée offrent une certaine prévisibilité – l'exemple discuté comme étude de cas dans la plupart des écoles de commerce est Gillette et sa célèbre offre groupée de rasoir et de lames qui assure l'adhésion du client. Regardons des versions plus modernes : les réseaux sociaux comme Facebook et le moteur de recherche Google bénéficient également de l'effet de réseau, une nouvelle version du principe de base installée. En résumé, les entreprises avec des revenus récurrents et des coûts variables (ou externalisés) sont d'excellentes cibles LBO.

- *Fragmentation de la clientèle et de la base de fournisseurs*

Une bonne façon de protéger les flux de trésorerie, c'est de traiter avec un nombre suffisamment important de fournisseurs et de clients. Nous avons vu que Mergermarket bénéficiait d'un ensemble diversifié de segments de clientèle. Pendant la crise financière, alors que les banques d'affaires et les fonds de capital-investissement réduisaient leurs budgets, les avocats et les traders avaient probablement été moins touchés par le ralentissement économique, aidant Mergermarket à affronter la tempête.

Inversement, être dépendant d'un ou d'une poignée de fournisseurs de services ou de clients est très risqué. Les entreprises ayant ce type de profil d'achat ou de vente ne sont généralement pas de bons candidats pour un LBO. Nous verrons au chapitre 4 qu'Univision dépendait fortement d'un fournisseur de contenu essentiel, ce qui affecta ses performances.

- *Cyclique ou insensible au cycle économique*

Rappelons une évidence : les sociétés cycliques ne sont pas des sources recommandables pour des opérations à effet de levier. Il est préférable d'éviter des secteurs tels que la vente au détail, en particulier les magasins de mode, ainsi que les industries basées sur le transactionnel, telles que les services bancaires ayant trait aux fusions et acquisitions, le transport aérien, le négoce de matières premières et les segments dépendants de la publicité. Cela rend les chapitres 4, 6 et 7 de ce livre d'autant plus fascinants.

Il y a une phrase dangereusement complaisante dans le monde de l'investissement. Les gens font parfois référence à des entreprises censées être 'résistantes à la récession' (recession-proof). Disons simplement qu'aucune entreprise n'est vraiment à l'abri des effets négatifs d'un ralentissement économique, surtout si elle est surendettée. Néanmoins, les modèles axés sur l'abonnement (par exemple, Mergermarket), la fabrication d'aliments et de boissons de consommation courante (une source de deals régulière pour de nombreuses firmes de capital-investissement) et les contrats à long terme (tels que les exploitants d'aéroports et de routes à péage) sont plus résilients que d'autres et devraient donc intéresser les fonds de LBO.

- *Efficacité des actifs*

Pour les entreprises riches en actifs, la question principale à laquelle un gestionnaire de fonds doit répondre est de savoir comment tirer le meilleur parti de ces actifs. Leur intensité, c'est-à-dire le ratio des actifs aux revenus, peut peser sur les bénéfices.

Les gestionnaires de fonds de capital-investissement, traditionnellement à la recherche d'entreprises avec des actifs libres d'hypothèque pour pouvoir les utiliser comme garantie, sont aujourd'hui désireux d'alléger la charge d'actifs de leurs sociétés de portefeuille. Une entreprise à forte intensité d'actifs nécessite des frais d'amélioration et de modernisation ou des investissements réguliers pour remplacer l'équipement obsolète. Comme en témoigne l'histoire de Hilton, les contrats de management peuvent donner aux gestionnaires immobiliers conventionnels comme les groupes hôteliers un moyen de maximiser le rendement des capitaux propres, sans le poids des dépenses en capex sur les flux de trésorerie, qui peuvent alors être utilisés pour rembourser la dette ou distribuer des dividendes.

En partie pour se rendre moins dépendant du cycle, Hilton transforma son modèle riche en actifs en une société de gestion rémunérée à la commission, rendant le groupe moins vulnérable à la volatilité des évaluations d'actifs et aux fluctuations si fréquentes des marchés immobiliers.

Bien sûr, le danger d'une stratégie légère en actifs, c'est que lorsque l'entreprise se heurte à un obstacle, elle ne peut pas recourir à la vente d'une partie de ses biens ou de son équipement pour générer des liquidités de toute urgence. Elle pourrait ainsi être contrainte à la liquidation. Lorsque sa fraude comptable fut révélée en 2001, Enron n'avait pas pu y faire face. Le management avait passé des années à transformer le groupe d'un opérateur de gazoduc basé sur les actifs corporels en une plateforme de négociation électronique. Avec des passifs trois fois la taille de la valeur comptable de son actif, Enron n'avait pas d'autre choix que de déposer le bilan. Même s'ils ne font pas preuve d'autant de créativité sur le plan comptable, en suivant un modèle pauvre en actifs, certains LBO fortement endettés pourraient avoir du mal à faire face à un ralentissement ou à une disruption du marché.

- *People business*

Traditionnellement, un secteur comme la publicité n'était pas une bonne source pour des LBO, car il reposait sur la créativité des employés, qui s'avèrent souvent imprévisibles. Mais maintenant que la publicité est automatisée, les plateformes comme Facebook et Google sont des cibles fantastiques ; à supposer que leurs fondateurs décidaient un jour de s'intéresser à l'ingénierie financière. À l'heure actuelle, ils préfèrent se concentrer sur la croissance réelle et la création de valeur via l'innovation de produits et de services. Mais cela pourrait changer.

Une entreprise comme EMI Music a montré lors de son LBO raté en 2007-11 que sa division Production, dépendante des artistes et du répertoire, était trop volatile pour une transaction à effet de levier. Le catalogue du pôle Édition était plus prévisible et une bonne cible pour une titrisation, comme KKR l'a prouvé en 2009 avec son investissement dans BMG Rights, une joint-venture dans l'édition avec le groupe de médias allemand Bertelsmann. Pour des LBO moins stressants, il est préférable de rester à l'écart d'entreprises dépendantes de talents créatifs.

- *Culture populaire ou culture tech*

Pendant des années, mis à part les redressements d'entreprises provoqués par des cycles baissiers, les gestionnaires de fonds de LBO se sont concentrés presque exclusivement sur des cibles bien établies et matures, c'est-à-dire sur les secteurs et entreprises ayant de longs cycles de produits, et des évolutions de ventes et de cash-flows pas nécessairement formidables, mais constantes. Ces entreprises connaissent rarement de forts changements de performance. La révolution technologique qui commença dans les secteurs B2B de l'économie et infiltra progressivement le monde des consommateurs au cours des trente dernières années a changé la structure de nombreuses industries. Les entreprises qui étaient censées s'adapter à la culture populaire, avec des tendances mesurées en cycles de vie des produits sur plusieurs années, voire sur des décennies, sont aujourd'hui confrontées à un marché beaucoup plus dynamique et à des modes passagères.

La numérisation de pans entiers de l'économie, des médias à la vente au détail, des arts du spectacle aux loisirs, a raccourci l'intérêt commercial de nombreux produits à juste une année, parfois quelques trimestres pour les jeux vidéo les plus éphémères. Comme indiqué dans certaines de nos études de cas (Univision et Toys "R" Us, en particulier), les conséquences de la disruption technologique sur des entreprises qui tentent d'assurer la prévisibilité du service de la dette peuvent être traumatisantes.

Pour éviter d'être pris au dépourvu, un gérant de capital-investissement doit identifier les secteurs exposés ou susceptibles d'être exposés à la culture technologique et s'abstenir d'y investir.

Toutes les performances ne sont pas égales

Tout taux de rendement doit être évalué sur une base ajustée en fonction du risque. Un gestionnaire de fonds peut être en mesure d'offrir des rendements extrêmement élevés en prenant des risques inconsidérés.

L'évaluation des risques n'est pas une science exacte. Elle exige autant d'honnêteté intellectuelle que d'expertise qui ne peut s'acquérir qu'avec le temps, une approche minutieusement méthodique qui ne tolère pas les raccourcis. En règle générale, cependant, une entreprise qui fait face à beaucoup d'incertitude n'est pas un bon candidat pour un rachat par effet de levier. Le risque financier que les prêts LBO ajoutent à une société cible se combine rarement bien avec les chocs du marché tels que les récessions économiques, les disruptions technologiques ou une pression réglementaire.

De plus, la nature de cette incertitude peut varier. Des risques considérés comme équivalents sur une échelle risque-rendement peuvent provenir de diverses sources. Bien qu'Apollo et KKR soient connus pour leurs prouesses financières, ils ont perfectionné ces compétences pendant de nombreuses décennies avec l'abnégation d'artistes passionnés. Un nouveau gestionnaire de fonds appliquant à son portefeuille le même degré d'effet de levier pourrait ne pas avoir le pouvoir de négociation ou le bon sens pour s'extirper d'une société avec un montage financier surchargé, si celle-ci est confrontée à un ralentissement ou à d'autres défis du marché, comme cela peut se produire occasionnellement.

De même, les spécialistes d'investissements en difficulté financière ou en redressement prennent des risques qui nécessitent une expertise bien précise, le genre d'expertise qui ne peut pas s'improviser. Ces ingénieurs opérationnels apportent un ensemble de compétences qui impliquent la restructuration d'une organisation. Mais la nature du risque auquel ils sont confrontés n'est pas financière, elle est commerciale ou managériale. Sur la base de risques ajustés, leurs rendements pourraient bien être comparés à ceux des ingénieurs financiers, mais ils n'ont strictement rien en commun.

Ne pas identifier clairement (ou sous-estimer) le type de risque auquel une entreprise cible est confrontée peut s'avérer fatal pour un professionnel du capital-investissement, comme nous le verrons avec le cas de Toys "R" Us au chapitre 6.

À la hausse tout est facile ; un revers peut tuer un deal

Que ce soit volontairement ou sous la contrainte, de nombreux gestionnaires seront confrontés, à un moment ou à un autre, à la nécessité d'améliorer l'efficacité d'une participation. C'est certainement là leur plus grand défi. En règle générale, les cadres dirigeants des firmes de capital-investissement sont des financiers. Beaucoup viennent de la banque ou sont formés à l'expertise comptable. Ils se concentrent rarement sur les questions opérationnelles. Pourtant, produire de meilleurs rendements que les concurrents nécessite de parfaire des connaissances financières avec d'autres compétences.

Il y a déjà longtemps, les fonds de private equity ont commencé à embaucher des associés spécialistes des sujets opérationnels pour aider les sociétés de portefeuille ayant des difficultés de nature structurelle ou cyclique. Mais l'efficacité opérationnelle ne venait généralement qu'après coup, et n'était pas une considération fondamentale du processus de due diligence préalable à la transaction. Il existe des preuves anecdotiques que les sociétés de LBO les plus prospères sont celles qui ont intégré des outils opérationnels dans leurs processus de création de valeur aux côtés de techniques plus traditionnelles telles que l'effet de levier. Bien qu'il soit peu probable que les améliorations de l'efficacité opérationnelle à elles seules fassent d'un deal un succès, elles pourraient bien s'avérer salvatrices lorsque les choses tournent mal.

Ce qui est certain, c'est que lorsque les marchés sont chèrement valorisés, comme ils l'étaient en 2006-08 et de nouveau en 2017-18, des contrôles opérationnels sont généralement nécessaires pour préserver et, dans certains cas, améliorer la valeur d'une entreprise. Naturellement, tous les outils de gestion ne s'appliqueront pas à toutes les situations de LBO. L'intégration opérationnelle est très pertinente dans une stratégie d'acquisitions et de consolidation ; l'optimisation ou l'externalisation de la chaîne d'approvisionnement aidera un fabricant ; et les améliorations de la chaîne de distribution ou de la logistique sont importantes pour un concessionnaire.

Le danger pour un gestionnaire, c'est de confondre l'amélioration de la qualité des processus avec le contrôle des coûts. La réduction drastique des dépenses à grande échelle a généralement un impact négatif sur la viabilité à long terme d'une entreprise, en particulier lorsqu'elle est associée à une réduction ou à une élimination des capex, car ces derniers sont nécessaires pour stimuler la croissance. Les firmes de private equity ont montré qu'elles ne se soucient pas nécessairement du bien-être à long terme d'une entreprise. Elles se préoccupent davantage de l'amélioration de la performance pendant leur période de participation, dans le but de maximiser les retours sur investissement au moment de la revente d'un actif. Cela explique pourquoi, historiquement, la réduction des coûts a été la pratique qui a le plus nui à la réputation du secteur.

Préparer sa sortie

Alors que les fonds de capital-investissement s'efforcent de se présenter comme des bâtisseurs, en vérité, ils sont essentiellement des traders. La preuve réside dans l'une des règles par excellence de l'investissement en private equity. Une condition primordiale à tout investissement dans une cible, c'est d'identifier dès le départ, avant même de signer l'accord d'acquisition, une voie claire de sortie. Sans une stratégie de cession bien définie, un sponsor financier sérieux ne devrait pas investir – notez que certains gestionnaires ne tiennent pas compte de cette règle et sont prêts à laisser le recours à une échappatoire dans les mains du destin.

Les transactions en clubs, regroupant plusieurs firmes de private equity ('club deals'), notamment dans de très gros LBO, étaient l'une des pratiques les plus controversées de la dernière bulle, comme nous le verrons dans les chapitres 4, 6 et 9. Le défi principal de ces deals de plusieurs milliards de dollars n'était pas seulement de savoir comment créer de la valeur avec une entreprise fortement endettée affichant une croissance stable ou négative ; il s'agissait également de déterminer une voie de sortie viable. À l'exception de RJR Nabisco à la fin des années 1980, peu de très grandes entreprises avaient fait l'objet d'un LBO jusqu'en 2004-08. Alors que RJR avait été un excellent candidat pour une stratégie de cession par appartements, peu de transactions clôturées en équipe durant le boom du crédit pouvaient être dépecées au coup par coup, ce qui compliquait une mise en vente en totalité. À cet égard, leurs sponsors ont été quelque peu négligents.

Cependant, si l'élaboration d'un plan de sortie au début d'un LBO est considérée comme une pratique exemplaire, il s'ensuit que les gestionnaires de fonds de private equity sont des marchands avec une vue de court terme plutôt que des bâtisseurs sur le long terme. Mais chaque règle a ses exceptions. Les stratégies d'acquisition et de consolidation ('buy and build') visent à contrer les pires tendances de court-termisme.

'Buy and build'

Les journalistes décrivent les fonds de private equity comme des investisseurs qui acquièrent des entreprises en difficulté dans le but de les redresser. Cette image n'est pas un reflet fidèle du marché d'aujourd'hui. Il est exact que, lorsque tout a commencé dans les années 1970, les candidats au rachat étaient très souvent des activités périphériques qui avaient été privées de cash et d'attention du management pendant un certain temps, et qui avaient donc un besoin urgent d'efforts de restructuration parfois intenses.

Mais les pratiques de gestion se sont considérablement améliorées au cours des quatre dernières décennies. Les candidats en difficulté ne forment qu'une petite partie du flux de transactions que les firmes de capital-investissement examinent chaque année – malgré le nombre croissant de zombies surendettés.

L'implication qui en découle, c'est que les réductions de coûts, la délocalisation et les améliorations opérationnelles ont parfois déjà été réalisées par les propriétaires précédents, en particulier lorsque ces derniers étaient eux-mêmes des fonds de capital-investissement.

Au lieu de cela, le moyen le plus courant de créer de la valeur dans l'environnement actuel consiste à utiliser une société de portefeuille comme plateforme pour effectuer des acquisitions complémentaires, en prenant un rôle actif dans la consolidation de l'industrie, comme l'a prouvé le cas de Mergermarket. Lorsqu'elles sont réalisées à un multiple d'évaluation d'entrée inférieur au prix payé pour une société de portefeuille, les acquisitions complémentaires peuvent être relutives avant même que les synergies ne soient prises en compte. Sans compter qu'elles sont un moyen plus noble de créer de la valeur que ne le sera jamais un effet de levier excessif.

Les limites de l'innovation financière

Les innovations ont rarement trait à l'amélioration de la performance. Dans leurs premiers stades, elles se préoccupent avant tout de l'expérimentation. Et toute nouvelle expérience engendre son lot d'échecs.

Les fonds de dette et les groupes de capital-investissement ont grandement bénéficié de la réglementation accrue du secteur bancaire. Au cours des quinze dernières années, ils ont augmenté leur part du marché de la dette privée, souvent par tâtonnements. Alors que le monde des start-ups a l'habitude de procéder à petits pas et d'échouer vite mais avec le moins de conséquences douloureuses possible, ce n'est guère une option dans le secteur des LBO. Lorsqu'un gestionnaire lève un fonds pour une durée de dix ans afin d'investir dans des structures à fort effet de levier, l'échec peut rapidement devenir une corvée ingrate et pénible plutôt qu'une aventure engageante et exaltante.

Les essais expérimentaux sur le terrain ne sont pas une option dans le private equity. L'investissement a lieu ou n'a pas lieu. Lorsqu'ils expérimentent avec de nouveaux produits de dette et des montages financiers agressifs, les professionnels du capital-investissement anticipent rarement les effets à long terme.

Manipuler l'effet de levier avec précaution

Compte tenu de l'impact extraordinaire de l'effet de levier financier sur les rendements, les gestionnaires de fonds ont passé les quarante dernières années à affiner leur utilisation du financement par la dette. C'est le domaine où le secteur a connu le plus d'innovation.

Avec son utilisation systématique de la dette, le private equity est imbattable au jeu du retour sur investissement. Pour éviter d'être trop technique, je me contenterai de dire que l'effet de levier est le principal moyen par lequel les gestionnaires de fonds maximisent leurs rendements. Mais c'est une situation exceptionnellement risquée. Cela aide à expliquer les problèmes subis par TIM Hellas, Toys "R" Us et Univision, trois sociétés que nous passerons en revue plus tard dans le livre.

Il y a peu de différence entre l'optimisation et la maximisation de l'effet de levier. Mais le risque de défaut de paiement sur les titres de créance pour de nombreux LBO est généralement élevé. De longues renégociations avec les créanciers pour modifier les clauses restrictives et prolonger les échéances ne sont qu'un début. Le défaut de paiement peut également conduire à la faillite si l'emprunteur ne peut pas respecter ses engagements, comme ce fut le cas avec TIM Hellas et Toys "R" Us.

La règle d'or est de maintenir la dette en proportion du financement total à un niveau gérable – jusqu'à 60 % de la capitalisation totale semble fonctionner pour la plupart des secteurs, à moins qu'ils ne soient sujets à des changements réglementaires soudains, à des disruptions technologiques ou à des crises cycliques, auquel cas les ratios d'endettement devraient être beaucoup plus faibles.

Les firmes de private equity sont plutôt agressives dans leur quête de rendements supérieurs, tandis que les organismes prêteurs ne cherchent qu'à se prémunir contre toute perte d'argent. Cela crée beaucoup de tension lors des négociations entre les acquéreurs qui souhaitent emprunter autant que possible et les apporteurs de crédit qui veulent s'assurer qu'ils récupéreront leur mise initiale avec intérêts. Mais de nombreuses firmes de capital-investissement sont devenues si influentes qu'elles exercent un pouvoir excessif sur les prêteurs, en particulier lors de pics conjoncturels où il peut exister un déséquilibre important entre l'offre et la demande en faveur de cette dernière (comme ce fut le cas en 2004-08 et à nouveau en 2016-18). Lorsqu'il y a un surplus de capital sur les marchés financiers, ceux qui empruntent se voient souvent accorder des conditions extrêmement généreuses, y compris la possibilité de lever des prêts capitalisés avec remboursement d'intérêt seulement (ce qui signifie que le montant d'encours n'est remboursable qu'au moment de la revente de l'entreprise ou lorsque les prêts arrivent à échéance) ou sans qu'il soit nécessaire de respecter des ratios financiers stricts (ce que l'on appelle les 'covenants', ou clauses restrictives).

En 2017, d'après mes discussions avec des banquiers, plus de 90 % des LBO d'une valeur d'entreprise supérieure à 100 millions de dollars étaient financés par des prêts capitalisés assortis de faibles clauses restrictives ('covenant-lite'), ce qui signifie que la dette contractée n'avait pas à être amortie, mais était seulement remboursable à l'échéance ou durant un changement de contrôle, ce qui donne à l'emprunteur plusieurs années pour opérer sans restrictions de la part de ses créanciers.

L'une des façons dont, à la suite de la crise financière de 2008, les gestionnaires de fonds firent pencher la balance à leur avantage, fut de développer des activités de crédit en interne. En effet, certaines des plus grandes sociétés de LBO au monde sont parmi les plus grands groupes de dette privée : Apollo, Bain Capital, Blackstone et KKR jouent tous des deux côtés de la structure financière. Cela leur permet de faire deux choses : premièrement, ils peuvent utiliser la capacité de leurs divisions de dette privée à fournir des prêts LBO comme outil de négociation lorsqu'ils traitent avec des prêteurs tiers ; deuxièmement, ils peuvent acquérir des cibles à bon marché en achetant la dette d'entreprises en difficulté au rabais, avec la possibilité de prendre le contrôle total de l'entreprise endettée si elle s'avère incapable de rembourser sa dette.

À titre d'exemple, en 2014, la branche crédit de KKR renégociait les termes des prêts détenus par l'opérateur européen de distributeurs automatiques Selecta. Ce dernier avait fait l'objet d'un LBO par Allianz Capital Partners sept ans plus tôt. Un an après le refinancement, KKR prenait le contrôle de Selecta à ce qui était décrit comme un prix avantageux. Ce type de LBO arrangés par des créanciers prenait de l'ampleur pendant la récession de 2008-12 et par la suite.

En résumé, l'effet de levier est au cœur du succès de tout LBO, mais s'il est appliqué de manière excessive ou trop créative, il peut également conduire à sa perte.

Les dangers de la diversification

La diversification est un autre terrain sur lequel les firmes de capital-investissement ont beaucoup expérimenté (plutôt improvisé). La façon dont un gestionnaire convainc les investisseurs LP d'allouer des fonds vers de nouveaux produits, dans des segments adjacents où il ou elle n'a aucune expérience préalable, c'est en insistant sur le fait que ses techniques d'investissement et de gestion sont excellentes et peuvent être reproduites et adaptées à d'autres domaines du monde des actifs alternatifs qui n'ont rien à voir avec les LBO. Cependant, parce qu'elles opèrent dans un secteur privé (lire : impénétrable) et sous-réglementé, les firmes de private equity ne divulguent pas ce que sont ces techniques.

Les investisseurs potentiels doivent se satisfaire qu'un gestionnaire de fonds visant à se diversifier possède effectivement un style de gouvernance et des méthodologies supérieurs et transférables. Le bilan, en termes de rendements, des groupes de private equity indique que ce n'est pas le cas. Tout d'abord, la plupart des fonds de LBO n'ont pas démontré une performance cohérente pour garantir la confiance des investisseurs lorsqu'il s'agit de lever des capitaux pour des activités autres que le capital-investissement. L'étude de cas 3i du chapitre 5 servira de première pièce à conviction.

Les décisions de lancer de nouveaux produits viennent généralement du haut de la hiérarchie ; c'est un mauvais signe supplémentaire de l'innovation dans le capital-investissement. Les institutions financières ont tendance à suivre un style de gestion descendant, souvent autocratique, tandis que les start-ups appliquent généralement une philosophie plus plate, parfois ascendante, pour être plus dynamiques et adaptables dans un environnement en évolution rapide. La finance n'évolue pas rapidement ; mais elle évolue tout de même. Lorsque l'innovation a lieu, c'est parce que les participants perçoivent que le changement est moins risqué que le statu quo. Dans la foulée de la crise financière, les firmes de private equity ont conçu de nouveaux produits principalement pour se diversifier et s'éloigner de l'activité cyclique des LBO. Elles ont souvent débauché les meilleurs talents de la concurrence (banques, fonds spéculatifs) pour multiplier les sources de commissions. Elles n'ont pas été poussés à innover par leurs investisseurs LP. Peu de ces derniers ont demandé aux gestionnaires de fonds de LBO de leur vendre des solutions d'investissements immobiliers ou de hedge funds.

Rien ne prouve que cette approche de solution généraliste, sous un même toit, génère des rendements plus élevés pour les investisseurs qui acceptent de devenir plus dépendants des gérants de fonds. Dans ce cas, l'innovation donne davantage de pouvoir de négociation aux firmes de capital-investissement. Une base d'investisseurs diluée confère aux gérants de fonds plus d'influence, tandis qu'un ensemble plus large d'actifs sous gestion rend le potentiel de rémunération plus prévisible. Les fluctuations des rentrées et sorties de capitaux s'en trouvent également réduites, offrant ainsi une meilleure visibilité sur les performances.

C'est le dilemme de l'innovation dans les services financiers. Cela peut être crucial pour la survie à long terme d'un gestionnaire, mais ce n'est peut-être pas dans l'intérêt des clients, car cela est susceptible d'entraîner des rendements inférieurs. Pour les investisseurs LP, la politique de diversification systématique mise en œuvre par les plus grands groupes de private equity risque d'être préjudiciable. Tout comme les consommateurs ne trouveront pas nécessairement les meilleurs taux de change ou prêts immobiliers avec la banque offrant les comptes d'épargne les plus généreux; et tout comme un assureur-vie ne fournira pas automatiquement les produits d'assurance automobile ou habitation les plus convaincants; il n'y a absolument aucune raison de croire qu'un gestionnaire de fonds qui a bâti un joli parcours dans le segment des LBO offrira une performance solide en tant que fonds d'arbitrage ou dans l'immobilier.

Des preuves anecdotiques attestent que la prudence s'impose lorsqu'on traite avec des gestionnaires d'actifs alternatifs souhaitant couvrir plusieurs segments de l'industrie. L'incursion de Carlyle dans le monde des fonds spéculatifs s'est soldée à plusieurs reprises par un échec, notamment par une série d'actions en justice engagées contre la firme en 2010. L'une des poursuites fut intentée par les liquidateurs de Carlyle Capital Corporation (CCC) à la suite de l'effondrement, en mars 2008, de ce fonds d'obligations immobilières de 22 milliards de dollars. Le procès identifiait des manquements au devoir fiduciaire, des fautes intentionnelles, ainsi que des accusations pour négligence.[3] Que les différents procès aient été justifiés ou non ne changera rien au fait que CCC dut être liquidé.

En novembre 2006, le document d'enregistrement de CCC avait promis "des rendements ajustés au risque supérieurs des placements dans un portefeuille diversifié de placements à revenu fixe". Le même document offrait "des rendements nets de 14,1 % et un rendement net prévu du dividende de 12,5 %" d'ici la fin de l'année suivante. Au lieu de cela, le véhicule d'investissement cessait toute activité dans les 16 mois sans effectuer un seul paiement de dividende. Carlyle avait choisi de financer ses investissements par la dette, indépendamment du fait que les investissements eux-mêmes étaient des produits de dette : des actifs immobiliers avec une notation soi-disant triple A.[4] Nous verrons au chapitre 5 pourquoi il n'est pas judicieux pour un gestionnaire de fonds d'utiliser l'effet de levier pour faire des investissements dans des instruments de dette ou dans des actifs qui sont eux-mêmes financés par de la dette.

Le même Carlyle a eu d'autres déceptions dans sa stratégie de diversification. Il finit par vendre sa participation dans l'expert du secteur de l'énergie Riverstone après un scandale majeur de corruption ('pay to play') dont nous discuterons au chapitre 9. En février 2016, Carlyle cessait également toute activité de fonds de fonds. Et en 2017, le groupe cédait une partie de ses activités de hedge funds, enregistrant une perte de dépréciation d'actifs de 175 millions de dollars.[5]

Les faux pas de Carlyle ne furent rendus visibles que parce que le groupe gère des véhicules d'investissement distincts et embauche des équipes spécifiques pour chaque segment de produit. D'autres sociétés d'investissement utilisent des fonds globaux et allouent le capital sur une base opportuniste. Leurs échecs étant mélangés à leurs succès, elles peuvent éviter que leurs erreurs ne deviennent publiquement trop flagrantes.

Après s'être vus enseignés par leurs professeurs d'école de commerce que la diversification est une bonne chose, certains lecteurs pourraient s'opposer à mon point de vue sur une pratique omniprésente dans la gestion d'actifs. Pourtant, bien que la diversification soit une excellente chose pour réduire la volatilité (et la couverture de risque contre la volatilité est le service offert par des groupes diversifiés comme Blackstone et KKR), elle n'améliore les rendements que si l'investisseur ou le gestionnaire d'actifs se cantonne à des segments où il possède une expertise similaire à celle exercée dans ses activités existantes.

Parce qu'il est très difficile pour quiconque de devenir un(e) expert(e) dans toutes les classes d'actifs, la diversification se traduit généralement par la dispersion et la dilution des résultats plutôt que par la surperformance. Pour les investisseurs LP bien intentionnés, un gestionnaire de fonds de capital-investissement chevronné avec un mandat étroitement ciblé en termes de taille de transaction, de géographie et d'industrie, devrait être une meilleure proposition que les solutions multiples et complémentaires des grands groupes avides de commissions qui émergèrent après la crise financière.

> ## LA RELATIVITÉ DE LA PERFORMANCE
>
> *Fournir des études de cas de gestionnaires de fonds et de transactions qui ont trait aux meilleures pratiques est une proposition risquée. Quiconque a lu des livres de gourous du management, avec des titres optimistes comme* In Search of Excellence *et* Built to Last, *saura que des entreprises présentées comme exemplaires conservent rarement leur position de leader. C'est encore plus vrai depuis que la récente révolution technologique a pris de l'ampleur.*
>
> *Les principaux points à retenir de la Première Partie ne concernent pas spécifiquement et exclusivement les gestionnaires ou les deals auxquels ils sont associés. Peu de cibles répondent à tous les critères de sélection pour être qualifiées de candidates parfaites pour un LBO. Hilton opère dans un secteur cyclique, mais le management réinventa habilement son modèle commercial et opérationnel. Même un fantastique générateur de cash-flows comme Mergermarket manquait, dans ses premières années, du niveau de maturité qui aurait convaincu les fonds de LBO que l'entreprise était prête pour un montage financier avec effet de levier. Pour ces raisons, les praticiens doivent adopter une discipline d'investissement et de gestion capable de résister à l'épreuve du temps.*

DEUXIÈME PARTIE

Le Mauvais : Maudit ou insouciant ?

L'effet de levier est la pierre de l'alchimiste financier apte à transformer les flux de trésorerie en or. Il dynamise l'esprit animal du capitalisme moderne. Mais l'histoire a souvent démontré le potentiel mortel du surendettement. Autant que tout autre facteur, l'effet de levier explique la liste désespérément longue d'entreprises en difficulté durant la récession qui suivit la crise financière de 2008. Même sans aller jusqu'à la faillite, le coût de cette détresse financière peut être marquant.

Une seconde question soulevée dans cette Deuxième Partie, c'est la prévalence des fautes professionnelles malgré les meilleures intentions de chacun. Répéter les erreurs du passé ne conduit pas seulement à des résultats étrangement similaires, c'est aussi une pratique inexcusable lorsqu'on gère l'argent des autres.

CHAPITRE 4

Univision : La telenovela d'une entreprise zombie

> *Les groupes de médias grand public peuvent être cycliques. Une grande partie de leurs revenus provient généralement de la publicité. En période de récession, cette dernière est souvent le premier poste budgétaire raboté par les entreprises.*
>
> *Cette cyclicité fait des entreprises du secteur des candidats difficiles au LBO. Leur performance dépend du timing. Univision n'a pas seulement souffert du fait qu'elle avait été achetée juste avant l'éclatement de la bulle du crédit; elle a également été victime de la disruption du marché et d'une réévaluation de l'industrie des médias.*

Début 2006, alors qu'elle opérait une revue stratégique, Univision Communications Inc. était la plus importante société de médias de langue espagnole aux États-Unis. Elle contrôlait environ 80 % du marché américain de la télévision hispanophone et une longue liste d'actifs radiophoniques, d'enregistrements musicaux et du numérique.[1]

Le groupe avait vu le jour à Los Angeles au début des années 1960 sous le nom Spanish International Network.[2] S.I.N. était une agglomération de diverses stations latino-américaines indépendantes orchestrée par l'entrepreneur américain Rene Anselmo et l'exécutif mexicain de la radio et de la télévision Emilio Azcárraga Vidaurreta. Après avoir connu divers propriétaires dans les années 1980 et 1990, Univision était introduite à la Bourse de New York en septembre 1996 sous la direction de l'ancien gérant d'artistes et producteur de télévision et de cinéma Andrew Jerrold Perenchio.

En plus de la marque phare Univision, le groupe possédait le réseau TeleFutura et la chaîne câblée Galavision. Depuis l'achat en 2002 de Hispanic Broadcasting pour 3 milliards de dollars, il était le principal radiodiffuseur de langue espagnole du pays.

En février 2006, le conseil d'administration d'Univision, mené par Perenchio depuis 15 ans, décidait d'explorer des options stratégiques. Le cours de l'action siégeait 25 % au-dessous de son niveau à la fin de 2003, de sorte que le sentiment général était que les marchés n'appréciaient pas l'entreprise à sa juste valeur. En fait, l'ensemble du secteur des médias avait été ignoré depuis un certain temps. Alors que l'indice S&P 500 était en hausse de 20 % au cours des deux années précédentes, l'indice sectoriel S&P Broadcasting & Cable TV était en baisse de 25 %.[3] Même si Univision était décrite comme la société de médias avec la croissance la plus rapide aux États-Unis et détenait une position de leader parmi une audience hispanique en plein essor,[4] entre décembre 2001 et la mi-2006, son cours en bourse s'était aligné sur celui de ses concurrents et avait chuté de près de 15 %.[5]

Univision avait suscité un vif intérêt de la part des raiders financiers dans les deux mois qui avaient suivi l'annonce d'une revue stratégique et de la mise vente. Le milliardaire mexicain des télécommunications Carlos Slim avait acheté une participation de 2,8 % dans la société. Televisa, le principal producteur mexicain de feuilletons latinos appelés telenovelas, détenait déjà une participation de 11 % dans Univision. Mais l'Amérique, terre d'accueil du marché libre et du capitalisme sans entraves, était curieusement protectionniste quand il s'agissait de son industrie de la radio-télédiffusion. Reconnaissant la toute-puissance des médias et la facilité avec laquelle ils pouvaient manipuler l'opinion publique, le gouvernement américain n'était pas prêt à laisser des étrangers devenir une source de propagande. Pour cette raison, en 1985, Rupert Murdoch avait changé sa citoyenneté australienne contre un passeport américain. Cette décision lui avait permis au cours des décennies suivantes de construire un empire médiatique autour de la 20th Century Fox Film Corporation. Les lois américaines interdisaient à Televisa, en tant qu'entité étrangère, de posséder plus de 25 % d'une société de médias américaine. Au mieux, elle pourrait agir comme actionnaire minoritaire.

Malgré un peu d'intérêt de type spéculatif, la vente aux enchères ne réussissait pas à attirer d'offres des grands groupes de médias. C'était en partie un problème de réglementation. Les groupes télévisuels américains n'avaient pas le droit de posséder des chaînes de télévision qui, une fois fusionnées, représenteraient plus de 35 % de l'audience du pays. Cela excluait News Corp, CBS et la division NBC de General Electric du processus de vente, par exemple, car chacun couvrait déjà plus de 30 % des foyers.

Le plafond des parts d'audience avait aussi affecté la valorisation qu'Univision pouvait espérer. Le management avait sollicité des offres à 40 dollars l'action, mais le prix semblait ambitieux compte tenu de la pénurie d'acheteurs stratégiques.[6] Le consortium dirigé par Televisa était un concurrent sérieux; en plus de Venevision Investments, une unité du groupe vénézuélien Cisneros, il comprenait la fine fleur des firmes de capital-investissement : Bain Capital; le fonds de Bill Gates, Cascade; Blackstone; Carlyle et KKR.[7] Televisa, Venevision et Carlos Slim Domit, membre du conseil d'administration de Televisa et fils de Carlos Slim, détenaient ensemble environ 19,5%. Pour de nombreux observateurs, cela donnait à leur offre un avantage crucial sur la concurrence.

Pourtant, après des mois de négociations, un autre acquéreur émergeait vainqueur. Blackstone, Carlyle et KKR s'étaient retirés de manière inattendue de l'équipe de Televisa, ce qui avait empêché le groupe mexicain de soumettre la meilleure offre.[8] Le 27 juin 2006, Univision annonçait son rachat par Broadcasting Media Partners, une société du Delaware créée par un consortium de capital-investissement composé de Madison Dearborn, Providence Equity, Texas Pacific Group (TPG), Thomas H. Lee et le spécialiste des médias Saban Capital. Représentant plus de 16 fois l'EBITDA prévu, la valeur d'entreprise s'établissait à 13,7 milliards de dollars. C'était considéré comme excessif, bien que l'équipe gagnante n'ait renchéri sur celle de Televisa que de 50 cents par action, soit 1,4% de la capitalisation boursière totale.[9]

Valorisée sans marge d'erreur

Personne n'était surpris que deux consortiums de private equity étaient les seuls prétendants crédibles pour une acquisition de plusieurs milliards de dollars. L'énorme surabondance de capitaux qui avait trouvé son chemin sur les marchés des LBO au cours des premières années effervescentes du nouveau millénaire demandait à trouver preneur. Le véritable défi était de trouver des cibles appropriées. Une entreprise comme Univision, avec une forte franchise, une position de leader sur le marché et des perspectives de croissance favorables, semblait une cible évidente.

Basé à Los Angeles, Saban Capital était le véhicule d'investissement de Haim Saban, un israélo-américain aux talents multiples qui avait, à différentes étapes de sa vie, gagné son pain en tant que propriétaire de médias, investisseur, musicien, sans parler de sa carrière de producteur de disques, de films et de télévision. Il avait fait fortune en 2001, l'année de la création de Saban Capital, en vendant à Walt Disney son empire de la télévision et de la musique pour 5,2 milliards de dollars.[10] Il avait fait un autre bon pari en août 2003, prenant une participation majoritaire dans le plus grand télédiffuseur privé allemand, ProSiebenSat.[11] Il finirait par faire plus de 3 fois la mise sur cette transaction. Compte tenu de son savoir-faire opérationnel et sectoriel, Saban assumait la présidence d'Univision, tandis que Perenchio démissionnait, à l'âge de 76 ans, empochant environ 1,35 milliard de dollars pour sa participation de 11,5% dans l'entreprise.[12]

Saban ne s'était pas associé à des poids plumes. TPG finirait en tête des classements LBO en 2006 avec des transactions d'une valeur totale de 100 milliards de dollars à l'échelle mondiale.[13] C'était officiellement le quatrième plus grand gestionnaire de LBO au monde, levant 30 milliards de dollars de capitaux au cours des dix années jusqu'à 2007. Providence Equity avait acquis une forte autorité dans le secteur des médias, avec une expertise aiguisée depuis 1989, année de sa création par son P-DG Jonathan Nelson. Bien qu'elle eût une moindre force de frappe que TPG, en recueillant 20 milliards de dollars au cours de la dernière décennie, Providence était la dixième plus grande firme de private equity au monde. Son influence profiterait sans aucun doute à Univision, notamment parce que Nelson se joignait au conseil d'administration. Selon les mêmes critères de collecte de fonds, Thomas H. Lee – un investisseur dans le rachat, d'une valeur de 19 milliards de dollars, du groupe de publicité et radiodiffusion Clear Channel, fin 2006 – et Madison Dearborn étaient classées respectivement 12e et 19e et méritaient bien une certaine considération.[14]

On s'attendait beaucoup à ce que la collaboration de tels grands pontes génère énormément de valeur. La structure actionnariale était comme suit : TPG, Thomas H. Lee et Madison Dearborn détenaient chacun 23,31 % ; Providence Equity détenait 20,45 % ; et Saban Capital se retrouvait avec 6,74 %. Les cinq investisseurs et leur batterie de conseillers savaient que, compte tenu des 10 milliards de dollars empruntés par la société, le moindre pépin dans la performance financière aurait un effet de domino négatif retentissant.

Après avoir reçu l'approbation des autorités régulatrices dans les premiers jours de 2007, la société lançait son processus de syndication de la dette. Même s'il était exceptionnellement élevé, le financement était vraiment standard pour l'époque : un prêt à long terme de 7 milliards de dollars, un second prêt à long terme à prélèvement différé de 450 millions de dollars, un crédit-relais de vente d'actifs de 500 millions de dollars et une ligne de crédit revolving de 750 millions de dollars.[15] A cela s'ajoutait 1,5 milliard de dollars de crédit senior à rendement élevé sur huit ans, sans intérêt encaissable.[16] En bref, le mélange habituel d'instruments de dette garantis et non garantis.

À 12,1 fois l'EBITDA, les 10 milliards de dollars de prêts poussaient l'effet de levier à 75% de la structure du capital.[17] Afin d'attirer les investisseurs, le ratio d'endettement très élevé forçait le groupe à offrir un taux d'intérêt généreux de 9,75 % sur ses obligations cotées. La décision prise par l'agence Standard & Poor's de réduire la notation des entreprises du groupe Univision cinq crans en dessous du niveau Investment Grade était une autre conséquence importante de l'effet de levier, montrant une réelle possibilité de défaut sur certaines parties de la dette LBO. Les perspectives étaient définies comme 'négatives', ce qui indiquait que des réductions de notation supplémentaires étaient probables au cours des deux prochaines années.[18] Comme l'exprimait un analyste de manière prémonitoire :

> *"L'effet de levier sera l'un des plus élevés que nous ayons vus. [Cela imposera] un fardeau important à une entreprise qui est par ailleurs en bonne santé. Le management aura certainement une pression accrue pour accomplir de bons résultats avec peu de marge d'erreur."*[19]

Mais d'autres étaient optimistes, même s'ils étaient parfois confus dans leurs raisonnements. L'un d'eux insistait, dans une logique étrangement circulaire et inversée : "Le groupe est très endetté, mais l'effet de levier est en fait gérable et soutenu par la valeur d'entreprise du groupe." En vérité, une valeur d'entreprise ne supporte pas l'effet de levier ; l'inverse est plus courant. Plus l'effet de levier est important, plus la valorisation est élevée, essentiellement parce qu'une plus grande partie de la transaction est financée au coût inférieur de la dette. Cela fait baisser le coût moyen pondéré du capital, ce qui justifie en contrepartie de payer un prix plus élevé pour un actif. Un coût du capital inférieur implique un rendement requis sur le capital plus faible.

Contexte de la transaction

Indépendamment de la logique imparfaite des analystes, il y avait d'autres arguments solides en faveur de la transaction.

Position de marché

Univision occupait une position forte dans le secteur des médias. Ses actifs comprenaient le réseau homonyme, classé cinquième plus grand réseau de télévision en Amérique, toutes langues confondues, ainsi que des dizaines de stations de télévision gratuites et par câble, 73 stations de radio, des maisons de disques et des opérations Internet.[20] La société était le premier diffuseur incontesté de langue espagnole, éclipsant son plus proche rival Telemundo. L'audience d'Univision était plus de quatre fois supérieure à celle de Telemundo lors du LBO.[21]

Potentiel de croissance de la demande

La population hispanique enregistrait la croissance la plus rapide en Amérique. Entre 1980 et 2000, le nombre d'Hispaniques avait augmenté de 15 millions à 35 millions, leur part dans la population du pays passant de moins de 7% à 12,5% au cours de la même période. Dans les années 1990, la population hispanique en Amérique avait connu un taux de croissance environ sept fois supérieur à celui de la population non hispanique.[22] En 2005, les Hispaniques représentaient 14,5 % de la population américaine.[23] Au moment du LBO d'Univision, on s'attendait à ce que cette tendance se poursuive. Et ces projections s'étaient avérées correctes. Selon le bureau du recensement, la proportion hispanique dans la population atteignait 17,6 % en juillet 2015.

Fortes attentes de consommation des médias

Le public cible était divisé entre 14 millions d'Hispaniques américains qui étaient des consommateurs à dominante espagnole et 36 millions qui alternaient entre les chaînes en espagnol et en anglais.[24] Non seulement cette audience de base devait continuer à croître en ligne avec l'augmentation du nombre d'Hispaniques dans le pays, mais la consommation de contenu télévisuel devait également augmenter à mesure que cette audience s'enrichissait.

Entre 1980 et 2000, le revenu annuel médian des ménages hispaniques à travers les États-Unis était passé de 36.700 dollars à un peu plus de 45.700 dollars. Au fur et à mesure que le pouvoir d'achat de l'audience d'Univision augmentait, les Hispaniques consommaient plus de divertissement, comme cela se produit généralement avec les consommateurs plus aisés. La popularité de la programmation en langue espagnole devait se poursuivre.

Audience fidèle signifie croissance des recettes publicitaires

Dans le monde des médias, les annonceurs recherchent un public captif. La croissance de l'audience prévue par Univision devait stimuler la demande des annonceurs. Le radio-télédiffuseur se classait au cinquième rang des réseaux aux heures de grande écoute parmi tous les groupes démographiques clés, mais dans le groupe d'âge des 18-34 ans, il surpassait ABC, CBS, NBC ou Fox 40 % du temps.[25]

Au cours des 15 dernières années, la société avait été dirigée par Perenchio et son directeur opérationnel Ray Rodriguez. Tous deux avaient une énorme expérience dans l'industrie du divertissement. Leur talent avait contribué à constamment renouveler le contenu d'Univision et à assurer la fidélité du public. Mais les LBO ont besoin d'un petit plus : une adaptabilité opérationnelle associée à un dévouement névrotique à la maximisation de la trésorerie. Le plan d'action explicite du consortium d'actionnaires financiers était de monétiser le contenu d'Univision en augmentant les recettes publicitaires. Après le départ de Perenchio, en février 2007, les sponsors financiers avaient annoncé la venue d'un P-DG avec une carrière formidable dans la publicité : Joe Uva, chef d'OMD, une régie appartenant au géant de la publicité Omnicom.[26] Son objectif était de convertir les taux d'écoute élevés d'Univision en une mine d'or publicitaire.

Rentabilité et prévisibilité signifient capacité d'endettement

Au cours des cinq années précédant le LBO, la société avait enregistré des marges d'EBITDA entre 30 et 35 %. Les banquiers adorent prêter à de telles entreprises. L'emprunteur idéal doit faire preuve de prévisibilité et créer des flux réguliers de trésorerie pour servir sa dette, comme déjà souligné au chapitre 3.

Déréglementation

Les fonds actionnaires ne s'intéressaient pas seulement aux cash-flows de la cible. Pendant des années, le lobbying des groupes de médias avait tenté d'influencer le gouvernement américain pour qu'il augmente les plafonds d'actionnariat et de couverture d'audience. En 2003, le régulateur de l'industrie, la Federal Communications Commission (FCC), avait envisagé de relever le plafond de couverture de 35% à 45% des ménages du pays, mais la proposition avait été annulée par la Cour d'appel.

Le consortium mené par Saban espérait qu'un changement concernant les lois sur l'actionnariat – permettant aux groupes étrangers de détenir plus de 25 % des actions d'un radio-télédiffuseur national – provoquerait une forte augmentation de la valorisation d'Univision. C'était purement spéculatif, mais cela ne coûtait rien. La déréglementation pourrait simplement apporter un arbitrage positif en termes de multiple d'évaluation à la revente.

À défaut de vous joindre à eux, poursuivez-les en justice

Lors du LBO, beaucoup d'observateurs avaient exprimé leur surprise que la société Televisa avait perdu. Rejetant une invitation du consortium gagnant à les rejoindre dans cette aventure prometteuse, Televisa avait annoncé en juillet 2006 qu'elle souhaitait vendre sa participation de 11,4%, avant de déclarer qu'elle pourrait en fait présenter une contre-offre.[27] Les synergies entre la société mexicaine et Univision auraient dû permettre à la première de renchérir sur l'offre proposée par Saban. En premier lieu, Televisa fournissait la majeure partie de la programmation aux heures de grande écoute d'Univision.

Reconnaissant ce fait, les vainqueurs de l'enchère avaient envisagé d'accorder à Televisa la possibilité d'augmenter sa participation dans Univision à 19,9 %. Finalement, le groupe mexicain choisissait de ne pas le faire. Au lieu de cela, il empochait 1,1 milliard de dollars en vendant sa participation minoritaire en avril 2007,[28] à ce qu'il considérait probablement comme un très bon prix. Puis, après la période agitée du processus de vente, Televisa traînait son partenaire commercial devant les tribunaux, arguant qu'Univision avait enfreint l'accord de licence de programmes qui liait les deux télédiffuseurs pendant encore dix ans. L'accusé aurait omis d'inclure 700 millions de dollars de recettes publicitaires dans les comptes-rendus contractuels soumis au groupe mexicain.[29]

S'ajoutant aux malheurs d'Univision, le 'credit crunch' avait commencé à faire des ravages. À l'été 2007, le prêt à terme covenant-lite de 7 milliards de dollars, le prêt le plus sûr d'Univision, se négociait à 93 cents par dollar. En janvier 2008, il était 10 cents sous sa valeur nominale.[30] Des liquidités devaient être produites de toute urgence, si nécessaire par la cession d'actifs non-essentiels.

Malgré le ralentissement de l'économie, le premier trimestre de 2008 voyait l'activité augmenter légèrement, avec un chiffre d'affaires et un EBITDA en hausse de 6 % sur l'année. Mais face à l'affaiblissement du marché publicitaire, la position de trésorerie de l'entreprise en souffrait. Les agences de notation Moody's et Standard & Poor's décidaient de rétrograder la dette. À ce moment-là, le prêt à terme d'Univision se négociait avec un rabais de 15 %.[31]

En avril, le management était contraint de tirer 700 millions de dollars de la ligne de crédit revolving de 750 millions de dollars, une ligne à court terme visant à répondre à des besoins de trésorerie urgents. Dans un environnement de crédit tendu, l'équipe de direction préférait piocher dans son financement bancaire. Comme l'expliquait un banquier :

> *"Si une entreprise perd l'accès aux marchés financiers, elle va se noyer lentement. Mais si elle n'a plus accès à des sources de liquidité, c'est comme*

une balle dans la tête. Elles ne peuvent pas financer leurs opérations et seraient contraintes à la faillite".[32]

Pourtant, cela signifiait que l'endettement de la société était maintenant 12,8 fois supérieur à son EBITDA. Les marchés anticipaient des problèmes à venir, les prêts bancaires d'Univision se négociant avec une décote de 25 % en mai. Ce mois-là, la société vendait sa division Music, engrangeant 150 millions de dollars, environ la moitié de ce que les analystes avaient prédit.[33] Le 'credit crunch' n'était pas le meilleur moment pour obtenir de bons prix pour des actifs de deuxième rang.

Les résultats s'effondraient rapidement. Au cours du trimestre au 30 juin 2008, les bénéfices diminuaient de 11 % par rapport à l'exercice précédent, ce qui faisait passer le ratio dette-EBITDA au-dessus de 13,2 fois.[34] Il n'est pas surprenant, compte tenu de l'environnement économique en vigueur, que l'activité du troisième trimestre de 2008 ait continué d'être décevante. Univision déclarait un EBITDA de 218 millions de dollars au cours du trimestre finissant en septembre, une baisse de 7 % sur l'année précédente. La faiblesse des conditions du marché publicitaire explique pourquoi, en novembre, les obligations subordonnées de la société se négociaient à des niveaux de grande détresse financière : environ 20 cents par dollar.[35] Même la dette bancaire n'était pas à l'abri. En octobre, Standard & Poor's abaissait la note de recouvrement des prêts garantis, indiquant que les créanciers pourraient perdre de 30 % à 50 % de leur argent.[36]

Tout au long de l'année, le litige avec Televisa agissait comme une épée de Damoclès, exerçant une pression importante sur la valeur des obligations d'Univision. En septembre, Televisa avait démontré son pouvoir sur le marché en accordant des matchs de football à domicile de la première ligue mexicaine à Telemundo, le principal concurrent américain d'Univision qui appartenait à General Electric. Grâce à cette approche tactique dure, en janvier 2009, Televisa obtenait d'Univision des concessions d'une valeur de plus de 600 millions de dollars pour régler une affaire de partage des recettes publicitaires. Televisa avait affirmé qu'Univision avait exclu certains programmes d'un contrat vieux de 25 ans qui prévoyait qu'Univision partagerait ses recettes publicitaires avec Televisa, même pour des émissions qui n'avaient pas été réalisées par la société mexicaine. Les concessions comprenaient également un nouvel accord de licence accordant à Televisa du temps d'antenne gratuit annuel. Après l'accord, les prêts bancaires d'Univision se négociaient à la hausse, mais restaient cotés à 50 cents par dollar.[37]

L'économie n'aidait pas Univision. Au premier trimestre 2009, le chiffre d'affaires chutait de 12 % en glissement annuel. La division de radiodiffusion connaissait une correction majeure, perdant plus d'un quart de ses revenus. Mais au niveau du groupe, les bénéfices recevaient un coup de pouce avec l'incorporation des recettes publicitaires liées au nouveau contrat de Televisa. Le management n'était pas resté inactif non plus et la réduction des coûts avait joué son rôle. L'EBITDA était en hausse de 3,5 % ce trimestre-là.[38] Reconnaissant les difficultés de l'entreprise, Providence avait réduit dans ses comptes la valeur de sa participation dans Univision de 50% tandis que TPG l'avait réduit à environ 70 cents par dollar.[39] Mais en quelques mois, ces évaluations semblaient optimistes alors qu'Univision dépréciait ses actifs de plus de 5 milliards de dollars, ce qui conduisait les professionnels de l'industrie à valoriser l'entreprise 9 milliards de dollars, soit un peu moins que le montant des dettes qu'elle devait.[40] À toutes fins utiles, la partie des apports en capitaux des gérants de fonds ne valait rien.

Les déboires de contentieux étant réglés, la société décidait de reconduire une partie de ses prêts subordonnés en reportant le remboursement des intérêts.[41] Lorsque ces emprunts à rendement annuel de 9,75 % avaient été émis deux ans plus tôt, un investisseur avait exprimé des doutes sur le fait qu'Univision aurait jamais besoin d'utiliser la clause de reconduction, ajoutant qu'il s'agissait "d'une entreprise stable, voire en croissance".[42] Durant la pire récession des 70 dernières années, les groupes de médias dépendants de la publicité n'avaient pas bien tenu le choc. Pour préserver le plus de liquidité possible, le management n'avait guère eu d'autre choix que de déclencher la clause. Endettée à l'extrême

– le multiple total de la dette par rapport à l'EBITDA était d'environ 14,8 fois pour les 12 mois au 31 mars 2009 –[43] la société était en mode survie.

À titre de preuve, en juin 2009, Univision concluait un accord avec ses créanciers pour modifier la ligne de crédit senior (la partie de la dette qui était la mieux notée parce que prioritaire). En échange de commissions, la clause restrictive était assouplie et une nouvelle tranche de 545 millions de dollars était émise pour refinancer les prêts existants. Cela donnait à l'entreprise un peu de répit, mais à un prix élevé – la nouvelle tranche devait offrir un rendement annuel de 14 % afin d'attirer des investisseurs méfiants.[44]

Les nouvelles conditions économiques ne permettaient plus d'espérer la croissance. Il était plutôt question de limiter les dégâts par la restructuration opérationnelle et l'ingénierie financière. Ce n'était pas très amusant pour un esprit commercial comme Ray Rodriguez, président et directeur opérationnel du groupe de médias. En août, il jetait l'éponge et annonçait sa retraite. Originaire de Cuba, avant de rejoindre Univision 19 ans plus tôt, Rodriguez avait été le manager mondial de l'artiste bien connu Julio Iglesias. Certaines des décisions dont il n'était pas fan impliquaient des réductions d'effectifs : 300 employés avaient été licenciés en 2009.[45] Le style de gestion traditionnel et paternaliste faisait place à des techniques plus directes de maximisation de trésorerie et de gestion de la dette. Rodriguez aurait préféré quitter Univision sur une note plus positive, mais il savait que si l'entreprise devait un jour se redresser, cela prendrait des années. Cela nécessitait également de traiter avec l'une des structures actionnariales les plus complexes, rendant compte à cinq gérants de fonds autocratiques. Son départ allait être le premier d'une longue liste de cadres exécutifs. Bien plus de douleur restait à venir.

La concurrence sur le marché s'intensifiait sensiblement. Telemundo lançait une chaîne câblée en joint-venture destinée au Mexique et à l'Amérique latine dans le cadre de son alliance de 16 mois avec Televisa, récoltant ainsi les fruits de la relation tendue entre Univision et ce dernier. En Amérique, Telemundo était toujours à la traîne en termes d'audience, mais sa part du marché de langue espagnole avait augmenté de 23 % à 30 % l'année précédente.[46] En revanche, pour la deuxième année consécutive, en 2009, les revenus d'Univision étaient en baisse. Même si les améliorations d'efficacité opérationnelle avaient contribué à augmenter la marge d'EBITDA, au cours de 2010 TPG admettait avoir réduit de deux tiers ses 837 millions de dollars de capitaux propres déployés dans l'entreprise.[47]

À défaut de les battre, rejoignez-les

Le ralentissement de la publicité provoqué par la récession avait finalement conduit Univision et Televisa à enterrer la hache de guerre et à prolonger ainsi qu'étendre leur accord de licence. En octobre 2010, Televisa proposait de payer 1,2 milliard de dollars pour une participation initiale de 5 % dans Univision, une partie de la dette de 15 ans convertible en une participation supplémentaire de 30 % et une option d'achat de 5 % supplémentaires. Valorisant les fonds propres de la société à 2,3 milliards de dollars,[48] l'accord cristallisait une perte de 1,4 milliard de dollars, soit près des deux cinquièmes des 3,7 milliards de dollars investis initialement par le quintette d'actionnaires.

Televisa avait empoché 1,3 milliard de dollars en vendant sa participation de 11,5% aux sponsors financiers en 2007, réinvestissant un peu moins trois ans et demi plus tard pour presque 40% de l'entreprise. Le groupe mexicain avait eu chaud lorsque Broadcasting Media l'avait battu sur le fil. Parfois, le goût amer de l'échec se transforme en l'odeur plus douce du succès.

En contrepartie du paiement de commissions plus élevées à son partenaire commercial mexicain, Univision obtiendrait les droits d'utiliser les feuilletons et les émissions sportives en espagnol de Televisa sur tous les canaux de distribution, y compris par Internet. L'accord réduirait à la fois les coûts de production et augmenterait les recettes publicitaires. Après des années d'hostilité, les deux groupes de médias avaient finalement trouvé un terrain d'entente.

Pour les actionnaires, investis depuis déjà quatre ans, s'assurer le soutien de Televisa et l'accès à une plus grande partie de son contenu pourrait accélérer le redressement d'Univision. L'injection de nouvelles liquidités par Televisa afin de réduire le montant de prêts coûteux, ainsi que la prolongation par deux années et demie de l'échéance des trois quarts de la dette, avaient rassuré Moody's, l'agence relevant les perspectives du groupe à 'stables'.[49] Étant donné que l'endettement restait coincé à 10 fois l'EBITDA, augmenter les revenus ne devenait pas seulement indispensable, mais le seul espoir de générer un gain sur cet investissement. Avec un partenaire stratégique agissant désormais en tant qu'actionnaire, pour la première fois depuis le LBO, Univision présentait des perspectives prometteuses.

Le processus de refinancement du groupe de médias se poursuivait sans relâche au cours du dernier trimestre de 2010, deux tranches d'obligations ayant levé un total de 1,25 milliard de dollars pour rembourser une partie des prêts à plus courte échéance. À cela s'ajoutait, début 2011, une ligne de 315 millions de dollars.[50] La restructuration financière incessante faisait des ravages parmi le management. En mars 2011, Univision annonçait que le P-DG Joe Uva avait décidé de ne pas renouveler son contrat. Alors que le fardeau de la dette de l'entreprise était allégé par la récente injection de capital de Televisa, après quatre ans à la barre, Uva estimait qu'il serait plus utile ailleurs, déclarant: "L'équipe est forte et j'ai décidé que le moment était venu pour moi de capitaliser sur d'autres opportunités".[51] Le directeur opérationnel, Randy Falco, qui avait rejoint la boîte trois mois plus tôt, était prestement promu alors que les experts du marché prévoyaient une introduction en bourse dans un délai d'un an.

New-Yorkais d'origine italo-américaine et allemande, Falco était sous pression pour prouver ses qualifications à la tête du plus grand groupe de médias hispaniques du pays. Devant les critiques, il plaisantait : "Je parle le langage de la télévision. Je parle la langue de la culture".[52] Indépendamment de sa maîtrise limitée de l'espagnol, il prenait la relève à un moment où Univision se redressait grâce à la reprise rapide de l'économie. Son mandat comprenait l'accélération des discussions avec les distributeurs sur les accords dits 'over-the-top', consistant à mettre en ligne les émissions d'Univision pour les abonnés de la télévision par câble et de Netflix. L'entreprise lourdement endettée avait besoin d'augmenter ses flux de trésorerie pour faire face à ses passifs.

Quelques semaines après le départ d'Uva, la société nettoyait son bilan en lançant une nouvelle obligation à haut rendement de 600 millions de dollars visant à rembourser une autre tranche de prêts à court terme arrivant à échéance en 2014.[53] Le management était dans une course contre la montre, cherchant à repousser son mur de dette aussi loin que possible. Il devenait évident que les sponsors et les prêteurs du LBO resteraient impliqués pour le très long terme.

Pour cette raison, le management passait les trois années suivantes à réorganiser la structure capitalistique de l'entreprise. Au cours des huit premiers mois de 2012, Univision repoussait une plus grande partie de ses échéances à court terme en émettant deux tranches de prêts garantis d'une valeur totale de 1,2 milliard de dollars.[54] L'endettement restait élevé et une grande préoccupation, avec une dette nette de 9,7 fois l'EBITDA. Puis, au premier semestre 2013, le groupe prolongeait une fois de plus les échéances de sa dette en émettant de nouveaux emprunts à terme de 1,5 milliard de dollars et un emprunt à 10 ans d'une valeur de 500 millions de dollars afin d'éliminer les tranches restantes qui devaient arriver à échéance au cours des trois prochaines années.[55] Enfin, en janvier de l'année suivante, la société lançait un emprunt de 3,4 milliards de dollars pour rembourser le reste de sa dette à court terme.[56]

Chercher une voie d'issue

Au cours de l'année 2014, Univision était soi-disant à vendre au prix lourd de 20 milliards de dollars. CBS et Time Warner étaient les acquéreurs évidents, bien que la valorisation suggérée soit un peu extrême. Mais le moment semblait bien choisi. Les annonceurs étaient revenus après trois ans de compressions budgétaires. Le cœur de cible d'Univision sur la communauté hispanique s'avérait un point fort pour les annonceurs, qui n'avaient pas totalement réaliser le potentiel économique de ce groupe démographique. Les dépenses publicitaires sur les chaînes de télévision avaient fortement augmenté, ce qui avait contribué à une hausse de 10 % du chiffre d'affaires au premier trimestre de 2014. [57] Pour l'ensemble de l'année, les revenus enregistraient également une croissance à deux chiffres tandis que la marge d'EBITDA atteignait 42 %, son plus haut niveau depuis le LBO.[58] Fin décembre, Moody's améliorait la notation du labyrinthe de dette d'Univision, ouvrant ainsi la voie vers une introduction en bourse.[59] Les droits médiatiques pour la Coupe du monde de football cette année-là avaient été une aubaine.

Néanmoins, une évolution persistante du marché allait rendre les choses plus compliquées pour le groupe de médias et affecter sa valorisation. De nouveaux débouchés pour la programmation ne cessaient d'apparaître : début 2013, le fournisseur de service de streaming et de vidéo à la demande Netflix avait fait son entrée dans le segment de la production de contenu. Le géant du Web Amazon lui avait rapidement emboîté le pas.

En 2015, Univision devait 'fêter' sa neuvième année sous la houlette de fonds de capital-investissement. En dépit de nombreuses prolongations d'échéances de prêts, de modifications de clauses restrictives et d'ajustements des bénéfices, étrangement le groupe avait conservé le même directeur financier. Tout cela changeait quand Andrew Hobson, directeur financier depuis le LBO, démissionnait de manière inattendue en février de la même année. Avec le groupe depuis vingt ans, Hobson avait géré la première IPO d'Univision en 1996 et se serait vu confié la réintroduction en bourse. Désespérant de voir Univision émerger un jour de son accès de fièvre induite par l'effet de levier – la société avait quémandé les marchés de la dette six fois au cours des trois dernières années – ou à court de patience alors que l'IPO était retardée à plusieurs reprises en raison de vents contraires, le directeur financier n'était qu'une autre victime d'un LBO en difficulté qui avait largement dépassé sa date de péremption.

Malgré tout, quelques semaines après son départ, Goldman Sachs, Morgan Stanley et Deutsche Bank préparaient le terrain pour l'IPO, dans le but de faciliter une levée de fonds de 1 milliard de dollars à une valorisation de 20 milliards de dollars. Avec un EBITDA de 1,2 milliard de dollars sur un chiffre d'affaires de 2,9 milliards de dollars au cours de l'exercice clos en décembre 2014, le multiple de 16 fois les bénéfices semblait ambitieux, à environ deux fois les comparables de l'industrie. Mais cela impliquait également que les 3,4 milliards de dollars versés par le consortium de private equity huit ans plus tôt avaient triplé de valeur. Une sortie à ce prix serait un résultat étonnant, bien que TPG ait été un peu plus circonspect dans ses attentes, évaluant dans un rapport trimestriel son paquet d'actions à 1,14 milliard de dollars, soit un gain de 36 %.[60] Une telle évaluation donnait un taux de rendement annuel anémique de seulement 4,2 %,[61] avant d'appliquer les frais de gestion.

Malgré le départ prématuré du directeur financier, la société poursuivait sa restructuration sans fin du montage financier, émettant en avril plus de 800 millions de dollars de dette à coupon élevé, seulement deux mois après avoir complété un autre refinancement obligataire de 1,25 milliard de dollars.[62] En rééchelonnant ces emprunts, les actionnaires et les dirigeants d'Univision gagnaient du temps pour honorer leur plan de croissance et orchestrer une sortie grâce aux perspectives économiques de plus en plus optimistes.

Meurtri et battu

De manière inattendue, malgré les conditions plus ensoleillées, les choses devenaient très politiques. En juin 2015, Univision se retrouvait mêlée à une bataille juridique avec Donald Trump, le candidat républicain à la présidence. Après avoir abandonné la couverture du concours Miss USA, dont Trump était en partie propriétaire, à la suite de remarques incendiaires et acidulées que le candidat avait faites à propos des immigrants mexicains, Univision faisait l'objet d'un procès de 500 millions de dollars par la Trump Organization pour rupture de contrat.[63]

Quoi qu'il en soit, en juillet, cinq mois après avoir changé de directeur financier, la société obtenait les autorisations nécessaires pour une introduction en bourse.[64] Les propriétaires étaient prêts pour le prochain épisode de la saga : se diriger vers la sortie. Afin d'offrir une visibilité adéquate sur ses performances à moyen terme, le groupe signait une prolongation de cinq ans de son accord de licence avec Televisa. En échange, plus de 1,1 milliard de dollars de prêts obligataires achetés par Televisa en 2010 étaient convertis en actions, accordant au groupe mexicain 22 % des droits de vote d'Univision, plus la conversion de bons de souscription après l'IPO.[65] Dans son document d'enregistrement, la société affichait un bilan toujours gonflé de dettes.[66] La conversion des prêts par Televisa avait réduit le ratio dette-EBITDA d'Univision de 9 à 7,8 fois,[67] mais l'amélioration de la notation de crédit par Moody's laissait la structure financière profondément en territoire 'junk bond'.

La majeure partie des emprunts de la société était due entre 2018 et 2020, bien que les obligations non garanties et garanties aient des échéances qui s'étendaient jusqu'en 2025, près de 20 ans après le LBO ! Au lieu de saisir les clés des mains des propriétaires, les créanciers avaient choisi de gagner des commissions en échange de la modification et de la prolongation des prêts. Le fardeau de la dette coûtait à l'entreprise 550 millions de dollars par an en charges d'intérêts et 55 millions de dollars supplémentaires en swaps de taux pour couvrir le risque d'intérêt, de sorte que les créanciers étaient richement récompensés pour leur aimable compréhension.[68]

Pour que l'IPO ait lieu, Univision devait assurer une performance opérationnelle stable pendant quelques trimestres. Malheureusement, le troisième trimestre était négativement affecté par les résultats comparables défavorables de l'année précédente; ceux-ci comprenaient les recettes publicitaires liées à la Coupe du monde de football.[69] Sur l'année, le groupe faisait état d'une baisse de 2 % de son chiffre d'affaires, en partie attribuable aux résultats financiers anormalement solides de 2014 et au fait que 2015 n'était pas une année électorale, ce qui réduisait le montant des recettes publicitaires politiques. La sous-performance persistante de la division Radio – un phénomène qui affectait l'ensemble de l'industrie alors que le public continuait de migrer en ligne pour accéder à des plateformes de téléchargement et de diffusion de musique sans publicité – avait entraîné des charges de dépréciation de 140 millions de dollars.[70] Le 4 décembre 2015, face à la piètre performance des marchés d'actions dans le secteur des médias, Univision mettait fin à sa proposition de réintroduction en bouse.[71]

L'année 2015 aurait été idéale pour orchestrer la sortie des propriétaires d'Univision. Les droits audiovisuels de la Coupe du monde 2014 avaient augmenté le chiffre d'affaires l'année précédente. Étant donné qu'Univision n'avait pas l'intention de couvrir les Coupes du monde en 2018 et 2022, une telle augmentation des recettes ne se reproduirait pas.[72] En conséquence, en mai 2016, des prévisions d'évaluation plus réalistes étaient offertes, bien que la valeur d'entreprise suggérée de 16 milliards de dollars représentât un multiple d'EBITDA supérieur à 12 fois, soit 50 % au-dessus des comparables du marché. Les gérants de fonds n'avaient toujours pas internalisé la forte correction de valeur des actions du secteur des médias enregistrée sur dix ans.

Pour rendre les projets de vente plus plausibles, Univision était actif sur le front des fusions et acquisitions tout au long de 2016. En janvier, le groupe prenait une participation de 40% dans le site d'information satirique The Onion ; trois mois plus tard, il achetait la participation de 50% d'ABC dans le réseau The Fusion, une joint-venture déficitaire qu'Univision avait lancée avec ABC pour servir spécifiquement les téléspectateurs de la génération Y ; et en août, le groupe obtenait le feu vert pour racheter six sites Gawker Media pour 135 millions de dollars.[73]

Tableau 4.1 – Évolution des taux d'écoute des principaux diffuseurs de télévision américains en 2014, 2015 et 2016

	2014	2015	2016
ABC	-4%	-1%	-8%
CBS	-7%	-1%	-7%
NBC	+19%	-9%	+12%
Fox	-10%	-8%	-5%
Telemundo	-5%	+10%	+5%
Univision	**-17%**	**-15%**	**-24%**
Moyenne	-2%	-5%	-3%
Moyenne Hispanique	-14%	-7%	-13%

Sources : Bloomberg, Nielsen Live + 3 Day Prime Time Ratings, CreditSights

Mais toute cette agitation cachait une vérité inconfortable : Univision perdait des parts de marché dans le segment de la télévision grand public, qui représentait environ 90% du chiffre d'affaires. Telemundo avait progressivement rogné sur l'audience d'Univision, gagnant des téléspectateurs aux heures de grande écoute parmi leurs principaux groupes démographiques : les 18 à 49 ans. Comme le démontre le tableau 4.1, Univision souffrait d'une érosion à deux chiffres de son audience à un degré beaucoup plus élevé que tout autre télédiffuseur national. Fait important, les taux d'écoute de Telemundo avaient augmenté de façon appréciable en 2015 et 2016.

En novembre 2016, alors que la baisse de l'Audimat persistait – au cours des quatre années précédentes, Univision avait perdu près de la moitié de son audience aux heures de grande écoute – le management annonçait une nouvelle vague de licenciements, supprimant 250 emplois.[74]

Figure 4.1 – EBITDA et ratio d'endettement d'Univision de 2006 à 2016

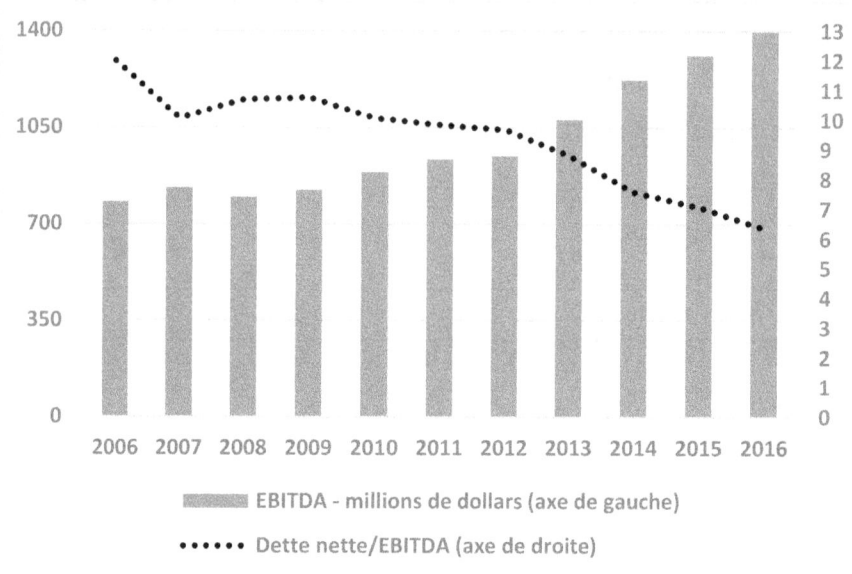

Sources : documents de la société et analyse de l'auteur

Pourtant, dans l'ensemble, 2016 avait été une année solide. Le chiffre d'affaires avait augmenté de plus de 6 % grâce à la publicité politique pour la campagne électorale présidentielle. La marge d'EBITDA tournait désormais autour des 46 %, le plus haut niveau jamais atteint, la baisse des frais de vente et d'administration ayant compensé la hausse des coûts de programmation. Avec une telle performance opérationnelle, la société avait pu réduire son effet de levier, le ratio d'endettement tombant en dessous de 6,5 fois pour la première fois depuis le LBO une décennie plus tôt (voir figure 4.1).

¡Ay, caramba!

Il semblait que le groupe allait dans la bonne direction, mais les bons résultats rapportés par le management étaient en fait le produit d'un habillage des comptes financiers. Sur une base non ajustée, le tableau n'était pas si idyllique. En 2006, dernier exercice complet avant la prise en charge du consortium, Univision avait enregistré une marge opérationnelle de 30,8 %. Dix ans plus tard, la marge opérationnelle se trouvait plus près de 20 %. Chaque année entre 2010 et 2015, Univision avait enregistré d'importantes dépréciations de valeur, des charges de restructuration et diverses déductions extraordinaires. Celles-ci dépassaient 1,3 milliard de dollars sur la période. Lorsqu'elles se produisent sur une base annuelle, les charges de restructuration ne peuvent plus être considérées comme exceptionnelles. Alors, qu'est-ce qui a mal tourné ?

Concurrence accrue pour l'audience hispanique

Entre 2006 et 2016, l'audience de Telemundo aux heures de grande écoute avait doublé, représentant 1,7 million de foyers; au cours de la même période, l'audience d'Univision avait diminué de moitié pour atteindre 1,75 million.[75] Telemundo avait attiré plus de téléspectateurs dans le segment idéal pour les annonceurs - la tranche d'âge des 18 à 49 ans – en partie en raison de sa forte offre d'événements sportifs, en particulier le football, l'attraction phare pour les téléspectateurs hispaniques. Univision s'était trop longtemps appuyé sur l'offre de telenovelas de Televisa, mais ces histoires d'amour pâteuses et exagérées avaient été reléguées – les taux d'écoute de Telemundo avaient battu ceux d'Univision à quatre reprises au cours de la saison 2014-15 les soirs où Telemundo diffusait des événements sportifs.

En outre, Telemundo fournissait sans vergogne une large gamme de feuilletons visant à concurrencer le produit de base de son rival. Il avait lancé le format de telenovela 'Super Series', plus orienté vers l'action et utilisant le modèle commun avec les séries dramatiques en langue anglaise : plusieurs saisons, des épisodes plus courts et l'incorporation de scénarios plus proches du public américain, une amélioration bienvenue sur le contenu mexicain d'Univision. Sans surprise, en réponse aux percées de Telemundo et aux nouveaux produits ciblant les Hispaniques par les réseaux Fox et Discovery, Univision lançait plusieurs nouveaux réseaux câblés aux côtés de ses chaînes gratuites. Il commençait à américaniser ses programmes, et Univision Deportes, dédié au sport, était le produit qui connaissait le plus de succès.

La menace concurrentielle était en constante évolution. À titre d'exemple, le 18 janvier 2017, deux jours avant l'investiture du président élu Trump, l'homme le plus riche du Mexique, Carlos Slim, annonçait qu'il lançait une nouvelle chaîne américaine 'axée sur les Mexicains, fabriquée par des Mexicains et transmise depuis le Mexique'.[76]

Tendances numériques

Beaucoup imputaient les déboires d'Univision aux caprices des milléniaux, en particulier leur goût infini pour les réseaux sociaux, l'auto-promotion, le contenu généré par les utilisateurs et la fragmentation de l'audience qui en résulte. Il est certain que la rupture technologique avait été implacable ; la perte de jeunes téléspectateurs avait été précipitée. Entre 2010 et 2015, le nombre de personnes âgées de 18 à 34 ans qui regardaient Univision durant les heures de grande écoute avait chuté de 45 %.[77] Sans une audience stable, les bénéfices et les flux de trésorerie étaient sous pression, mettant en danger l'entreprise lourdement endettée. Rien, pas même la marque unique d'Univision, ne pourrait échapper au chaos corrosif de la disruption numérique.

L'audience d'Univision avait diminué en partie à cause de l'évolution fondamentale des goûts des consommateurs en faveur des offres en ligne. Les acteurs significatifs d'Internet avaient changé la donne. À la suite de son succès dans le contenu court, de style télévisuel, Amazon avait lancé ses activités de production cinématographique Amazon Studios au début de 2015, deux ans après que Netflix ait déstabilisé le monde de la diffusion télévisée avec sa série à suspense politique House of Cards.

Bien qu'Univision ait conservé de solides atouts télévisuels, ses activités numériques étaient presque sans intérêt. Le groupe avait tenté de distribuer davantage de son contenu en ligne par le biais de partenariats, y compris avec la plateforme vidéo Hulu en 2011, mais le déplacement progressif de l'audience vers l'Internet s'était transformé en un véritable tsunami qui menaçait le modèle traditionnel de recettes publicitaires basées sur la télévision. Les acquisitions de The Onion et de Gawker en 2016 étaient destinées à créer un portefeuille en ligne, en particulier pour atteindre un public plus jeune. Pourtant, elles soulevaient quelques questions. Un diffuseur de médias traditionnels pourrait-il se frayer un chemin pour surfer sur la toile par l'intermédiaire d'acquisitions ? Et ces actifs étaient-ils compatibles avec l'offre existante d'Univision ? Des questions qui prendraient du temps à adresser, mais le temps était un luxe que les actionnaires ne pouvaient pas se permettre alors que leur période d'investissement dépassait la barre des douze ans.

Malgré son portefeuille Internet, Univision ne disposait pas de l'intelligence algorithmique et du réseau d'un Amazon ou d'un Netflix. Et c'était un vrai problème pour les annonceurs qui souhaitaient s'assurer que leur argent faisait mouche. S'ils estimaient que leurs dépenses publicitaires étaient gaspillées, ils les détourneraient vers des plateformes numériques mieux à même de profiler et de segmenter les téléspectateurs et les consommateurs.

Pression sur les marges

L'une des conséquences de la concurrence numérique avait été l'augmentation des coûts de programmation. En principe, cela aurait dû provoquer une consolidation du secteur. Les entreprises de médias chercheraient ainsi à générer des synergies et plus d'efficacité découlant d'économies d'échelle. Mais les régulateurs ne s'étaient pas adaptés assez rapidement, ne reconnaissant pas que leur vision traditionnelle de la diffusion de contenu et les limites qu'ils fixaient sur la part d'audience n'étaient plus applicables dans un monde où les fournisseurs de services Internet produisaient et distribuaient des contenus tiers en plus du leur.

Relation litigieuse avec le fournisseur principal Televisa

Un autre facteur qui allait toujours représenter un risque indésirable pour Univision était sa forte dépendance vis-à-vis de Televisa. Ce dernier fournissait plus d'un tiers de la programmation télévisuelle d'Univision et plus de la moitié de son contenu sur d'autres plateformes. En règle générale, les meilleurs candidats au LBO sont des entreprises qui ne dépendent pas d'un ou de plusieurs grands fournisseurs ou clients. Une dépendance excessive met en péril les flux de trésorerie futurs car elle affaiblit le pouvoir de négociation d'une entreprise vis-à-vis de ses partenaires commerciaux. Comme nous l'avons vu avec l'étude de cas Mergermarket, la visibilité des cash-flows à venir est l'un des facteurs de succès les plus importants. Elle offre une forme de garantie aux prêteurs. Univision était prise en otage par son principal fournisseur de contenu. La production de valeur ajoutée avait migré d'Univision vers Televisa.

Televisa s'était avéré un partenaire peu fiable, vendant sa participation de 11% en 2007 avant de choisir de racheter une participation de 5% plus des options trois ans plus tard. Il avait d'abord essayé de se retirer de son accord d'exclusivité sur le développement de contenu avant de faire volte-face. Il est certain que cela aurait pu nuire aux opérations d'Univision si Televisa avait décidé de cesser de fournir du contenu. En fin de compte, il avait utilisé la faiblesse de bilan d'Univision comme levier pour négocier de meilleures conditions de contrat. Et il avait offert à Telemundo l'accès à du contenu exclusif pour des programmes concurrents afin de démontrer son pouvoir de négociation.

Licenciements

Fin 2006, Univision employait 4.233 personnes. Dix ans plus tard, le groupe comptait environ 4.000 employés.[78] Au cours de la même période, le chiffre d'affaires net avait augmenté de 50 %. L'efficacité opérationnelle d'Univision s'était faite au détriment de sa main-d'œuvre.

Forcément, la tension multiple exercée par la migration numérique de son jeune public, la pression sur les prix par Televisa, et un lourd endettement avait conduit le management à introduire des initiatives de réduction des effectifs. Au début de 2009, Univision licenciait 300 employés. Au printemps 2014, la société supprimait des dizaines de travailleurs dans le cadre de la restructuration de sa division Radio. En novembre 2016, jusqu'à 250 mises à pied avaient été annoncées alors que la société enregistrait une perte nette de 30,5 millions de dollars au troisième trimestre et une baisse de 8 % de son chiffre d'affaires. En 2017, elle subissait une autre vague de licenciements, y compris plusieurs de ses directeurs de programmation et des journalistes présentateurs.[79]

Récession économique

L'impact négatif le plus important sur la croissance d'Univision venait probablement de la récession économique. Les dépenses publicitaires sont très cycliques. Les annonceurs réduisent leurs budgets lorsque l'économie tourne au ralenti. De 2008 à 2010, l'Amérique avait connu sa pire récession en quatre-vingts ans. Parmi d'autres facteurs, l'effondrement de l'industrie automobile, l'un des plus grands annonceurs à la télévision, avait nui aux recettes.

Acheter au plus haut

Au premier trimestre de 2006, le dernier dont Univision fit état avant d'annoncer le LBO, la société avait vu ses bénéfices augmenter de 21%. Elle allait enregistrer un deuxième trimestre fantastique grâce à la programmation de la Coupe du monde de football.[80] Univision montait en puissance alors que l'économie était en ébullition.

Ce n'était pas seulement l'économie qui était à son zénith. Les marchés du crédit étaient également effervescents. Dans un milieu où l'excès de confiance combatif est un signe d'honneur et où la taille des transactions est une question de fierté, la période allant de 2005 à 2007 avait vu une ruée vers la conclusion de transactions LBO toujours plus mirobolantes. Extrêmement dépendantes de la dette, les méga-transactions de la taille d'Univision ne pouvaient être conclues que dans un environnement de crédit bouillant. Mais elles arboraient des valorisations extravagantes.

Le LBO d'Univision était valorisé sans marge d'erreur. Il supposait une demande en plein essor, et non l'environnement économique le plus difficile depuis trois générations. Il conjecturait que la télévision resterait le principal moyen de diffusion et de création, Internet restant une plateforme publicitaire essentiellement passive. Les vidéos mobiles n'étaient même pas encore nées ; elles n'ont donc jamais été perçues comme un concurrent potentiel.

La réalité était loin d'être parfaite. Lorsque l'économie s'était affaissée, Univision reposait sur des fondations branlantes. Les licences de diffusion télévisuelle n'étaient plus les barrières à l'entrée d'autrefois. La décision prise par KKR et Blackstone, traditionnellement des enchérisseurs assez agressifs, de se retirer du processus de vente pour des raisons de prix – bien que leur décision soit en partie due au degré de contrôle exigé par Televisa – était peut-être la meilleure indication que la valorisation du LBO était excessive.[81]

Consortium d'investissement complexe

Afin de rejoindre le Panthéon du private equity, les plus grands groupes de capital-investissement ne choisissaient pas de s'associer à la légère. Bien qu'ils préférassent garder le contrôle de leurs transactions, de temps en temps, en particulier pour les méga-deals, des groupes comme TPG et Providence avaient besoin de trouver des alliés. S'associer avait le double avantage de réduire la surexposition à un seul deal et d'éliminer les tensions concurrentielles. Cette idée qu'il était préférable pour des acquéreurs de combiner leurs forces plutôt que de se faire concurrence conduirait finalement à une enquête en bonne et due forme de la Securities and Exchange Commission (SEC), comme nous le verrons au chapitre 9. En vérité, le principal inconvénient des consortiums, c'est qu'ils rendent la prise de décision moins fluide, un point vital lorsqu'un investissement tourne au vinaigre.

Obstacle réglementaire

La déréglementation espérée ne s'était pas matérialisée au cours de la première décennie de ce qui dut être une expérience extrêmement frustrante pour le management. L'autorisation réglementaire restait une pierre d'achoppement pour toute transaction. C'était en partie la raison de l'échec du processus de vente en 2014, laissant une introduction en bourse comme la seule porte de sortie crédible pour les actionnaires existants – après les difficultés rencontrées par l'entreprise, sous LBO depuis 2007, aucune firme de capital-investissement ne serait assez courageuse pour tenter un LBO secondaire.

Le 4 janvier 2017, la FCC annonçait que le plafond appliqué à la participation dans un groupe de médias américain par des investisseurs étrangers pourrait être porté de 25 % à 49 %.[82] Si le changement devenait effectif, Televisa serait en mesure d'augmenter son investissement dans Univision, ce qui rendrait un scénario de sortie par IPO moins indispensable. Avec ses actions et bons de souscription, le groupe de médias mexicain détenait 38 % d'Univision sur une base entièrement diluée et convertie. Mais il n'était pas autorisé à détenir plus de 25 % des droits de vote, ce qui limitait son intérêt de faire une offre pour Univision.[83] De même, la forte dépendance de ce dernier vis-à-vis du contenu de Televisa rendait les chances d'une acquisition par CBS, Fox ou tout autre réseau américain bien minces. Malheureusement, pour les actionnaires, l'absence d'alternatives ne pourrait qu'avoir un impact négatif sur la valorisation de leur société de portefeuille.

Emprunter à l'excès

Avec un multiple d'EBITDA de 12 fois d'entrée de jeu, le niveau d'endettement du LBO était au maximum de ce qui est acceptable pour les sociétés ayant un excellent crédit et des conditions de marché parfaites. Aucune autre grande entreprise de médias aux États-Unis n'avait un multiple de dette supérieur à 8 fois.[84] Quatre ans après la transaction, l'endettement d'Univision avoisinait obstinément 10 fois les bénéfices. L'absence de progrès en matière de génération de trésorerie

> rendait l'impact cumulé des intérêts intenable, d'où les nombreux refinancements. Alors que l'économie américaine se redressait lentement, l'EBITDA passait de 900 millions de dollars en 2010 à 1,3 milliard de dollars en 2015, ce qui réduisait l'endettement de la société à un multiple encore percutant de 7 fois l'EBITDA.

Une nouvelle intrigue ?

À l'époque du LBO, l'une des émissions les plus populaires d'Univision, produite à juste titre par Televisa, était le feuilleton 'Amarte es mi Pecado' (T'aimer est mon péché), dans lequel l'héroïne un peu naïve est vendue par sa belle-mère à l'homme le plus riche de la ville, tente de se suicider, est sauvée et tombe amoureuse de son sauveteur... le tout dans la première brassée de 95 épisodes. Le LBO d'Univision avait connu autant de rebondissements qu'une telenovela, la relation par intermittence avec Televisa n'ayant pas aidé de ce point de vue.

Le cri de cœur sans pareil du private equity pour le crédit s'était traduit par une série de creux opérationnels et de dépressions financières, de licenciements et de remaniements de l'équipe de direction, de violations des clauses restrictives et de prolongations des emprunts. Cela avait chaviré comme tant d'autres histoires d'amour, submergées par la routine et les obligations d'une vie en commun. Après plus d'une décennie de service méticuleux de sa dette, Univision était coincée dans un montage financier tendu, incapable d'échapper à sa cruelle condition d'entreprise zombie. Mais une fois transformé en zombie, un LBO est comme un déchet nucléaire. Personne n'en veut dans son quartier, et encore moins dans son propre jardin. D'où la difficulté de s'en débarrasser.

Luttant pour faire face au paiement de la dette, Univision avait réduit sa programmation. Logiquement, cela avait entraîné une perte d'audience,[85] avec un impact conséquent sur les recettes et les bénéfices. Selon un rapport préparé par le syndicat nord-américain UNITE HERE, le taux de croissance annualisé de l'EBITDA d'Univision entre 2006 et 2015 était de 0,36 %.[86] Le même rapport indiquait que le consortium de fonds de private equity avait facturé plus de 570 millions de dollars en frais de gestion et d'administration au cours des neuf premières années du LBO. Avant son introduction en bourse prévue en juillet 2015, le consortium avait reçu 180 millions de dollars pour permettre à Univision de résilier ce contrat de gouvernance.[87] Cela étant, plumer la poule aux œufs d'or est une pratique courante dans le capital-investissement.

Dans sa résilience et sa capacité à absorber une décennie d'abus par ses actionnaires, Univision témoigne de l'influence durable et progressive des latinos en Amérique. Chaque année entre 2009 et 2015, le chiffre d'affaires du groupe avait dépassé celui de l'année précédente. Grâce au poids économique croissant de son public cible, le groupe avait atteint la parité d'audience avec les cinq principaux réseaux de télévision de langue anglaise et demeurait, comme l'annonçait son slogan promotionnel, 'Le centre névralgique des hispaniques aux États-Unis'.

En 2017, un nouveau président entrait à la Maison Blanche avec un programme qui pouvait difficilement être décrit comme pro-latino. Étant donné les nombreuses déclarations provocatrices de Trump envers les Mexicains et le régime cubain, plus que jamais, la communauté hispanique en Amérique avait besoin d'une Univision forte, une position que des milliards de dollars de dette LBO ne pouvaient qu'entraver. Les difficultés de l'économie pendant la récession, la numérisation incessante du contenu et de la distribution des médias, sans parler de l'hostilité du président envers le public cible de l'entreprise, montraient à quel point le succès dans le secteur du capital-investissement pouvait être fragile.

Voir double

Si ce que vous avez lu dans ces pages est tout ce que vous savez sur Univision, vous pourriez penser qu'il était difficile de prédire un résultat aussi lamentable. C'est là que se souvenir du passé peut être utile. Croyez-le ou non, ce n'était pas la première incursion d'Univision dans le monde passionnant des opérations à effet de levier.

La première expérience de l'entreprise avec un montage financier un peu raide avait eu lieu lors de la précédente bulle LBO, à la fin des années 1980. Dans un cas étrange de prise de risque bien trop loin de son domaine d'expertise, en novembre 1987, Hallmark Cards, l'un des plus grands fabricants américains de cartes de vœux, s'était associé à la division de capital-risque de First Chicago Corporation afin de racheter Univision, déjà à l'époque l'un des fleurons de la télévision de langue espagnole du pays. Dans un LBO de 300 millions de dollars, les actionnaires avaient ensuite fusionné Univision avec dix chaînes de télévision de langue espagnole acquises l'année précédente. Trois ans plus tard, incapable de faire face à la hausse des remboursements d'emprunts en plein ralentissement économique, l'entreprise frôlait la faillite.[88] Comment dites-vous 'déjà vu' en espagnol ?

Après de longues et pénibles négociations par Hallmark Cards pour racheter une partie des prêts LBO aux créanciers, Univision évitait ce qui aurait pu être une période embarrassante de procédure administrative.[89] La société était finalement revendue en avril 1992 au producteur hollywoodien Andrew Jerrold Perenchio et à Emilio Azcárraga Milmo, ce dernier étant le fils du cofondateur d'Univision, Emilio Azcárraga Vidaurreta.[90]

Quinze ans plus tard, la position de leader qu'Univision occupait sur le marché donnait aux fonds de capital-investissement l'idée erronée que l'entreprise pourrait gérer un effet de levier élevé. Au lieu de cela, les valorisations des actifs dans le secteur des médias traditionnels avaient beaucoup souffert de la crise financière, les annonceurs réaffectant leurs budgets à des plateformes plus flexibles, essentiellement parce que les consommateurs migraient sur Internet, préférant l'offre sur demande au contenu préprogrammé d'un télédiffuseur.

Là où l'histoire se transforme en une vraie telenovela, c'est dans l'identité du propriétaire et P-DG de Televisa. Il s'agit d'Emilio Fernando

Azcárraga Jean III, petit-fils d'Emilio Azcárraga Vidaurreta, un copropriétaire d'Univision du début des années 1960 jusqu'en 1987, date à laquelle il avait été contraint par le gouvernement américain de céder sa participation majoritaire à Hallmark et First Chicago du fait qu'en tant qu'étranger, il ne pouvait pas posséder plus de 25 % d'un télédiffuseur américain.[91] Trente ans plus tard, son petit-fils essayait de récupérer ce qu'il estimait légitimement lui appartenir.

Voir flou

Televisa avait vendu sa participation en 2006 après que son offre eut été repoussée. Le groupe avait ensuite passé les années suivantes à saper la valeur économique d'Univision en intentant un procès contre celle-ci et en renégociant les termes de leur accord de distribution de contenu, avant de finalement réinvestir à une valorisation beaucoup plus faible lorsque la société américaine était à l'article de la mort. De même, Perenchio avait fait preuve d'une habileté étonnante dans son timing en achetant Univision au plus bas (pendant la récession de 1992-93) avant de vendre au plus haut en 2006. Deux investisseurs stratégiques moins 'sophistiqués' avaient donné aux gestionnaires de fonds soi-disant avisés une leçon fort coûteuse lorsqu'il s'agit de synchroniser un investissement au cours d'un cycle économique.

Rétrospectivement, la décision des investisseurs en private equity de payer plus de 16 fois l'EBITDA pour une entreprise qui avait fait faillite 15 ans plus tôt semble à la fois téméraire, spéculative et négligente. Dans leur style classique exubérant, les sponsors financiers avaient péché par excès d'optimisme. Le modèle du private equity stipule que les sociétés de portefeuille doivent être revendues dans un délai de quatre à cinq ans. En raison de la valeur temps de l'argent ('time value of money'), tout actif coincé dans le portefeuille au-delà de cette période nuit aux rendements, pénalisant l'ensemble du fonds. Des entreprises comme Univision qui demeurent en portefeuille pendant plus d'une décennie mettent la survie du gestionnaire littéralement en danger, affectant toute levée de fonds ultérieure.

TPG avait investi dans Univision via son fonds V. Le même véhicule avait été utilisé pour participer à d'autres LBO malheureux, y compris ceux de l'opérateur de casinos Caesars Entertainment et de l'énergéticien TXU, tous deux mis en faillite. Certains des plus grands investisseurs dans les fonds gérés par TPG avaient été massivement affectés. Le gestionnaire de régimes de retraite CalSTRS avait engagé 1 milliard de dollars et son homologue CalPERS en était pour ses frais à hauteur de 600 millions de dollars. Avec un taux de rendement annualisé de 4 % à 5 %, TPG Partners V enregistrait une performance de dernier quartile.[92] Comme on pouvait s'y attendre, CalSTRS et CalPERS décidaient de ne pas engager leurs capitaux sur le fonds TPG Partners VII levé en 2015.

Thomas H. Lee réussissait à lever son septième fonds en 2014, même si son millésime précédent de 2006 – impacté par les longues périodes de participation de ses deux actifs médias Univision et Clear Channel – avait généré une performance de troisième quartile. Échaudé par les résultats décevants du véhicule 2006, CalPERS avait passé son tour pour le fonds suivant.

Madison Dearborn et Providence Equity s'étaient fait moucher comme des écoliers en investissant dans Univision, non pas à travers un, mais deux de leurs fonds. En conséquence, leurs performances étaient doublement affectées. Les fonds IV et V de Madison, levés respectivement en 2000 et 2006, produisaient des rendements de deuxième et troisième quartiles, et CalPERS, investisseur de longue date, choisissait de ne pas participer au fonds VII levé en 2014.

Providence Equity V (millésime 2005) et VI (2007) affichaient des taux de rendement internes inférieurs à 4 % et 6 % respectivement,[93] se montrant incapables de battre les indices boursiers. En toute justice pour Univision, elle n'était pas la participation la plus désastreuse du portefeuille de Providence : en 2010, la firme de capital-investissement avait perdu des centaines de millions de dollars lorsque le studio de cinéma Metro-Goldwyn-Mayer avait fait faillite, et cinq ans plus tard, une autre société dans laquelle Providence avait investi – le groupe de sécurité Altegrity – avait également mis la clé sous la porte en raison d'allégations de fraude, anéantissant 800 millions de dollars des capitaux propres du gestionnaire.[94] Les deux millésimes de Providence avaient offert des rendements du quartile inférieur.

Sans surprise, Providence Equity avait eu beaucoup de mal par la suite à lever un fonds, mais la firme finalement obtenait 5 milliards de dollars pour son septième véhicule en 2013, soit beaucoup moins que les 12 milliards de dollars engagés dans le fonds VI avant la crise financière. CalSTRS et CalPERS, deux des plus grands investisseurs de Providence dans les millésimes V et VI, avaient choisi de ne pas investir dans le fonds suivant. Comme le dit le dicton : chat échaudé craint l'eau froide.

Comme ses co-investisseurs, Saban Capital doit maudire le jour où il a jeté son dévolu sur Univision. Pourtant, le télédiffuseur est la véritable victime collatérale de cette transaction. Douze ans après son deuxième LBO, Univision tentait toujours de se débarrasser des effets abrutissants d'un rachat par effet de levier.

LBO ET ENTREPRISES ZOMBIES

L'effet de levier a une répercussion mécanique sur les rendements des fonds propres. Pendant les périodes de croissance, il améliore la performance quel que soit le talent du gestionnaire de fonds. C'est pourquoi il est si tentant pour les firmes de capital-investissement de l'utiliser à l'excès.

Univision n'est qu'un exemple d'un LBO transformé en entreprise zombie, mettant en lumière les conséquences opérationnelles et financières du surendettement lorsque les conditions du marché se détériorent. La crise financière et la récession ont créé une cohorte étonnamment vaste d'entreprises criblées de dette, maintenues artificiellement en vie par les politiques d'argent facile des banques centrales.

CHAPITRE 5

3i : Miroir du cycle économique et de la psychologie humaine

> *Peu d'industries sont adaptées à toutes les saisons économiques. Avec son appétit flagrant pour la dette et une grande dépendance à son égard, le capital-investissement ne fait pas exception. La gestion d'actifs est une activité intrinsèquement cyclique. Le modèle dépend d'une économie forte et de marchés financiers encore plus robustes pour lever des fonds, engranger des commissions et générer de la valeur pour les investisseurs.*
>
> *Au fil des années, les gestionnaires de fonds ont tout essayé pour pallier cette cyclicité prononcée. En tant que pionnier incontesté dans le domaine, le groupe 3i, basé au Royaume-Uni, a tenté et échoué, à plusieurs reprises, d'établir une ligne de conduite stable et sereine. Cela en fait une étude de cas appropriée pour décrire les principales lacunes du métier.*

Immédiatement après la Seconde Guerre mondiale, la Grande-Bretagne se trouvait dans une position précaire. Le pays était à genoux et le gouvernement travailliste de Clement Atlee cherchait un moyen de redynamiser l'économie. Le principal défi auquel l'équipe d'Atlee était confrontée était de créer de nouveaux emplois pour les nombreux militaires, hommes et femmes, impliqués dans l'effort de guerre et sans emplois auxquels retourner. Une façon d'y parvenir était de mettre en place un programme de financement pour les entrepreneurs et les petites entreprises.

Le 'Macmillan gap'

Dans les années 1930, l'économie britannique avait souffert à la suite du krach boursier. Entre novembre 1929 et juillet 1931, le gouvernement s'était penché sur l'impact économique et social de l'effondrement des marchés en formant le Comité des finances et de l'industrie. Présidé par Hugh Pattison Macmillan, membre de la Chambre des lords, le Comité avait identifié une pénurie chronique de capitaux d'investissement à long terme pour les petites et moyennes entreprises (PME).[1] Il recommandait la création d'une société pour combler cette pénurie, par la suite connus sous le nom de 'Macmillan Gap'. Cette société servirait d'intermédiaire entre les organismes prêteurs et les entreprises emprunteuses mal desservies. Malgré les conclusions du Comité, en partie en raison de points de vue divergents sur la réalité ou l'importance de la 'pénurie', rien n'était sorti de ces conclusions au moment où le pays était entraîné dans un nouveau conflit mondial.

Les destructions provoquées par la Seconde Guerre mondiale obligeaient le gouvernement à encourager une meilleure coopération entre la finance et l'industrie. Le 19 mai 1945, alors que la Grande-Bretagne se préparait à un grand projet de reconstruction, la Finance Corporation for Industry (FCI) était fondée avec 25 millions de livres sterling de capital et des capacités d'emprunt de quatre fois ce montant. Le capital social était souscrit à peu près à parts égales par des compagnies d'assurance, des sociétés d'investissement et la Banque d'Angleterre, avec pour mission délibérée d'apporter du financement (principalement sous forme de dette) pour faciliter la rationalisation et la restructuration de secteurs clés de l'industrie britannique.[2] L'objectif de FCI était de limiter ses investissements à un petit nombre de grandes entreprises.

En juillet de la même année, l'Industrial and Commercial Financial Corporation (ICFC) était créée par la Banque d'Angleterre pour servir les PME par l'apport de capitaux permanents et à long terme. Les investissements typiques variaient entre 5.000 et 200.000 livres. L'ICFC était exclusivement financée par les principales banques commerciales anglaises, les banques écossaises et la banque centrale, avec un capital allant jusqu'à 45 millions de livres sterling. Durant ses premières années, l'ICFC allait fournir 60 % de son capital sous forme de prêts à long terme, souvent à taux fixe et remboursables sur 10 à 20 ans. Les 40 % restants étaient des apports de fonds propres, souvent sous la forme d'actions de préférence rachetables.[3]

Ces deux sociétés fourniraient une aide solide à la croissance économique au cours des décennies suivantes. Dans les années 1950, l'ICFC se développait dans les régions britanniques, d'abord à Birmingham, puis à Manchester, Édimbourg, et finalement dans la majeure partie du pays. En 1972, l'ICFC comptait 29 bureaux régionaux.[4] Deux ans plus tard, FCI et ICFC fusionnait pour former un autre acronyme – FFI, Finance for Industry. En tant qu'entité publique, cette dernière était structurée en société holding, contrôlée à 85 % par des banques de compensation, à 15 % par la Banque d'Angleterre. À ce stade, ces initiatives avaient aidé plus de 3.000 entreprises à financer leur croissance.[5]

Expansion

Le succès de leur soutien aux entreprises nationales rendait les dirigeants de FFI confiants qu'ils pourraient appliquer leur ingéniosité à l'étranger et dans tous les secteurs d'activité. Ils devenaient actifs dans la souscription d'actions, le capital-risque en phase de démarrage, la location d'usines, l'immobilier et le financement du transport maritime. Le conglomérat financier ouvrait des bureaux à Boston en 1982 et à Paris et Francfort l'année suivante,[6] même si la priorité demeurait le développement de l'industrie britannique. FCI accordait des prêts à moyen terme de 1 à 25 millions de livres sterling à de grandes entreprises telles que l'alcoolier écossais Distillers, le verrier Pilkington, le spécialiste de l'ingénierie The Weir Group, ainsi qu'Associated Biscuit. L'ICFC continuait d'offrir des tickets beaucoup plus petits.

Au cours des 40 premières années d'activité, FFI et ses incarnations précédentes gageaient 2,8 milliards de livres sterling pour le développement de l'industrie et du commerce britanniques.[7] Ils levaient régulièrement des fonds auprès du public, généralement sous forme de titres de créance à durée déterminée portant intérêt. Ils continuaient à le faire après un nouveau changement de nom en 1983, de FFI en Investors in Industry, ou 3i.[8] En tant qu'investisseur neutre en termes de secteur, la société participait parfois au développement technologique, notamment grâce à des investissements dans Bond Helicopters et Oxford Instruments, le pionnier de l'imagerie par résonance magnétique. Le bureau de Boston évoluait même pour devenir 3i Ventures, dédié aux transactions en phase de démarrage.

Avec l'élan croissant de la mondialisation et une intégration plus poussée entre les plus grandes économies, le management avait l'occasion de construire une présence en Europe continentale et au-delà. Désireux d'assouvir son ambition de domination du marché à l'étranger, après l'ouverture de bureaux à Boston, Paris et Francfort, Investors in Industry déployait des troupes en Italie et en Espagne et créait une filiale australienne ainsi qu'une joint-venture indienne.

Simultanément, grâce à son expertise polyvalente en tant qu'investisseur dans des sociétés privées, la firme était idéalement positionnée pour participer à un nouveau type de financement. À la fin des années 1970, des opérations à effet de levier émergeaient aux États-Unis et faisaient lentement leur entrée en Grande-Bretagne. En 1985, Investors in Industry était déjà un sponsor de LBO expérimenté, en ayant conclu 98 en 1981, 95 l'année suivante, 78 en 1983, 79 un an plus tard et 70 en 1985. Les publicités de la firme apparaissant dans la presse à l'époque dépeignaient des vignettes simples de transactions orchestrées par des experts financiers. Les publicités faisaient la promotion des nouvelles méthodes de montage financier pour LBO. Elles étaient destinées à plaire aux dirigeants d'entreprise désireux de faire le grand saut dans l'entrepreneuriat, mais à court de connaissances spécialisées dans les cessions d'entreprises et l'émission de dette. Bien que les trois décennies d'expérience de la firme de capital-risque lui donnassent une crédibilité notoire, en réalité, comme tous ses pairs, l'équipe d'investissement de 3i improvisait au fur et à mesure. En 1987, la firme avait déjà conclu plus de 600 transactions à effet de levier, ce qui représentait plus de la moitié des LBO effectués au Royaume-Uni au cours des cinq années précédentes.[9] Avec une telle part de marché, Investors in Industry était le leader incontesté des LBO dans le pays, ajoutant cette couronne à celle qu'il portait dans le financement de start-ups.

Toujours en 1987, des discussions émergeaient entre la firme et ses actionnaires au sujet d'une introduction sur les marchés boursiers. Le groupe d'investissement aurait pu être valorisé à environ 600 millions de livres sterling. L'idée de l'introduction en bourse avait été formulée par Midland Bank, actionnaire à 18 %, à court de liquidités et ainsi à la recherche de cessions d'actifs.[10] L'IPO pouvait être un excellent moyen pour Investors in Industry d'accéder à des capitaux externes. À ce stade, la société détenait des actifs d'une valeur de 2,2 milliards de livres sterling dans 2.500 participations distinctes, gérées par 725 employés opérant à travers 25 bureaux régionaux au Royaume-Uni et cinq à l'étranger.[11] Ses effectifs et son empreinte géographique en faisaient non seulement l'investisseur le plus influent dans le financement de start-ups et de LBO au Royaume-Uni et en Europe ; c'était le plus important au monde. Une présence à la Bourse de Londres renforcerait sa visibilité.

Cependant, la violente correction boursière au mois d'octobre de la même année imposait un report indéfini des discussions sur l'IPO. Le krach perturbait également le processus de syndication de nombreux LBO, et avec une part du marché britannique de plus de 40 % dans ce segment, 3i n'était pas épargnée. La firme ne trouvait pas de co-investisseurs pour les 30 millions de livres sterling de capitaux propres qu'elle détenait dans Moores Furniture, par exemple.[12] Un marché boursier instable n'affectait pas seulement la syndication. Il rendait les liquidations d'actifs par le biais d'IPO presque impossibles.

Pourtant, le krach boursier n'affectait pas l'économie qui continuait de montrer des signes de croissance, encourageant l'innovation financière. Les années 1980 avaient été bienveillantes envers les sponsors de LBO, comme en témoignent 1.720 transactions d'une valeur totale de 6 milliards de livres, sur le marché britannique, entre début 1980 et mi-1988.[13] L'année 1989 à elle seule enregistrerait des LBO d'une valeur de 6,5 milliards de livres sterling.[14]

Correction du marché

Compte tenu de sa courte histoire, le secteur des LBO n'avait pas encore connu de récession. Alors que l'économie ralentissait progressivement, tant aux États-Unis qu'au Royaume-Uni, les marchés financiers refrénaient leur appétit pervers pour l'effet de levier. Entre 1990 et 1992, le marché des LBO ne cessait de décliner – rien qu'en 1990, la valeur des transactions chutait de 60 %. Au troisième trimestre de 1992, les volumes atteignaient leur plus bas niveau en six ans.[15]

La Grande-Bretagne traversait une crise économique douloureuse en 1991-93, sa plus profonde contraction depuis la guerre. Causée par des taux d'intérêt à deux chiffres, un taux de change surévalué et la baisse des prix de l'immobilier, la récession s'accompagnait d'une inflation élevée : les prix de détail augmentaient de 20 % entre début 1990 et fin 1992. Le pays était plongé dans de nouvelles turbulences lorsque, le 16 septembre 1992, le gouvernement devait dévaluer, retirant ainsi la livre sterling du mécanisme européen de taux de change, une structure que le pays avait rejointe seulement deux ans plus tôt pour tenter de maîtriser l'inflation. Le boom des emprunts et des dépenses de consommation connu sous l'ère Thatcher avait pris fin brutalement.

Une baisse marquée des transactions n'était pas la seule conséquence pour les secteurs du capital-risque et des LBO. Les gestionnaires de fonds devaient mettre en place des améliorations opérationnelles, tant au niveau du portefeuille qu'au sein de leurs propres équipes d'investissement. Les conditions économiques difficiles amenaient plusieurs LBO très médiatisés à faire défaut sur leurs engagements financiers.

Le LBO de 2,2 milliards de livres sterling de Gateway, la troisième plus grande chaîne de supermarchés du Royaume-Uni, en est une excellente illustration. Acheté à l'été 1989 par deux véhicules parrainés par des fonds de capital-investissement, dont la société de portefeuille Isosceles soutenue par le financier américain Bruce Wasserstein, il s'agissait, à l'époque, du plus grand LBO jamais orchestré en Europe. L'effet de levier de 75 % s'avérait trop difficile à gérer et finissait par nuire à l'entreprise, l'obligeant à des cessions précipitées pour générer des liquidités indispensables afin de respecter plus de 1,4 milliard de livres sterling d'engagements de prêts bancaires. Plusieurs P-DG et refinancements plus tard, en avril 1993 les créanciers prenaient le contrôle de Gateway, remplaçant les actionnaires par la même occasion. En tant que gestionnaire de fonds de LBO le plus important en Grande-Bretagne, 3i était, à juste titre, parmi les actionnaires perdants. La firme devait aussi reconnaître des charges de dépréciation sur sa part de la dette mezzanine de Gateway. C'était une leçon coûteuse. La firme d'investissement entreprenait une restructuration douloureuse pour se recentrer sur son activité la plus performante : le financement de PME. Afin de faciliter un nouveau départ, en 1994 elle réduisait ses effectifs de 45 %, pour les ramener à 570 employés.[16]

Historiquement, sous la marque ICFC, la firme avait adopté une approche très non-interventionniste de la gestion de portefeuille. Pour que ses banques-actionnaires n'aient pas à reconnaître les sociétés de portefeuille dans leurs comptes, toutes les participations étaient syndiquées de manière systématique. La récession économique du début des années 1990 prouvait que cette approche laxiste de la gestion de portefeuille n'était pas optimale. Dès lors, la firme commençait à prendre des parts majoritaires.

Voir les choses du même œil que le monde des affaires

Naturellement, l'effondrement très visible d'investissements comme Gateway amenait les marchés boursiers à ajuster leurs attentes à l'égard des gestionnaires d'actifs. Pendant la majeure partie de l'année 1993, ces derniers se négociaient avec une décote importante par rapport à la valeur de l'actif net, la valeur comptable sous-jacente du portefeuille d'une société d'investissement. C'était loin d'être idéal pour les actionnaires de 3i, les banques commerciales qui détenaient leurs participations depuis 1945 et qui souhaitaient en disposer. Mais le vent tournait rapidement en leur faveur.

Début 1994, alors que le Royaume-Uni sortait de la récession, les LBO s'avéraient de nouveau populaires. En février, 3i annonçait le lancement d'un fonds de 225 millions de livres sterling, levé auprès d'investisseurs externes, notamment des fonds de pension britanniques et des institutions internationales. La firme admettait que les opportunités de marché étaient si importantes que son seul bilan n'était plus suffisant pour en tirer parti.[17] Gérer l'argent de tiers réduirait également l'exposition des banques actionnaires et fournirait un flux régulier de commissions.

Le groupe d'investissement s'était énormément développé depuis sa création, en partie grâce à la publicité constante dans la presse financière pour attirer les entrepreneurs à la recherche de financements externes. Pendant tout ce temps, les banques étaient demeurées les seuls actionnaires, mais c'était sur le point de changer. En juillet 1994, après un long délai en raison de valorisations déprimées pendant la récession, 3i était introduite à la Bourse de Londres, les banques commerciales vendant 40 % de leurs actions au public et aux institutions de la City. La société abandonnait le label Investors in Industry et devenait officiellement 3i Group plc, avec une capitalisation boursière initiale de 1,5 milliard de livres sterling. Environ 390.000 investisseurs privés avaient manifesté leur intérêt pour le spécialiste du capital-risque.[18] Mais seulement 75.000 d'entre eux avaient acheté des actions dans une firme qui représentait tout compte fait une proposition d'investissement très risquée – les rendements de la firme n'avaient pas été à la hauteur de ceux de l'indice FTSE All-Share au cours des dix années précédant l'IPO.

Pourtant, 3i bénéficiait de son statut d'*investment trust*, ce qui signifiait qu'elle ne paierait pas d'impôts sur les plus-values réalisées. En outre, le fait que toutes les grandes banques du pays détenaient encore une part importante des actions du groupe rendrait plus facile et moins coûteuse la levée de fonds sur les marchés monétaires. En octobre, 3i rejoignait l'indice FTSE 100, son action ayant augmenté d'un cinquième au cours des trois mois suivant l'introduction en bourse.[19]

Après plus de quatre décennies de leadership incontesté dans le financement des entreprises privées, 3i bénéficiait d'un accès unique aux couloirs secrets du pouvoir ministériel et des milieux bancaires. Mais travailler au nom du gouvernement de Sa Majesté avait ses limites, en particulier en termes de stratégie et de responsabilité. Quel était l'intérêt de dominer le marché si 3i n'était pas en mesure de dicter ses propres conditions commerciales et de fixer les règles d'engagement ? Revendiquer l'indépendance vis-à-vis d'actionnaires autoritaires et accéder aux marchés publics des capitaux donnait au management de 3i des pouvoirs quasi illimités, une arme fantastique dans l'environnement déréglementé élaboré par les gouvernements conservateurs successifs à partir de 1979. La question à se poser, pour les actionnaires, était de savoir si le management serait en mesure de tirer le meilleur parti de sa liberté nouvellement acquise sans faire trop d'erreurs.

L'entreprise gagnait son indépendance à un moment critique. Sa suprématie sur le marché n'était plus incontestée. Cette année-là, en 1994, les quelque 100 membres de la British Venture Capital Association avaient levé plus de 2 milliards de livres sterling.[20] Dans les années 1950, l'ICFC verrouillait le marché du financement des PME. Au milieu des années 1990, 3i représentait encore la moitié des investissements en capital-risque du pays et plus d'un quart des montants investis. Mais alors que la position de 3i était solide pour les deals de petite taille, les transactions plus importantes devenaient beaucoup plus compétitives. Et dans le financement des jeunes start-ups en croissance, une révolution technologique était sur le point d'introduire à la fois d'énormes opportunités et beaucoup d'incertitude, ce qui rendait l'avenir encore plus difficile à prévoir.

Tout tenté, rien de gagné

Le rythme plus rapide de la croissance, tant à domicile qu'à l'étranger, exposait les dirigeants à une multitude de problèmes inédits et imprévisibles. Après avoir ouvert un bureau à Singapour en 1997, 3i se trouvait ensuite confronté à la crise asiatique de 1998. La firme britannique n'avait aucune expérience préalable des crises financières, encore moins dans les marchés émergents. La présence internationale créait de nombreux maux de tête. Pourtant, croître avait son avantage. Comme le montant des actifs sous gestion augmentait, 3i voyait ses revenus de commissions bondir de 38,2 % en 1998.[21]

En marge du marché des capitaux, de nouvelles initiatives faisaient surface de manière quelque peu inattendue. Avec la frénésie des dotcoms de 1997 à 2000, les dirigeants de 3i ne pouvaient se retenir et suivaient le troupeau en investissant massivement dans des start-ups technologiques sans modèle éprouvé. L'obsession technologique et la forte demande de LBO créaient un climat unique où l'euphorie et l'utopie s'entremêlaient de façon embarrassante.

Figure 5.1 – Performance de l'action 3i Group plc entre juillet 1994 et décembre 1999

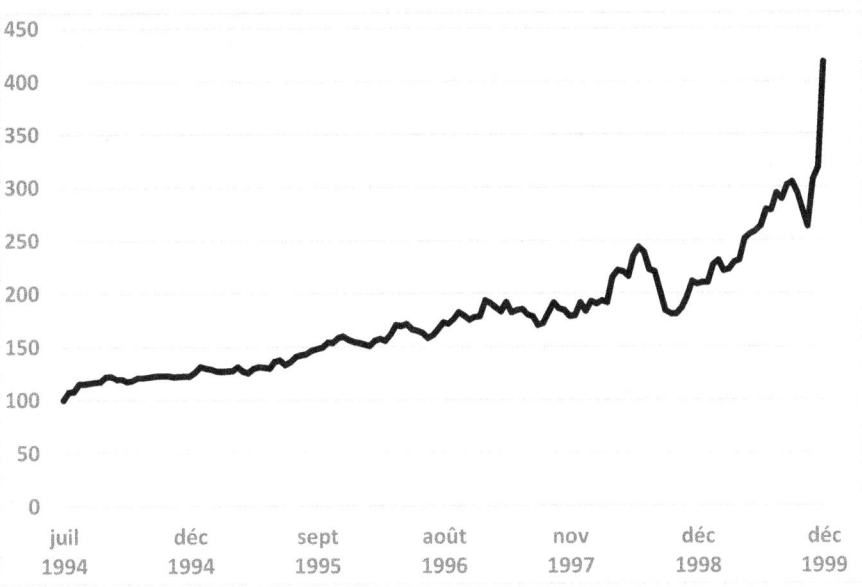

Note : rebasé 100 au jour de l'IPO

La société commençait l'année 1999 en faisant une offre audacieuse de 1,2 milliard de livres sterling pour son rival coté en bourse Electra Investment Trust plc.[22] Bien que l'offre ait finalement échoué, elle prouvait que 3i avait de l'ambition. Devenu le premier groupe de capital-investissement véritablement mondial, avant que les fonds géants américains ne se répandent à travers le monde au milieu des années 2000, 3i était le principal investisseur au Royaume-Uni et en Europe continentale. Avec 32 bureaux en Europe, en Asie et en Amérique, il était extrêmement influent ainsi que riche en liquidités. Au cours de l'exercice clos le 31 mars 2000, le groupe avait déployé 1,4 milliard de livres sterling dans près de 600 entreprises – en seulement 12 mois ! Rien qu'au Royaume-Uni, 3i avait injecté 900 millions de livres sterling dans plus de 350 entreprises.[23]

Donnant un peu de souplesse à la culture d'entreprise rigide de 3i, les transactions technologiques ajoutaient aussi une patine de férocité et de vigueur à une histoire plutôt lisse. La figure 5.1 permet d'appréhender qu'il avait fallu près de quatre ans après son introduction en bourse pour que l'action de 3i double de valeur. Mais il n'avait fallu que 12 mois pour qu'elle double à nouveau entre fin 1998 et décembre 1999. La bulle Internet battait son plein.

Cours intensif sur le krach

À la fin du mois de mars 2000 – alors que l'indice Nasdaq, constitué de nombreuses sociétés des technologies de pointe, était à son plus haut niveau historique – 3i Group plc était d'une santé insolente. Ses actifs sous gestion s'élevaient à près de 6 milliards de livres sterling, soit le double de leur niveau cinq ans plus tôt. Les deux cinquièmes de ces actifs étaient investis dans des LBO et des start-ups, mais le groupe avait également une présence majeure dans les actions cotées, les titres à revenu fixe et la dette privée.[24] En pleine efflorescence, l'équipe dirigeante était tellement enthousiasmée par les nombreuses opportunités d'investissement qui se présentaient dans le segment technologique qu'elle acquérait Technologieholding, un spécialiste du secteur et son plus proche rival en Allemagne.

Pourtant, le groupe s'était développé beaucoup trop rapidement. Sa structure organisationnelle n'était plus adaptée. Indépendamment de la présence mondiale de 3i, toute l'équipe de direction et tous les membres du conseil d'administration étaient britanniques. La gouvernance d'entreprise n'était pas le seul problème. La firme ne semblait pas maîtriser les principes les plus élémentaires de la gestion des risques. Les actifs technologiques représentaient désormais 40 % du portefeuille. Le management avait oublié l'une des règles fondamentales de la stratégie d'investissement : la diversification.

De même, 3i avait poursuivi sans relâche son expansion internationale, signant ses premiers investissements au Bénélux en 1999, en Autriche, au Danemark, en Suède et en Suisse en 2000, et en Finlande en 2001, peu après l'acquisition d'une société de gestion locale, SFK Oy.[25] Au moins, les dirigeants avaient diversifié les activités géographiquement. Mais sur ce point, ils en avaient fait trop. Débordé, le groupe était devenu difficile à diriger. Il avait agressivement participé à la bulle Internet de la fin des années 1990 ; il serait dûment aux premières loges lors du krach des dotcoms de 2000-03, une période au cours de laquelle l'indice Nasdaq perdrait plus des trois quarts de sa valeur.

Comme toujours dans ces situations, face à une violente correction du marché, la firme avait besoin de se regrouper. Tout d'abord, elle subissait un remaniement de l'équipe dirigeante. En décembre 2001, Sir George Russell, le chairman qui avait supervisé l'IPO de 1994, démissionnait. La firme allait faire état de la pire performance de son histoire. Au cours de l'exercice fiscal clos le 31 mars 2002, 3i enregistrait une perte totale de 1 milliard de livres sterling, s'ajoutant à la perte de 142 millions de livres sterling de l'année précédente.[26] Alors que le secteur technologique s'effondrait, les résultats du groupe faisaient marche arrière.

Au cours du même exercice, les revenus de commissions chutaient de 22 % – la baisse des niveaux d'investissement entraînaient une diminution des commissions de transaction et de gestion. En octobre 2001, la firme supprimait 185 employés afin d'adapter ses ressources au nouveau niveau d'activité prévu. Elle engageait 18 millions de livres sterling de coûts de réorganisation et provisionnait 73 millions de livres sterling d'écarts d'évaluation.[27] À ce stade, 3i gérait trois fonds cotés : 3i Smaller Quoted Companies Trust plc, axé sur les petites entreprises britanniques ; 3i Bioscience Investment Trust plc, qui investissait à l'échelle internationale dans la santé ; et 3i European Technology Trust plc, exposé à des sociétés technologiques cotées en Europe. Elle administrait également 7 milliards d'euros dans six fonds de capital-investissement distincts et était en train de lever un septième véhicule, Eurofund IV, avec comme objectif de lever 3 milliards d'euros, dont la moitié proviendrait du bilan de 3i. Bref, même si le management tentait de simplifier le groupe, celui-ci présentait tout de même un haut niveau de complexité. Le graphique matriciel fortement centralisé était un signe révélateur, avec des lignes de reporting réparties entre les régions géographiques et les divisions de produits, composées de 174 entités juridiques distinctes. Et 3i continuait à investir à un rythme rapide, dans trop de sociétés et de pays. En 2002, son taux d'investissement annuel s'élevait à 1 milliard de livres sterling dans 550 entreprises réparties sur 36 bureaux.

Cette complexité n'enthousiasmait pas les actionnaires. S'alignant sur tous les principaux indices boursiers, le cours de l'action 3i passait de 1.376 pence le 31 mars 2000 à 417 pence trois ans plus tard, soit une baisse de 70 %.[28] Sa capitalisation boursière passait de près de 11 milliards à moins de 3,5 milliards de livres sterling. L'action de la firme avait vu sa valeur tripler entre le début de 1999 et septembre 2000. Mais la gueule de bois à saveur de dotcom avait produit une désintégration de la valeur tout aussi impressionnante. À la fin de 2003, l'action était valorisée au même niveau qu'en janvier 1999, comme l'illustre la figure 5.2.

Le rendement négatif de 23,7 % sur les fonds propres pour l'exercice clos en mars 2003 équivalait à une perte de près de 1 milliard de livres sterling, dont 70 % étaient liés à des actifs technologiques en phase de démarrage. Trois ans après le krach des dotcoms, 3i était toujours en train de se restructurer, fermant ses bureaux de Tokyo, Berlin, Hambourg et Dublin et encourant 10 millions de livres sterling de coûts de réorganisation durant l'exercice 2003.

Figure 5.2 – Performance de l'action 3i Group plc entre janvier 1999 et décembre 2003

Note : rebasé 100 au 4 janvier 1999

Bienvenue en territoire yo-yo

L'année fiscale qui s'achevait en mars 2004 enregistrait enfin une performance positive, avec un rendement sur capitaux propres de 18%, même si les différentes divisions ne s'en sortaient pas toutes aussi bien : les rendements des LBO et du capital-développement augmentaient de manière significative, mais le capital-risque occasionnait un rendement négatif de 6 %. Le groupe continuait à fermer des bureaux, portant son nombre à 30 dans le monde, contre 39 quatre ans plus tôt. La principale réorganisation avait lieu à domicile, la présence au Royaume-Uni se réduisant à dix sites. Après sept ans aux commandes, y compris quatre ans de réorganisation douloureuse, le P-DG Brian Larcombe, âgé de 50 ans, tirait sa révérence, réalisant que son héritage serait à jamais terni par la stratégie malheureuse qu'il avait menée dans les secteurs technologiques.[29] Il était remplacé à l'été 2004 par Philip Yea, ancien directeur général d'Investcorp, un rival de 3i.

Alors que la communauté des investisseurs cherchait à oublier la révolution Internet, il était temps de faire le point. Malheureusement pour le management, la performance de 3i faisait piètre figure face à celle de l'indice FTSE All-Share. Au cours des cinq années précédentes, les résultats de 3i étaient inférieurs à ceux de l'indice, la firme d'investissement affichant un rendement annuel négatif de 4,7 % par rapport au rendement négatif de 1,4 % du FTSE All-Share.[30]

Cette faiblesse persistante suscitait des rumeurs selon lesquelles plusieurs concurrents américains, dont Blackstone et KKR, convoitaient l'entreprise, la considérant comme un excellent candidat pour une stratégie de rationalisation. Les offres ne se concrétisaient pas, mais sous la direction de Yea, 3i poursuivait son interminable restructuration. En 2005, le groupe éliminait 70 personnes de ses effectifs, fermait deux bureaux et mettait fin aux activités sous-performantes de gestion de fonds cotés pour se concentrer exclusivement sur les actifs non cotés : LBO, capital-développement et capital-risque. Depuis 2000, la taille du portefeuille avait presque diminué de moitié, passant de 2.874 à 1.502 sociétés.[31] La réorganisation opérationnelle s'était déroulée en parallèle à la restructuration du bilan. De 35 % en mars 2003, 3i avait réussi à ramener son ratio d'endettement net sur fonds propres sous les 15 % deux ans plus tard.

Après une expérience aussi éprouvante, on pouvait s'attendre à ce que le management soit déprimé, mais 2005 marquait un nouveau départ. Le P-DG se voyait confier deux missions essentielles. Il devait indiquer au marché que 3i était toujours un acteur influent sur lequel on pouvait compter. Mais son principal défi était interne. Dans les mois qui précédaient sa nomination, craignant que les problèmes dans la division de capital-risque ne détruisent le reste de la firme, l'équipe de l'activité LBO avait menacé de quitter le groupe et d'établir une entité indépendante. Yea voulait que les LBO fassent partie intégrante de l'avenir de 3i. En fait, pendant son règne, ils étaient destinés à devenir la principale activité du groupe.

L'engouement des dotcoms était enfin oublié. Il était temps de courir tête baissée après la dernière mode. Le proverbe dit bien : chassez le naturel, il revient au galop. Tout comme ils l'avaient fait avec la bulle technologique dans les années 1990, au milieu des années 2000 les cadres dirigeants de 3i menaient le reste du peloton dans l'élaboration d'un énorme département LBO durant une nouvelle vague exubérante d'activité économique. Au cours des quatre années précédentes, les sommes de capital investies dans les LBO à l'échelle mondiale étaient passées de 70 milliards de dollars à 250 milliards de dollars. Pour les professionnels chevronnés, cela offrait une abondance de richesses. Évidemment, 3i succombait à la tentation.

Bien que la firme cherchât rapidement à faire évoluer son modèle d'investissement vers des cibles plus matures, la période d'excès Internet était difficile à effacer. La réorganisation se poursuivait à un rythme soutenu. Le portefeuille se ratatinait. Fin mars 2006, les 1.087 sociétés détenues ne représentaient plus qu'un tiers du nombre détenu en 2000. Bien que certainement désireux d'effacer les erreurs de son prédécesseur, le nouveau P-DG devait éradiquer toute trace restante de l'épidémie des dotcoms qui avait infecté le portefeuille sous le régime précédent, tout en guidant 3i sur une voie plus optimiste. Essayant de redresser la situation, le groupe étendait sa présence en Asie pour s'implanter rapidement sur les marchés émergents prometteurs de la Chine continentale et de l'Inde. La nouvelle stratégie impliquait également de faire moins d'investissements, mais de plus grande taille. Au cours de l'exercice 2006, 3i ne réalisait que 58 transactions, soit une fraction des 700 transactions conclues au cours de l'exercice à mars 2001. La réalisation de transactions plus grandes signifiait cibler des projets industriels. Alors que l'hystérie du crédit atteignait son paroxysme, 3i lançait une division Infrastructures. Par le biais de son activité LBO, le groupe investissait dans des transactions européennes de taille moyenne d'une valeur allant jusqu'à 1 milliard d'euros, dans le but de conclure environ 15 investissements par an. Maintenant abandonnés, les actifs cotés ne représentaient que 6 % de la valeur du portefeuille de 3i, tandis que les fonds non cotés représentaient 61 % et les prêts aux entreprises 31 %.[32]

Aidée par l'essor des marchés, la firme enregistrait une baisse considérable de sa dette grâce à des plus-values de 2,2 milliards de livres sterling. À 1,4 %, le ratio d'endettement de 3i en 2006 représentait seulement une fraction des 35 % déclarés trois ans plus tôt. L'inflation de la valeur des actifs alimentée par la libre circulation du crédit offrait un répit bienvenu à un groupe d'investissement qui tentait frénétiquement de se racheter. Mais ce qui semblait être une excellente nouvelle pour tout gestionnaire d'actifs prudent était considéré par le P-DG Yea comme une occasion ratée. Ce dernier s'était taillé une belle carrière en entreprise, notamment en tant que directeur financier pour les alcooliers Guinness et Diageo, avant de se lancer dans le capital-investissement en 1999. Yea manquait donc un peu d'expérience dans le monde de la haute finance, mais il pensait que là était sa force. Il pensait que la City ne savait pas valoriser 3i de manière adéquate.

Au lieu d'être évalué sur la base d'une décote ou d'une prime sur la valeur de l'actif net, le vénérable groupe d'investissement devrait être jaugé en fonction de son retour sur capitaux propres. Cela refléterait mieux la gestion habile par les cadres dirigeants de la structure capitalistique de la firme. Étant donné que, contrairement à la plupart des groupes de capital-investissement, une partie des fonds de 3i provenait de son propre bilan, son capital social avait un coût intrinsèque. Par exemple, détenir des liquidités dans ses comptes était loin d'être optimal car cela générait des rendements très faibles. D'après Yea, 3i était sérieusement, et de façon injustifiable, sous-endettée. Pour réduire son coût pondéré du capital, la firme devait démontrer qu'elle pouvait manier subtilement les deux côtés de l'équation capitalistique : la dette aussi bien que les fonds propres. Il prenait donc les mesures nécessaires pour remédier à la situation. Une décision clé, à la mi-2005, consistait à restituer 500 millions de livres sterling aux actionnaires : la moitié sous forme de dividende spécial, le reste par le biais de rachats d'actions. Ensuite, il s'attelait à augmenter l'effet de levier de 3i.

Grâce à l'activité de fusions et acquisitions alimentée par la dette, les LBO faisaient partie du train-train quotidien. À l'échelle mondiale, près de 700 milliards de dollars de transactions étaient conclus en 2006, un nombre qui serait égalé l'année suivante. Dans un environnement où les investisseurs avaient la gâchette un peu facile, 3i affichait une résurgence rassurante. Le rendement cumulatif offert aux actionnaires pour les années fiscales à mars 2005, 2006 et 2007 était de 15,2 %, 22,5% et 26,8 % respectivement. Les marchés boursiers avaient suivi une tendance similaire, même si plus modérée. Les revers enregistrés lors du krach technologique avaient évidemment été oubliés.

Cette hausse des valeurs boursières encourageait 3i à poursuivre une expansion internationale implacable. Le private equity devenait un véritable commerce mondial. Près de 60 % des actifs de 3i étaient situés en dehors du Royaume-Uni ; et seulement 9 % en Asie, une région qui offrait de grandes perspectives de croissance.[33] Le temps de la politique de l'ICFC d'investir exclusivement dans les régions britanniques était d'une autre époque. Avec l'attention croissante portée aux grosses transactions, le nombre d'actifs du portefeuille diminuait encore, totalisant 762 sociétés au 31 mars 2007. Mais les montants investis augmentaient, en hausse de 37 % au cours de l'exercice à mars 2006 et de 41 % au cours de l'exercice suivant. Evidemment, cette croissance provenait principalement de LBO et de projets d'infrastructure de grande taille et gorgés de dette.

Comme le management le déclarait avec confiance dans sa présentation aux analystes pour les résultats annuels 2007, le modèle d'investissements LBO du groupe était 'testé et éprouvé'. Avec son Eurofund V, la société gérait l'un des plus grands fonds de LBO d'Europe. Clôturé fin 2006 avec 5 milliards d'euros de capitaux, il offrait à 3i une puissance de feu importante pour mettre en œuvre son plan d'action international. Par ailleurs, la firme avait levé 700 millions d'euros pour sa nouvelle division, 3i Infrastructure. Le portefeuille de cette dernière était évalué à 469 millions de livres sterling à la fin du mois de mars 2007, contre seulement 92 millions de livres sterling lors du lancement de l'activité l'année précédente. La bulle LBO mijotait dans l'excès, permettant à 3i de réaliser 2,4 milliards de livres sterling de recettes issues de la vente d'actifs. [34] Grâce à cette performance étonnante, l'endettement du groupe avait été ramené à zéro. L'équipe d'investissement était si active que 70 % du portefeuille avait moins de trois ans – 3i avait bel et bien tourné la page de la crise Internet.

En communicant les résultats de 2007, 3i déclarait que les opportunités du marché étaient considérables. En particulier, le management percevait le potentiel d'adopter ses méthodes de private equity aux marchés publics, où il y avait "une liquidité limitée, une réglementation accrue et une couverture réduite des analystes". Convaincus que l'environnement économique ne pouvait aller que dans un sens (vers le haut), les dirigeants ne se limitaient pas au lancement d'activités d'infrastructure. Comme un toxicomane à la recherche du prochain picotement narcotique, 3i lançait la division Quoted Private Equity, destinée à appliquer son modèle aux sociétés cotées dans une forme de produit d'investissement alternatif hybride (pensez : hedge funds). Seulement 14 millions de livres sterling d'investissements avaient été réalisés dans ce domaine, mais l'objectif était d'étendre cette activité à grande échelle. Deux ans après avoir fermé sa division de gestion d'actifs cotés en raison d'une grave sous-performance – admettant par là-même que son équipe n'avait aucun avantage concurrentiel sur les marchés d'actions – la société replongeait dans cette classe de produits.

Pour la première fois depuis 2001, le groupe enregistrait une augmentation nette positive de ses effectifs. Les effets nocifs du krach des dotcoms avaient été remplacés par l'impact enivrant d'une intense activité dans les LBO. Néanmoins, tout comme la firme avait profité de l'emballement des marchés pour vendre des actifs de portefeuille à des multiples élevés, la valorisation des actions 3i devenait déraisonnable –

elles se négociaient à une prime de 27 % par rapport à la valeur comptable au premier semestre de 2007. Le resserrement du crédit qui émergeait au cours de l'été forcerait bientôt les attentes du marché à revenir sur terre.

Instincts primaires

Il fallut un certain temps à 3i pour s'adapter au 'credit crunch'. Au cours de son exercice financier clos en mars 2008, Yea réussissait enfin à porter le ratio d'endettement de 3i à 40 %. Le moment choisi s'avérerait bien malencontreux. Pour l'instant, les problèmes sur les marchés de la dette étaient encore considérés comme temporaires. La même année, le groupe poursuivait son plan d'expansion et d'innovation. Il lançait un fonds Infrastructure en Inde, qui dépassait ses objectifs en levant 1,2 milliard de dollars. Le management introduisait en bourse la division Quoted Private Equity Limited. Pour vous donner une idée de ce que cela signifiait, pensez que 3i Group plc, lui-même un gestionnaire de fonds coté en bourse, introduisait sur les marchés boursiers un véhicule d'investissement actif dont le but était d'investir dans d'autres sociétés cotées en bourse – essayez de suivre, voulez-vous ! En bref, 3i se transformait en un fonds activiste de gestionnaires de hedge funds, sans aucun antécédent ni expertise dans ce domaine.

Poursuivant sa réorganisation sans fin, dans le but de purger une fois pour toutes ses actifs de capital-risque sous-performants, 3i fusionnait cette division avec son équipe de capital-développement.[35] Mais alors que ce sujet gênant trouvait une solution, d'autres problèmes s'amoncelaient. Avec le gel des marchés de la dette, début 2008, les opportunités se faisaient rares pour les gros LBO. Les marchés étaient fébriles, entraînant une baisse de 29 % du produit de cessions d'actifs de 3i au cours des 12 mois clos en mars 2008. Mais l'équipe d'investissement refusait de s'adapter à la nouvelle réalité et augmentait les montants de transaction de 37 % sur l'année précédente.[36] À la mi-2008, les esprits les plus sages envisageaient que les conditions de crédit plus molles entraîneraient une réduction bienvenue des valorisations, permettant aux acquéreurs comme 3i de stimuler leurs investissements. En effet, les dirigeants étaient fiers de mentionner lors de leur présentation aux analystes en mai 2008 que le groupe avait conclu son premier LBO en Asie un mois plus tôt. Ils ne savaient pas alors que le 'credit crunch' était sur le point de se transformer en une véritable crise financière.

Tout basculait lorsque Lehman Brothers déposait le bilan à la mi-septembre. Dans un jeu géant de dominos, le secteur bancaire s'effondrait, forçant un gouvernement après l'autre à renflouer toute banque qui représentait un risque systémique pour les économies nationales. Fin 2008, les actions de 3i étaient tombées en dessous de leur prix d'introduction en bourse de 1994. Dans la frénésie d'activité qui avait marqué le sommet du cycle, l'expansion de la firme avait suivi une approche dispersée. Après tant d'extravagance, il était temps de recadrer et repenser la stratégie.

Dans la foulée du resserrement des marchés du crédit, 3i faisait face à sa propre menace existentielle. Alors que l'économie ralentissait sensiblement et que les marchés de la dette et des actions s'effondraient, l'exercice fiscal clos le 31 mars 2009 montrait un tableau effrayant : 3i enregistrait un rendement négatif de 53 % sur fonds propres, soit une perte d'environ 2 milliards de livres sterling. Le management devait réévaluer le portefeuille LBO, dont 60 % comportait une dette supérieure à 4 fois l'EBITDA. Près d'un quart était endetté à plus de 6 fois les bénéfices. [37] Devant un 'credit crunch' persistant, le refinancement de ces actifs allait sûrement s'avérer laborieux, même si les deux tiers de cette dette avaient une échéance de six ans ou plus, accordant à l'équipe de gestion du portefeuille suffisamment de temps pour gérer le mur de dette.

Le financement des LBO était difficile depuis que les canaux de distribution du crédit s'étaient englués à l'été 2007. Entre 2007 et 2009, les investissements de private equity en Europe passaient de 72 milliards d'euros à 24 milliards d'euros.[38] Logiquement, 3i diminuait de 20 % le nombre de nouveaux investissements au cours de l'exercice 2009, même si les dirigeants savaient que les conditions rétives du marché du crédit étaient susceptibles de créer des opportunités. Les actifs d'infrastructure pouvant généralement être plus résilients que les autres, le groupe pouvait se rassurer que cette activité traverserait le cycle économique sans trop d'encombres. Le fonds Infrastructure de 1,2 milliard de dollars en Inde, levé en mars 2008, était déjà déployé aux deux cinquièmes.[39] Fin 2007, le groupe avait également mis en place une ligne de stockage de 550 millions d'euros pour capitaliser sur les opportunités d'achats décotés de prêts de relativement bonne qualité dans des sociétés ne figurant pas dans le portefeuille de 3i. En mars 2009, 445 millions d'euros de cette facilité avaient déjà été utilisés à bon escient.

L'état précaire de la firme à la suite de la crise financière était également symbolisé par la baisse des valorisations dans toutes les classes d'actifs. Cette réévaluation n'avait pas épargné le portefeuille de 3i. Sur une base entièrement diluée, la valeur de l'actif net par action de la société avait diminué de 54 %. La réduction de la valeur du portefeuille avait fait passer l'endettement de 3i de 40 % en mars 2008 à 103 % un an plus tard. Les problèmes de la firme n'étaient clairement pas que de nature macroéconomique. À la suite des récentes initiatives de Yea visant à augmenter l'endettement de 3i, les comptes dévoilaient une dette de 1,1 milliard de livres sterling. Le groupe enregistrait un rendement négatif des capitaux propres de 53 %, ce qui affichait les failles dans le raisonnement de l'ancien directeur financier de Diageo. Bien que le risque financier soit gérable dans le secteur des biens de consommation à rotation rapide, il peut être mortel dans le monde très volatil de la gestion de fonds. Avec un montage financier aussi tendu, 3i était limité dans sa stratégie traditionnelle d'investissements financés par son propre bilan – le groupe avait, par exemple, engagé 165 millions d'euros de ses propres capitaux dans la division de dette privée.

Beaucoup de douleur sans honneur

L'accès bon marché au crédit au cours des dernières années avait encouragé 3i et beaucoup de ses pairs à accumuler des dettes dans leurs comptes. Ce n'est pas une bonne idée pour un gestionnaire de fonds qui utilise abondamment des prêts pour acquérir et refinancer des sociétés de portefeuille.* Cette double épaisseur de dette acculait le management, en mai 2009, à lever sur les marchés boursiers une somme de 730 millions de livres sterling dans le but de recapitaliser son bilan décrépit.[40] Après avoir distribué un demi-milliard de livres sterling aux actionnaires en 2005 dans le but d'augmenter son propre endettement, le management se voyait contraint d'aller quémander ces mêmes actionnaires, les suppliant de sauver la firme d'investissement en déboursant 50 % de plus que ce qui leur avait été remis quatre ans plus tôt.

L'obsession erronée de Yea pour le 'retour sur investissement' menaçait la survie de 3i, ou à tout le moins son indépendance. La firme avait besoin de se désendetter de toute urgence. La nouvelle injection de fonds propres visait à réduire l'endettement, à renforcer les comptes pour se protéger contre de nouvelles dépréciations de valeur et à soutenir la notation de crédit de la firme. Elle fournissait également des capitaux pour de nouveaux investissements à un moment où les valorisations d'actifs étaient au plus bas.

Soucieux d'améliorer la liquidité du groupe, dans son état confus et instable, au premier trimestre de 2009 le management procédait à une vente en catastrophe d'actifs principaux ou connexes, générant 366 millions de livres sterling de liquidités. Mais le produit total de ces ventes était tout de même 25 % moindre que pour l'année précédente. Il était difficile de trouver des acheteurs, du moins ceux prêts à offrir un prix décent. Même si les marchés boursiers étaient abattus, dans le but de

---

* Pour un autre exemple de l'impact que l'effet de levier peut avoir sur une firme de capital-investissement, vous pouvez lire l'histoire de Candover dans *Private Equity's Public Distress* (2011)

produire des liquidités indispensables, une petite participation dans 3i Infrastructure plc était également vendue.

Alors que les experts du marché s'interrogeaient sur la disparition possible du groupe, le management admettait qu'aucune option stratégique n'était tabou. En février 2009, moins de deux ans après son introduction en bourse, 3i Quoted Private Equity plc, qui se négociait avec une décote significative par rapport à la valeur de l'actif net, était dissoute. Ses actifs étaient regroupés avec le portefeuille de capital-développement de 3i Group plc.[41] Après la fermeture de la division Quoted Funds quatre ans auparavant, c'était la deuxième fois que 3i admettait son incapacité à gérer des investissements cotés en bourse.

La firme luttait une fois de plus pour sa survie, sept ans seulement après avoir traversé la restructuration douloureuse de l'après-dotcoms. Le management licenciait près de 150 employés, ramenant ses effectifs à 600. Un groupe d'investissement qui opérait dans 39 bureaux en mars 2000 n'en avait plus que 15 neuf ans plus tard. Signe que 3i avait fait face à une concurrence féroce dans son pays, au cours de la même période, les bureaux britanniques étaient passés de 18 à seulement trois.[42] Il semblait inconcevable que la domination de 3i depuis des décennies puisse se terminer de manière aussi honteuse. Comme tous ses pairs, la firme était embourbée dans le malaise économique. Soucieux de montrer son sérieux au sujet de la gouvernance d'entreprise, 3i – une société d'investissement mondiale avec plus de 8 milliards de livres sterling d'actifs sous gestion – créait enfin un rôle de Chief Investment Officer. Deux crises financières en l'espace de neuf ans avaient convaincu l'équipe de direction que quelqu'un devrait assumer la responsabilité exclusive de surveiller tout ce capital.

Début 2009, comme le montre la figure 5.3, l'action de 3i était en baisse de près de 90 % par rapport au prix enregistré mi-2007, lorsque la bulle de la dette avait atteint son apogée. Fait révélateur, l'action se trouvait également à une fraction de sa valeur de début 2003, lorsque le krach des dotcoms avait touché le fond. Le boom des LBO, soutenu par une dette bon marché, avait eu un impact encore plus dévastateur sur la firme. Comme l'action 3i restait coincée en dessous du prix de l'IPO de juillet 1994, Yea démissionnait en janvier 2009, après avoir passé moins de cinq ans à la barre. Sous son règne, au lieu de suivre une stratégie de croissance prudente après la débâcle des dotcoms, la firme avait sauté la tête la première dans un autre placement à la mode. Elle faisait maintenant un pas de géant en arrière.

Figure 5.3 – Performance de l'action 3i Group plc entre janvier 2003 et décembre 2009

Note : rebasé 100 au 2 janvier 2003

Quinze ans de politique d'investissement inlassable sous Larcombe et Yea n'avaient rien donné. La discipline et l'attention du détail n'avaient pas accompagné le travail acharné. Comme Warren Buffett l'a dit un jour : "Il faut 20 ans pour construire une réputation et cinq minutes pour la ruiner. Si vous gardez ça à l'esprit, vous ferez les choses différemment".

Peut-être que dorénavant, 3i se comporterait autrement, mais ce n'était que maigre consolation pour les actionnaires qui, pendant 15 ans, avaient cru en la compétence financière de l'équipe de direction.

Sans queue ni tête

Au cours de l'exercice fiscal à mars 2010, sous la direction de Michael Queen, promu du poste de directeur financier à celui de P-DG après le départ de Yea, la firme freinait encore ses activités. Cette année-là, elle ne déployait que 386 millions de livres sterling, soit 80 % de moins qu'en 2007-08. Intentionnellement, elle choisissait de soutenir les actifs du portefeuille, ne faisant qu'un seul nouvel investissement sur l'année.[43] La crise financière et la récession provoquaient déjà une série de faillites embarrassantes pour plusieurs entreprises soutenues par des fonds de capital-investissement. L'objectif de 3i était d'éviter de perdre ses billes dans un trop grand nombre de ses sociétés de portefeuille surendettées.

Parallèlement, le groupe poursuivait un programme de cessions en vendant pour 1,4 milliard de livres sterling d'actifs en difficulté. En plus de l'injection de capitaux provenant de l'émission d'actions de l'année précédente, les plus-values des cessions contribuaient à une amélioration significative de l'endettement net de la firme, ramenant l'effet de levier à 8,4 %. La valeur des actifs sous gestion chutait aussi de 11 %. La firme multipliait les initiatives pour faire table rase des vestiges de l'ère Yea.

Le secteur des LBO étant toujours confronté à un environnement de crédit difficile – les niveaux d'investissement en 2009 étaient les plus faibles depuis une décennie – 3i prenait en considération les transactions plus petites (moins dépendantes de l'appétit des prêteurs) et clôturait son premier fonds de capital-développement à 1,2 milliard d'euros. C'était une décision quelque peu surprenante puisque le capital de croissance était le secteur d'activité le moins performant de 3i : au cours des exercices 2009 et 2010, les LBO avaient perdu 34 % de leur valeur avant de récupérer 38 % l'année suivante, les actifs d'infrastructure avaient généré -10 % et +27 % respectivement, mais les ajustements de valeur du capital-développement étaient de -44 % et +11 %.[44] Ceci dit, jusquelà, 3i avait principalement investi du capital de croissance à partir de son propre bilan. La levée de fonds tiers permettait à la firme d'engranger des commissions de gestion indépendamment de la performance. Les commissions récurrentes couvriraient au moins les salaires et les primes du personnel.

Une gestion de trésorerie serrée s'accompagnait de coupures budgétaires brutales, et 148 employés supplémentaires quittaient la firme au cours de l'année à mars 2010.[45] La firme s'amenuisait rapidement. Compte tenu de sa performance, c'était essentiel. Mais l'empressement à stimuler la croissance restait trop tentant. Bien que l'action de 3i restait à la traîne du reste du marché, le groupe lançait 3i Debt Management, après son incursion relativement réussie d'investissements dans la dette quatre ans plus tôt. En février 2011, la nouvelle entité abritait les actifs de Mizuho Investment Management (MIM), une unité opérationnelle acquise auprès de la banque japonaise éponyme.

Les retombées du krach des dotcoms et du 'credit crunch', le tout sur une période de dix ans, auraient dissuadé des individus moins passionnés. Au lieu de cela, le management de 3i déclarait son intention de prospecter activement le marché latino-américain en recrutant une équipe expérimentée au Brésil.[46] Et la stratégie internationale comprenait également la levée d'un second fonds d'infrastructure pour l'Inde. Alors que Yea avait soutenu l'expansion en Chine et en Asie du Sud-Est, Queen cherchait à laisser son empreinte en Inde et en Amérique latine. Bien qu'un nouveau chairman ait rejoint l'équipe en juillet 2010, les cadres exécutifs semblaient suivre une approche toujours aussi désordonnée.

Au lieu de déployer ses ailes à tous vents, la firme aurait certainement dû prêter attention à son cœur de métier. Au cours de l'exercice fiscal à mars 2012, le management annonçait une nouvelle série de mauvais résultats. Pour la quatrième année consécutive, les rendements de 3i étaient inférieurs à ceux de tous les principaux indices boursiers. Avec un rendement négatif sur fonds propres de 19,5 %, la société d'investissement sous-performait le FTSE All-Share. Après les cessions humiliantes des activités cotées et du capital-risque, la division principale des LBO, le secteur où 3i s'était fait un nom au cours des vingt dernières années, ne produisait plus le genre de résultats attendus par les investisseurs.

Pour s'assurer que les effectifs étaient adaptés au niveau d'activité de l'après-crise financière, le management imposait de nouvelles réductions de coûts. Curieusement, le bureau italien était fermé et le groupe annonçait la décision de cesser d'investir en Espagne au moment même où il lançait ses activités au Brésil. Un groupe qui avait construit sa marque autour de la force de son réseau européen pénétrait des marchés où il n'avait aucun antécédent.

Après une année aussi épouvantable, en octobre, un nouveau P-DG – le quatrième en neuf ans – était nommé pour tenter de raviver la flamme si longtemps éteinte de 3i. Simon Borrows, un banquier d'affaires stoïque pensait pouvoir offrir une stratégie plus méthodique. Initialement nommé Chief Investment Officer début 2012, Borrows était promu au poste de P-DG quelques mois plus tard.

Tout changer pour que rien ne change

Le 'credit crunch' laissait 3i dans un état financièrement servile. Du fait de ce pouvoir affaibli, comme on pouvait s'y attendre, le nouveau patron introduisait des initiatives draconiennes de réduction des effectifs. Après avoir effectué un examen du portefeuille, il éliminait une grande partie des anciennes activités. Une refonte radicale était souhaitable depuis longtemps. Au cours des cinq dernières années, 3i avait accumulé 1,25 milliard de livres sterling de pertes. Pendant la majeure partie de 2012, ses actions se négociaient à 200 pence ou moins, soit près de 90 % sous les niveaux enregistrés au printemps 2007, sans parler de la valorisation record de mars 2000.

Sur le front de la restructuration, de manière directe et rapide, près des deux cinquièmes du personnel étaient licenciés. Les mesures les plus sévères étaient appliquées à l'Amérique du Nord, à l'Europe du Sud et à l'Asie. Alors que 49 professionnels de l'équipe d'investissement étaient licenciés, le gros des réductions affectait 119 membres du personnel administratif et auxiliaire.[47] À la fin de l'année, la firme comptait 267 employés, soit moins d'un quart des effectifs de l'an 2000. Conjointement, le management remodelait une fois de plus le nombre de bureaux avec la fermeture d'avant-postes à Barcelone, Birmingham, Copenhague, Hong Kong, Milan et Shanghai, réduisant le nombre de bureaux à 13.

Entre les exercices 2008 et 2013, les charges d'exploitation avaient été réduites de moitié.[48] Mais la stratégie de l'activité capital-investissement ne semblait pas beaucoup plus cohérente que par le passé. La nouvelle équipe de direction choisissait de donner la priorité aux principales zones géographiques, restreignant ainsi les nouveaux investissements à l'Europe du Nord, l'Amérique du Nord, et au Brésil. Pour des raisons de performance, l'Asie et l'Europe du Sud étaient placées dans le même panier d'activités périphériques, désormais laissées à l'abandon, même si elles représentaient près de 1 milliard de livres sterling d'actifs.[49] Des considérations macroéconomiques avaient en partie influencé la décision du management de se retirer de ces régions. L'activité de private equity en Asie avait chuté de 38 % en 2012, les préoccupations économiques, l'incertitude politique et les obstacles réglementaires rendant les investisseurs nerveux. Les problèmes dans la zone euro se poursuivaient sans relâche, la Grèce, l'Italie, l'Espagne et le Portugal devenant rapidement des causes désespérées.

L'objectif du nouveau patron était d'améliorer la cohérence et la discipline du processus d'investissement. En parallèle, 3i montrait sa détermination à continuer à croître. Au cours de l'exercice 2013, elle gonflait ses actifs sous gestion de 23 % à 12,9 milliards de livres sterling, y compris une augmentation de 45 % des fonds de tiers. Toute cette croissance venait de la division de gestion de dette, qui doublait de taille. Les deux autres activités, le capital-investissement et les infrastructures, avaient en fait rapetissé.[50] Le capital-investissement, en particulier, avait réduit ses fonds sous gestion de 38 % au cours des trois années précédentes, la firme s'étant retirée de zones géographiques périphériques pour se concentrer exclusivement sur les transactions LBO de taille moyenne.

La restructuration et la réduction des coûts avaient surpassé les attentes. D'excellentes cessions d'actifs au cours de l'année avaient également contribué à une réduction spectaculaire de l'endettement. Par suite de l'amélioration de l'activité, après une absence de cinq ans, à la mi-2014 la firme réintégrait l'indice FTSE 100.[51]

Entre 2012 et 2015, la nouvelle équipe de direction réalisait d'importantes économies, transformait la position de dette nette en trésorerie nette, fermait huit bureaux, réduisait les effectifs de plus d'un tiers, recentrait les activités sur les zones géographiques stratégiques et tronquait le portefeuille de capital-investissement de 90 à 65 sociétés, ce qui représentait une baisse de 1,6 milliard de livres sterling de ses actifs. Bien qu'ils n'eussent pas clôturé de nouveau fonds de LBO depuis 2010, les dirigeants suspendaient toute nouvelle levée de fonds, choisissant de gérer le portefeuille existant plutôt que d'ajouter de la complexité à une organisation déjà sous pression. La firme ajoutait 4 milliards de livres d'actifs dans sa division de gestion de dette et gonflait sa base d'actifs d'infrastructure de 700 millions de livres sterling.

En mars 2015, les fonds de tiers représentaient les trois quarts de l'actif total, contre 60 % trois ans plus tôt.[52] L'objectif était de transformer la firme en un gestionnaire d'actifs plus traditionnel, un générateur de commissions gérant des fonds externes plutôt que son propre capital. Quand, au cours de la période de 12 mois close le 31 mars 2016, 3i voyait le cours de son action chuter de 6 % en phase avec une correction mondiale des marchés, le nouveau P-DG poursuivait sa refonte stratégique incessante, vendant une partie de la participation de 3i dans la division Infrastructure avant de se débarrasser des activités de gestion de dette en octobre 2016. Les activités de capital-investissement du groupe avaient encore diminué, pour se retrouver avec environ 50 sociétés de portefeuille, contre 336 dix ans plus tôt et plus de 2.870 en l'an 2000, comme le montre le tableau 5.1.

Tableau 5.1 – Principaux indicateurs de performance de 3i Group plc en 2000 et 2017

Exercise au 31 mars	2000	2017
Valeur du portefeuille (y compris fonds de tiers) - en livres sterling	8,16 milliards	5,68 milliards
Valeur de l'actif net - en livres sterling	5,17 milliards	5,84 milliards
Valeur de l'actif net par action	847 pence	604 pence
Nombre de sociétés de portefeuille	2.874	Environ 50
Nouveaux montants investis au cours de l'année - en livres sterling	1,07 milliards	0,5 milliards
Nombre mensuel moyen d'employés	838	281
Nombre de bureaux (Royaume-Uni et international)	39	8
Nombre de bureaux au Royaume-Uni	18	1

Source : documents de la société

Affaiblie par une séquence stupéfiante d'actifs de portefeuille fortement dégradés, de bureaux internationaux défaillants et de plans stratégiques avortés, la firme avait le triste honneur d'avoir survécu, en une seule décennie, à deux événements majeurs mettant sa viabilité en péril. Le 'credit crunch' avait fini le travail commencé par l'implosion des dotcoms. Ayant poursuivi chaque nouvelle mode sans trop réfléchir, à la fois pendant la bulle technologique de la fin des années 1990 et la furie des LBO du milieu des années 2000, la firme ne pouvait pas être bien fière de son bilan. Le tableau 5.1 démontre que ses paramètres de performance en 2017 n'avaient rien de comparable avec ceux de l'an 2000.

Répondre à tous les besoins

En 2009, la firme britannique avait mis fin à ses activités cotées et vendu sa division de capital-risque. En 2016, elle vendait son activité de gestion de dette, rachetée à Mizuho seulement six ans plus tôt, soi-disant pour capitaliser sur des domaines dans lesquels elle avait le talent requis. Il ne lui restait plus que deux divisions : le capital-investissement et les infrastructures. Le management s'était trop dispersé, tentant de créer une plateforme de gestion d'actifs alternatifs – conformément au modèle adopté par ses pairs américains Blackstone et Carlyle – sans développer ou acquérir l'expertise nécessaire.

Son expansion internationale avait été une déconvenue. Au Royaume-Uni, le groupe n'avait plus que son bureau de Londres. Son réseau européen était passé de 18 bureaux en 2000 à cinq en 2017, tandis que la présence américaine était passée de trois bureaux à un seul. En Asie, 3i avait fermé ses opérations chinoises, ne préservant que Singapour et Mumbai dans une implantation qui manquait de cohérence stratégique. La tentative inopportune, en 2011, d'établir une base en Amérique latine avait été éphémère.

L'effectif était passé de plus de 1.000 au début des années 2000 à environ 240 employés fin 2017. La stratégie de croissance à tout prix des actifs sous gestion n'avait pas tenu compte d'une variable fondamentale : la gestion d'actifs est soumise à une cyclicité féroce, comme le témoignent les fluctuations de la valeur de l'actif net de la firme (voir figure 5.4). Deux krachs boursiers avaient sapé l'ambition du management. Dans toute l'Europe, les commentateurs narquois faisaient souvent référence à la 'mafia 3i' pour souligner la portée du réseau des anciens collaborateurs. Le groupe avait embauché et licencié, au fil des années, tellement de spécialistes d'investissement qu'il avait constitué le plus grand carnet d'adresses du capital-investissement, même si la quantité n'équivaut pas nécessairement à la qualité.

Figure 5.4 – Valeur de l'actif net et effectifs de 3i Group plc de mars 1994 à mars 2017

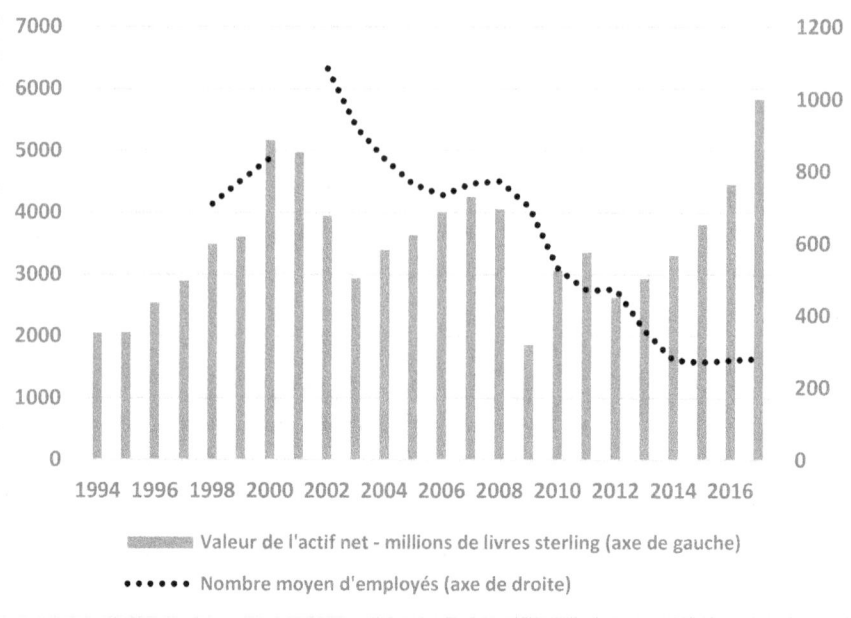

Source : documents de la société

Avec seulement huit bureaux opérationnels début 2017 et les deux tiers des employés basés au bureau de Londres,[53] le groupe était moins diversifié géographiquement qu'à tout autre moment depuis le début des années 1980. Longtemps le premier gestionnaire de fonds de capital-investissement en Europe, 3i était devenu insignifiant dans un secteur dominé par des acteurs américains beaucoup plus batailleurs.

Mais Simon Borrows et son équipe ne devaient pas désespérer, car les marchés boursiers sont indulgents (et insouciants). En juin 2017, alors que la valorisation de l'action 3i dépassait prudemment la barre des 900 pence, soit une prime de 40 % par rapport à sa valeur d'actif net, il convient de garder à l'esprit qu'en 1993, les gestionnaires de placements comme 3i se négociaient avec une décote de 30 %.[54] À l'époque, cette situation regrettable avait forcé les actionnaires de 3i à retarder l'introduction en bourse de la firme. À l'inverse, en 2007, l'action était cotée 30 % au-dessus de sa valeur comptable, avant de s'effondrer violemment. Tout cela pour expliquer que l'énorme prime à laquelle l'action 3i se négociait en 2017 finirait par s'ajuster, comme elle l'avait fait à plusieurs reprises dans le passé. Au risque de rabâcher : l'investissement est une activité cyclique.

Pas aussi simple que possible

Alors que tout au long des années 1960 et 1970, ICFC avait occupé un leadership incontesté au Royaume-Uni, son quasi-monopole dans le financement des PME avait finalement été érodé par l'émergence de nouveaux entrants et la création de nouveaux produits. Du prêt commercial traditionnel, le financement des entreprises s'était progressivement transformé en capital-risque, puis en rachat par effet de levier. En 1986, le gouvernement conservateur de Margaret Thatcher avait lancé une déréglementation radicale, une sorte de tentative idéologique de moderniser et de dynamiser la City de Londres. À partir de cet instant, la place financière subissait l'invasion de groupes de private equity étrangers, la plupart d'entre eux émanant d'un marché américain plus sophistiqué. Dans les années 1990, 3i avait progressivement vu sa part du marché domestique s'effiler et choisissait de se développer agressivement dans de nouveaux pays où sa marque n'avait aucun poids, et dans des catégories de produits où ses compétences étaient inadaptées, comme les marchés boursiers, par exemple.

La poursuite du rendement à tout crin était au cœur de la croissance de 3i. Au moment où un nouveau chairman et un nouveau P-DG prenaient leurs fonctions au début des années 2010, cette revendication avait perdu toute crédibilité. Au cours des 20 années précédentes, l'action de 3i avait traversé un cycle de hausses et de baisses répétées qui montrait clairement aux observateurs externes et aux actionnaires que la méthodologie d'investissement n'était pas adaptée aux objectifs. L'action grimpait et s'effondrait en accord avec le cycle économique et les fluctuations du marché, comme en témoigne la figure 5.5. Entre janvier 1999 et décembre 2017, l'indice FTSE 100 avait progressé de 30%, soit 1,4 % de croissance annualisée (hors dividendes réinvestis). Bien que loin d'être remarquable, c'était bien mieux que la croissance de 8 % sur la même période pour 3i, soit un taux annuel composé de 0,4 %.

L'attrait de la gestion de placements, c'est que le risque est réparti sur l'ensemble d'un portefeuille. Mais ce que le management de 3i a découvert à ses dépens, c'est que lorsqu'un portefeuille comprend près de 4.000 participations, comme c'était le cas en 1992, la complexité neutralise les avantages de toute diversification. À l'époque, un exécutif de 3i pouvait être responsable de 30 ou 40 sociétés de portefeuille, ce qui empêchait une implication étroite et un suivi approprié. Les performances avaient beaucoup souffert. Au moment de l'IPO en 1994, la firme avait commencé à prendre des participations majoritaires et à siéger aux conseils d'administration de façon systématique, mais elle était rapidement revenue à ses méthodes d'investissement passives lorsqu'elle avait financé les plans de croissance spéculatifs de centaines de start-ups technologiques à la fin des années 1990. Cette approche décontractée s'était retournée contre elle. Encore une fois, les avantages de la diversification d'un portefeuille ont leurs limites, un point clairement souligné au chapitre 3. Pour autant, investir dans des milliers d'entreprises apportait peu d'avantages car, à l'époque des dotcoms, la politique d'investissement de 3i se focalisait trop dans un seul secteur : en 1999, jusqu'à 40 % du portefeuille était dans la haute technologie.

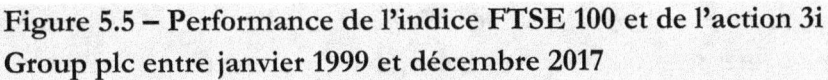

Figure 5.5 – Performance de l'indice FTSE 100 et de l'action 3i Group plc entre janvier 1999 et décembre 2017

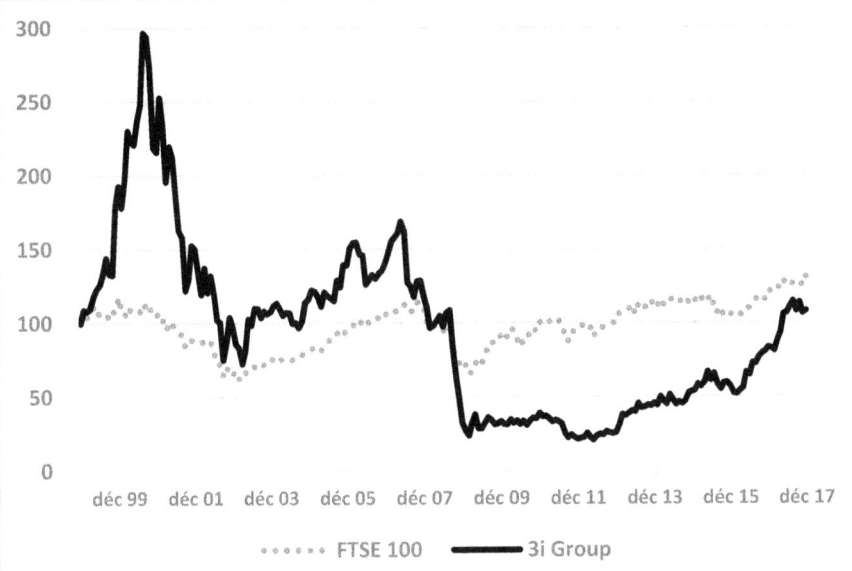

Note : *rebasé 100 au 4 janvier 1999*

Le style d'investissement de la firme était de chasser les nouvelles tendances sur une base opportuniste avec une fréquence suicidaire, sans trop se soucier du degré d'expertise ou de l'ajustement stratégique requis. Au milieu des années 1980, l'une des publicités souvent placée par 3i dans la presse financière vantait son "utilisation créative de l'argent".[55] Mais la créativité n'était pas associée à la compétence. Après avoir vu ses participations sous LBO souffrir au début de la récession des années 1990, la firme s'était enivrée du capital-risque technologique de la fin des années 1990. Elle ne s'était jamais complètement remise de cet excès. Peut-être avait-elle poussé son utilisation créative de l'argent trop loin. Les rebuts du portefeuille technologique avaient finalement été vendus, pour ne plus jamais être mentionnés.

L'élargissement géographique de la firme s'était accéléré dans les années 1990 à mesure que la déréglementation du marché et l'intégration politique et économique européenne prenaient de l'ampleur. Mais l'accent obsessionnel porté par 3i sur la taille et la croissance n'avait donné aucune preuve qu'elle accordait une attention particulière au développement des talents managériaux au niveau local. En effet, en élargissant et en réduisant si rapidement ses effectifs et ses activités entre 1995 et 2015, elle n'avait démontré aucun des processus méthodiques jugés vitaux pour la santé à long terme d'une organisation. Les techniques d'investissement avaient évolué loin de l'approche posée de l'ICFC. Les pères fondateurs de la firme avaient été dorlotés dans les clubs privés de la City ; une nouvelle génération d'ingénieurs financiers beaucoup plus adaptables et efficaces avait émergé dans les années 1990 du puits sans fond qu'est Wall Street.

Le management avait raté l'occasion de se racheter en choisissant de participer au boom du crédit de 2004-07. Apparemment atteint d'un trouble déficitaire de l'attention, le management s'attendait probablement à ce que la pollinisation croisée des idées donne à ses différentes divisions un avantage concurrentiel unique. La stratégie mal définie avait échoué parce qu'au lieu de créer des positions de marché fortes, 3i avait fini par établir un statut de second rang. Une firme qui était le leader incontesté du capital-risque britannique dans les années 1950 et 1960, et le pionnier irréfutable des LBO à travers l'Europe à la fin des années 1970 et au début des années 1980, ne s'était jamais adaptée à la déréglementation financière et à son corollaire, la concurrence débridée.

L'un des problèmes au cœur de cette histoire est l'inadéquation de la gestion des risques. À plusieurs reprises, la direction avait littéralement ignoré les avertissements, se frayant un chemin avec confiance mais au petit bonheur la chance. Alors que les marchés tourbillonnaient, les initiatives de 3i dans de nouveaux secteurs d'investissement, classes d'actifs et zones géographiques échouaient de manière biblique. Suivant la deuxième loi de la thermodynamique, qui postule que le désordre augmente au fil du temps, l'inefficacité opérationnelle de 3i avait évolué en un véritable gâchis, endommageant l'image de marque par la même occasion.

Les restructurations avaient eu lieu par à-coups tout au long de l'histoire de la firme : au début des années 1990, avant l'introduction en bourse, en partie à cause de la première crise des LBO ; puis au début des années 2000 pour se remettre de l'euphorie des dotcoms ; de nouveau en 2009-10 pour pallier l'usage immodéré de l'effet de levier durant le règne de Yea ; en 2012-14 pour redimensionner 3i autour de la division LBO et d'une petite activité d'infrastructure. Vingt-cinq ans après son IPO, la firme n'avait plus le cachet d'autrefois.

Le 'Rowlands gap'

L'histoire de 3i a une coda fascinante bien que légèrement mystifiante. Rappelons que la firme avait vu le jour comme institution quasi-gouvernementale – la Grande-Bretagne d'après-guerre avait besoin d'un coup de pouce de l'État pour ressusciter une économie moribonde. Trois décennies plus tard, Thatcher convertissait le pays à une religion sans gouvernement qui gagnait du terrain jusqu'à la crise financière de 2008. Dans l'intervalle, l'idée de l'interventionnisme d'État avait sommeillé, mais elle n'était pas morte. Un effondrement économique violent était tout ce qu'il fallait pour qu'elle refasse surface.

Alors que la récession persistait, avec une stratégie de marché en lambeaux, 3i opérait dans un cœur de cible de financements allant de 25 à 150 millions d'euros. Le management avait abandonné les très grandes et très petites transactions orchestrées au cours des décennies précédentes. Les transactions d'une valeur dépassant les centaines de millions d'euros étaient laissées aux spécialistes mondiaux, beaucoup d'entre eux américains. Mais le segment des transactions de petite taille semblait mal approvisionné. Le gouvernement britannique décidait d'enquêter. Chris Rowlands, un ancien membre du comité exécutif de 3i, était nommé pour examiner la question. Rowlands, associé directeur en charge du capital-développement et des investissements de taille petite et moyenne avant de quitter 3i début 2009, établissait un panel et se mettait au travail.

En novembre 2009, le rapport Rowlands dûment identifiait une pénurie de financement sur le marché, pour les investissements de 2 à 10 millions de livres sterling. Il y avait un besoin apparent pressant pour un nouvel opérateur dans le segment des petites entreprises. Cela tombait bien ; les représentants du gouvernement étaient aussi de cet avis.

Les élections générales de 2010 chassaient le Premier ministre Gordon Brown du pouvoir, mais la nouvelle équipe, dirigée par le conservateur David Cameron, estimait – de façon erronée, selon de nombreux observateurs – que le segment des petites et moyennes entreprises continuait d'être mal servi. Après la crise financière, les banques britanniques avaient choisi de réduire considérablement leurs volumes d'activité afin de reconstituer leurs bilans.

Dans une économie de marché digne de ce nom, les récessions sont censées agir comme des mécanismes de purification. Mais l'équipe de Cameron considérait que le manque de prêts bancaires représentait une menace pour l'économie dans son ensemble. Une réduction du financement des PME pourrait accentuer la récession économique. Une nouvelle initiative d'investissement visant à soutenir les petites entreprises était indispensable. Mais l'État britannique était plus ou moins fauché à ce stade, en raison des sommes déjà déboursées pour renflouer l'ensemble du secteur bancaire. Autrefois décrite comme un digne concurrent du centre financier de New York, la City de Londres était sous le choc.

Ainsi, dans ce brouillard d'interventionnisme désespéré de l'État, la décision était prise de forcer les plus grandes banques britanniques (Barclays, HSBC, Lloyds, Royal Bank of Scotland et Standard Chartered) à fournir les fonds qu'un véhicule d'investissement soutenu par le gouvernement prêterait ou investirait à des conditions très préférentielles aux entreprises britanniques en difficulté. Les banques finissaient par engager un montant total de 2,5 milliards de livres sterling. Aucun détail n'était fourni sur la façon dont ce chiffre avait été déterminé. Mais afin d'éviter tout malentendu, ce véhicule était nommé British Growth Fund, ou BGF.

BGF: L'avatar de 3i

Le plus surprenant avec le monde de l'entreprise, c'est qu'il semble ne pas apprendre grand-chose du passé. On pourrait penser que le secteur de la finance britannique avait tiré des leçons pertinentes de la saga 3i. Mais permettez-moi de conclure ce chapitre sur une histoire prémonitoire.

La pierre angulaire de l'histoire de 3i était la création de Business Growth Fund. Au fur et à mesure que la récession s'installait, peu d'institutions ou de particuliers avaient le temps ou la confiance nécessaire pour mobiliser des capitaux. Le capital-développement, considéré comme un type d'investissement relativement risqué compte tenu de l'environnement de l'époque, ne suscitait pas beaucoup d'engouement. C'est pourquoi BGF avait levé des fonds auprès des mêmes banques de compensation qui avaient soutenu l'Industrial and Commercial Finance Corporation dans les années 1940.

Si cela rappelle étrangement les débuts de 3i, c'est parce que le gouvernement avait adopté le même plan directeur. L'équipe dirigeante de BGF suivait un chemin bien tracé. Comme son prédécesseur, l'initiative gouvernementale lancée en 2011 devait fournir à la fois de la dette et des capitaux propres aux petites entreprises. Tout comme 3i avait fini par s'éloigner de son objectif initial de prendre des participations minoritaires dans des PME établies, Business Growth Fund commençait à s'essayer au capital-risque dans les cinq ans qui suivaient sa création. Peu de temps après, en 2016, BGF lançait une division pour investir dans des sociétés cotées en bourse. Ce n'était qu'une question de temps avant que le groupe n'entre dans l'arène du LBO. Une fois que l'empire financier de BGF se sera élargi pour englober toute la gamme des produits d'investissement, des prêts aux entreprises aux instruments plus complexes (y compris les infrastructures et l'immobilier, qui sait), l'histoire de 3i aura bouclé la boucle, sa résurrection terminée.

BGF était la réincarnation de 3i. Face à la pire crise économique depuis la Seconde Guerre mondiale, le gouvernement était prêt à se farcir les mêmes galimatias. Compte tenu de l'histoire mouvementée de 3i, ce n'était pas nécessairement une bonne chose. Comme nous l'avons vu, la raison pour laquelle 3i échouait continuellement était due au désir de l'équipe dirigeante de poursuivre la dernière mode d'investissement, sans adapter le modèle opérationnel de la firme. Les cadres supérieurs croyaient naïvement que les compétences qu'ils avaient développées dans les années 1950 en soutenant les entreprises britanniques pendant les efforts de reconstruction du pays d'après-guerre seraient parfaitement reproductibles sur les marchés internationaux, dans les LBO, sur les marchés boursiers et dans les entreprises de haute technologie en phase de démarrage. Il s'avère que ces segments distincts de l'industrie de la gestion d'actifs nécessitent des compétences et des stratégies d'investissement différentes. Le bon sens financier nécessaire pour mener à bien les LBO est inutile lorsque l'on investit dans les nouvelles technologies. Pour celles-ci, la connaissance du produit, l'expertise technique et l'ingénierie, ainsi qu'un don instinctif bien aiguisé pour identifier les meilleurs entrepreneurs, sont plus pertinents. Dans un LBO, les exécutifs qui dirigent la société de portefeuille sont superflus. En revanche, dans les start-ups, une équipe fondatrice visionnaire est souvent inestimable et irremplaçable.

L'une des raisons de l'expansion de BGF au-delà de son mandat initial était le manque d'opportunités dans le segment des entreprises en croissance pour déployer son capital de 2,5 milliards de livres sterling. Malgré l'impact du 'credit crunch', le marché débordait rapidement de capitaux grâce au programme d'assouplissement quantitatif de la Banque d'Angleterre. Sans oublier que contrairement à d'autres économies occidentales, le Royaume-Uni abritait une pléthore de gestionnaires de fonds.

Ce qui frappe le plus dans l'histoire de BGF, c'est que, même si elle est parrainée par le gouvernement, la firme n'a pas de comptes à rendre au public. Il semblerait approprié que le groupe révèle son taux de rendement annuel, afin que les contribuables puissent juger de ses réalisations. Si la performance n'est pas considérée comme une priorité, le groupe ne risque-t-il pas de fausser le secteur du financement des PME ? Après tout, si les rendements n'ont pas d'importance, BGF sera probablement l'investisseur le plus généreux dans toutes ses transactions, ce qui serait anticoncurrentiel. Installé au cœur des milieux politiques et d'affaires, le groupe détient un 'avantage injuste', ce qui équivaut à lui donner carte blanche pour manipuler les règles du marché. Compte tenu des circonstances derrière sa création, il serait naïf d'espérer que BGF puisse éviter le genre d'approche d'investissement superficielle et bâclée, presque primitive, dont 3i s'est rendue coupable tout au long d'une histoire dramatiquement calquée sur le cycle économique, un peu comme la végétation s'adapte aux saisons.

PRIVATE EQUITY ET L'HABITUDE DE RÉPÉTER SES ERREURS

Cette étude de cas introduit des thèmes sur la psychologie humaine. Elle soulève des questions majeures sur l'incapacité des gens à apprendre des erreurs du passé ainsi que sur nos tendances névrotiques à les répéter. C'est une question complexe. Certaines raisons derrière nos erreurs sont cognitives, d'autres institutionnelles. L'excès de confiance, l'instinct grégaire de compétition, des incitations mal conçues, une gouvernance inadaptée, la négligence et le manque de responsabilité font partie d'une longue liste de facteurs à l'origine de la sous-performance.

Pour expliquer pourquoi nous continuons à faire les mêmes gaffes, certains experts parlent du 'cerveau de l'enfant', qui est associé à un faible contrôle des impulsions, à un manque de jugement, à un comportement volatil et à l'obsession de soi.[56] Bien sûr, nous ne pouvons pas exclure des problèmes psychologiques ou pathologiques plus graves, y compris des tendances autodestructrices. Comme le dit le proverbe : "La définition de la folie est de faire la même chose encore et encore et de s'attendre à des résultats différents".[57]

CHAPITRE 6

Toys "R" Us : L'effet de levier n'est pas un jeu d'enfant

> *Personne ne peut contester que les magasins de mode opèrent dans un secteur cyclique et ne devraient donc pas être des cibles de LBO. Mais d'autres segments du secteur de la vente au détail offrent plus de résilience en période de ralentissement économique.*
>
> *À première vue, les jouets et les vêtements pour bébés conviennent mieux. Bien que saisonniers et clairement non épargnés par les récessions, ils ne connaissent généralement pas les caprices de la mode. Cela présente un rachat par effet de levier de la plus grande chaîne de magasins au monde spécialisée dans les jouets comme un pari acceptable. Mais dans la réalité, les choses ne se passent pas toujours comme elles apparaissent sur la planche à dessin.*

Au moment de son LBO, Toys "R" Us était le principal distributeur indépendant de jouets et de produits pour bébés en Amérique. Dans le langage de la vente au détail, on appelle ça un 'category killer' (spécialiste hors norme). Le groupe était fondé en 1948 lorsque Charles Lazarus, âgé de 25 ans, ouvrait un magasin de meubles pour bébés à Washington D.C. Lazarus ajoutait progressivement des jouets pour bébés et pour enfants plus âgés avant de changer le nom de l'entreprise en Toys "R" Us en 1957. Neuf ans plus tard, l'entreprise était rachetée par Interstate Stores, propriétaire de Children's Bargain House. Elle se développait finalement à l'étranger, en commençant par le Canada en 1984. Trois décennies plus tard, elle opérait dans 35 pays. Toys "R" Us introduisait également des nouveaux concepts de magasins, ouvrant la chaîne de vêtements pour enfants Kids "R" Us en 1983 avant de lancer Babies "R" Us au milieu des années 1990 pour servir le marché des nourrissons et des enfants d'âge préscolaire. Alors que Kids "R" Us avait un succès limité, le concept Babies "R" Us prospérait.

Dans les premières années du 21e siècle, les magasins de jouets indépendants avaient du mal à faire face à la guerre des prix constante et brutale menée par les grandes surfaces comme Wal-Mart et Target, notamment pendant la très importante période des fêtes de Noël. Ces hard-discounters utilisaient les jouets pour attirer les consommateurs, les vendant à un prix inférieur aux coûts de production. KB Toys et l'enseigne de jouets haut de gamme FAO Schwarz avaient déposé le bilan après la période des fêtes de fin d'année 2003. Au cours du dernier trimestre de 2003, Toys "R" Us avait vu ses bénéfices diminuer de moitié.[1]

Les hard-discounters avaient pris les spécialistes de la distribution de jouets au dépourvu. Au milieu des années 1990, Toys "R" Us vendait un jouet sur cinq aux États-Unis, loin devant les non-spécialistes Wal-Mart (avec 11 %), Kmart et Sears. Des enseignes de magasins de jouets plus petites comme Child World et Kiddie City avaient péri pendant la récession du début des années 1990, incapables d'égaler les prix et les offres des grands magasins de Toys "R" Us. Mais au milieu des années 2000, Wal-Mart détenait environ 22 % d'un marché du jouet d'une valeur de 27 milliards de dollars aux États-Unis, laissant Toys "R" Us à la traîne avec une part de marché de 16 %.[2] La part du hard-discount représentait plus de la moitié du marché, et elle augmentait rapidement.

Les malheurs de Toys "R" Us n'étaient pas tous à imputer à ses rivaux ; certains étaient de sa faute. Le management avait tenté de segmenter son offre en créant des lignes spécifiques de vêtements et de jouets pour bébés et pour enfants, abandonnant le grand public aux magasins conventionnels. Il avait été contraint de se replier. Au cours de l'exercice clos le 31 janvier 2004, Toys "R" Us fermait sept des dix magasins Kids "R" Us et ses 36 magasins de jouets éducatifs Imaginarium. Au cours du même exercice, les bénéfices dégringolaient à 119 millions de dollars, contre 275 millions de dollars deux ans plus tôt.[3]

À l'été 2004, alors que le cours de l'action était 61 % sous ses niveaux record de 1993, le management confirmait qu'une revue stratégique était en cours. Il tranchait dans les coûts du siège social, réduisait de moitié les dépenses d'investissement et pratiquait de lourds démarquages pour liquider les articles en stock. La presse parlait de la réelle possibilité que Toys "R" Us soit amené à mettre la clé sous la porte face au succès de la stratégie de Wal-Mart d'utiliser des jouets classiques tels les poupées Barbie ou Cabbage Patch Kids et les voitures Hot Wheels comme produits d'appel.

Faire joujou

Le management envisageait diverses alternatives stratégiques, y compris la scission de la division Babies "R" Us, qui connaissait un franc succès avec 216 magasins et qui représentait les trois quarts du résultat d'exploitation du groupe. Une autre option consistait à séparer l'activité déprimée des jouets – pour laquelle les ventes à périmètre comparable avaient diminué de 7,7 % au cours du trimestre de mai à juillet 2004 – des activités florissantes pour bébés.[4] Mais les dirigeants privilégiaient un retrait pur et simple de la cote, ce qui donnerait au groupe le temps de mettre en œuvre une restructuration en bonne et due mesure.

Début mars 2005, quatre firmes de capital-investissement présentaient une offre. Tous les acquéreurs potentiels étaient de grands groupes : KKR, l'expert par excellence des méga-LBO ; un duo réunissant Apollo et Permira, tous deux armés d'une ambition mondiale ; une alliance entre Bain Capital et le spécialiste de l'immobilier Vornado Realty Trust ; et un consortium composé du pro du redressement d'entreprise Cerberus

Capital, de l'investisseur immobilier Kimco Realty et de Goldman Sachs, la banque qui se passe d'introduction.[5]

Les marchés de la dette étaient atteints d'une forte poussée de fièvre. Les dirigeants tenaient donc à maximiser la valeur de l'actif. Leurs conseillers de Credit Suisse les informaient que la meilleure façon d'y parvenir serait de vendre le groupe en morceaux, Babies "R" Us, l'unité américaine de jouets et la division internationale devant attirer des offres séparées. Alors que le commerce traditionnel des jouets faisait face à une concurrence intense, les activités européennes et celles de vêtements pour bébés marchaient du tonnerre. L'idée était de vendre le groupe aux enchères de façon fractionnée.

Mais les parties intéressées adoptaient une approche différente en présentant des offres pour l'ensemble du groupe. La tâche de restructurer une entreprise mondiale avec autant de pièces détachées qu'un Rubik's Cube ne dissuadait pas des firmes de private equity derrière certaines des plus grosses fusions et acquisitions du secteur, y compris de nombreux redressements d'entreprise complexes. La transaction Toys "R" Us promettait d'être tout aussi compliquée ; pour KKR, Cerberus ou Apollo, cela faisait partie du plaisir d'investir. L'approche inégalable des firmes de capital-investissement incitait finalement Toys "R" Us à demander à tous les repreneurs potentiels de soumettre des offres pour l'ensemble du groupe plutôt que pour chaque division.[6]

Le mouvement haussier du marché du crédit s'accélérait, ayant remplacé l'exaltation des dotcoms et rendant déjà cette dernière plutôt timide par comparaison. En 2004, les fonds de LBO avaient levé 55 milliards de dollars, en hausse de 42 % sur l'année précédente. Tout cet argent transformait les gestionnaires de capital-investissement en consommateurs compulsifs, mais ils savaient aussi qu'ils couraient le risque de trop payer. Les analystes observaient que les offres soumises pour Toys "R" Us étaient élevées, vu que la cible n'était pas en excellente santé. Tout nouveau propriétaire devrait travailler d'arrache-pied pour remédier aux lacunes opérationnelles et à la vulnérabilité commerciale de l'enseigne.

Pour éviter la surenchère, deux des acquéreurs potentiels décidaient de s'associer (nous reviendrons sur ce genre de pratique au chapitre 9, dans le contexte d'enquêtes par les régulateurs sur le 'clubbing', ou la proposition d'une offre en partenariat). KKR trouvait suffisamment de terrain d'entente avec Bain et Vornado; les trois étaient prêts à partager le butin que la transaction était censée rapporter. Le 17 mars 2005, après un processus de vente de sept mois, Toys "R" Us annonçait que ce trio avait accepté de racheter la société cotée à la Bourse de New York pour 5,9 milliards de dollars, soit 26,75 dollars par action, plus la prise en charge de 800 millions de dollars de dette existante et 766 millions de dollars en bons de souscription, actions restreintes et diverses dépenses. Le prix total de 7,5 milliards de dollars égalait 10 fois l'EBITDA de l'exercice précédent.[7] Les sponsors financiers apportaient une contribution minimale : leurs capitaux de 1,3 milliard de dollars représentaient des portions individuelles de 420 à 450 millions de dollars.[8]

En battant Cerberus, Goldman et Kimco, le consortium de KKR avait payé une prime de 63 % sur le cours de l'action au 9 août 2004 (la veille de l'annonce par Toys "R" Us de son intention de vendre une ou plusieurs de ses divisions). L'offre valorisait la cible avec une prime de 123 % sur le cours de l'action de début 2004, lorsque le management avait révélé sa revue stratégique pour la première fois. Il s'agissait de conditions généreuses, en grande partie grâce aux marchés du crédit. Les prêts LBO ajoutaient 4,3 milliards de dollars à la dette existante, triplant instantanément l'effet de levier à plus de 7 fois l'EBITDA.[9] Moody's et Standard & Poor's intégraient les chiffres dans leurs formules de notation et plaçaient l'enseigne dans la catégorie spéculative habituelle.

Récréation

Peut-être la réévaluation explique-t-elle pourquoi, en juin 2005, l'enseigne annonçait que le P-DG en exercice, John Eyler, prendrait sa retraite une fois la transaction conclue,[10] laissant ainsi la place au type de P-DG avec lequel les firmes de capital-investissement sont plus habituées à travailler. Eyler, qui avait été président du géant de la distribution de jouets pendant cinq ans et, avant cela, P-DG du magasin de jouets FAO Schwarz pendant huit ans, avait une connaissance sans égal de l'industrie. Mais il n'avait jamais dirigé une entreprise sous LBO. Et c'est une toute autre paire de manches. Pour la même raison, après seulement cinq ans dans le groupe, le directeur des opérations et ancien directeur juridique Christopher Kay quittait les lieux. Il était peu probable que sa formation juridique soit nécessaire pour restructurer le groupe en profondeur.

Bain Capital connaissait bien les meurs du monde de la grande distribution. Son bilan en matière transactionnelle dans le segment du commerce de détail était incomparable. Son registre de transactions comprenait Domino's Pizza en 1998, le spécialiste de la restauration rapide Burger King quatre ans plus tard, et la chaîne de magasins de hard-discount Dollarama en 2004. Émanant du cabinet de conseil Bain & Company, la firme avait démontré au fil du temps une capacité unique à faire face à des redressements d'entreprise nécessitant des réorganisations de modèles opérationnels. La transaction la plus importante de l'histoire récente de Bain Capital était certainement le rachat, en l'an 2000, de KB Toys pour 305 millions de dollars. Le fonds de private equity avait récupéré une partie de sa mise via une distribution de dividendes en 2003, juste avant de voir la chaîne de magasins de jouets se placer sous la protection de la loi sur les faillites. Clairement pas rebuté par l'expérience, Bain Capital avait l'intention de prouver qu'il en avait tiré quelques leçons précieuses. Toys "R" Us allait mettre à contribution toutes les connaissances sectorielles du gestionnaire.

KKR était un spécialiste des transactions et du financement en série. Bien qu'à ses débuts, il s'était bâti une réputation dans le pillage d'actifs et l'ingénierie financière un tant soit peu provocatrice, KKR avait démontré dans la seconde moitié des années 1990 qu'il pouvait aussi prendre le temps nécessaire pour créer de la valeur. Bien que son style d'investissement puisse difficilement être qualifié de patient, il avait suffisamment de puissance de feu pour financer des redressements grandioses si nécessaire. Compte tenu de la dynamique du marché, Toys "R" Us correspondait parfaitement au profil.

Quant au troisième membre de ce triumvirat, Vornado, ce n'était pas un investisseur LBO chevronné. Son objectif était de maximiser le rendement d'actifs à forte intensité immobilière. Avec des centaines de magasins à travers le monde, la cible était susceptible d'avoir besoin de l'aide de Vornado pour optimiser l'extraction de valeur de son portefeuille immobilier.

Certes, l'expert opérationnel Bain, le junkie de la dette KKR et le pro de l'immobilier Vornado formaient un trio étrange. Peut-être qu'en combinant leurs compétences respectives, ils pourraient faire des merveilles. Toys "R" Us pourrait en apprendre beaucoup de ses nouveaux maîtres. Sous LBO, il était à souhaiter que l'enseigne spécialisée devienne plus agile et s'adapte mieux à un paysage concurrentiel très changeant.

L'accord était signé le 21 juillet 2005. La société émettait un prêt adossé à des actifs de 2 milliards de dollars pour aider à financer le LBO.[11] Avec une répartition de la structure du capital à 80/20 en faveur de la dette, le niveau d'endettement ne laissait aucune place à l'erreur. Mais c'était une période passionnante pour le monde des LBO. La forte génération de cash-flows de Toys "R" Us et les marchés du crédit en pleine ébullition sollicitaient un montant de dette beaucoup plus important. Les observateurs faisaient état d'un énorme appétit réclamant que davantage de dette soit placée au bilan du groupe de distribution. Global Toys Acquisition, le véhicule d'investissement du consortium, avait en fait reçu des propositions de prêts pouvant aller jusqu'à 6,2 milliards de dollars,[12] soit 94 % de la valeur d'entreprise. Bien qu'il soit peu probable que les fonds soient autorisés par les prêteurs à tirer autant sur la structure du capital, cela donnait une idée des refinancements possibles qu'ils pourraient mettre à exécution une fois la transaction officialisée.

> **Contexte de la transaction**
>
> La cible était la plus grande chaîne de distribution de jouets non seulement en Amérique, mais dans le monde entier. Pour le consortium de fonds de private equity, elle offrait plusieurs façons intéressantes de créer de la valeur.
>
> *Opportunité immobilière*
>
> Avec les entreprises riches en actifs, le moyen évident de produire rapidement de la valeur est de conclure des opérations de cession-bail. Pour inaugurer le plan de 100 jours pour lequel KKR est bien connu, un vaste programme de cession-bail était en vue. L'astuce consistait à conserver une base d'actifs solide à utiliser comme garantie pour certaines des tranches de prêts LBO.
>
> Pour que cela se produise, le marché immobilier devait être plein d'entrain. Au moment où la transaction était conclue mi-2005, la Réserve fédérale poursuivait sa politique de hausse des taux entamée en juin 2004 – de 1,25 % ce mois-là, le taux des fonds fédéraux avait régulièrement augmenté, atteignant 3,25 % en juin 2005 et 4,25 % en décembre de la même année. La politique avait pour effet de refroidir les prix de l'immobilier. Mais les sponsors financiers avaient d'autres cordes à leur arc.
>
> *Croissance des ventes*
>
> Une idée séduisante était de continuer à développer la chaîne Babies "R" Us, la division du groupe avec la croissance la plus rapide. C'était aussi la plus rentable. Au cours de l'exercice clos en janvier 2006, cette division

enregistrait une croissance des ventes de 5,7 % et des marges d'EBITDA supérieures à 14 %. Avec plus de 2 milliards de dollars, elle ne représentait encore qu'un sixième du chiffre d'affaires du groupe.

Un autre projet de croissance consistait à développer les produits sous marque de distributeur. Bien que le groupe eût fermé ses magasins Imaginarium, il conservait la marque et prévoyait de l'utiliser pour offrir des jouets sous ce label, comme alternative aux produits de marque premium de Mattel, LEGO et Hasbro. L'approche avait été adoptée par Wal-Mart et Target avec un succès notable.

À l'échelle internationale, l'entreprise se portait également très bien. La croissance des ventes à périmètre constant au cours de l'année du LBO était de 3,1 %, mais compte tenu du nombre de nouvelles ouvertures de magasins, le potentiel de croissance était à deux chiffres. Avec une marge d'EBITDA de 11 %, cette division promettait d'être un grand générateur de cash, en partie parce que sur les marchés internationaux, les discounters n'exerçaient pas autant de pression qu'en Amérique.

Enfin, aucune véritable stratégie de croissance des ventes ne pourrait être prise au sérieux sans une convergence vers le commerce électronique. Alors que le distributeur de jouets avait lancé son propre site Internet en 1998, deux ans plus tard, il avait signé un accord de 10 ans avec Amazon pour être le vendeur exclusif de jouets et de produits pour bébés de ce dernier. Les deux sociétés avaient également convenu à l'époque que Toys "R" Us abandonnerait sa présence en ligne, redirigeant le trafic de ToysRUs.com vers Amazon. Toys "R" Us payait Amazon 50 millions de dollars par an, plus un pourcentage de ses ventes via le site Amazon. En 2004, le partenariat s'était dissous avec acrimonie quand Amazon avait violé l'accord d'exclusivité. Alors qu'elle entamait son parcours sous LBO, l'enseigne de jouets relançait en interne ses activités en ligne.[13] Les ventes en ligne ne représentant que 6 % du marché total, le potentiel était là. Il fallait le cueillir.

Traquer l'efficacité opérationnelle

Lorsque le groupe dépendait toujours des marchés boursiers, le management avait lancé un programme de fermeture des magasins les moins rentables. Au cours des trois années fiscales allant jusqu'en janvier 2006, les magasins aux États-Unis (autres que les points de vente Babies "R" Us) avaient enregistré une croissance des ventes négative de près de 3 % par an. La stratégie de restructuration commençait à produire des résultats décents. Sous l'œil vigilant des fonds de private equity, le nouveau P-DG devait pousser ses équipes à redoubler d'efforts pour stimuler l'efficacité opérationnelle dans tout le réseau.

Figure 6.1 – Chiffre d'affaires et marge d'EBITDA de Toys "R" Us de 2000 à 2006

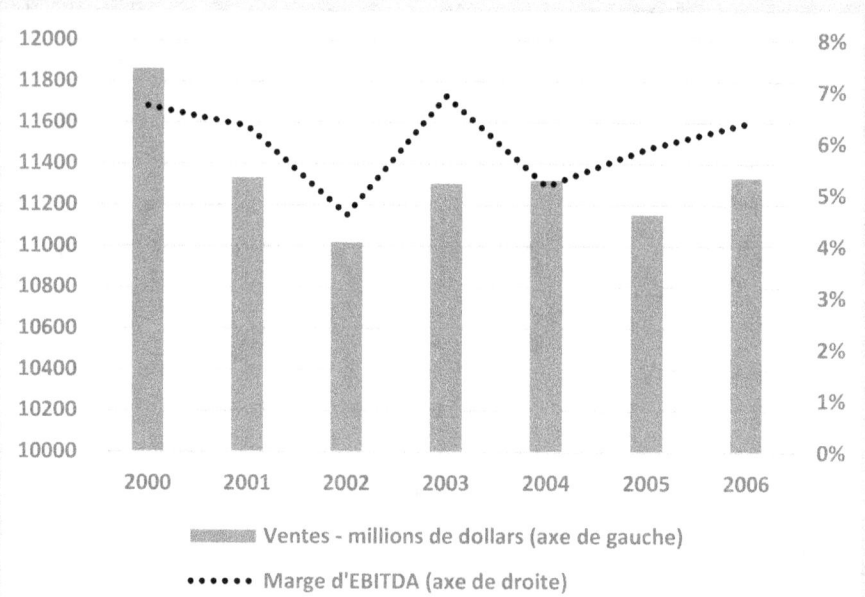

Source : documents de la société – Note : chiffres pour 52 ou 53 semaines clôturées en janvier ou février des années respectives

> Les sites sous-performants nécessitaient une attention immédiate. Des dizaines de magasins nationaux étaient destinés à être fermés, tandis qu'une douzaine d'autres devaient être convertis dans le format plus performant Babies "R" Us.[14] Comme le montre la figure 6.1, l'imprévisibilité des ventes entravait toute amélioration concrète de la rentabilité. Les améliorations opérationnelles étaient destinées à remédier à cette situation.

Pas le temps de s'ennuyer

En février 2006, Gerald Storch était embauché pour remplacer Eyler au poste de P-DG. Après 13 ans chez le hard-discounter Target, Storch apportait chez Toys "R" Us les outils de management pour lesquels Target est réputé : la gestion minutieuse des coûts et de la trésorerie, le micro-marketing et le marchandisage. Comme le commentait à juste titre un analyste du secteur : "Toutes catégories confondues, Target fait le meilleur boulot dans le jouet. Si vous deviez débaucher un cadre dirigeant d'un rival, vous le prendriez à Target".[15]

Pour injecter un peu plus de liquidités dans l'entreprise, une cession-bail de 356 millions de livres sterling sur 29 magasins et un centre de distribution de la division britannique était organisée. Bien que la société mère eût une notation très spéculative en raison des prêts LBO figurant au bilan, la plupart des tranches du montage de cession-bail obtenaient de solides notations compte tenu de leurs ratios d'emprunts relativement faibles.[16] En clair, les hypothèques étaient amplement couvertes par la valeur des actifs utilisés comme garantie.

En juin 2006, le spécialiste du jouet émettait une ligne de crédit de 1 milliard de dollars, comprenant un emprunt à long terme de 800 millions de dollars et une ligne de vente d'actifs à court terme de 200 millions de dollars. L'objectif était de refinancer la portion restant due du prêt-relais de 1,9 milliard de dollars utilisé pour racheter l'entreprise. L'appétit n'était pas énorme, de nombreux investisseurs potentiels considérant que le rendement du prêt à terme n'était pas assez généreux.[17] Les résultats commerciaux de l'émetteur n'aidaient pas non plus.

Mi-2006, la part de Toys "R" Us sur le marché domestique des jouets était encore tombée à 14 % ; Wal-Mart continuait de dominer avec une part de 22 %.[18] Ce qui était peut-être plus inquiétant encore, c'est qu'Amazon décidait d'investir dans son activité de jouets maintenant que son accord exclusif avec Toys "R" Us avait été résilié.[19] Néanmoins, l'économie en plein essor offrait suffisamment d'opportunités pour que tous les acteurs du marché puissent se développer. Les ventes du groupe fraîchement soutenu par les fonds de capital-investissement avaient bondi de 15 % au cours de l'exercice fiscal de 2007, grâce à d'importantes ouvertures de magasins à l'étranger et pour la division Babies "R" Us. L'enseigne poursuivait également son programme de restructuration entamé en 2004 en fermant 87 points de vente sous-performants. Au cours des deux années suivantes, elle doublait la mise en convertissant plus de 100 magasins, joignant ensemble les magasins de jouets traditionnels et les formats Babies "R" Us.

Courir les boutiques jusqu'à l'épuisement

Le produit de marchés déchaînés, le LBO de Toys "R" Us était structuré avec un attirail d'innovation sophistiquée et de nouveaux instruments de dette. La société contrôlait une variété de filiales opérationnelles nationales et internationales dont les actifs pouvaient être utilisés comme garanties pour les différents prêts LBO. L'immobilier (c'est-à-dire les magasins) offrait naturellement la possibilité de structurer une partie de la dette sous forme de titres garantis par des créances hypothécaires commerciales à rendement élevé, un produit populaire de l'époque. En substance, c'était la principale raison derrière la participation de l'expert immobilier Vornado. Au final, la complexité du montage financier n'était atténuée que par le 'credit crunch' qui émergeait durant l'été 2007.

Malgré la détresse des marchés de la dette, fin juillet 2008, l'un des actionnaires de Toys "R" Us, KKR, annonçait l'intention de s'introduire à la Bourse de New York à une valorisation de 10 milliards de dollars. Le groupe de private equity avait déposé son document d'enregistrement un an plus tôt – un mois après que son principal rival Blackstone ait conclu son IPO avec succès, mais le 'credit crunch' l'avait forcé à reconsidérer. Une introduction en bourse accorderait automatiquement à KKR une nouvelle avenue pour la collecte de fonds. Bien que la firme eût introduit un véhicule de capital-investissement à la Bourse d'Amsterdam deux ans plus tôt,[20] la performance médiocre de ce véhicule avait convaincu l'équipe de direction de KKR qu'une cotation en Amérique garantirait une source de capitaux plus fiable. Malheureusement, la banqueroute, mi-septembre 2008, de Lehman Brothers obligeait les gouvernements à renflouer l'ensemble du secteur bancaire mondial. L'effondrement des marchés boursiers qui s'ensuivait conduisait KKR à reporter son IPO indéfiniment.

Les soucis de la firme d'investissement étaient partagés par Toys "R" Us. Par suite de réductions de coûts importantes, la marge d'EBITDA du groupe était passée de 5 % sur l'année au 31 janvier 2004 à 8 % quatre ans plus tard.[21] Mais le second semestre de 2008 contrebalançait ces efforts du fait de l'affaiblissement de l'activité. En mars 2009, Moody's corrigeait la notation des prêts de la division britannique en raison de la baisse significative de la valeur des actifs utilisés comme garanties. Les risques de refinancement et de défaut étaient plus marqués ; la récession commençait à se faire sentir.[22] À l'été, les obligations non garanties du groupe se négociaient aux deux tiers de la valeur nominale.[23]

Le distributeur sous LBO n'était pas seul à souffrir de la brutalité de la récession. Cela créait des opportunités uniques. En mai 2009, Toys "R" Us acquérait le groupe de magasins de jouets FAO Schwarz, basé à New York et à Las Vegas. Le management mettait en place des boutiques temporaires FAO Schwarz dans ses magasins nationaux pour les vacances de fin d'année. Un an plus tard, le concept était converti en espaces permanents. Indépendamment, il ne fait aucun doute que les comptes peu reluisants du groupe représentaient un risque majeur. Toys "R" Us passait la deuxième moitié de 2009 à affiner son montage financier. Au cours de l'été, il émettait 950 millions de dollars d'emprunts à rendement élevé en partie pour refinancer une ligne non garantie de 1,3 milliard de dollars arrivant à échéance l'année suivante. Les nouveaux prêts étaient exigibles en 2017 ; sûrement, les gérants de fonds auraient vendu leur participation d'ici là !

Quoi qu'il en soit, cela apportait à l'enseigne un répit bienvenu. Ses obligations à terme commençaient à se remettre, se négociant au-dessus des 80 cents par dollar. Parallèlement, la société prolongeait de deux ans l'échéance des prêts garantis exigibles en juillet 2010, une échéance qui se rapprochait inconfortablement. En échange, Toys "R" Us accordait aux créanciers un taux d'intérêt plus élevé.[24] Puis, en octobre, le groupe refinançait un emprunt renouvelable, accédant à 200 millions de dollars pour ses opérations européennes et australiennes. Aux États-Unis, il émettait aussi un emprunt à haut rendement garanti de 725 millions de dollars pour rembourser 600 millions de dollars d'emprunts existants. Cela devenait assez compliqué, mais cela permettait à l'agence de notation S&P de revoir ses perspectives sur l'activité, les considérant désormais 'stables'.[25] Le groupe avait été contraint à un refinancement important, levant de nouvelles dettes à plus longue échéance, modifiant et prolongeant les emprunts existants qu'il ne pouvait pas refinancer. Toys "R" Us faisait face à son premier véritable test sous LBO.

La récession n'était pas une partie de plaisir pour les chaînes de magasins en contact direct avec les consommateurs, leur imposant un nivellement éperdu vers le bas : des réductions de prix toujours plus importantes. C'est en partie pour cette raison que Toys "R" Us enregistrait des ventes en déclin d'une année sur l'autre en 2008 et 2009. Pourtant, il ne faisait aucun doute que l'enseigne restait une marque très admirée : en 2009, 70 % des ménages américains avec enfants avaient fait leurs achats chez Toys "R" Us tandis que 84 % des nouvelles mamans avaient fréquenté Babies "R" Us.[26]

Piles non fournies

Depuis un certain temps, les sponsors financiers avaient considéré vendre leur participation. En raison de la récession, les acquéreurs potentiels ne montraient pas beaucoup d'intérêt. Mais réintroduire le distributeur de jouets en bourse semblait être une option sensée. Peut-être que le manque d'IPO au cours des deux années précédentes encouragerait les investisseurs institutionnels à assouvir leur appétit en croquant un morceau des capitaux propres de l'enseigne.

Sur le point de célébrer son cinquième anniversaire sous LBO, fin mai 2010 Toys "R" Us déposait une demande d'enregistrement pour une IPO, dans le but de lever 800 millions de dollars et réduire partiellement son endettement.[27] Par anticipation, le groupe annonçait une série d'initiatives de refinancement visant à prolonger 2 milliards de dollars des tranches de dette existantes. Cela lui donnerait une marge de manœuvre durant les premières années suivant l'introduction en bourse, une période souvent sujette à réévaluation pour les sociétés sous LBO exposées à l'inspection inconfortable des analystes financiers.

Bien que les ventes aient continué de diminuer, la restructuration de l'entreprise mise en place par le management portait ses fruits : à 8,5 % du chiffre d'affaires, la marge d'EBITDA de l'exercice à janvier 2010 atteignait son plus haut niveau depuis le LBO. De même, la dette nette était à son plus bas niveau, à 3,3 fois l'EBITDA, après avoir diminué de moitié au cours des cinq années précédentes. Le nombre de magasins internationaux avait augmenté d'un cinquième au cours de la même période, tandis que les fermetures de magasins nationaux mal en point et les ouvertures de boutiques rentables Babies "R" Us avaient produit des gains importants.

Que le distributeur de jouets ait l'air ou non assez vigoureux pour convaincre les investisseurs, KKR préparait pour la troisième fois sa propre introduction en bourse. Trois ans après sa candidature initiale, la firme de private equity renouvelait son intention de faire une IPO. Elle avait augmenté la valeur de son portefeuille de 10 % au premier trimestre de 2010, alors les choses s'annonçaient favorables. La récession s'était attardée et avait menacé à plus d'une reprise de se transformer en une autre Grande Dépression, mais la voie était maintenant libre pour que les projets de grande envergure reprennent. Les marchés du crédit et des actions avaient entamé un retour en force. Pourtant, personne ne savait combien de temps cela durerait ; il était préférable pour KKR d'en finir avec son processus d'introduction au cas où la reprise des marchés serait de courte durée. À une valorisation de 9 milliards de dollars, légèrement en dessous du prix espéré initialement, la firme était prête à faire des sacrifices afin de créer un marché liquide pour les actions de ses fondateurs et de l'équipe de direction. Le jour de l'IPO à la mi-septembre, l'action se négociait en baisse de 3 %.[28]

Il ne fait aucun doute que Toys "R" Us aurait accepté de faire des sacrifices juste pour orchestrer sa réintroduction en bourse. Le management continuait à se frayer un chemin dans la restructuration du bilan, s'attaquant à chaque tranche de dette l'une après l'autre. En août 2010, il prolongeait l'échéance de la ligne de trésorerie et augmentait la capacité d'emprunt du groupe. Le même mois, il émettait une nouvelle obligation de 350 millions de dollars et des emprunts à terme de 700 millions de dollars pour rembourser les lignes existantes.[29] Le groupe de distribution pouvait ainsi se payer le luxe d'attendre le moment opportun quand les IPO se concrétiseraient avec davantage de conviction.

Au début de l'année suivante, tous les participants – créanciers, souscripteurs, investisseurs – attendaient de voir à quoi ressembleraient les chiffres de fin d'année. Ils devaient être robustes pour convaincre les marchés. D'autant plus que le plan d'introduction en bourse était confronté à un défi majeur. Les valorisations comparables s'étaient effondrées depuis le retrait de la cote de l'enseigne de jouets. Bain, KKR et Vornado avaient racheté l'entreprise à une valorisation supérieure à 9 fois l'EBITDA sur les 12 derniers mois, soit 10 fois les bénéfices de l'année précédente. Avec des comparables se négociant à moins de 8 fois l'EBITDA en 2010, contre 10 fois cinq ans plus tôt,[30] les fonds actionnaires se trouvaient confrontés à un arbitrage de multiple à la vente négatif. À supposer qu'ils puissent vendre.

L'EBITDA avait augmenté de 40 % depuis le LBO, mais il oscillait autour de 1 milliard de dollars au cours des quatre dernières années. L'inertie n'est pas une situation saine lors d'un rachat par effet de levier. Les paiements de la dette s'accumulent selon la loi toute-puissante et universelle de l'intérêt composé, la huitième merveille du monde selon une autorité indicible comme Albert Einstein. Si les paiements contractuels associés à la dette augmentent, l'EBITDA – en tant qu'approximation de la position de trésorerie et protection contre la menace des clauses restrictives des emprunts – doit suivre. Logiquement, les sponsors financiers de la société étaient impatients de saisir l'opportunité d'une IPO. Les fonds recueillis sur les marchés seraient plus que bienvenus. Ils aideraient à rembourser une partie des prêts ; des obligations d'une valeur de 500 millions de dollars arrivaient à échéance à l'été 2011.

Hélas, la nouvelle prospérité du distributeur s'avérait évanescente. La période des fêtes de fin d'année 2010 voyait les ventes chuter par rapport à l'année précédente, tant sur le marché domestique qu'à l'étranger. Les consommateurs américains étaient à la recherche de bonnes affaires alors que les économies britannique et espagnole étaient encore sous le choc de la crise financière. Les ventes n'augmentaient que de 2 % malgré l'utilisation intensive des boutiques éphémères.[31] L'activité du quatrième trimestre représentant les deux cinquièmes du chiffre d'affaires du groupe, seule une bonne période des fêtes aurait pu fournir le contexte idéal pour une introduction en bourse. Au lieu de cela, de mauvais résultats nuisaient à la situation financière du groupe. Au cours de l'exercice clos le 29 janvier 2011, les cash-flows opérationnels s'effondraient de 80 % en raison d'une campagne marketing et de remises excessive. La dette nette grimpait de 10 %, tandis que le ratio de couverture d'intérêts tombait à 2, ce qui signifie que les bénéfices n'étaient que deux fois plus importants que les charges d'intérêts, un niveau inconfortablement bas, même pour un LBO sans trop de clauses restrictives (covenant-lite). La réintroduction à la cote était laissée en suspens pour le moment. La Bourse de New York devrait attendre.

Pour ménager ses liquidités, la société tentait activement de refinancer un quart de sa dette, ne serait-ce que pour bénéficier des taux d'intérêt historiquement bas. Mais le marché ne permettait au management que de modifier et prolonger une partie des prêts existants.[32] Les difficultés commerciales persistantes empêchaient des négociations plus favorables. Au cours de l'exercice clos en janvier 2012, la concurrence s'intensifiait, affectant la rentabilité et les flux de trésorerie. Au cours des deux années précédentes, la marge d'EBITDA était passée de 8,5% à 7%. Pour la deuxième année consécutive, les cash-flows opérationnels ne couvraient pas les dépenses d'investissement et charges d'intérêts.[33]

Avec des échéances à court terme de 1,4 milliard de dollars, la société était vite contrainte à un nouveau cycle de restructuration. En mars 2012, le management refinançait 300 millions de dollars d'emprunts de la division américaine.[34] En avril, c'était au tour des opérations britanniques d'être restructurées avant la date limite de remboursement de plus de 400 millions de livres sterling de prêts.[35] Puis, en juillet, le groupe émettait un emprunt à haut rendement d'une valeur de 350 millions de dollars.[36] Face à la pression concurrentielle, tout au long de l'année 2012, les activités de Toys "R" Us continuaient de connaître une mauvaise passe, à tel point que le chiffre d'affaires provenant de l'ouverture de nouveaux magasins ne compensait plus la chute féroce des ventes à données comparables. Le chiffre d'affaires et l'EBITDA de l'exercice clos le 2 février 2013 baissaient tous deux de plus de 2 %.

La situation frustrante était rendue encore plus intenable par les ventes d'actifs réussies des gérants de fonds au cours de ces premiers stades de la reprise économique. En mars 2011, Bain Capital et KKR eux-mêmes signaient la plus grande IPO jamais réalisée par des firmes de private equity aux États-Unis en cotant en bourse HCA,[37] prenant la porte cinq ans après avoir acheté la cible au plus haut du cycle. KKR récoltait aussi plus de 2,2 fois sa mise sur la réalisation partielle du grossiste britannique

Alliance Boots lorsqu'en juin 2012 il vendait 45 % de ses parts au géant américain de la chaîne de pharmacies Walgreens. En raison de sa position affaiblie sur le marché, Toys "R" Us se révélait être un candidat à la vente plus problématique.

À trop s'agiter, on fait de mauvaises affaires

Une nouvelle année apportait plus de restructuration de la dette. Dans un jeu fluide d'ingénierie financière, au premier semestre 2013, la division britannique refinançait partiellement un total de 400 millions de livres sterling du prêt titrisé et levé au début du LBO. Les titres de créance des activités françaises et espagnoles étaient également remaniés.[38] Pendant que le management s'occupait à réorganiser le bilan, la situation présentée par le compte de résultat se détériorait. Au premier trimestre 2013, les ventes s'effondraient de plus de 5 %. En baisse de 8,5 % au niveau national, elles diminuaient même sur les marchés étrangers habituellement épargnés. L'endettement diminuait, mais l'EBITDA déclinait plus rapidement.

Inévitablement, c'était la fin de l'aventure pour Storch. Embauché par les sponsors financiers pour parrainer leurs plans de rajeunissement vigoureux, le P-DG quittait ses fonctions en mai 2013. Le travail était inachevé, mais les recapitalisations en série, les bouleversements incessants du marché et les tensions concurrentielles avaient entraver tout succès. Trois ans après l'enregistrement, la société mettait officiellement fin à ses plans de réintroduction en bourse.[39] Ce qui n'éliminait en rien le besoin de poursuivre l'interminable processus de refinancement. Cet été-là, le groupe émettait un emprunt à six ans de 985 millions de dollars.[40]

C'est dans ce contexte que, selon une politique qu'ils allaient vite regretter, les cadres dirigeants mettaient à exécution un alignement des prix, non seulement sur ceux des enseignes de magasins rivales (ce qu'ils avaient déjà fait l'année précédente), mais aussi sur ceux des concurrents en ligne, essentiellement Amazon.[41] C'était un cas de force majeure, une tentative désespérée de conserver des parts de marché. Sur son marché domestique, près de deux jouets sur cinq étaient achetés en ligne, tandis que la proportion sur les marchés étrangers était tout aussi préoccupante : en Grande-Bretagne et en Allemagne respectivement, environ un tiers et un quart des jouets étaient achetés sur Internet.[42] L'évolution du marché était indiscutable ; Toys "R" Us devait s'adapter. Avec son programme 'Achetez En Ligne, Récupérez En Magasin' disponible aux États-Unis et au Royaume-Uni, le distributeur réagissait. Ne faisant que 5 % de ses ventes en ligne en France, par exemple, où Internet représentait 14 % des ventes totales de jouets à l'échelle nationale, Toys "R" Us avait clairement du terrain à rattraper.

L'alignement des prix était initié par Antonio Urcelay, le P-DG intérimaire après la défenestration de Storch, et un vétéran de 17 ans dans l'entreprise. Il avait été président des activités européennes avant d'hériter du plus haut poste. Tout le monde espérait que sa connaissance approfondie du marché aiderait le groupe à tourner cette page difficile. Juste à temps pour la période des fêtes, en octobre Urcelay se voyait confier le rôle de P-DG de manière permanente.[43] Sa première présentation annuelle des résultats démontrait que sa tâche ne serait pas facile.

Au cours de l'année close en janvier 2014, principalement en raison de la politique d'alignement des prix et de la migration des consommateurs en ligne, les ventes du groupe chutaient de 7,4 %. L'EBITDA diminuait presque de moitié. Ceci avant les charges exceptionnelles. Après les coûts de restructuration, les bénéfices étaient pratiquement inexistants. La taille de l'entreprise n'avait jamais été aussi imposante : Toys "R" Us employait 70.000 employés dans le monde, dont environ 45.000 au niveau national ; elle avait 1.762 magasins dans 35 pays, dont la moitié aux États-Unis ;[44] pourtant le LBO avait touché le fond.

Alors que l'enseigne déclarait son pire EBITDA en 12 ans, il était temps de procéder à de nouveaux changements de personnel. En juin 2014, le directeur financier Clay Creasey démissionnait, 16 mois après le départ de Storch, le P-DG qui l'avait recruté. Creasey avait essayé de se frayer un chemin à travers le champ de mines financier de l'entreprise ; en vain. Peut-être qu'un nouveau pro de la comptabilité aiderait à mieux habiller les comptes. Mais cela ne changerait pas les faibles fondamentaux d'une histoire stagnante.

Le reste de l'année 2014 offrait la même médiocrité prévisible. Malgré les faibles chiffres comparables de l'année précédente, le groupe ne renouait qu'avec une croissance modeste de ses ventes au premier semestre avant de connaître une autre période des fêtes décevante. La croissance internationale à données constantes de 1,2 % ne pouvait pas compenser une baisse de 5 % du marché domestique en novembre et décembre.[45] Malgré le nouveau directeur financier, au cours de l'exercice clos en janvier 2015, les ventes diminuaient de 1,5 % et la marge d'EBITDA, bien que nettement meilleure que l'année précédente, restait inférieure à 5 %. Les bénéfices couvraient à peine les charges d'intérêts. Le vrai problème était l'effet de levier : en raison d'une rentabilité plus faible, la dette nette dépassait désormais 7,2 fois l'EBITDA. Si cette transaction n'avait pas été réalisée avec si peu de clauses restrictives, les créanciers auraient déjà fait appel aux huissiers de justice.

Avec une sortie de portefeuille encore improbable pour ses fonds actionnaires, au dernier trimestre de 2014 le distributeur de jouets organisait un autre refinancement, celui-ci d'une valeur de 1,4 milliard de dollars, pour racheter les prêts arrivant à échéance l'année suivante. Mais les nouveaux prêts subissaient une forte pression sur les prix peu de temps après leur émission, révélant que les investisseurs devenaient nerveux au sujet de la solvabilité de l'émetteur. En quelques jours, les prêts se négociaient avec une décote de 15 %.[46]

Tout est bon avec modération

Toujours aux commandes, les firmes de capital-investissement perdaient patience. Lorsqu'il s'agit d'améliorer la performance, les gestionnaires de fonds n'accordent pas beaucoup de valeur à la loyauté des équipes ou à la connaissance du secteur. Le genre de compétences qui aident les chefs d'entreprise à gagner les faveurs de leurs sponsors financiers sont la maximisation des bénéfices et de la trésorerie, l'optimisation du montage financier et l'attention chirurgicale au service de la dette. Sur cet ensemble de critères, le P-DG Antonio Urcelay ne gagnait pas beaucoup de points. Le fait que son expérience récente était internationale avait justifié sa promotion étant donné que la croissance des ventes au cours des dernières années était venue de l'étranger. Mais Toys "R" Us puisait toujours 60 % de ses ventes de son marché intérieur, et c'est là que le gros du travail devait avoir lieu.

En juin 2015, Urcelay était remplacé par David Brandon. Brandon avait déjà travaillé avec Bain Capital lorsque ce dernier l'avait nommé à la tête de Domino's Pizza en 1999. Seize ans plus tard, il était toujours chairman de la chaîne de restaurants. Il ne connaissait pas intimement l'industrie du jouet, mais au vu des transactions récentes, le nouveau patron devait concocter un redressement similaire à celui orchestré chez Domino's. Il importait qu'en 2004, il avait dirigé avec succès l'introduction en bourse de Domino's, la plus grande IPO sponsorisée par un fonds de private equity à l'échelle mondiale dans le secteur de la restauration.

Au cours de la décennie passée, Toys "R" Us avait traversé les montagnes russes, mais Brandon observait avec optimisme : "Je crois que nos meilleurs jours sont devant nous et je suis impatient de commencer".[47] L'une des premières décisions prises par le troisième président-directeur général du groupe depuis le LBO était la fermeture de l'enseigne prestigieuse FAO Schwarz. L'acquisition ne s'était pas déroulée comme prévu. En juillet 2015, le magasin phare de FAO Schwarz à New York, vieux de 145 ans, était fermé, signe évident que des décisions drastiques étaient à attendre.

Mais fermer des magasins de renommée internationale n'était pas un moyen de rétablir les ventes. Au cours de l'exercice clos en janvier 2016, le nouveau P-DG faisait état d'une nouvelle détérioration du chiffre d'affaires, même si les ventes à périmètre constant avaient augmenté pendant la période des fêtes pour la première fois depuis de nombreuses années. La marge d'EBITDA passait légèrement au-dessus de 6 %, mais le groupe ne pouvait pas affronter un montage financier sinistré. Il n'avait pas d'autre choix que de poursuivre ses refinancements. En milieu d'année, les obligations non garanties totalisant 850 millions de dollars et arrivant à échéance au cours des deux prochaines années devenaient échangeables contre des instruments à coupon plus élevé, l'échéance étant repoussée à 2021.[48]

Avec un multiple dette/EBITDA supérieur à 5,5 fois, la société n'était pas en mesure d'investir dans son avenir. Pourtant, les conditions macroéconomiques s'amélioraient, ouvrant la voie à une réintroduction sur le marché boursier. En octobre 2016, l'idée de l'IPO refaisait surface. Après deux trimestres solides – et 11 ans sous la houlette de fonds de private equity – le distributeur de jouets était désireux de retrouver la bourse. Une réintroduction dépendrait entièrement des résultats pendant les fêtes de fin d'année. Tout cas de figure autre que la croissance des ventes confirmerait que la tendance négative récemment observée était une évolution fondamentale plutôt qu'une anomalie passagère.

Au cours des quatre années précédentes, le chiffre d'affaires du groupe avait diminué de 15 %. Malheureusement, les résultats annuels clos en janvier 2017 n'inversaient pas la tendance. En baisse de 2,2 %, les ventes tombaient tant au niveau national que sur les marchés étrangers. Bien que Toys "R" Us bénéficiait de la migration des consommateurs sur le Net, enregistrant un bond de 11 % des ventes en ligne au cours du trimestre des fêtes de fin d'année,[49] la concurrence des hard-discounters et des sites de vente en ligne demeurait implacable. Les prix étant le principal facteur de différenciation de produits de plus en plus standardisés, la marge d'EBITDA du groupe restait inférieure ou à égalité avec celle d'avant le LBO (exercices 2005 et 2006 dans la figure 6.2 ci-dessous).

Figure 6.2 – Chiffre d'affaires et marge d'EBITDA de Toys "R" Us de 2005 à 2017

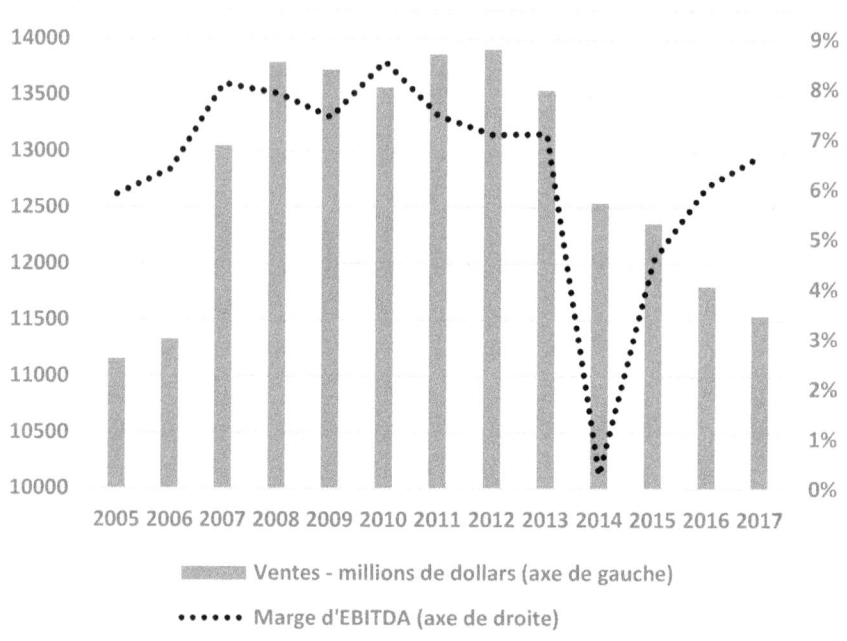

Source : documents de la société – Note : résultats pour 52 ou 53 semaines clôturés en janvier ou février des années respectives

La performance opérationnelle étant en retard sur le business plan, la société poursuivait une série de refinancements. En octobre 2016, le management se présentait de nouveau devant les prêteurs avec une obligation adossée à des hypothèques commerciales d'une valeur de 500 millions de dollars garantie par plusieurs magasins de la société. Mais lorsqu'une entreprise continue de décevoir et que ses dirigeants ne parviennent pas à respecter leurs projections – non seulement pour le scénario de base, mais aussi pour les scénarios baissiers – l'émission de nouvelles dettes devient difficile à orchestrer. Alors qu'une partie de l'obligation proposée était notée triple A, la société étant toujours sur une note spéculative, la levée de capitaux frais commençait à coûter cher : les prêteurs potentiels demandaient un taux de rendement plus élevé ou plus de sécurité, parfois les deux.

Jouet cassé

Au cours de l'exercice clos en janvier 2017, le distributeur de jouets générait des ventes comparables à celles enregistrées au moment du LBO 11 ans plus tôt, une piètre performance puisque le nombre de magasins avait augmenté d'un quart à l'échelle mondiale. L'EBITDA avait diminué de 30 % par rapport à son niveau de 2010, se situant entre 700 et 800 millions de dollars au cours des trois années précédentes. Mais le tableau était en fait plus sombre qu'il n'y paraît. L'EBITDA est une mesure comptable qui peut facilement être manipulée. Pour évaluer la véritable performance sous-jacente d'une entreprise à effet de levier, il est préférable d'examiner les cash-flows opérationnels. Ceux-ci étaient passés de plus de 750 millions de dollars par an au cours des deux années précédant le LBO à 240 millions de dollars au cours de l'exercice clos le 30 janvier 2016. Ils chutaient à zéro lors de l'exercice suivant. Une entreprise sapée par plus de 4 milliards de dollars de prêts LBO et au moins 450 millions de dollars en paiements d'intérêts annuels ne produisait plus de liquidités. [50] Le chapitre suivant de l'histoire de l'entreprise s'écrivait presque de lui-même.

Écrasé par le poids de son montage financier, le 18 septembre 2017, le groupe de distribution déposait le bilan de ses entités américaines et canadiennes. Ce jour-là, les obligations du groupe se négociaient en dessous de 20 cents par dollar pendant que le marché digérait la nouvelle. [51] Alors qu'une lourde incertitude s'installait autour de l'entreprise, la division immobilière et les activités hors Amérique du Nord continuaient à opérer normalement. Heureusement la dette avait été découpé et recomposé en autant de tranches qu'il y avait d'unités opérationnelles ; l'entité américaine n'avait pas à entraîner le reste du groupe dans sa chute. Quelque peu épargnés par l'embarras de la faillite, les employés à l'étranger ne pouvaient pas pour autant se sentir très en sécurité. Pour preuve, dans les six mois, les activités britanniques étaient également placées sous administration judiciaire, et la filiale française tombait sous séquestre en juillet 2018.

Bien sûr, la décision de Toys "R" Us de déclarer faillite n'affectait pas uniquement les créanciers et les employés de l'entreprise. Ses fournisseurs, y compris les fabricants de jouets Mattel et Hasbro, qui généraient tous deux 10 % de leurs ventes annuelles du distributeur, étaient susceptibles de subir une pression supplémentaire sur les ventes et les flux de trésorerie, même si Toys "R" Us continuait à opérer normalement sous la protection de la loi sur les faillites. Mattel, en particulier, avait ses propres soucis en matière de dette et des problèmes de performance à résoudre.[52] La numérisation des jouets affectait profondément les fabricants de jouets traditionnels ; la faillite de l'un de leurs principaux distributeurs était la dernière chose dont ils avaient besoin. En l'espace de quelques mois, Mattel et Hasbro entamaient des discussions sur une fusion possible.

Comme le montre la figure 6.3, à partir de 2010, Toys "R" Us n'avait plus fait aucun progrès dans l'amélioration de sa structure capitalistique malgré les tentatives répétées de briser ses chaînes d'esclave de la dette. Ses sponsors financiers, généralement désireux de faire preuve de majesté dans la recherche de solutions, n'avaient pas tenu leurs promesses. Non seulement le ratio de levier restait trop élevé, mais les charges financières n'étaient pas adéquatement couvertes par les bénéfices. Après tant d'années sous LBO, en 2014-17, l'EBITDA était obstinément coincé en dessous de 2 fois les intérêts annuels.

Figure 6.3 – Ratio d'endettement et couverture d'intérêts (EBITDA/intérêts) de Toys "R" Us de 2003 à 2017

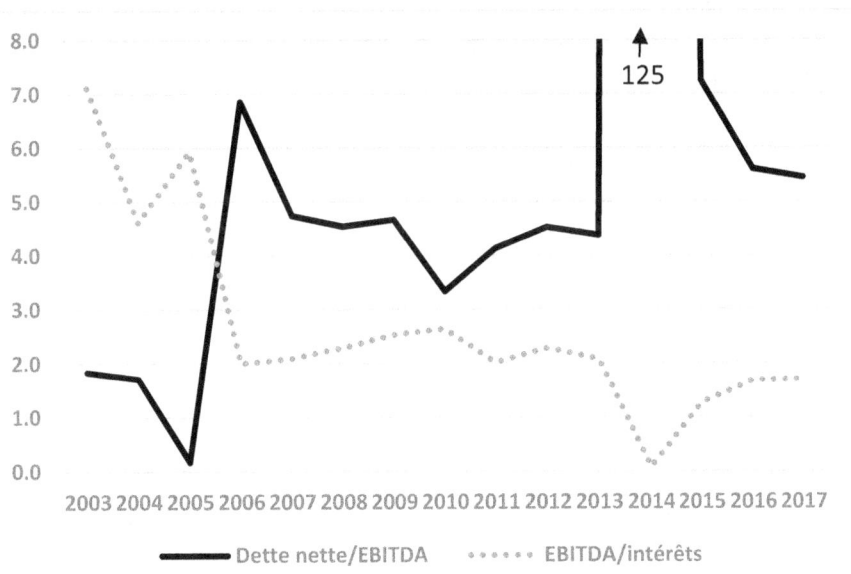

Sources : documents de la société et analyse de l'auteur – Notes : En 2014, l'EBITDA était immatériel, impliquant un ratio d'endettement de 125 fois les résultats. Les comptes financiers durent 52 ou 53 semaines et se terminent en janvier ou février

Entre 2006 et 2017, les charges financières annuelles liées aux prêts LBO variaient entre 400 millions de dollars en 2009 et un maximum de 517 millions de dollars en 2014. L'accumulation du coût de la dette révélait l'insuffisance des bénéfices et des flux de trésorerie. Sur l'ensemble de la période sous LBO, 5,5 milliards de dollars étaient assignés aux charges d'intérêts, ce qui représente 107 % des cash-flows opérationnels de la société. Ce sont des milliards de dollars qui n'étaient pas injectés dans la R&D, ni dans la rénovation des magasins, ni dans une refonte de l'entreprise. Une fortune qui aurait pu, si elle avait été bien investie, permettre une transformation numérique.

La protection de la loi sur les faillites donnait au groupe une chance de se restructurer. Malgré cela, après des années perdues en mode zombie à essayer de protéger les intérêts de sponsors financiers imprudents, le distributeur de jouets avait perdu tout espoir de survie. En mars 2018, les activités nord-américaines et britanniques étaient liquidées, mettant en péril 33.000 emplois ; les administrateurs n'avaient pas trouvé de contrepartie disposée à racheter l'entreprise. Signe que la disruption de l'industrie du jouet était sans relâche, l'un des vautours désireux de se nourrir de la carcasse de l'enseigne en ramassant certains de ses magasins aux enchères était son principal rival en ligne : Amazon.

Raisons derrière un mauvais LBO

Prêchant comme un prophète à la recherche de disciples, en déposant le bilan en septembre 2017 le P-DG Brandon déclarait: "Aujourd'hui marque l'aube d'une nouvelle ère chez Toys "R" Us, où nous nous attendons à ce que les contraintes financières qui nous ont freinés soient aménagées de manière durable et efficace",[53] ajoutant "nous sommes convaincus que nous prenons les bonnes mesures pour assurer que les marques emblématiques Toys "R" Us et Babies "R" Us vivront pendant de nombreuses générations."

Toys "R" Us n'avait pas réussi à rétablir un lien avec la bourse. Sa performance n'avait jamais été suffisamment cohérente pour offrir aux investisseurs potentiels la stabilité qu'ils exigent avant de participer à une nouvelle introduction en bourse. Les raisons de la déficience permanente du distributeur de jouets sont multiples.

Tendance baissière des prix

Les jouets sont un segment très compétitif. Plusieurs facteurs expliquent cela. Ils peuvent être produits en série, offrant des économies d'échelle. Ce sont des produits qui se prêtent bien à la fabrication automatisée en chaînes de montage. La mondialisation avait conduit les pays développés à produire en Asie du Sud-Est et en Chine. Fabriquer les jouets sur une échelle mondiale pesait sur les prix et les marges. Au cours des cinq années précédant le LBO, le chiffre d'affaires de Toys "R" Us était resté stable et la marge d'EBITDA oscillait autour de 7 %.

Saisonnalité

La principale caractéristique de l'industrie du jouet est sa saisonnalité. Aux États-Unis et au Royaume-Uni, jusqu'à la moitié des jouets sont vendus au cours des deux derniers mois d'une année calendaire, ce qui reflète l'importance des festivités d'Halloween, de Thanksgiving, d'Hanoukka et de Noël.

Toys "R" Us avait déclaré : "plus de 40% des ventes de notre activité mondiale de magasins de jouets et une partie substantielle du résultat d'exploitation et des cash-flows opérationnels étaient générés au quatrième trimestre".[54] Le management ne pouvait pas faire grand-chose pour lisser les flux de trésorerie saisonniers, si ce n'est faire pression sur les gouvernements pour qu'ils changent le calendrier des fêtes.

Concurrence des hard-discounters

Pendant des années, Wal-Mart et Target étaient les concurrents les plus farouches de Toys "R" Us. Entre 2004 et 2006, les deux discounters avaient augmenté leur part des ventes des deux principaux fabricants de jouets Mattel et Hasbro, détournant ainsi des ventes de Toys "R" Us.[55]

Débaucher Storch de Target en 2006 était logique. Mais pendant la récession, les consommateurs prêtaient de plus en plus attention aux coûts. Tout l'argent que Toys "R" Us et même les discounters traditionnels investissaient dans le marketing et les promotions s'ajoutait au coût de vente des jouets. Cela donnait un avantage aux distributeurs comme Costco qui suivaient une approche sans fioritures et ne faisaient pas de publicité. En 2015, grâce à des légions sans cesse croissantes d'adeptes de bonnes affaires, Costco avait augmenté ses ventes deux fois plus rapidement que Wal-Mart et quatre fois plus vite que Target.[56] Le style de marketing traditionnel que Storch apportait avec lui en rejoignant Toys "R" Us en 2006 était rendu obsolète par un environnement économique cataclysmique. Au moment où le groupe déposait le bilan, représentant ainsi la troisième plus grande mise en faillite de l'histoire du secteur de la distribution aux États-Unis, Toys "R" Us connaissait un contexte tout aussi hyper-promotionnel au Royaume-Uni et sur d'autres marchés internationaux, où les hard-discounters gagnaient des parts de marché.

Distribution en ligne

L'accélération de la migration des consommateurs vers Internet était un autre impact de la récession, tant aux États-Unis qu'à l'étranger. La simplicité de l'offre était une spécialité pour de nombreux vendeurs en ligne ; aucun n'était meilleur à ce jeu qu'Amazon.

Au moment de son LBO, Toys "R" Us réalisait environ 3 % de ses ventes via son propre site Web.[57] Sa stratégie en ligne était naissante. Cela aurait dû être une opportunité. Le commerce du jouet était mature et ultra-compétitif. Le passage à un modèle en ligne plus efficace était un moyen de réduire la pression exercée sur les marges. Pourtant, entre 2005 et 2009, les ventes en ligne de Toys "R" Us n'augmentaient que de 5,5 % par an.[58] Ces résultats semblent faibles si on les compare à ceux d'autres chaînes de magasins comme Macy's, qui enregistrait une croissance annuelle à deux chiffres. Ils étaient également dérisoires par rapport aux sites de commerce électronique. Rien qu'en 2016, Amazon connaissait un bond de 24 % des ventes de jouets sur le marché américain, comptabilisant 4 milliards de dollars, soit un cinquième de la valeur totale des ventes de jouets dans le pays cette année-là.[59]

Les gains de parts de marché d'Amazon au fil des années avaient grandement affecté les prix des différentes catégories de produits : les jouets autant que les jeux d'apprentissage et vidéo. En conséquence, la croissance des ventes et des marges dégringolait pour Toys "R" Us et toutes les grandes chaînes de magasins. Cela conduisait à une réévaluation du secteur. De 14 fois en 2001, le multiple moyen de la valeur d'entreprise sur l'EBITDA pour les chaînes de magasins était tombé à 8 fois neuf ans plus tard.⁶⁰ En revanche, en 2010, la valorisation d'Amazon dépassait 25 fois l'EBITDA.

Numérisation des 'jouets'

Les jeux vidéo constituaient déjà une part importante des ventes au moment où le consortium de fonds de private equity s'invitait dans la salle de jeux du distributeur. Dans une année donnée, les jeux vidéo représentaient de 10 % à un cinquième du chiffre d'affaires du groupe aux États-Unis. ⁶¹ Ce segment était encore plus concurrentiel et imprévisible que les jouets traditionnels où Toys "R" Us avait façonné sa marque autour de la fiabilité et de l'excellence pendant près de soixante ans.

Les jeux vidéo sont soumis à des règles de marché inhabituelles. La différenciation découle du facteur 'cool' et de la dernière tendance plutôt que de la confiance et de la conformité. Une autre caractéristique majeure des jeux vidéo est qu'ils sont souvent d'un succès éphémère, soumis à la loi des blockbusters où le jeu pourrait générer des ventes fantastiques pendant un an ou deux avant de disparaître dans les annales de l'histoire de la consommation de masse. Bien sûr, certains jeux vidéo, comme Call of Duty ou Super Mario, peuvent devenir des franchises et passer par des mises à niveau régulières, mais il est peu probable qu'ils deviennent des produits intergénérationnels comme les poupées Barbie ou les briques de construction LEGO. Pour les distributeurs comme Toys "R" Us, les jeux vidéo nécessitent de surveiller de près le marché pour connaître les nouveaux goûts. Ne pas découvrir le dernier jeu 'tendance' peut signifier des pertes de ventes sans possibilité de se rattraper l'année suivante.

L'un des principaux effets de la numérisation est ce que les spécialistes du marketing appellent la 'compression de l'âge'. En bref, les enfants mûrissent plus vite ; ils adoptent des goûts matures et perdent tout intérêt pour les jouets traditionnels à un âge plus précoce que les enfants des générations précédentes. La numérisation des jeux et du divertissement sur le Web est à l'origine de cette évolution, et elle s'est accélérée tout au long de la période sous LBO de Toys "R" Us. Cela explique pourquoi Babies "R" Us s'était avéré plus résilient – les nourrissons et tout-petits ne sont pas affectés par la compression de l'âge… pour l'instant.

En conséquence, de nombreux distributeurs ayant une forte expertise en technologie ou avec une spécialité dans les jeux vidéo, tels que Gamestop et Best Buy en Amérique et Game Group au Royaume-Uni, avaient offert un meilleur service aux consommateurs qui devenaient de plus en plus férus de technologie. Bien sûr, le jouet numérique le plus menaçant de tous est le smartphone, éloignant de plus en plus d'enfants des jouets et des jeux traditionnels et détournant leur argent de poche vers la dernière application mobile plutôt que vers des jeux de société ou des figurines. Et le smartphone n'existait pas vraiment jusqu'à ce qu'Apple lance cette nouvelle catégorie de produits en 2007. À ce moment-là, Toys "R" Us était submergé par une dette LBO coûteuse.

La cyclicalité du secteur

Avant de mettre définitivement la clé sous la porte en 2015, FAO Schwarz avait déjà connu l'échec. Après une période de croissance agressive dans les années 1990 sous la direction d'Eyler, le groupe gérait plus de 40 magasins au moment où la récession de 2001-02 secouait les marchés. FAO déposait le bilan en janvier 2003, émergeant trois mois plus tard dans le cadre d'une restructuration précipitée qui s'avérait ambitieuse, forçant l'entreprise à faire faillite à nouveau en fin d'année. Les magasins de New York et de Las Vegas étaient rouverts l'année suivante et demeuraient indépendants jusqu'à leur acquisition par Toys "R" Us pendant la récession cinq ans plus tard. Les secteurs cycliques ne sont pas d'excellents terrains de chasse pour les rachats par effet de levier. Toys "R" Us et ses sponsors l'ont découvert à leurs dépens, bien que, comme nous l'avons vu, Bain Capital avait déjà écorché sa réputation en perdant le contrôle de KB Toys peu de temps avant d'investir dans son plus grand concurrent.

Érosion de la valeur immobilière sur le marché domestique

Les mauvais fondamentaux financiers et opérationnels du monde de la distribution avaient eu un impact marqué sur la valeur de l'immobilier, en particulier pour les actifs dédiés au secteur de la distribution. La migration des consommateurs vers des alternatives en ligne était ressentie d'autant plus que, dans la décennie qui précédait la crise financière, énormément de surface de vente avait été ajoutée dans des centres commerciaux à travers les États-Unis. Avec moins de consommateurs en magasin, cette superficie excédentaire dévaluait les avoirs immobiliers de tous les distributeurs.

La nécessité de maximiser la valeur des biens immobiliers était l'une des raisons de la décision par KKR et Bain Capital de s'associer à Vornado, un fonds de placement immobilier doté d'une solide expertise dans le commerce de détail en magasin. Mais le déclin structurel du marché immobilier américain qui avait débuté peu de temps après le LBO n'avait pas aidé à augmenter la valeur du portefeuille immobilier comme prévu initialement. Alors qu'au cours des cinq premières années sous LBO, les firmes de capital-investissement avaient achevé le réaménagement des magasins américains, entre 2011 et 2017 le nombre d'unités de vente gérées par Toys "R" Us sur son marché intérieur était resté le même. La question est peut-être de savoir pourquoi, en juin 2017, trois mois avant de déposer le bilan, le management était toujours catégorique sur le fait qu'il n'avait pas l'intention de fermer davantage de magasins.[62]

Heureusement, le distributeur avait une présence internationale où il pouvait en partie compenser la tendance négative du marché domestique – l'expansion internationale avait vu le nombre de magasins bondir des deux tiers. Hélas, en 2017, les magasins en Europe semblaient être snober tout autant par les consommateurs. La destruction de la valeur immobilière se propageait parallèlement à la migration en ligne et avait en partie causé la faillite de la division britannique début 2018.

Pertes sans limites

Comme les bonbons, les jouets sont principalement destinés aux enfants. C'est peut-être pour cette raison qu'ils découlent eux aussi d'achats impulsifs. Les enfants sont connus pour être les proies faciles des stratagèmes de spécialistes du marketing pour encourager la consommation. Environ 45 % des jouets appartiennent au 'secteur de l'argent de poche' – au prix modéré – où l'achat impulsif est répandu, les parents cédant souvent aux caprices incessants de leur progéniture.[63] La récession de 2008-10 n'avait pas été tendre avec le segment de l'argent de poche, fréquemment la première victime de la compression des dépenses de consommation.

Compte tenu de la pression sur les prix découlant de la normalisation des produits, de la concurrence des hard-discounters et des sites de vente en ligne, ainsi que de la cyclicité et de la saisonnalité du secteur, Toys "R" Us se présentait comme un mauvais candidat pour un LBO. Les faillites de KB Toys et de FAO Schwarz en 2003 à la suite d'une mauvaise période des fêtes apportaient de bons indices pour tout pronostic.

Le fait que les marchés du crédit traversaient une de leurs bulles sporadiques contribuait à la décision de Bain Capital et de ses partenaires de boucler leur LBO en 2005. À l'époque, la raison donnée pour cette décision était de donner au spécialiste du jouet la chance de se restructurer. Pourtant, malgré la migration de la demande vers Internet, la baisse des valeurs boursières du secteur et la numérisation des jouets, il est étrange que le management et les fonds de private equity poursuivaient obstinément l'expansion du portefeuille de magasins. Entre janvier 2006 et janvier 2018, Toys "R" Us avait ajouté 400 points de vente, amenant son portefeuille à 1.948 magasins. C'est comme si tous ces participants n'avaient pas prêté attention à la transformation qui impactait l'industrie.

En 2017, la principale menace n'était plus les hard-discounters, mais un ennemi encore plus grand, l'ancien partenaire en ligne de Toys "R" Us : Amazon. Une décennie est une période très longue dans le commerce de détail. Au milieu des années 2000, Wal-Mart était critiqué pour avoir détruit le commerce de proximité, arraché le cœur des centres-villes et fait baisser les salaires. Dix ans plus tard, Amazon était affublé des mêmes reproches. Le fait qu'il ait fallu si longtemps pour qu'il fasse faillite montre la résilience de Toys "R" Us, mais il est indéniable que le spécialiste du jouet avait été tué par des spécialistes des prix bas.

Si seulement la communauté du capital-investissement avait montré un peu plus de retenue et laissé Toys "R" Us tranquille. Peut-être que le distributeur aurait réussi sa transition numérique. Enfoui profondément dans un puits de dette, il était contraint d'économiser sur les dépenses d'investissement et de passer par une série de restructurations purificatoires, décourageant les fantassins et forçant le remplacement des cadres exécutifs. En conséquence, le nom de Toys "R" Us est gravé à tout jamais dans le Mur de la Honte de l'industrie du private equity.

PRIVATE EQUITY ET DISRUPTION DU MARCHÉ

S'il est valorisé à l'extrême – comme c'est généralement le cas avec les retraits de la cote – un rachat par effet de levier ne peut pas se permettre de voir le plan opérationnel dérailler. Dans le cas de Toys "R" Us, les remous prirent la forme d'une crise financière terrible, d'une récession économique profonde et d'une concurrence intense de la part des distributeurs de jouets en ligne, de jeux numériques et d'applications mobiles. Peu d'entreprises peuvent s'en sortir indemnes lorsque la disruption dérègle le bon fonctionnement d'un LBO.

Au cours de la dernière décennie, l'impact de la technologie sur de nombreux modèles commerciaux a été tout simplement révolutionnaire. Ce qui implique que, dans la plupart des cas, des ratios d'endettement supérieurs à 70 % ne sont pas recommandés. Sur ce point, Toys "R" Us fournit une leçon coûteuse mais précieuse.

TROISIÈME PARTIE

Le Pire : Cupide ou malicieux ?

> *Les pratiques peu scrupuleuses dans le monde transactionnel ne sont pas nouvelles. Depuis l'avènement du capitalisme, dans leur recherche obsessionnelle de gains et de pouvoir, les financiers se sont rarement posés des questions d'ordre éthique. À cet égard, les trois chapitres suivants ne couvrent rien d'extraordinaire, juste des versions modernes de pratiques ancestrales.*

CHAPITRE 7

Bhs : Manuel d'initiation à la banqueroute

> *Pour la plupart des lecteurs, un LBO est une acquisition réalisée par un gestionnaire de fonds avec la contribution d'organismes prêteurs.*
>
> *À l'occasion, les entrepreneurs peuvent mener des opérations à effet de levier, avec ou sans la participation de sponsors financiers. Ces types de transactions sont appelés LBO par le propriétaire, ou owner buyouts (OBO).*

À première vue, les LBO par des propriétaires ne semblent pas très courants. Je soupçonne que peu de lecteurs auront entendu l'expression et seront en mesure de trouver des noms d'entreprises ou de personnes ayant adopté une telle transaction. Pourtant, de nombreux LBO mémorables ont été accomplis par le propriétaire de l'entreprise. Les OBO les plus connus aux États-Unis sont probablement ceux réalisés par le président Donald Trump en sa qualité d'ancien président de la Trump Organization. Trump a conclu un grand nombre de transactions à effet de levier pour ses activités immobilières.

Comme c'est le cas avec beaucoup de transactions, les OBO peuvent susciter la controverse lorsqu'ils échouent. Trump a eu sa part de mauvaise presse à la suite de faillites en série de ses activités de casinos et d'hôtellerie. De même, pour toutes sortes de mauvaises raisons, en Grande-Bretagne la transaction décrite dans ce chapitre reçut une grande couverture médiatique.

Il était une fois

Avant que l'inflation ne nous amène les magasins offrant tout à un dollar ou à une livre sterling que les Américains et les Britanniques connaissent aujourd'hui, les magasins de hard-discount fixaient les prix à un niveau plus raisonnable. Aux États-Unis, en 1879, Woolworth Bros lançait le format five-and-dime, où tout était au prix de 5 ou 10 cents. Parce que les magasins Woolworth (et les imitateurs ultérieurs) offraient une large gamme de produits, sans trop se concentrer sur une catégorie particulière, ils étaient aussi connus sous le nom de magasins populaires ('variety stores').

Trente ans plus tard, Frank Woolworth introduisait le même format au Royaume-Uni, ouvrant à Liverpool ce qui était immédiatement baptisé un magasin penny-and-sixpence. Pour les lecteurs curieux de savoir ce que valait une pièce de six pence, cela équivalait à un quarantième de livre sterling – les Britanniques se sont mis à la décimalisation sur le tard !

Deux décennies après le lancement de Woolworth au Royaume-Uni, British Home Stores était fondé en 1928 par un autre groupe d'entrepreneurs américains.[1] Pour éviter de rivaliser de front avec Woolworth, le nouveau venu fixait le prix de ses produits à un shilling, l'équivalent d'un vingtième de livre sterling. Moins d'un an après l'ouverture de son premier magasin à Brixton, dans le sud de Londres, afin d'élargir son offre British Home Stores introduisait des produits coûtant jusqu'à cinq shillings.

Cotée en bourse en 1931, l'entreprise ouvrait peu à peu des succursales à travers le pays et proposait des cafétérias et des épiceries. En 1970, British Home Stores comptait 12.000 employés et 94 magasins.[2] Douze ans plus tard, l'entreprise connaissait une transformation majeure, s'éloignant du modèle de supermarché au profit d'un concept de grand magasin.[3] En 1986, elle fusionnait avec le spécialiste de design d'intérieur Habitat et l'enseigne de vêtements pour mamans et enfants Mothercare, et formait Storehouse plc. À cette époque, elle effectuait également une refonte marketing avec le nouveau logo BhS (qui deviendra plus tard Bhs). La fusion ne fonctionnait pas comme prévu. Habitat et d'autres divisions plus petites étaient revendues en 1992.

À la fin des années 1990, Storehouse continuait de connaître des soucis stratégiques, Mothercare et la chaîne de grands magasins Bhs offrant peu d'avantages synergiques. En mai 1999, le conglomérat se débarrassait de son P-DG après six années de sous-performance. Pour aider Mothercare et Bhs à retrouver leur gloire d'antan, une revue stratégique était mise en œuvre. Après une série de négociations entre Storehouse et divers groupes de distribution, en mai 2000 Bhs était vendue à l'entrepreneur de commerce de détail Philip Green.

L'histoire de Green

Âgé de 48 ans à l'époque, Green avait plus de trente ans d'expérience dans le secteur du commerce de vêtements. Son père Simon avait été un distributeur de produits électriques sans grand succès jusqu'à sa mort, lorsque Green n'avait que 12 ans. Élevé à Hampstead Garden Suburb, une enclave aisée de la classe moyenne dans le nord de Londres, Green avait aidé sa mère à gérer la station-service et les sociétés immobilières familiales avant de quitter l'école et de s'établir à son compte à l'âge de 16 ans. Il commençait par importer des chaussures, mais poursuivait ensuite une série de projets, achetant des entreprises faibles à bas prix et les redressant.[4] Il faisait fortune une première fois après avoir acheté la chaîne de magasins Jean Jeanie pour 65.000 livres sterling en 1985 et l'avoir revendue un an plus tard pour 3 millions de livres.[5]

Compte tenu du niveau de risque intrinsèque associé à l'industrie de la vente au détail, très sensible aux cycles économiques, ses initiatives n'étaient pas toutes couronnées de succès. Son expérience comme président-directeur général d'Amber Day à la fin des années 1980, à la suite de l'acquisition d'une participation minoritaire dans ce distributeur de textiles en difficulté, prenait fin avec sa démission en septembre 1992

– la récession économique avait frappé l'entreprise de plein fouet, entraînant une chute de 75 % du cours de l'action en quelques mois.[6]

Au milieu des années 1990, Green s'était remis de son expérience décourageante à Amber Day. Après l'achat en 1994 d'Owen Owen, le cinquième groupe de grands magasins par la taille en Grande-Bretagne, il combinait cette activité avec ses 50 magasins discount Xceptions. Il acquérait ensuite deux divisions du conglomérat de commerce de détail Sears – le spécialiste du sport Olympus, acheté en partenariat avec l'entrepreneur écossais Tom Hunter, et la chaîne Shoe Express – les revendant peu de temps après en empochant d'énormes plus-values. Mais Green était pressé, et acquérir des divisions de Sears au compte-gouttes allait clairement prendre trop de temps. Fin janvier 1999, il rachetait l'ensemble du groupe avec une offre de 530 millions de livres sterling, coopérant une fois de plus avec un groupe d'entrepreneurs écossais : Hunter aux côtés des frères et experts immobiliers David et Frederick Barclay. Ils passaient le reste de l'année à démanteler Sears au coup par coup, refourguant les marques Wallis, Warehouse, Richards et Miss Selfridge au distributeur Arcadia.[7]

L'objectif ultime de Green était de trouver des cibles vulnérables et délabrées dans le secteur très fragmenté de la vente de vêtements en Grande-Bretagne. Avec un œil attentif pour les actifs immobiliers, il s'imposait comme l'un des prédateurs les plus redoutables de l'industrie. Entre autres, en 1999, les enseignes de mode Marks & Spencer et New Look étaient considérés comme des cibles probables. Toutes deux réussissaient à échapper à l'emprise de Green. Avec Bhs, l'entrepreneur enthousiaste acculait une proie désespérée.

Le LBO de Bhs

Bien qu'un peu petit pour Green, qui avait déposé une offre publique d'achat de 11 milliards de livres sterling pour Marks & Spencer quelques mois plus tôt,[8] Bhs était un candidat typique pour une revitalisation. La chaîne avait enregistré un bénéfice de 13 millions de livres sterling au cours de l'exercice clos le 1er avril 2000, en baisse de 85 % par rapport à l'année précédente. Avec un chiffre d'affaires de 822 millions de livres, les ventes à données comparables avaient chuté de 6,5 %.[9] Pour une contrepartie totale légèrement supérieure à 200 millions de livres sterling, en partie financée par 125 millions de livres de dette de la banque allemande WestLB,[10] Green et ses partenaires minoritaires, Tom Hunter et la banquière de WestLB, Robin Saunders, achetaient une entreprise en perte de vitesse offrant d'importantes opportunités de restructuration. Le management de Storehouse avait déjà imposé des réductions d'effectifs, mais avec des opérations réparties sur plus de 150 magasins et un effectif supérieur à 14.000 personnes,[11] beaucoup restait à accomplir.

Dans le but de réduire les coûts tout en maintenant Bhs comme distributeur de moyenne gamme, l'une des premières mesures prises par Green était de demander aux fournisseurs de baisser leurs prix s'ils comptaient continuer à faire des affaires avec la chaîne de magasins.[12] Green voulait initier des méthodes commerciales radicalement différentes pour améliorer les performances et la qualité des produits. Il prévoyait d'acquérir des stocks sur une base plus régulière que les achats saisonniers communs chez Bhs. Cette politique avait le double avantage de renouveler le stock et de s'assurer que les fournisseurs rehaussaient leur niveau de jeu.

L'intention était également d'augmenter la densité des ventes, de stocker de nouvelles gammes et de moderniser les sites commerciaux. Pour mettre en œuvre sa stratégie de moyenne gamme, dans les premiers six mois il débauchait Terry Green (sans lien de parenté) comme P-DG, du même poste chez son rival Debenhams, et Allan Leighton, précédemment président de Wal-Mart Europe, comme chairman.[13] Après s'être concentré intensément sur la vente de vêtements de base sur le marché cible traditionnel des femmes âgées de 40 à 55 ans, au cours de l'exercice clos en mars 2002 Bhs triplait sa marge opérationnelle à 11,8 %. À 100 millions de livres sterling, les bénéfices étaient multipliés par huit depuis l'acquisition, atteignant leur niveau le plus élevé de l'histoire du groupe.[14]

Quelques mois après avoir célébré son 50e anniversaire avec style, dépensant 5 millions de livres sterling pour transporter et accueillir 200 'amis proches' à Chypre, en mai 2002 Green se versait un dividende de 165 millions de livres sterling.[15] Pas un mauvais rendement sur les 70 millions de livres sterling qu'il avait investis en échange de 95 % dans Bhs.[16] Avec une valorisation de la chaîne de grands magasins supérieure à 1 milliard de livres sterling, l'OBO de Green avait largement porté ses fruits.

Classé 16e par le *Mail on Sunday* dans la liste des Britanniques les plus riches cette année-là, le milliardaire fraîchement couronné admettait que son travail chez Bhs n'était pas encore terminé. Le redressement avait fonctionné, mais l'enseigne était toujours considérée par les jeunes consommateurs comme démodée et 'pas cool' malgré les récents efforts pour rafraîchir son image.[17] Convenant parfaitement aux ménages et aux familles, Bhs avait besoin d'élargir sa gamme. Green voulait en faire une destination pour les personnes soucieuses de la mode.

Ce genre de transformation allait probablement prendre un certain temps. C'est en partie pour cette raison qu'en juin 2002, Terry Green démissionnait. En novembre de l'année précédente, le P-DG n'avait pas pu conclure un LBO de Bhs d'une valeur de 800 millions de livres sterling avec le soutien du fonds de capital-investissement PPM Ventures.[18] Il était tout aussi déçu que, comme alternative, le groupe ne considère pas une introduction en bourse malgré un redressement très réussi. Mais Philip Green avait été affecté par son expérience à Amber Day – au cours de son mandat dans ce groupe, il était passé par pas moins de cinq conseillers financiers différents – et n'était pas désireux de retrouver les marchés boursiers.[19] Au lieu de cela, il choisissait de poursuivre un formidable plan de croissance, d'abord en sollicitant sans succès une fusion de 2 milliards de livres sterling avec Woolworth,[20] puis en lançant une offre public d'achat hostile sur le conglomérat de chaînes de magasins Arcadia.

À cette fin, il avait initialement prévu de s'associer à Baugur, un groupe d'investissement islandais spécialisé dans le commerce de détail et détenteur de 20 % des actions de la cible. De manière inattendue, alors que l'offre pour Arcadia était annoncée, Baugur devenait l'objet d'une enquête pour fraude, coinçant Green dans une impasse. Prouvant qu'il n'avait pas volé sa réputation de négociateur implacable, il réussissait à mettre en place le financement grâce au soutien de Bank of Scotland. Ce n'était pas la première fois que la communauté écossaise soutenait ses desseins de domination du prêt-à-porter.

Avec une offre combative de 866 millions de livres sterling, il rachetait Arcadia en octobre 2002, ajoutant à l'enseigne Bhs, axée sur la famille, la marque de mode féminine Dorothy Perkins et celle pour hommes Burton ainsi que Topshop, Topman et Miss Selfridge – cette dernière ayant été vendue à Arcadia par Green lui-même dans le cadre de son démantèlement de Sears trois ans plus tôt. Financé par l'émission de plus de 800 millions de livres sterling de prêts bancaires garantis sur des magasins en pleine propriété et en location,[21] le retrait de la cote d'Arcadia instaurait Green dans la première division du commerce de détail, lui accordant une part de 10 % du marché britannique de l'habillement. En l'espace de trois ans, il avait assemblé un empire du prêt-à-porter, se classant au deuxième rang national derrière Marks & Spencer.

Avec Bhs, il était devenu l'homme le plus riche de la mode britannique, après avoir engrangé un milliard de livres sterling plus rapidement que toute autre personne dans l'histoire de la vente au détail au Royaume-Uni.[22] Arcadia était d'une échelle entièrement différente. Il avait initialement prévu de scinder le groupe. Mais il changeait vite d'avis, décidant plutôt de décharger une participation de 8 % sur le prêteur de la société, Bank of Scotland, et de partir à la recherche d'autres actifs pour son armoire à trophées.[23]

Gestion de portefeuille

Green marquait son empreinte sur l'entreprise de manière expéditive. En novembre 2002, il recrutait Lord Grabiner, de l'enseigne de mode concurrente Next, pour devenir président d'Arcadia. Grabiner était un avocat d'affaires de premier plan qui avait, parmi d'autres missions distinguées, conseillé Green durant l'acquisition d'Arcadia. [24] Pour refocaliser son conglomérat, Green réalisait une poignée de liquidations d'actifs. Fin 2002, il se délestait de la participation de 45 % d'Arcadia dans Rubicon – la holding des marques peu performantes Principles, Warehouse et Hawkshead. Et en juillet 2003, il vendait la chaîne de vêtements discount Mark One à son management pour 50 millions de livres sterling.[25] Ces efforts de réduction du périmètre d'activité avaient pour but de faciliter la mise en œuvre de la stratégie à l'échelle du groupe. Il mettait déjà une pression importante sur les fournisseurs de toute la gamme de produits pour ses différentes enseignes. Juste avant Noël 2002, il modifiait les termes des contrats avec les fournisseurs, réduisant les factures de plus de 10 %.[26]

L'OBO d'Arcadia se déroulait sans heurts, rendant son flamboyant propriétaire suffisamment confiant pour s'engager dans une acquisition de la chaîne de supermarchés alimentaires Safeway pour 3 milliards de livres sterling.[27] Bien que sa tentative n'aboutissait pas, le fait que Green était considéré comme un concurrent sérieux contre de puissants acquéreurs stratégiques comme Tesco, Morrisons et Asda, ainsi que les fonds de private equity KKR et Texas Pacific Group, montre à quel point il avait gagné le respect de la City suite aux transactions Bhs et Arcadia. La même année, il était le sujet de rumeurs à propos d'une offre possible pour le magasin haut de gamme londonien Harrods.

En interne, son objectif était de responsabiliser individuellement chaque marque du portefeuille d'Arcadia. En gérant des comptes de profits et pertes distincts, il serait plus facile de leur façonner une identité unique et de les remodeler si nécessaire. Il devenait vite évident que Green était beaucoup plus impliqué dans Arcadia que dans Bhs. Cette dernière était dirigée par une équipe de management séparée. Et cette stratégie à deux volets semblait produire beaucoup de liquidités : à l'été 2003, Arcadia avait déjà remboursé plus de 400 millions sur les 800 millions de livres sterling empruntés au moment du LBO.[28]

Malgré un faible taux de croissance des ventes de 2,5 %, Arcadia annonçait que ses bénéfices d'exploitation avaient augmenté de 96 % pour atteindre 228 millions de livres sterling au cours de l'exercice clos le 30 août 2003, les premiers résultats sous l'ère Green.[29] Cette performance exceptionnelle était stimulée par la baisse des coûts d'achat, l'accélération des livraisons de stocks, l'introduction de nouvelles modes, la liquidation des stocks périmés, une meilleure gestion immobilière et une efficacité accrue dans l'achat de fournitures. Le bond de la marge opérationnelle, de 6,6 % à 12,7 %, conduisait certains à observer que les investisseurs institutionnels qui avaient cédé leurs participations dans Arcadia un an plus tôt l'avaient fait à un prix trop bas. Beaucoup estimaient qu'ils avaient vendu 20 % en dessous de la valeur réelle.[30] Facile à dire une fois que Green avait terminé son programme d'efficacité opérationnelle ! Quoi qu'il en soit, après avoir financé le LBO d'Arcadia avec plus de 90 % de dette et contribué seulement 39 millions de livres sterling pour sa participation de 92 %,[31] Green avait gagné un autre milliard de livres, du moins sur le papier, en seulement dix mois.

Dans son autre participation, Bhs, il n'avait pas l'occasion de répéter les améliorations de marge engendrées l'année précédente, mais la croissance de 5,5 % des bénéfices d'exploitation au cours de l'exercice clos le 29 mars 2003 avait tout de même aidé la société à déclarer un autre dividende généreux. Green empochait 201 millions de livres sterling dans le cadre d'une 'planification financière normale et prudente', comme il le disait.[32] Ce qui était moins prudent, du moins du point de vue de Bhs, c'est que la société devait contracter un prêt bancaire de 200 millions de livres sterling pour financer cette distribution de dividendes.[33]

Shopping thérapeutique

Parce que la croissance des ventes chez Bhs stagnait, les détracteurs observaient que la machine miraculeuse de Green s'essoufflait. L'homme d'affaires faisait de nouveau valoir qu'il s'agissait toujours de travaux en cours. Il prévoyait de moderniser les gammes de produits et d'améliorer la chaîne d'approvisionnement.

En effet, les conditions commerciales difficiles invitaient à la prudence. Fin 2003, Bhs et Arcadia enregistraient une période de Noël compliquée, même si Green ne l'admettait pas, refusant de publier les chiffres de vente pour l'un comme pour l'autre groupe. Sur le plan personnel, cependant, Green savait quoi faire du dividende qu'il s'était payé. Faisant quelques achats, il ajoutait un jet privé de plusieurs millions de livres à son superyacht et à son penthouse à Monaco.[34] Son type particulier de shopping thérapeutique ne se limitait pas à l'achat de produits de luxe personnels. La question à laquelle tout le monde voulait une réponse était de savoir combien de temps s'écoulerait avant son prochain LBO. Ainsi, au printemps 2004, armé de la motivation irrépressible et de l'obstination sans compromis de l'entrepreneur, il lançait 'Opération Socrate', une offre ambitieuse pour son principal rival sur la rue du commerce : Marks & Spencer.

C'était la troisième fois que Green s'en prenait au plus grand groupe de magasins de mode britannique, après avoir tenté sa chance lorsqu'il était à Amber Day, et encore peu de temps avant d'acquérir Bhs. Considéré comme le joyau de la couronne britannique de la vente au détail, Marks & Spencer venait de voir son action atteindre son plus bas niveau de l'année après l'annonce de résultats décevants. Le groupe avait perdu un peu de son cachet ces dernières années du fait de la fragmentation des segments de la grande consommation, mais aussi en raison de son positionnement, ciblant principalement le consommateur de plus de 40 ans. Incidemment, les bénéfices avant impôts de M&S étaient passés de 1,2 milliard de livres sterling en 1998 à moins de 800 millions de livres six ans plus tard, tandis que les ventes étaient restées stables. La troisième tentative allait-elle être la bonne pour Green ?

Son principal problème, malgré des références inégalées dans le retournement de chaînes de magasins défraîchies, c'était la taille de la transaction. À 10 milliards de livres sterling, la valeur de l'entreprise dominait son propre empire. Pourrait-elle même être financé avec le mélange habituel d'un effet de levier colossal et d'une injection de fonds propres chétive ? Green était prêt à débourser entre 600 millions et 1 milliard de livres sterling, ce qui représentait une portion conséquente de sa fortune, estimée à 3,5 milliards de livres, mais il avait besoin de trouver 9 milliards de livres de financement externe.[35] Il appelait Bank of Scotland, le prêteur derrière son LBO d'Arcadia, à la rescousse.

Tout le monde s'accordait à dire que M&S, l'enseigne de la distribution la plus célèbre du Royaume-Uni dont les offres en magasin allaient de l'épicerie fine au prêt-à-porter, n'avait pas su réagir devant les méthodes de la fast fashion récemment introduites par une nouvelle génération de distributeurs de vêtements. M&S proposait 50.000 articles pour une saison entière où Zara offrait 5.000 articles une semaine, puis 5.000 autres la semaine suivante, la gamme et le style étant légèrement différents à chaque fois. Cette approche nécessitait une chaîne d'approvisionnement différente.

Pour convaincre les sceptiques, Green proposait que Lord Stevenson, le chairman de Bank of Scotland, devienne administrateur non exécutif de la société une fois l'acquisition entérinée. Mais la cible, bien que malade, n'était pas disposée à rester inactive devant l'assaut. En juin 2004, elle nommait comme nouveau P-DG Stuart Rose, le directeur général d'Arcadia jusqu'à son acquisition par Green deux ans plus tôt. Doté d'un 'golden hello' de 1,25 million de livres sterling et d'un 'parachute doré' potentiel de 2,1 millions de livres en cas de vente de M&S,[36] Rose avait pour mission de torpiller la proposition de Green. Sa nomination coïncidait avec la promotion de l'administrateur non exécutif Paul

Myners au poste de chairman par intérim. Les deux tenaient en main une belle bataille.

Le fait que l'action de la cible avait augmenté de 40 % depuis que des rumeurs avaient émergé était un autre obstacle à l'offre de Green. Début juin 2004, dans ce qui aurait été le plus grand LBO et retrait de la cote en Europe à cette date, l'entrepreneur présentait une offre effrontée : un mélange de 7 milliards de livres sterling en espèces et des capitaux propres d'une valeur de 2 milliards de livres dans Revival Acquisitions, le véhicule d'investissement mis en place pour l'occasion et qui serait introduit sur le marché boursier londonien des petites entreprises, l'Alternative Investment Market. [37] Compte tenu de l'accueil peu enthousiaste de la City, quinze jours plus tard, il portait son offre à 11,9 milliards de livres sterling, soit 370 pence par action. Pour financer l'offre, il obtenait environ 9,4 milliards de livres de prêts LBO, plus des apports en fonds propres de Goldman Sachs et de Bank of Scotland, diluant sa participation à 44 %. [38] Pour les actionnaires de M&S, le dilemme était de savoir s'ils devaient conserver leurs actions dans une institution nationale mais vieillie, qui faisait partie de l'indice FTSE 100, ou détenir une participation minoritaire dans une entité fortement endettée contrôlée par Green et cotée sur une bourse de second rang. Il y avait aussi le sujet de la valorisation : les actionnaires estimaient que la cible valait 400 pence par action, pas un penny de moins.

S'alignant sur les attentes du marché, en juillet Green relevait son offre finale à 400 pence, avec 1,6 milliard de livres sterling de son propre argent, pour une valeur d'entreprise supérieure à 12 milliards de livres et un multiple sur le bénéfice d'exploitation de 14,6 fois. L'offre était aussi vite rejetée par le conseil d'administration de la cible qui considérait qu'elle sous-évaluait le groupe considérablement. [39] Le conseil d'administration estimait que les actionnaires seraient mieux lotis s'ils donnaient sa chance au nouveau P-DG Rose d'instituer un redressement approprié. Pour faire passer la pilule plus facilement, on leur proposait un plan de rachat d'actions et des distributions de dividendes d'une valeur de plus de 2 milliards de livres sterling, en partie financés par la cession de la division des services financiers de Marks & Spencer.

La troisième approche de Green s'achevait comme les deux précédentes. Il était trop considéré comme un vulgaire opportuniste déshonorant pour que la City le laisse s'approprier une enseigne aussi estimée, bien que troublée, de la mode. Le management, les actionnaires et les conseillers financiers de M&S avaient conspiré pour repousser sèchement ses avances. Peut-être que certains professionnels de la City avaient du mal à digérer le fait que leur soutien aux acquisitions de Sears, Bhs et Arcadia avait aidé le négociateur grandiloquent Green à amasser la quatrième plus grande fortune de Grande-Bretagne. Peu enclin à surpayer pour une cible que la plupart des observateurs considéraient comme 'un produit défectueux', Green se faisait lentement à l'idée qu'il ne parviendrait pas à ses fins. Malgré le fort soutien de Goldman Sachs, l'opération Socrate échouait face à l'opposition féroce de l'establishment de la City. Près de 2.000 articles étaient paru dans la presse au cours des sept semaines du processus d'appel d'offres, tant la réaction envers, souvent contre, l'entrepreneur de l'habillement était déchaînée.

Pour l'instant, Bhs et Arcadia devraient assouvir son appétit de gloire. Pourtant, il ne faisait aucun doute que son ambition ne pouvait pas être satisfaite par le portefeuille d'actifs existant. Au cours de la tentative de rachat de M&S, plusieurs rumeurs – démenties par Green – circulaient selon lesquelles il envisageait de vendre Bhs pour apaiser les préoccupations des régulateurs. Une combinaison de Bhs, Arcadia et M&S lui aurait donné une part de 20 % du marché britannique de l'habillement et une part de 26 % dans la mode féminine.[40] Le groupe Bhs faisait-il vraiment partie de sa stratégie à long terme, ou valait-il la peine d'être sacrifié pour atteindre ses plans de domination du secteur de la mode ?

La guerre du commerce de vêtements

Après l'échec de son offre effrontée pour M&S, Green s'engageait à combattre son rival. En juillet 2004, tout en se pavanant, il annonçait dans un style churchillien :

> *"Ils vont nous voir surveiller leurs faits et gestes dans chaque rue commerciale du Royaume-Uni. Et c'est là que je vais m'enflammer. Je vais tout donner. Et nous verrons qui est le meilleur distributeur de vêtements."*[41]

En quelques mois, il dévoilait un plan d'expansion et de réorganisation, comprenant des dizaines de nouvelles ouvertures de magasins, en particulier pour la marque Topshop. Au cours de l'exercice clos en mars 2004, Bhs enregistrait des ventes stables et une croissance à un chiffre de ses bénéfices d'exploitation. Cela contrastait fortement avec la baisse de 7,7 % des ventes non alimentaires de M&S au cours des 12 semaines allant jusqu'au 2 octobre 2004. Pour accentuer la pression sur son principal rival, Green lançait la première campagne publicitaire télévisée de la chaîne depuis une décennie.[42]

À la mi-octobre, il annonçait qu'il avait déjà remboursé les 800 millions de livres sterling empruntés deux ans plus tôt pour acquérir Arcadia. Les méthodes de Green axées autour de la rénovation des magasins, l'optimisation de la chaîne d'approvisionnement et le contrôle des stocks portaient leurs fruits : au cours des deux mêmes années, Arcadia avait distribué 200 millions de livres sterling aux actionnaires et le groupe annonçait un gigantesque dividende ce même mois d'octobre.[43] Les marges d'exploitation avaient augmenté de 300 points de base, le résultat d'améliorations d'efficacité opérationnelle, portant la valorisation du groupe à 2,3 milliards de livres sterling, en hausse de 167 % depuis le LBO par Green.[44] Le sentiment de bien-être était renforcé par la performance commerciale désastreuse de Marks & Spencer au second semestre 2004, y compris à Noël, obligeant ses dirigeants à annoncer un avertissement sur les résultats.[45] La situation semblait si préoccupante qu'avec le cours de l'action M&S plus de 15% en dessous de l'offre de 400 pence soumise par Green, des rumeurs émergeaient selon lesquelles l'entrepreneur préparait une nouvelle proposition. Mais c'était sans espoir.

Son empire de l'habillement était confronté à ses propres défis. Au cours de l'exercice clos le 2 avril 2005, Bhs faisait état d'un relâchement de la demande. Au lieu de se payer un dividende comme il l'avait fait les années précédentes, Green dépensait de l'argent pour rafraîchir l'enseigne. Attaquée par des spécialistes du rapport qualité-prix comme Primark, Bhs essayait de monter en gamme, dépensant 20 millions de livres sterling l'année précédente pour des rénovations et achetant ou ouvrant 12 nouveaux magasins.[46] Le 7 avril, Green rachetait l'enseigne déficitaire Etam, une chaîne de 200 magasins de vêtements,[47] afin d'étendre la surface de vente d'Arcadia et de réaliser des économies d'échelle. Quelques mois plus tard, Bhs absorbait dix anciens magasins d'Allders et six gérés auparavant par Littlewoods, et ouvrait quatre nouveaux magasins, portant le total des points de vente de Bhs à 180 en avril 2006.[48]

Les choses semblaient prometteuses dans le groupe de magasins de vêtements le plus diversifié de Grande-Bretagne. La croissance des ventes était stable, bien qu'à un chiffre, pour Bhs et Arcadia, mais les marges d'exploitation augmentaient constamment d'une année sur l'autre, ce qui permettait un flux continu de dividendes. Mais, soudain, progressivement et sans relâche, la magie s'estompait.

En 2005, les distributeurs à prix réduits, tels que Peacocks, New Look et Matalan, forçaient les enseignes de grands magasins Debenhams, M&S et Bhs à réduire les prix sur toute leur gamme.[49] La concurrence acharnée conduisait de nombreux acteurs à publier des résultats de vente lugubres cette année-là, dans ce qui était décrit comme le climat commercial le plus difficile depuis 20 ans.[50]

Après les dividendes gargantuesques qu'il s'était versés au cours des deux années précédentes, Green aurait pu partir à la recherche de nouvelles cibles. Mais ses actifs existants lui donnaient assez de fil à retordre. Les années qui précédaient la crise financière enregistraient une faible croissance du chiffre d'affaires chez Arcadia et une croissance négative chez Bhs. Les effets les plus troublants de la guerre du commerce de vêtements se faisaient sentir au niveau de la rentabilité. La marge opérationnelle de Bhs passait de 15 % en 2004-05 à moins de 5 % au cours de l'exercice clos en mars 2008, en partie parce que le groupe n'adaptait pas son offre de produits, se retrouvant avec des stocks excédentaires à plusieurs reprises. Arcadia s'en tirait mieux, mais enregistrait quand même une érosion de la marge de 17 % à 13 % au cours de la même période.[51] Les deux groupes généraient encore de bonnes liquidités, mais les périodes de distribution de dividendes par recapitalisation étaient bel et bien révolues.

Combinaison de mode

La récession économique provoquée par le 'credit crunch' de 2007 et l'effondrement financier qui suivait avaient des effets dévastateurs sur le secteur de la vente au détail. Au cours de l'exercice clos en mars 2008, Bhs observait une baisse de 40 % de son bénéfice d'exploitation.[52] Au cours de la période de 17 mois close en août 2009, le groupe enregistrait une perte d'exploitation pour la première fois depuis le LBO neuf ans plus tôt. Arcadia s'en sortait légèrement mieux grâce à ses trois grandes enseignes de mode : Topshop, Topman et Miss Selfridge.[53] La seule option qui s'imposait était de lutter contre le ralentissement économique en ouvrant de nouveaux magasins pour les enseignes les plus performantes et en réduisant la dette.

La plus grande victime de la crise était sans aucun doute Baugur, le groupe islandais surendetté avec des participations dans une foule de distributeurs britanniques, y compris Debenhams, House of Fraser, French Connection, Goldsmiths, Nine West, Principles, Coast, Oasis, Karen Millen, Whistles, le magasin de jouets Hamleys et la chaîne de produits surgelés Iceland. Les pourparlers avec ses créanciers échouaient en février 2009, l'obligeant à déposer le bilan et à liquider toutes ses participations.[54] Mais les problèmes à Baugur ne facilitaient pas la vie dans le commerce de détail au Royaume-Uni. La récession échaudait les consommateurs, et une hausse de 5 % des impôts fonciers – une taxe britannique sur les propriétés commerciales – au début de 2009 compliquait la tâche des magasins de maintenir des prix suffisamment bas pour attirer les adeptes de bonnes affaires.[55]

Sous pression, Green décidait au printemps de simplifier la structure de son groupe en consolidant Arcadia et Bhs sous la même société holding, Taveta Investments, une entité contrôlée par son épouse Cristina, domiciliée à Monaco. La contrepartie versée par Taveta pour acquérir Bhs était financée par des prêts subordonnés de 200 millions de livres sterling, une pratique largement utilisée dans les transactions de capital-investissement. Dans le cadre de ce processus, le groupe fusionnait les fonctions de back-office, y compris la logistique, l'immobilier et les finances, et harmonisait les taux de remise des fournisseurs, les faisant passer de 11,25 % à 14,25 %.[56] Une autre idée stimulante était de relocaliser les marques au sein des magasins Bhs ayant trop de superficie, en particulier dans les villes où la surface au sol était devenue chère.[57] Dans le même temps, Bhs subissait une profonde réorganisation, encourant plus de 32 millions de livres sterling de dépenses exceptionnelles, de licenciements et de dépréciation d'actifs. Même avant charges exceptionnelles, le groupe déclarait une perte d'exploitation de 34 millions de livres sterling au cours des 17 mois clos en août 2009.[58] Taveta Investments révélait plus de 1,1 milliard de livres sterling de dette dans ses comptes, soit environ 3,2 fois ses entrées nettes de trésorerie,[59] de sorte que la faiblesse de la demande était potentiellement mortelle.

En guise de consolation, l'ennemi juré de Green, Marks & Spencer, ne s'en sortait pas beaucoup mieux. Bien qu'entre 2004 et 2007, ses dirigeants avaient fait du bon travail en termes de redressement, pour préserver des parts de marché, ils avaient investi massivement. Les dépenses d'investissement dépassaient 1 milliard de livres sterling au cours du seul exercice 2008. En mars de la même année, la dette nette s'élevait à 3,1 milliards de livres sterling, en hausse de 80 % par rapport aux deux années précédentes. L'action M&S s'était autrefois brièvement négociée au-dessus de 400 pence par action – le prix auquel Green avait déposé une offre – mais au printemps 2008, elle valait environ la moitié en raison de la mauvaise conjoncture. Au cours de l'exercice clos en mars 2009, le groupe annonçait 135 millions de livres sterling de dépréciations d'actifs immobiliers et d'autres coûts de restructuration. Le bénéfice d'exploitation était en baisse de 28 %. Dans le but de contrer les effets de la récession, le groupe réduisait ses dépenses d'investissement de 40 % pour préserver des liquidités au cours de l'exercice clos en mars 2010 ; il refinançait sous la contrainte en émettant une nouvelle obligation à long terme pour se donner plus de marge de manœuvre, et devait réduire son dividende.[60]

Grâce aux investissements passés, M&S détenait toujours la plus grande part du marché britannique de l'habillement, avec 13 % sur les 12 semaines closes le 31 janvier 2010, tandis que la part de marché de Bhs s'érodait encore, tombant à 1,9%.[61] Néanmoins, dix ans après avoir échoué à acquérir M&S, Green pouvait être satisfait que son plus grand rival n'avait pas produit les résultats escomptés par le conseil d'administration lorsqu'en 2004 il avait rejeté son offre de 12 milliards de livres sterling.

Le tableau 7.1 souligne que la guerre d'usure du commerce de vêtements avait empêché M&S de créer de la valeur pour ses actionnaires, bien que d'autres raisons derrière la compression de la marge d'exploitation incluent des changements dans les habitudes des consommateurs au profit d'enseignes moins chères et plus versatiles de la fast fashion, du hard-discount et de la vente en ligne.

En fait, le tableau 7.1 offre une image flatteuse. Si M&S publiait les résultats de son activité de vêtements séparément de la division alimentaire, les chiffres pour l'habillement montreraient une détérioration beaucoup plus importante de la rentabilité.

Tableau 7.1 – Indicateurs financiers de Marks & Spencer en 2004 et 2014

Année fiscale à mars 2004	
Ventes	8,3 milliards
Bénéfice d'exploitation	866 millions
Marge d'exploitation	10,4%
Capitalisation boursière	8 milliards
Valeur d'entreprise	10,7 milliards
Année fiscale à mars 2014	
Ventes	10,3 milliards
Bénéfice d'exploitation	695 millions
Marge d'exploitation	6,7%
Capitalisation boursière	7 milliards
Valeur d'entreprise	9 milliards

Source : documents de la société – Note : en livres sterling sauf pour la marge d'exploitation

Top fiasco

Au cours de l'exercice clos en août 2010, Bhs réalisait moins de 800 millions de livres sterling de chiffre d'affaires pour la première fois sous LBO. L'entreprise enregistrait une nouvelle perte d'exploitation, bien qu'inférieure à celle de l'année précédente. Arcadia, en revanche, annonçait une croissance à deux chiffres de ses bénéfices d'exploitation grâce à la performance exceptionnelle des enseignes Topshop et Topman. [62] Malgré la situation économique toujours difficile au Royaume-Uni et dans le reste de l'Europe, entre août 2009 et août 2010, la holding du groupe Taveta réussissait à réduire son endettement financier, faisant passer la dette nette de 1,1 milliard à 935 millions de livres sterling. L'effet de levier baissait de 4,4 fois à 3,6 fois le bénéfice d'exploitation. [63] Désespéré de redresser Bhs, Green réorganisait la surface au sol en consolidant davantage les marques niches d'Arcadia – telles que Dorothy Perkins, Burton, Evans et Wallis – dans les magasins Bhs.

L'effondrement du commerce de détail, causé par un chômage élevé et une croissance limitée des salaires, nuisait gravement au secteur de l'habillement tout au long de 2011. En mai de la même année, Green essayait de vendre des magasins Bhs pour réduire une partie de la superficie inutilisée du groupe. Au cours des mois suivants, 300 points de vente en location étaient renégociés ou cédés.[64] À la suite de cette purge, au cours de l'exercice clos en août 2011, Taveta encourait des coûts de restructuration de 253 millions de livres sterling, reflétant la dépréciation d'actifs, y compris du goodwill. Bhs comptabilisait à lui seul 88 millions de livres sterling de charges exceptionnelles. La marge d'exploitation était à son plus bas niveau historique de 3,6 %, comparé à 17 % en 2005. Prouvant que la lente reprise économique faisait des ravages, Green annonçait son intention de fermer 260 magasins au cours des trois prochaines années, soit un peu moins de 10 % des propriétés du groupe.[65] L'année suivante, Taveta révélait des ventes stables, bien que la baisse de 3,2 % des ventes à données comparables au Royaume-Uni contrastait avec la hausse de 22 % des ventes en ligne et un bond encore plus prononcé de 33 % à l'étranger.[66] Avec 2.500 magasins au Royaume-Uni et 600 à l'étranger, le groupe était un mélange d'enseignes de fast fashion dynamiques comme Topshop et d'une chaîne de grands magasins invariablement déprimée comme Bhs.

Après la crise financière, l'économie britannique perdurait obstinément dans le marasme. Encaissant une croissance négative du PIB de 4,3 % en 2009, le pays connaissait une croissance anémique de 1,9 % en 2010 et une croissance moyenne de 1,6 % par an au cours des trois années suivantes. La reprise sans emploi avait une victime principale : le secteur de la vente au détail, alors que les consommateurs cherchaient les bonnes occases, en trouvant beaucoup sur Internet. Green essayait tout pour adapter le modèle de grand magasin usé de Bhs, y compris en ajoutant une offre d'articles ménagers et en rachetant le spécialiste de literie Dreams début 2013. Un an plus tard, il parlait d'introduire une section alimentaire dans près de la moitié des points de vente de la chaîne. Mais son combat acharné avec M&S ne tenait pas ses promesses. Le tableau 7.2 donne un aperçu des résultats à dix ans d'intervalle.

Tableau 7.2 – Indicateurs financiers de Bhs en 2004 et 2014

Année fiscale au 27 mars 2004	
Ventes	882 millions
Bénéfice d'exploitation	104 millions
Marge d'exploitation	11,8%
Valeur d'entreprise	800 millions
Année fiscale au 30 août 2014	
Ventes	673 millions
Perte d'exploitation	(55 millions)
Marge d'exploitation	- 8,3%
Valeur d'entreprise	256 millions *

Source : documents de la société – Notes : en livres sterling sauf pour la marge d'exploitation
*Passif net au 30 août 2014

Pendant des années, les malheurs de Bhs étaient minutieusement rapportés dans la presse. Green faisait valoir qu'il organiserait sa relance, probablement parce qu'il ne pouvait pas imaginer être forcé de vendre à une valorisation dérisoire. Fin 2013, des rumeurs émergeaient selon lesquelles des investisseurs étrangers, y compris des spécialistes du redressement, convoitaient la chaîne de magasins en difficulté.[67] Alourdie par des baux coûteux, une offre de produits indifférenciée et un déficit de son fonds de pension, Bhs n'était pas facile à évaluer. Au cours des quatre années précédant août 2014, l'enseigne avait engagé 165 millions de livres sterling de coûts de restructuration.[68] Son modèle commercial était dépassé, avec des ventes en baisse de 16 % sur la même période. Bien qu'elle ne fût pas endettée, elle accumulait d'énormes pertes, plongeant son bilan dans une position de passif net de 256 millions de livres sterling.

Jetant l'éponge, en janvier 2015 Green mettait l'entreprise déficitaire en vente. Il avait été contacté plusieurs fois, mais les manifestations d'intérêt avaient été rejetées pour des questions de valorisation.[69] L'état lamentable dans lequel se trouvait la chaîne de magasins était peu susceptible d'attirer autre chose que des offres à bas prix. Une longue liste de prétendants comprenait des chaînes de supermarchés, d'autres grands magasins du Royaume-Uni ou de l'étranger, ainsi que des spécialistes de la fast fashion et des hard-discounters.

Deux mois plus tard, Bhs, récemment rebaptisé BHS, était vendu pour une somme nominale. Signe que la chaîne était loin d'être un actif de valeur, Taveta acceptait de renoncer à 217 millions de livres sterling de prêts intragroupe pour attirer le repreneur, Retail Acquisitions.[70] La question immédiate que l'on pouvait se poser était la suivante : l'acquéreur réussirait-il là où Green avait échoué ?

Comment Green a fait fortune

De toute évidence, sur un plan personnel, l'activité transactionnelle de Green au cours des 15 années précédentes pourrait difficilement être qualifiée d'échec. Il s'était versé jusqu'à 2 milliards de livres sterling de dividendes entre 2003 et 2005. Alors qu'il avait acheté Bhs durant une période de sous-performance, qui s'était finalement transformée en déficience structurelle, il avait gagné de l'argent en appliquant les techniques standard de l'ingénierie financière moderne :

> 1- Bhs était temporairement affaibli lorsque Storehouse l'avait revendu – le vendeur encaissait une perte de 300 millions de livres sterling dans cette transaction.[71] La décision de Storehouse de vendre Bhs deux mois après avoir enregistré une chute vertigineuse des bénéfices pourrait être décrite comme inopportune, voire irresponsable – du moins, du point de vue des actionnaires de Storehouse.[72]

2- Chez Bhs et Arcadia, Green avait coupé dans le gras, y compris les frais généraux, en éliminant pratiquement tout le siège social. En gardant un œil vigilant sur les dépenses à tous les niveaux de l'organisation, il avait inculqué une culture de réduction et de gestion disciplinée des coûts.

3- Sa capacité à mettre les fournisseurs sous pression était facilitée par l'augmentation de la quantité de marchandises provenant de fournisseurs indépendants moins chers d'Extrême-Orient et d'Europe centrale. Il avait soigneusement appliqué les techniques de gestion des stocks de la fast fashion en achetant de plus petites quantités de stocks et en accélérant la fréquence des achats. Un exemple typique du genre de pression qu'il avait mis sur les fournisseurs était survenu en juillet 2006, lorsqu'il avait décidé unilatéralement de doubler les délais de paiement à 60 jours avec effet immédiat et exigé un rabais de 1 % sur les marchandises. Soyons clairs, ces pratiques étaient appliquées par toute l'industrie de l'habillement. La même année, M&S avait demandé une réduction de 5,5 % et Debenhams avait opté pour 2 %, tandis que New Look avait étendu les délais de paiement à 75 jours.[73]

4- Les entreprises à forte densité immobilière, comme le sont de nombreux détaillants, peuvent générer des liquidités en effectuant des transactions de cession-bail. Green avait utilisé cette astuce le 20 décembre 2001, par exemple, lorsque Bhs avait vendu sa participation dans certaines propriétés à Carmen Properties, une entité également contrôlée par Green, pour 106 millions de livres sterling.[74] C'était un excellent moyen pour Bhs de produire de la trésorerie, et pour Green de conserver le contrôle exclusif de l'immobilier tout en ajoutant des munitions à son trésor de guerre.

5- Avec sa femme domiciliée dans le paradis fiscal de Monaco, Green avait pu éviter de payer l'impôt sur les dividendes en enregistrant la société holding Taveta Investments sous le nom de sa femme.

Jusqu'en 2003, Taveta avait été basée à Jersey, ce qui la rendait assujettie à l'impôt britannique. L'année suivante, Green avait économisé 150 millions de livres sterling sur sa part d'un dividende de 460 millions de livres en assignant le contrôle de Taveta à sa femme.[75]

6- Green avait copié les méthodes opérationnelles des fonds de private equity. Comme il l'avait déclaré en mars 2004:

"Je crois que vous ne valez que ce que vous avez dans votre poche. En d'autres termes, vos actifs ne valent rien tant qu'ils n'ont pas été convertis en espèces. C'est quelque chose que nous avons vu durant le boom des dotcoms, où des gens qui valaient une fortune le jeudi matin étaient sans le sou le vendredi soir".[76]

Il était désireux de procéder à des distributions de dividendes par recapitalisation pour encaisser ses gains avant que le vent ne tourne – y compris un généreux dividende de 1,2 milliard de livres sterling distribué à sa femme en 2005. C'est l'approche typique des gestionnaires de fonds de capital-investissement – récupérez votre mise pendant que vous le pouvez encore, et faites-le à intervalles réguliers, car personne ne sait combien de temps les beaux jours dureront.

Il était un fervent utilisateur de dette, parfois de la même manière controversée suivie par de nombreuses firmes de capital-investissement. L'approche utilisée pour Bhs avait été reproduite avec adresse pour Arcadia. Green avait été assez prudent pour ne pas alourdir définitivement le bilan de son groupe. Dans les 18 mois suivant le LBO d'Arcadia, il avait remboursé les trois cinquièmes des prêts bancaires ; en deux ans, ils avaient été entièrement remboursés, ne laissant que les hypothèques immobilières dans les comptes. Bien qu'il eût refinancé Taveta à l'extrême en 2005, par le biais de 1,7 milliard de livres sterling de prêts bancaires, pour payer le dividende susmentionné, il avait minutieusement réduit le ratio d'endettement de Taveta de 4,7 fois le bénéfice d'exploitation en 2006 à moins de 1 fois dix ans plus tard (voir figure 7.1).[77]

Notez que la prise en compte de l'impact à long terme d'un tel surendettement sur les sociétés de portefeuille ne fait pas partie de l'équation du capital-investissement. En plus de la pression qu'ils exerçaient sur les flux de trésorerie, les versements de dividendes financés par la dette avaient démoralisé le personnel et entraîné une fuite des cerveaux avec le départ de cadres supérieurs et moyens désabusés.

7- Il s'était assuré de satisfaire les créanciers. Avec Bank of Scotland – le prêteur de 775 millions de livres sterling pour le LBO d'Arcadia – également actionnaire à 8 % d'Arcadia, Green avait assuré la coopération de son banquier en l'aidant à engranger des dividendes lors des différentes recapitalisations. Étant donné que Bank of Scotland était le pourvoyeur principal de ces refinancements, elle jouait des deux côtés de la balance. La banque avait tout intérêt à garantir que le groupe disposait d'une marge de manœuvre suffisante pour gérer les sommes considérables empruntées sur plusieurs années.

8- La dextérité financière de Green ne se limitait pas aux recapitalisations avec dividendes. Elle comprenait une organisation intelligente de l'entreprise, via la création d'entités distinctes, pour gérer les propriétés louées par Bhs et Arcadia et pour gagner des commissions d'exploitation et de gestion. Au fil du temps, Green avait perçu des millions de livres sterling en loyers et commissions. Bien qu'après 2005 Taveta n'avait versé aucun dividende à Green ou aux membres de sa famille, des intérêts élevés avaient tout de même été payés sur les prêts subordonnés enregistrés sous le nom de sa femme. Grâce à un vide juridique, le Royaume-Uni autorisait les paiements d'intérêts libres d'impôt aux investisseurs basés à l'étranger. Dans le cadre de ce stratagème, une société offshore prête de l'argent à sa société sœur britannique, qui paie des intérêts sur le prêt. Les paiements d'intérêts entraîneraient normalement une retenue à la source de 20 % au Royaume-Uni. Dans le cadre de sa fusion avec Arcadia en mai 2009, Bhs avait été rachetée par une branche de Taveta pour 200 millions de livres sterling. Taveta n'avait pas payé en espèces. Au lieu de cela, elle avait émis des prêts à 8 % d'intérêt annuel, souscrits par l'épouse de Green et remboursables en dix versements annuels. Ceux-ci avaient été estimés à un total de 88 millions de livres sterling, représentant un avantage fiscal de 18 millions de livres.[78]

9- Enfin, comme nous sommes sur le point de le voir, Green avait réussi à refourguer son investissement dans Bhs à un repreneur crédule, un entrepreneur raté et désespéré de prouver (à lui et au monde extérieur) qu'il pouvait redresser la chaîne de grands magasins surmenée.

Échec rapide

Retail Acquisitions était soutenu par un groupe de huit à 10 personnalités du monde des affaires aux expériences professionnelles diverses qui avaient "décidé de faire quelque chose dans le secteur de la vente au détail".[79] Le plus intrigant était l'identité de l'individu tenant les rênes du véhicule d'investissement. Dominic Chappell était un ancien pilote de voitures de course avec plusieurs faillites à son actif et pratiquement aucune expérience dans le commerce de détail. Ses partenaires étaient tout aussi inexpérimentés en matière de mode ou de grands magasins. Comme le déclarait le *Financial Times*, le groupe de vêtements à bon marché Bhs était lui-même "dans la corbeille des bonnes affaires – vendu pour seulement 1 livre sterling à un groupe de financiers, d'avocats et de comptables inconnus".[80] Malgré le chagrin qu'il devait ressentir après avoir échoué à plusieurs reprises à redresser le groupe, Sir Philip estimait qu'il s'agissait d'un "accord honnête", ajoutant sans raison particulière que "le processus de vente avait été transparent".[81]

L'accord amenait les pros du secteur à se demander comment ces investisseurs inexpérimentés pourraient mieux gérer l'entreprise que Sir Philip, un vétéran de l'industrie. Cette équipe hétéroclite avait apparemment surenchéri sur les gestionnaires spécialistes du redressement comme Alteri, une firme d'investissement avec une expérience dans le commerce de détail, en partie soutenue par l'expert américain des situations spéciales Apollo.

Débordant de confiance, l'un des associés de Chappell, l'ancien courtier des petites capitalisations de la City, Keith Smith, insistait :

> *"C'est une occasion fantastique d'insuffler une nouvelle vie à cette enseigne emblématique britannique. Nous sommes convaincus qu'avec un soutien stratégique et ciblé, nous ramènerons BHS à la rentabilité et protégerons la main-d'œuvre."*[82]

Pourtant, soutenir l'enseigne s'avérerait difficile. Des magasins allaient être fermés ; du personnel serait licencié. Tout le monde était d'accord pour dire que la majeure partie de la valeur était dans l'immobilier. Certains emplacements de choix intéresseraient d'autres distributeurs ; les sites en difficulté pourraient être vendus, rationalisés ou sous-loués. Au fil des années, Bhs avait perdu une bonne part de son pouvoir concurrentiel. Alors que Green avait passé une décennie obnubilé par M&S, le marché avait été transformé par deux catégories de nouveaux participants : les points de vente de la fast fashion et les sites de vente en ligne. Entre le début des années 2000 et le milieu des années 2010, les grands magasins avaient perdu leur leadership, supplantés par des hard-discounters autonomes de la fast fashion comme Zara, H&M et Primark.

Ce dernier, fondé en Irlande en 1969, en est un bon exemple. Après avoir ouvert son premier magasin d'Europe continentale à Madrid en 2006, le discounter avait étendu son modèle commercial à travers l'Europe avant de pénétrer le marché américain neuf ans plus tard. À titre comparatif, l'incursion en 2004 de Bhs en Lituanie et en Russie n'avait pas conduit à un déploiement international réussi. Les grands magasins n'étaient plus ce que les consommateurs voulaient. Au lieu de mener une guerre épuisante contre un M&S tout aussi délavé, Green aurait dû reconnaître que les tendances de la mode avaient évolué. Alors qu'il avait réussi à transposer l'enseigne Topshop à un modèle quelque peu similaire à celui de Primark, il avait délaissé Bhs.

Un examen de la performance de Primark pendant la période où Green était occupé à diriger Arcadia et Bhs illustre que le flamboyant entrepreneur du nord de Londres n'était plus en phase avec les tendances du marché. Entre 2002 et 2014, Bhs enregistrait une baisse de 25 % de son chiffre d'affaires et transformait une marge opérationnelle positive de 11,5 % en une marge opérationnelle négative de 11,5 %. En revanche, Primark multipliait ses ventes par quatorze entre 2000 et 2016 ; son nombre de magasins avait plus que triplé et sa marge opérationnelle oscillait autour de 12 % au cours de la même période. Entre 1998 et 2008, la part de marché du commerce de détail du hard-discount au Royaume-Uni était passée de 11 % à 25 %.[83] Les distributeurs du milieu de gamme, comme Bhs et M&S, avaient progressivement perdu la guerre de l'habillement au profit d'alternatives à bas prix, qui offraient un produit de renouvellement rapide à un public jeune.

Non seulement l'industrie des vêtements connaissait un bouleversement du marché vers les prix modérés et la rotation rapide des stocks, mais le nombre de centres commerciaux hors centre-ville explosait dans les années 1990 et 2000, attirant les clients dans un environnement bien particulier de vente au détail à grande échelle et s'ajoutant à la vaste superficie des zones commerciales en périphérie urbaine qui avaient vu le jour dans les années 1970 et 1980.

Puis, comme si ces tendances n'avaient pas assez d'impact pour déstabiliser les centres-villes britanniques où se trouvaient traditionnellement les magasins Bhs, un changement plus fondamental se mettait progressivement en place. Idéal pour la désintermédiation, l'optimisation de la chaîne d'approvisionnement et la livraison à faible coût, Internet ciblait également les moins de 35 ans soucieux de la mode et sensibles aux prix. En 2017, les ventes en ligne représentaient 24 %

des dépenses totales en vêtements et chaussures au Royaume-Uni, contre 17 % quatre ans plus tôt et moins de 5 % au début des années 2000.[84] Pour que le modèle physique fonctionne et couvre le loyer, les impôts fonciers et d'autres frais que les groupes de mode en ligne n'avaient pas à payer, les magasins avaient besoin d'une proposition de valeur unique. Bhs était coincé entre les deux, ni fast fashion bon marché, ni haute couture chic.

Green, qui avait refusé une offre de 800 millions de livres sterling par le P-DG de Bhs, Terry Green, en 2001 – affirmant à l'époque que l'entreprise valait plus de 1 milliard de livres – ainsi qu'une offre de 700 millions de livres par le chairman, Allan Leighton, six ans plus tard,[85] l'avait vendue à Chappell pour seulement une livre sterling, dans l'une des transactions les moins orthodoxes jamais observées. La contrepartie d'une valorisation aussi faible, car il y a un hic, c'est que l'entreprise traînait des centaines de millions de livres de passif au bilan et hors bilan.

Pour Chappell et sa clique de professionnels de la City, restructurer Bhs représentait un énorme pari, qui aurait nécessité des compétences bien rodées de spécialistes du redressement, une expertise approfondie du commerce de détail et des tonnes de bon sens. Les individus derrière Retail Acquisitions en était dénués. Par conséquent, ils n'avaient pas pu respecter leurs engagements. Judicieusement, peu des membres de l'équipe dirigeante de Green avaient décidé de rester en place après la revente. Dès que Bhs était cédé, son directeur financier et son P-DG démissionnaient. Le lendemain de leur acquisition, les nouveaux propriétaires cherchaient désespérément un chairman pour diriger la chaîne de 171 magasins en détresse.[86]

En conséquence à cet état des lieux, le 24 avril 2016, un an après le départ de Green, Bhs était mis en faillite. Philip Green était apparemment l'un des créanciers de Bhs qui avait mis son veto à un refinancement crucial de 60 millions de livres sterling. Il n'assouplirait pas les conditions d'une charge qu'il détenait sur les actifs, ce qui signifie que la chaîne de magasins n'était pas en mesure d'être secourue par le bailleur spécialisé

Gordon Brothers.[87] Le processus menaçait de mettre un grand nombre des 11.000 employés du groupe au chômage et de laisser de nombreux fournisseurs sans recours – le montant dû aux créanciers chirographaires s'élevait à 1,3 milliard de livres sterling, y compris les passifs liées au fonds de retraite et les charges de loyer sur les magasins à perte.[88] Il s'agissait de la plus grande faillite du commerce de détail depuis celle de Woolworth en décembre 2008. Le rival de Bhs s'était effondré huit ans plus tôt en raison d'une combinaison de facteurs, allant de l'obsolescence de son concept de magasins populaires, à la concurrence féroce des supermarchés et des alternatives du Web, à la récession économique, ainsi qu'à la maladie commune aux entreprises de notre époque : des niveaux d'endettement démesurés rendus ingérables par la crise financière.

Peut-être que la dévalorisation massive de Bhs entérinait ce que beaucoup de critiques avaient déclaré pendant des années ; que le 'miracle' que Green avait produit avec la chaîne de magasins devait beaucoup à la ruse financière et moins à la bosse du commerce.[89] La mode étant l'industrie cyclique et inconstante qu'elle est, seules les personnes qui vendent au sommet du cycle peuvent espérer garder leur réputation intacte. Le seul subterfuge dans son arsenal d'affairiste que Green n'avait pas mis en application était de dépouiller et de redresser l'entreprise de la même manière qu'il avait revendu Olympus et d'autres enseignes de Sears dans les années 1990. Après avoir racheté la société à Storehouse pour 200 millions de livres sterling en 2000 et en avoir multiplié la valeur quatre à cinq fois ce montant en moins de deux ans, il avait été trop gourmand en refusant de vendre. Au lieu de cela, il avait vu la valeur du groupe redescendre sur terre. Le miracle du redressement des premières années ne s'était pas traduit par un avantage concurrentiel significatif et durable. Dans la mode, rien ne dure éternellement.

Il y avait aussi la petite question des retraites de 20.000 employés actuels et anciens. Le déficit du fonds de pension de Bhs était passé d'environ 70 millions de livres sterling en avril 2006 à deux fois ce montant à fin août 2014.[90] Bien qu'il ait été évalué à 200 millions de livres sterling au moment de la cession de la société à Retail Acquisitions, après un examen attentif un an plus tard, il était estimé à plus de 500 millions de livres.[91] Soudain, les raisons pour lesquelles Green avait été si désireux de lâcher la chaîne de magasins dans les bras de n'importe quel acheteur, même aussi inapproprié qu'un individu deux fois déclaré en banqueroute comme Dominic Chappell, semblaient plus claires.[92] Un mois avant que Bhs ne dépose le bilan, le régulateur des fonds de retraites et le Fonds de protection des pensions révélaient qu'ils faisaient pression sur Sir Philip pour combler le trou dans le régime de retraite de Bhs. À l'époque, la contribution supplémentaire suggérée par Green était de 80 millions de livres sterling, dont 40 millions en espèces et 40 millions en prêts.[93] Mais les négociations avec les autorités de régulation ne faisaient que commencer.

Défraîchi

Green était amplement détesté par la City et vilipendé par la presse pour son style impétueux – un certain opprobre qu'il renforçait lorsqu'il déboursait 5 millions de livres sterling pour son 50e anniversaire en 2002 et 4 millions de livres pour la bar-mitsva de son fils sur la Côte d'Azur trois ans plus tard. Traditionnellement, les Britanniques préféraient honorer l'opulence digne de la bourgeoisie sobre. Ils reconnaissaient les self-made men avec une condescendance étouffée. Ils considéraient comme un retour légitime à l'ordre naturel des choses qu'après avoir, selon ses propres mots, sauver Bhs de l'abandon en le rachetant au conglomérat Storehouse, Green soit tenu responsable de son effondrement.

Ce qui semble s'être passé, c'est que Green est tombé amoureux d'Arcadia, une collection florissante d'enseignes axées sur la mode avec des personnalités distinctes réparties dans des centaines de magasins. Topshop, en particulier, copiait sans vergogne les vêtements haut-de-gamme portés par des célébrités en proposant des répliques abordables, en investissant dans de jeunes designers et en développant sa propre équipe de design interne. Pour donner plus de cachet à la chaîne de vêtements pour femmes, en 2006 Green s'assurait même les services de Kate Moss, une vedette d'affiche de la mode britannique. Entre 2007 et 2017, dans le but de transformer la chaîne en une marque mondiale, le nombre de magasins et de franchises Topshop doublait pour atteindre 620, situés dans plus de 40 pays.[94] En décembre 2012, Green vendait même une participation de 25 % dans Topshop et Topman à la firme américaine de capital-investissement Leonard Green & Partners (sans lien de parenté), un expert de la vente au détail et propriétaire de l'enseigne de vêtements J.Crew. Cette décision, qui permettait aux deux marques d'obtenir une valorisation de 2 milliards de livres sterling,[95] l'aidait à faire d'une pierre deux coups : rembourser les prêts bancaires toujours sur les comptes de Taveta et acquérir une expertise locale dans sa tentative de conquérir les États-Unis, un marché notoirement difficile à percer pour les groupes de distribution britanniques. De même, Green signait un accord avec la chaîne de grands magasins américaine Nordstrom pour incorporer l'enseigne Topshop dans ses succursales. Peut-être que le signe sans équivoque que l'entrepreneur de l'habillement avait de grandes aspirations pour Topshop était sa décision de monter en gamme, ouvrant au printemps 2010 un magasin phare dans le quartier très chic de Knightsbridge à Londres, dans un emplacement en face de Harrods, et quatre ans plus tard un autre sur la Cinquième Avenue à New York.

En revanche, Bhs était une chaîne de grands magasins fades sans véritable différenciation autre que le prix.[96] Son expansion en Europe de l'Est et en Inde n'avait pas donné les résultats escomptés. Les tentatives timides de commercialiser les marques d'Arcadia à l'intérieur de magasins Bhs et de convertir certains magasins de la chaîne en points de vente d'alimentation n'avaient pas amélioré les performances. De ses 188 magasins en 2013, le groupe en gérait moins de 170 au moment de sa liquidation trois ans plus tard.

Il est facile de comprendre pourquoi un chef d'entreprise préférerait passer du temps sur la première plutôt que la seconde, mais cela signifiait que l'assemblage d'enseignes du magnat du commerce était incontestablement déséquilibré. Dès novembre 2005, Green admettait ne pas avoir prêté attention à Bhs ; une excuse qu'il utiliserait à de nombreuses reprises.[97] L'activité record chez Topshop et Topman était accompagnée d'un ralentissement persistant chez Bhs, qui avait accumulé un lourd passif et des coûts d'entretien élevés. Pendant toute une décennie, alors que l'industrie des magasins de vêtements combattait la fast fashion, Bhs subissait une lente érosion de ses activités.

Dans une interview accordée le 20 janvier 2002 au *Sunday Telegraph*, Green avait commenté avec confiance le fantastique redressement qu'il avait opéré sur la chaîne de grands magasins au cours des deux premières années qui suivaient le LBO :

> *"J'adore cette entreprise et y travailler. Elle est maintenant en bonne voie de redressement et fait des bénéfices décents parce qu'elle est gérée correctement. Elle a une présence dans le commerce de vente depuis 80 ans et il n'y a aucune raison pour qu'elle ne soit pas là pour 80 autres années".*[98]

Au lieu de cela, ravagée par la crise du secteur et les difficultés financières, elle se désagrégeait en l'espace de 15 ans. Une grande partie des améliorations de l'efficacité opérationnelle et des plans de réduction de coûts imposés à Bhs et à Arcadia n'avaient été bénéfiques que sur le court terme, et s'étaient rapidement essoufflés car les magasins se révélaient incapables de répercuter les augmentations de loyer et la hausse des coûts de production sur le consommateur.[99] Une fois les solutions simples et rapides mises en œuvre, il est plus difficile d'améliorer les résultats en réduisant les coûts fixes tels que les loyers et les salaires. Cela explique probablement pourquoi Green aurait proposé de revendre Bhs début 2006, mi-2007 et à nouveau l'année suivante.[100] Après qu'aucun repreneur n'eut montré beaucoup d'intérêt à une valorisation décente et que Bhs eut enregistré une baisse de 54 % de ses bénéfices d'exploitation au cours de l'exercice clos en mars 2006, il déclamait : "Nous avons le temps et l'argent pour y remédier".[101] Mais tel n'était pas le cas.

En 2014, Green gérait plus de 3.060 points de vente avec neuf enseignes distinctes – Bhs, le spécialiste de la mode masculine de milieu de gamme Burton, le spécialiste de la mode féminine milieu de gamme Dorothy Perkins, le distributeur de vêtements pour femmes de grande taille Evans, la marque pour les jeunes Miss Selfridge, le détaillant multimarques en périphérie urbaine Outfit, Topman et Topshop (pour les femmes) servant les consommateurs soucieux de la mode, et Wallis, un autre distributeur de vêtements pour femmes. À ceux-ci s'ajoutaient 44 sites Web spécifiques à ces enseignes.[102] Il est évident que c'était trop difficile à gérer pour une seule personne, même avec le flair commercial, l'énergie et la motivation de Green.

Avec autant d'enseignes distinctes, le groupe était en constante réorganisation. Au cours de l'exercice clos en août 2015, par exemple, Taveta avait fermé près de 300 magasins, mais en avait également ouvert 335.[103] Bien que le groupe ait continué à générer des liquidités (voir figure 7.1), sa prospérité dépendait d'une réinvention et de mises à niveau perpétuelles. Alors que les montants réinvestis dans Topshop et Topman portaient leurs fruits, Bhs réussissait tout juste à rester en vie – son magasin phare sur la rue commerçante la plus célèbre de Grande-Bretagne, Oxford Street, perdait 1 million de livres sterling par an lorsque Green décidait de jeter l'éponge.[104]

Figure 7.1 – Dette nette, résultat d'exploitation et ratio d'endettement de Taveta de 2005 à 2016

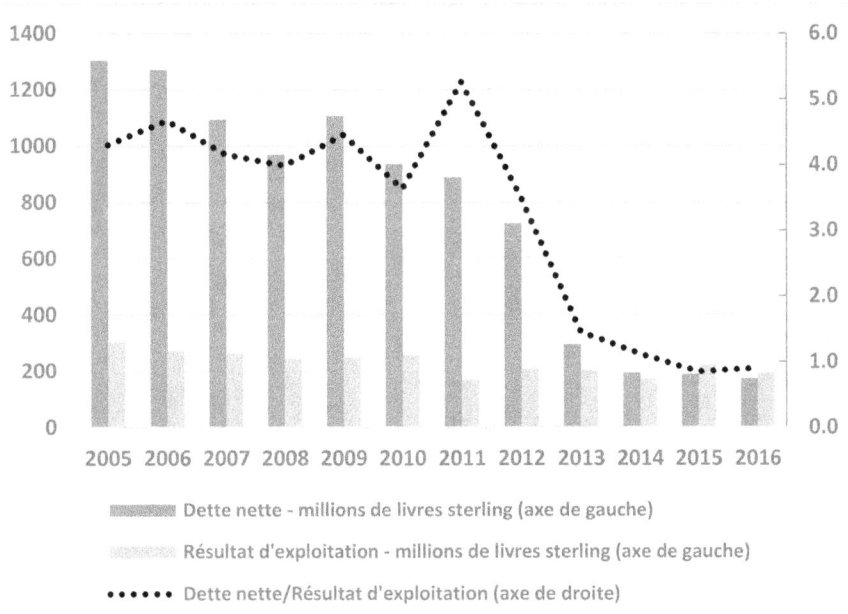

Dette nette - millions de livres sterling (axe de gauche)
Résultat d'exploitation - millions de livres sterling (axe de gauche)
••••• Dette nette/Résultat d'exploitation (axe de droite)

Notes : La dette nette inclut les emprunts immobiliers ; le résultat d'exploitation exclut les charges exceptionnelles ; les chiffres de Bhs ne sont pas inclus de 2005 à 2008, ni en 2015 et 2016 – Sources : documents de la société et analyse de l'auteur

Pour mettre en œuvre leur plan de sauvetage et de régénération, les nouveaux propriétaires étaient partis en quête d'argent. Leur désespoir était révélé par diverses annonces dans les mois qui suivaient leur LBO, y compris par la révélation qu'ils envisageaient une grande expansion à l'étranger avec un projet d'ouverture de magasins en Irak, un pays déchiré par la guerre civile l'année suivante ![105] Mais leur manque de crédibilité effrayait les partenaires commerciaux. Moins d'un mois après la cession de Bhs par Green, plusieurs fournisseurs voyaient leur assurance-crédit réduite ou supprimée,[106] signe que, sans le soutien de Green, Bhs risquait d'être en défaut sur ses engagements commerciaux. Avant de vendre Bhs à Retail Acquisitions, Green avait été approché par d'autres repreneurs plus avertis. L'une des conditions formulées par ces acteurs était que Green fournisse une 'dot' de plusieurs centaines de millions de livres pour combler le déficit du fonds de pension. La dot était également nécessaire pour couvrir le délabrement, c'est-à-dire le coût de rénovation des magasins. Il semble que sous la houlette de Green, les magasins Bhs n'avaient pas reçu beaucoup de soins particuliers ni attentifs.[107] Chappell et son entourage avaient été plus accommodants, à un degré plutôt naïf comme avéré ultérieurement.

Politique de représailles

Deux semaines avant les élections générales de 2010, Green s'était déclaré en faveur du Parti conservateur, déclarant que les conservateurs saisissaient "ce qu'il fallait faire. Ils comprennent". Quelques mois plus tard, pour rendre la pareille, le Premier ministre nouvellement élu David Cameron demandait à Green de procéder à une revue des dépenses et des achats du gouvernement. L'ironie n'échappait pas à grand monde que l'un des pros de l'évasion fiscale les plus remarquables du pays était chargé d'une initiative visant à identifier les compressions de budget pour un gouvernement à court d'argent.[108] Le rapport de synthèse, *Revue d'efficacité par Sir Philip Green*, publié en octobre 2010, alléguait des défaillances importantes dans les contrôles financiers, l'utilisation des biens publics et les processus d'approvisionnement, même s'il ne recommandait pas, dans la poursuite de l'austérité budgétaire, que les fonctionnaires soient basés à l'étranger. Comme le patron du syndicat RMT, Bob Crow, le suggérait avec découragement : "L'idée que les travailleurs du secteur public au Royaume-Uni, aux prises avec de bas salaires et constamment attaqués, devraient prendre des leçons sur les réductions budgétaires d'un fraudeur milliardaire est scandaleuse".[109]

Mais malgré ses relations politiques, Green ne serait pas épargné par l'assaut politique qui devait suivre la chute de Bhs six ans plus tard. Dans les jours qui suivaient le dépôt de bilan de la chaîne de magasins, plusieurs responsables, des deux côtés de l'échiquier politique, condamnaient la conduite de Green en des termes très acerbes et peu flatteurs. Richard Fuller, député conservateur, le décrivait comme le "visage inacceptable du capitalisme". Son collègue David Davis s'offusquait du fait que Green avait décidé de claquer de l'argent pour son troisième yacht et déclarait odieusement :

> *"Sir Philip, avec ses milliards, ses yachts et sa volonté de prendre ses distances d'une entreprise en faillite, du passif de son fonds de pension et de ses pertes d'emplois, est le genre de capitaliste à donner au capitalisme une mauvaise réputation".*[110]

Pour ne pas être en reste, Angela Eagle du parti travailliste, porte-parole de l'opposition pour les entreprises, soulignait :

> *"Dans cette situation, il semble que ce chef d'entreprise a extrait des centaines de millions de livres de la société et s'est enfui vers son paradis fiscal préféré, laissant le fonds de protection des retraites [Pension Protection Fund] se coltiner la facture."*[111]

Même des personnalités prééminentes du milieu des affaires intervenaient. Simon Walker, le directeur général de l'Institute of Directors, notait d'un air agacé que Green était coupable d'une "faute de comportement lamentable", ce qui accentuerait probablement la perte de confiance dans le monde de l'entreprise.[112]

Green se plaignait d'être victime d'une chasse aux sorcières. En vérité, l'intérêt qu'il provoquait était de son propre fait. Son désir de voir ses prouesses commerciales faire la une des journaux lui avait valu l'opprobre de la City et de quelques hommes d'affaires. Dès 2002, Alan Sugar, un autre Londonien et entrepreneur juif loquace, avait sèchement fait remarquer qu'il ne se passait pas une semaine sans qu'il ne lise un "article sur Philip Green dans le *Sunday Times* ou le *Daily Mail*", ajoutant que "l'amour que ressent Green pour l'argent lui est monté à la tête".[113] Maintenant que la faillite de Bhs mettait à nouveau Green sous les projecteurs, les médias et les politiciens exigeaient que les protagonistes de cet échec soient convoqués devant le parlement. Mais le comité qui dirigeait les audiences ne recevait pas beaucoup d'égards de la part de la City. Les associés du cabinet d'avocats Olswang et du cabinet d'audit Grant Thornton, tous deux conseillers de Retail Acquisitions sur la transaction, devaient pratiquement se faire tordre le bras pour comparaître. Les gros bonnets de Goldman Sachs minimisaient l'importance de leur rôle consultatif dans la cession de Bhs, insistant sur le fait qu'ils n'avaient pas été payés pour leur travail, un signe certain s'il en est que leur participation n'avait pas été si importante que cela.

Alors que les politiciens et représentants du monde des affaires rivalisaient pour tirer le meilleur parti de cet événement singulier – ce qui conduisait Green à accuser certains députés de mener un "procès par les médias" – les administrateurs Duff & Phelps ne trouvaient pas de repreneur pour Bhs. Après avoir accumulé 415 millions de livres sterling de pertes au cours de ses sept dernières années d'activité,[114] l'enseigne devait être cédée 'par appartements'. Néanmoins, le processus offrait une anecdote surréaliste. Dans les semaines qui suivaient la déroute du groupe, Dominic Chappell envisageait de soumettre une offre pour Bhs et tentait de rassembler les fonds nécessaires. Le fait que les médias, le public, les politiciens, l'organisme de réglementation des retraites, plusieurs de ses anciens acolytes et certains administrateurs et employés de Bhs se demandaient si Chappell avait l'expérience et le profile adéquats pour racheter l'entreprise la première fois n'avait apparemment pas été intériorisé par l'individu.

L'épouse de Green, qui, selon les médias, aurait dû être convoquée comme principal actionnaire de Bhs, n'était jamais appelée à témoigner devant le parlement, mais Sir Philip relevait le défi. Le 15 juin 2016, douze jours après la liquidation de Bhs, il expliquait à la commission d'enquête qu'il y avait eu "des malentendus des deux côtés" entre lui et le régulateur des retraites ; qu'il avait investi 600 millions de livres sterling dans Bhs au cours de ses 15 années comme actionnaire et qu'il ne pouvait donc pas être accusé d'avoir détourné tout l'argent en distribution de dividendes ; et que son déménagement et celui de sa famille dans le paradis fiscal de Monaco en 1998 avaient eu lieu pour des raisons de santé.[115] Malgré tout, il s'engageait à résoudre le problème du fonds de pension.

Lorsque, en juillet, le Comité du travail et des retraites de la Chambre des communes publiait les conclusions posthumes de son enquête sur la faillite de Bhs, le rapport révélait, entre autres, que "BHS avait refusé de verser les cotisations patronales nécessaires pour maintenir la viabilité du fonds de pension pendant la durée de la période sous Sir Philip Green". Ce que la commission parlementaire mettait en avant, c'est qu'une longue liste d'intervenants, de Green à Chappell et à leurs conseillers respectifs, n'avaient pas correctement appréhendé les conséquences de la transaction qui avait eu lieu en mars 2015. Bien sûr, nous pourrions aussi adopter le point de vue opposé et être d'accord avec Chappell, qui affirmait sur un ton élégiaque le jour où les administrateurs étaient nommés :

> *"Personne n'est à blâmer. C'était une combinaison d'activité commerciale décevante et de ne pas être en mesure de lever suffisamment d'argent à partir du portefeuille immobilier".[116]*

Que vaut le titre de chevalier ?

En juin 2006, le Premier ministre travailliste Tony Blair avait décerné à Green le titre de chevalier de l'Empire britannique. Ce qui est drôle, ce n'est pas tant qu'un gouvernement travailliste, censé servir les pauvres et les défavorisés, reconnaissait les contributions sociales et économiques d'un magnat milliardaire de la distribution. L'ironie de cette distinction était dans le moment choisi pour remettre à Green un tel honneur pour 'services à l'industrie de la vente au détail'. Seulement dix mois plus tôt, Sir Philip s'était octroyé, ou plus exactement avait octroyé à son épouse monégasque, un dividende de 1,2 milliard de livres sterling, entièrement exonéré d'impôt. Ce stratagème d'évasion fiscale avait aidé l'entrepreneur et sa famille à économiser 285 millions de livres.

Parce qu'il était entièrement financé par de la dette, le dividende était accompagné d'un autre avantage conséquent. Les prêts de 1,5 milliard de livres sterling levés dans le cadre de ce refinancement réduisaient les engagements d'Arcadia en matière d'impôt sur les sociétés : les charges d'intérêts sur le prêt étaient déduites des bénéfices imposables. Entre 2006 et 2016, 450 millions de livres sterling d'intérêts nets à payer étaient passés en charges financières dans le compte de résultats de Taveta, ce qui permettait à la société d'économiser un bon pactole sur les impôts.[117]

Dix ans plus tard, Green ne jouissait plus de la faveur du gouvernement britannique. Cela dit, ce n'étaient pas les manigances fiscales de Green qui avaient achevé Bhs ; c'était la bonne vieille loi de la pression concurrentielle. De même, les rapports dédaigneux de la presse et des régulateurs indiquaient que les nouveaux propriétaires, en particulier Dominic Chappell, fraîchement étiqueté "menteur de première ligue" et "détaillant du dimanche",[118] s'étaient comportés sans scrupules. Mais il n'en reste pas moins que le modèle économique de la chaîne de magasins était dépassé. C'est la raison pour laquelle l'attention s'était rapidement portée sur Green et sa décision de vendre Bhs au début de 2015, laissant l'entreprise avec un déficit du fonds de pension massif et une collection de magasins souffrant de sous-investissement. Trop peu de temps s'était écoulé pour épargner l'ancien propriétaire.

Des soucis relatifs aux retraites n'étaient pas nouveaux au sein de l'empire de l'habillement de Green. Arcadia et Bhs avaient des régimes de retraite remarquablement onéreux. Pendant plus d'une décennie, les deux groupes avaient introduit des changements liés aux cotisations et prestations.[119] Tout cela était de notoriété publique. Divers faits divulgués à la presse semblaient indiquer que, dans les années précédant la cession du groupe, Green n'était pas disposé à allouer plus de 10 millions de livres sterling par an au fonds de pension de Bhs et avait même mis une restructuration en attente quelques mois seulement avant le processus de vente.[120]

À la suite d'une campagne vicieuse menée par les médias britanniques, que certains des amis de Green avaient qualifiée de sectarisme antisémite à peine voilé, le 20 octobre 2016 la Chambre des communes avait approuvé une motion visant à demander au Comité de déchéance des honneurs de recommander l'annulation du titre de chevalier de Green. Cent députés avaient voté en faveur de la motion. Depuis sa comparution devant le comité parlementaire, Green avait subi des pressions pour combler le trou du fonds de pension. Les députés voulaient qu'il paie 600 millions de livres sterling en contrepartie du maintien de son titre de chevalier, fournissant une preuve supplémentaire que le scandale de 'l'argent contre les honneurs' qui avait tourmenté le gouvernement de Tony Blair une décennie plus tôt n'avait peut-être pas enterré pour toujours la pratique du trafic d'influence dans les cercles politiques de Grande-Bretagne.

Le 28 février 2017, en partie pour apaiser ses détracteurs, et après des négociations houleuses avec le régulateur des retraites ainsi qu'une visite au Comité du travail et des retraites, Sir Philip acceptait d'augmenter sa contribution pour combler le trou des retraites de 80 millions de livres sterling à un montant de 363 millions de livres.[121] En réponse, le régulateur retirait sa revendication contre l'entrepreneur. Quatre mois plus tard, il publiait un rapport final sur le sujet, concluant que le "but principal" de la vente de Bhs avait été d'empêcher la prise en charge du plan de retraite.[122]

En août de la même année, le régulateur annonçait qu'il intentait une action en justice contre Dominic Chappell et son véhicule d'investissement Retail Acquisitions en raison de leur manque de coopération pendant l'enquête. Pour le vendeur et le repreneur, il n'y avait pas de répit. Il n'y en avait pas non plus pour le cabinet d'audit PricewaterhouseCoopers, qui faisait l'objet d'une enquête concernant ses audits de Bhs, après avoir avalisé à plusieurs reprises les comptes de l'entreprise malgré le déficit du fonds de pension, d'énormes pertes cumulées et sa faible liquidité. L'une des questions auxquelles les auditeurs devaient répondre était de savoir comment ils s'étaient satisfaits de la position de passif net de 800 millions de livres sterling dans les comptes annuels 2005 de Taveta alors que, selon la loi britannique sur les sociétés, les dividendes ne devraient être versés que sur les bénéfices réalisés et accumulés.*

Quant à savoir si son titre de chevalier en valait autant, seul Green peut le déterminer. Mais le coût total de son incursion dans Bhs pouvait maintenant être quantifié. À sa contribution au fonds de pension doivent s'ajouter les 217 millions de livres sterling de prêts intragroupe dus par Bhs et auxquels le groupe Arcadia avait renoncé au moment de la cession en 2015. À l'époque, Green avait également transféré 24 millions de livres en espèces pour inciter Retail Acquisitions à prendre en main le colis encombrant. Enfin, en août 2017, Arcadia avait accepté de payer plus de 30 millions de livres pour régler à l'amiable une réclamation faite par des créanciers chirographaires. En résumé, en plus des 70 millions de livres de capitaux propres investis en 2000 pour racheter l'entreprise à Storehouse, Green avait contribué 650 millions de livres supplémentaires pour s'en débarrasser 15 ans plus tard. Heureusement, il s'était payé 400 millions de livres sterling en dividendes entre 2002 et 2004, mais il avait quand même laissé pas moins de 320 millions de livres sterling sur la table.[123] Quand on pense que Sir Philip avait refusé une offre de 800 millions de livres en 2001, cela montre l'importance de vendre au bon moment.

Green enguirlandé

Comme si l'érosion de sa richesse sous la pression de la crise du commerce de détail ne suffisait pas – la fortune de Green serait passée de 4,2 milliards de livres sterling en 2011 à 2,7 milliards six ans plus tard

---

* En juin 2018, PwC était condamné à une amende de 10 millions de livres sterling dans le cadre d'un arrangement amiable concernant l'audit de Bhs, tandis que l'associé en charge du compte était interdit d'activités d'audit pendant 15 ans.

– il était soumis à une campagne nationale d'humiliation et de blâme orchestrée par les médias et relayée par de nombreux politiciens.

La Grande-Bretagne avait connu une histoire d'amour avec Topshop et d'autres enseignes de mode de l'empire Arcadia, mais elle n'avait pas partagé le même sentiment envers le propriétaire du groupe. Au fil des années, les médias avaient dépeint Green d'une manière très peu flatteuse. En novembre 2010, par exemple, une émission de Channel 4 Dispatches avait révélé que la richesse et la rentabilité de Green à Bhs étaient en partie dues à l'utilisation immodérée de fournisseurs qui payaient leurs ouvriers la moitié du salaire minimum et les entassaient dans des ateliers clandestins.[124] Un mois plus tard, un peu avant Noël, il avait été affublé du surnom de 'Green le Grinch' pour ses pratiques d'évasion fiscale.[125] Mais la presse se lâchait après le fiasco de Bhs. De Sir Philip Gree*d* à 'Sir Sournois',[126] son titre de chevalier provoquait beaucoup d'amertume.

Alors que beaucoup reconnaissait son sens des affaires, le couronnant 'roi des LBO britanniques' ou 'roi du commerce de détail',[127] son ingénierie financière agressive et ses techniques d'optimisation fiscale ne l'avaient pas aidé à se faire respecter. Surnommé le Donald Trump du Royaume-Uni par *Vanity Fair*, une analogie légitime compte tenu de son faux bronzage, son désir d'attirer l'attention médiatique, son tempérament volatile, ses manières intimidantes et son audace persistante, son amour sans partage pour les OBO pourrait être ajouté à la liste des similitudes. Le fait que Green s'était vu proposé (mais avait refusé) à plusieurs reprises de présenter la version britannique de The Apprentice, l'émission de télé-réalité présentée par Trump dans le format américain original, amplifiait leur ressemblance. Avec des parents impliqués dans le secteur de l'immobilier, un autre point qu'il avait en commun avec le président des États-Unis, Sir Philip fermait la boucle lorsque Bhs déposait le bilan. Trump connaissait le monde des faillites sur le bout des doigts, ayant eu recours au processus à six reprises.[128] Green avait du retard à rattraper, bien qu'il eût lui-même connu une série de procédures de faillite et d'insolvabilité dans les années 1980.

En mai 2017, alors qu'il se préparait pour les élections générales de début juin, le Parti conservateur du Royaume-Uni publiait son manifeste, soulignant son programme pour les cinq prochaines années. Le parti incluait la proposition de punir ceux pris en flagrant délit de mauvaise gestion des plans de retraite. Immédiatement surnommée la 'loi Philip Green', l'idée sous-jacente était de donner au régulateur le pouvoir de fixer des amendes punitives pour ceux qui laissaient des plans d'épargne-retraite délibérément sous-financés et, si nécessaire, de disqualifier les administrateurs des sociétés concernées. Il suggérait également une nouvelle infraction pénale pour les dirigeants d'entreprises mettant en péril la capacité d'un plan de retraite à respecter ses obligations.[129] Clairement populiste, ce programme montrait à quel point la saga Bhs avait affecté le débat sur la manière de réformer ce que la Première ministre de droite, Theresa May, appelait des 'marchés libres sans limites'. Dans une forme de purification, les politiciens britanniques se faisaient concurrence pour condamner les facettes hideuses d'un modèle d'économie de marché qu'ils avaient loué pendant deux générations, ne comprenant pas que l'histoire de Bhs était son apothéose éblouissante.

Green pensait qu'il s'en était tiré après la cession d'un actif encombrant, mais le problème lui avait été rapporté avec le poids supplémentaire du mépris public. Cependant, il savait depuis le début qu'avec cette vente, il jouait à un jeu dangereux de 'frisbee des affaires'. En mars 2015, il n'avait pas tout à fait réussi à vendre Bhs en bloc et sans attaches. Pour conclure la cession de la chaîne de magasins débraillée, il avait été forcé de fournir un prêt garanti à Retail Acquisitions et de promettre en partie de financer les déficits futurs du plan de retraite. Des engagements financiers persistaient, une subtilité que les médias et les politiciens tenaient à souligner.

Ce cas illustre que les dirigeants d'entreprise qui ont les moyens n'ont pas besoin de firmes de capital-investissement pour mener à bien des transactions à effet de levier. Ils peuvent mener des LBO indépendamment et préserver tous les bénéfices pour eux-mêmes. Mais ce que l'histoire montre également, en sus des médisances habituelles et des révélations d'irrégularités qui accompagnent tout scandale dans le monde des affaires, c'est que les montages financiers complexes et l'évasion fiscale exposent les entrepreneurs à des facteurs de risque que la plupart des gestionnaires de fonds peuvent éviter : l'investigation irrévérencieuse des médias et le harcèlement de politiciens motivés par des préoccupations carriéristes.

C'est le principal inconvénient des LBO par les propriétaires. Alors qu'il est difficile pour les politiciens et les régulateurs d'humilier une institution financière, l'entrepreneur coupable de pratiques controversées peut facilement être désigné comme un scélérat et dépeint comme l'incarnation typique du capitalisme cupide. Peut-être qu'une façon pour Green de repousser les attaques politiques et régulatrices serait de suivre l'exemple de Trump et de prendre d'assaut l'appareil politique de son pays.

PRIVATE EQUITY ET LE SECTEUR DE LA MODE

Bhs est loin d'être la seule chaîne de magasins de mode à avoir souffert d'un bilan surchargé. Aux États-Unis, plusieurs groupes ont récemment fait faillite à la suite de LBO structurés de manière excessive, notamment Gymboree, une chaîne de vêtements pour enfants parrainée par Bain Capital, employant 11.000 personnes et suffoquée par 1,4 milliard de dollars de prêts LBO jusqu'à son dépôt de bilan en juillet 2017. Le designer de jeans True Religion détenu par Towerbrook fermait ses portes le même mois avec une dette de 535 millions de dollars. Deux mois plus tôt, l'enseigne de mode et d'accessoires Rue21, soutenue par Apax, avait fait faillite avec des emprunts d'une valeur de plus de 800 millions de dollars.[130] La liste est longue.

CHAPITRE 8

TIM/WIND Hellas : L'effet de levier comme cheval de Troie[*]

> *Dans de nombreuses industries, la responsabilité du vendeur ne s'arrête pas au point de vente. Si une maison s'effondre en raison d'une défaillance structurale, l'architecte ou le bâtisseur peut être reconnu coupable. De même, un vendeur ou un constructeur automobile est responsable si un véhicule tombe en panne de manière inexplicable. Pour cette raison, l'assurance responsabilité est fréquemment souscrite.*
>
> *Aucune couverture pluriannuelle n'est fournie par les gestionnaires de fonds de capital-investissement au moment de la cession d'un actif, même s'ils sont généralement les actionnaires majoritaires. Les dirigeants des sociétés de portefeuille de gérants de fonds offrent, eux, des garanties et des promesses d'indemnisation, mais leur portée est limitée. Le scénario suivant explique pourquoi le principe 'soyez sur vos gardes' est très pertinent lors de rachats d'entreprises détenues par des firmes de private equity.*

STET Hellas était fondé en 1992 comme premier opérateur mobile en Grèce. Les actionnaires initiaux étaient Telecom Italia Mobile (TIM) avec 74 % du capital, Verizon des États-Unis avec 21 % et la compagnie

---

[*] De nombreux faits à l'origine de cette histoire furent rendus publics lorsque deux lanceurs d'alerte, précédemment employés au bureau luxembourgeois du cabinet d'audit PricewaterhouseCoopers, révélèrent des informations confiden-tielles concernant des ordonnances et stratagèmes d'évasion fiscale mis en place entre 2002 et 2010 par leur cabinet pour le compte de clients. Ces révélations sont mieux connues sous le nom de Luxembourg Leaks, abrégées en LuxLeaks

d'assurance Interamerican avec 5 %. Six ans plus tard, STET Hellas était introduit sur le Nasdaq et l'Euronext, Interamerican vendant ses actions au public.

Bien qu'étant le premier entrant, l'opérateur mobile ne cessait de perdre des parts de marché, d'abord au profit de Vodafone-Panafon, qui lançait ses services en 1994, puis de Cosmote, filiale de l'opérateur historique de téléphonie fixe OTE, qui pénétrait le marché quatre ans plus tard. Au moment où TIM consolidait sa position d'actionnaire majoritaire en rachetant la participation de Verizon en août 2002, STET Hellas avait déjà perdu son leadership et tentait de rattraper ses rivaux beaucoup mieux financés.

Le 8 février 2004, la marque de la société devenait TIM Hellas pour adopter le nom bien établi de son actionnaire majoritaire. Curieusement, peu de temps après avoir entrepris cette 'campagne massive de repositionnement', pour appliquer la langue vernaculaire utilisée dans le rapport annuel de la société, TIM Hellas n'était plus considérée comme indispensable par sa société mère. En décembre, Telecom Italia et Telecom Italia Mobile décidait de fusionner. Avec une dette nette totale de 44 milliards d'euros, le groupe ainsi consolidé avait besoin de liquidités. TIM commençait par vendre des activités non essentielles, y compris celles au Pérou en 2004, et au Chili et au Venezuela en 2005. La filiale grecque était la prochaine à devoir être sacrifiée.

De nombreux obstacles liés à la concurrence, aux prix, à la réglementation et à la technologie avaient récemment eu des répercussions sur l'entreprise. En 2004, elle avait enregistré une faible croissance, avec un chiffre d'affaires de 829 millions d'euros en hausse de seulement 2,5 % sur l'année. Entre autres problèmes, la concurrence pour les clients de téléphonie mobile s'était intensifiée et les tarifs d'interconnexion fixe-mobile avaient chuté d'un tiers. En réponse, l'EBITDA avait diminué de 12 % à 243 millions d'euros, bien que cela fût en partie dû aux coûts liés aux efforts de repositionnement. La marge opérationnelle était en baisse significative ; le P-DG de l'entreprise avait dûment démissionné. Pourtant, en raison de spéculations concernant des offres de rachat, l'action de TIM Hellas avait terminé l'année en pleine exaltation : une augmentation de 44 % comparée à la hausse plus banale de 8,6 % du principal indice boursier la même année.[1]

Projet Troie

Les temps étaient propices aux transactions. Les firmes de private equity étaient à l'affût, les poches gonflées de capitaux à déployer. Pressentant qu'il y avait une opportunité de racheter TIM Hellas à un prix décent, fin 2004 le fonds britannique Apax et son homologue américain Texas Pacific Group accostaient Telecom Italia Mobile dans un processus qu'ils surnommaient 'Projet Troie'.

Reconnaissant que la société mère italienne était pressée de générer des liquidités pour rétablir son bilan hypertrophié, en janvier 2005 Apax et TPG obtenaient une période d'exclusivité de six semaines. En avril, via une nouvelle entité appelée Troy GAC Telecommunications, ils proposaient d'acquérir la participation de 81 % de TIM, évaluant la cible à 1,54 milliard d'euros – le plus grand rachat par effet de levier de la Grèce à ce jour.[2] La transaction représentait une prime généreuse de 18 % par rapport au prix moyen sur six mois de la cible. L'accord était scellé en juin.

TPG était relativement novice dans le monde des LBO. Fondée 12 ans plus tôt par un groupe de dirigeants d'entreprise, la firme basée au Texas n'avait atterri que récemment en Europe. Bien que TIM Hellas fût la première incursion de TPG dans le secteur européen des télécommunications, Apax avait conclu plusieurs transactions dans ce domaine. L'un des principaux fonds de LBO en Europe, Apax avait en fait débuté comme société de capital-risque à sa création en 1969 par son fondateur américain Alan Patricof. Au moment du rachat de TIM Hellas, Apax investissait exclusivement dans les LBO, et Patricof était sur le point de démissionner et de retourner à sa véritable passion, l'investissement dans les start-ups.

Au milieu des années 1990, Apax avait soutenu l'opérateur de réseau à haut débit paneuropéen Esprit Telecom et avait vu la croissance de ce dernier exploser à mesure que la bulle Internet s'emballait. La déréglementation sectorielle avait également stimulé la consolidation. La liste des transactions récentes d'Apax comprenait les LBO de la division Solutions Enterprises d'Ericsson pour 480 millions de dollars, les pages jaunes de British Telecom pour 2,1 milliards de livres sterling et les groupes de communications par satellite Inmarsat et Intelsat. Alors que ses négociations avec TIM progressaient, la firme était en train de clôturer son sixième fonds de LBO européen avec des engagements d'une valeur de 4,3 milliards d'euros. Il fallait maintenant mettre ce capital à profit.

Pour financer l'acquisition de TIM Hellas, le duo de private equity allait investir 50 millions d'euros de fonds propres et 161 millions d'euros de prêts d'actionnaires subordonnés. Le reste était financé par des prêts LBO. En témoignage de la prévisibilité des flux de trésorerie de TIM Hellas, une énorme obligation à haut rendement de 900 millions d'euros devait être levée et découpée en plusieurs tranches avec une composante à taux fixe et un prêt à taux variable, auxquels s'ajouterait une tranche subordonnée ('payment-in-kind', ou PIK) de 110 millions d'euros (pour laquelle tous les intérêts seraient dus à l'échéance).[*] Mais avant la fin du processus de syndication, la structure de la dette était amplifiée pour atteindre 1,28 milliard d'euros, répartis entre un prêt à taux variable garanti de 925 millions d'euros à sept ans et un prêt senior de 355 millions d'euros à huit ans rapportant 8,5 % par an.[3] Pour la première fois, un LBO européen était entièrement financé sur le marché obligataire, tel était l'esprit d'innovation sans limite de cette époque passionnante.[4] Les clauses restrictives qui peuvent affecter la levée de

---

[*] Un instrument payment-in-kind n'est pas amorti pendant la durée du prêt. Le principal et les intérêts sont remboursables à l'échéance

lignes de crédit d'investissement (capex) et imposer des versements d'amortissement des prêts sont notamment absentes des émissions d'obligations. Ce financement flexible, largement souscrit, était réalisé en octobre 2005 et formellement attribué un statut de risque élevé ('junk') par les agences de notation.[5]

Le même mois, le plus grand actionnaire minoritaire de TIM Hellas avec une participation de 5,4 %, TCS Capital, basé à New York, pétitionnait les tribunaux dans le but de bloquer la fusion entre l'opérateur de téléphonie mobile grec et le véhicule d'acquisition Troy GAC. Arguant que la valorisation de TIM Hellas, à 5 fois l'EBITDA, était bien inférieure à la moyenne des comparables, à 7,9 fois, TCS Capital déclarait qu'un prix plus acceptable pour la cible tournait autour de 25 euros, au lieu des 16,4 euros proposés par les fonds de capital-investissement.[6]

L'une des raisons derrière cette valorisation plus basse était le faible positionnement concurrentiel de la cible. Avec 2,3 millions d'abonnés à la fin de 2004,[7] TIM Hellas était classé au troisième rang sur le marché de téléphonie mobile du pays. Mais peu après l'achèvement du processus de syndication de la dette, Apax et TPG annonçaient qu'ils convoitaient Q-Telecom, le quatrième et plus petit opérateur mobile grec, avec lequel ils étaient en pourparlers depuis plusieurs mois. Au 30 juin 2005, trois ans seulement après son lancement commercial, Q-Telecom détenait 7,3 % du marché mobile du pays.[8]

Tout d'abord, le Projet Troie devait être finalisé. Ainsi, le 23 novembre 2005, malgré les objections de TCS Capital, le duo de private equity rachetait les 19 % des actions de TIM Hellas qu'il ne possédait pas pour 263,5 millions d'euros.[9] La société était radiée de la cote et entièrement sous contrôle des fonds de capital-investissement.

Le secteur des télécommunications mobiles étant générateur de liquidités et de flux de revenus réguliers, il représentait une cible idéale pour les investisseurs voraces. Mais même Apax et TPG avaient dû être stupéfaits par l'opportunité de revente qui s'était rapidement présentée. Quelques semaines après l'acquisition de TIM Hellas, l'investisseur égyptien

Naguib Sawiris, actionnaire majoritaire du troisième opérateur mobile italien WIND Telecomunicazioni, exprimait publiquement son intérêt pour racheter TIM Hellas au consortium de capital-investissement, offrant 'quelques centaines de millions de dollars de plus' que ce qu'ils avaient payé.[10] C'était agréable de savoir qu'ils avaient une porte de sortie, mais pour l'instant, les deux fonds propriétaires devaient exécuter l'intégration de TIM Hellas et de Q-Telecom. En parallèle, des réductions de coûts importantes étaient introduites pour améliorer l'efficacité opérationnelle. Comme le montre la figure 8.1, au cours des années précédant le LBO, la marge d'EBITDA de TIM Hellas avait connu une baisse prononcée malgré la croissance du chiffre d'affaires.

Figure 8.1 – Chiffre d'affaires et marge d'EBITDA de STET/ TIM Hellas de 2000 à 2005

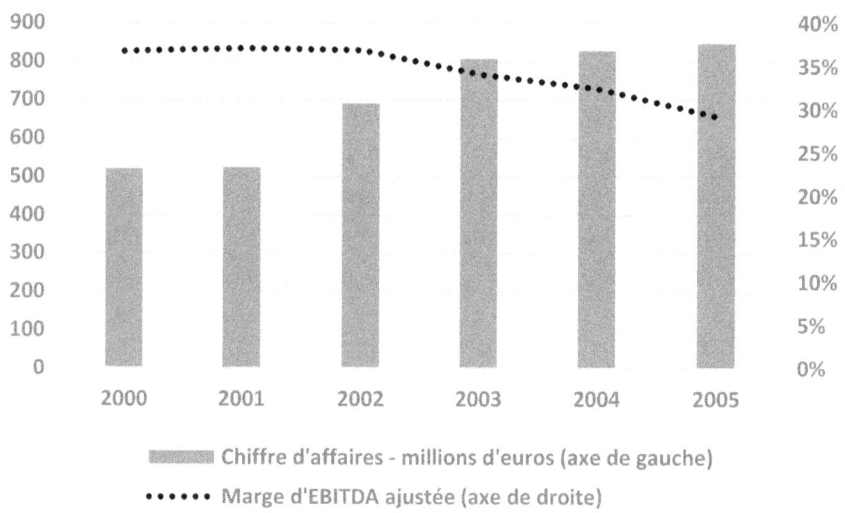

Sources : documents de la société et analyse de l'auteur

Les cash-flows opérationnels continuaient de chuter dans les mois qui suivaient le LBO. En 2005, ils ne couvraient plus les dépenses d'investissement, qui étaient elles-mêmes réduites pour limiter le besoin de liquidités et honorer la dette. Rien qu'en 2005, les charges d'intérêts s'élevaient à 111 millions d'euros. Malgré ces mauvais résultats financiers, que la croissance anémique du chiffre d'affaires ne pouvait atténuer, l'entreprise connaissait une amélioration sur le plan opérationnel : le nombre d'abonnés était en hausse de 4 % et le revenu moyen par abonné avait augmenté de 2 euros pour atteindre 29,1 euros.[11]

Effet de levier à la grecque

En janvier 2006, le consortium de capital-investissement finalisait l'acquisition complémentaire de Q-Telecom pour 367 millions d'euros. La cible avait enregistré un chiffre d'affaires de 157 millions d'euros et un EBITDA de 30 millions d'euros au cours des 12 mois précédents. C'était une emplette assez coûteuse, mais la combinaison des troisième et quatrième opérateurs était destinée à créer un opérateur mobile beaucoup plus robuste.[12] Le LBO était financé en partie par des liquidités et en partie par de la dette. Pour satisfaire le fort appétit des prêteurs et financer la transaction avec encore plus de dette, TIM Hellas émettait une ligne supplémentaire de 200 millions d'euros pour son prêt à taux variable existant de 925 millions d'euros.[13]

Sur les 1,98 milliard d'euros déployés dans les deux opérateurs télécoms, Apax et TPG se portaient volontaires pour 390 millions d'euros de leur capital sous gestion, dont 311 millions d'euros structurés en instrument à forte décote sous forme de certificats d'actions privilégiées et 77 millions d'euros de certificats d'actions privilégiées convertibles – oui, cet instrument est pertinent pour notre étude de cas. Seuls 1,6 million d'euros de leur apport étaient émis sous forme de capital social.[14]

À proprement parler, moins de 0,5 % du financement des deux firmes de private equity était sous forme de fonds propres purs. Pourtant, les marchés du crédit étaient si effervescents qu'en avril, TIM Hellas émettait un nouvel emprunt d'une durée de huit ans et d'une valeur de 500 millions d'euros, accumulant les intérêts (c'est-à-dire sans paiement pendant la durée du prêt) à un taux de 8,25 % par an. Les recettes étaient utilisées pour verser un dividende à Apax et TPG, et pour rembourser des emprunts existants.[15] Parce qu'ils ne sont pas aussi liquides que les obligations seniors, les prêts sans intérêts en espèces sont plus risqués et donc plus chers. Mais le coût devait être supporté par TIM Hellas, et non par ses sponsors. Sursouscrite, la nouvelle tranche attirait un grand nombre de fonds spéculatifs prêts à prendre des risques en échange de rendements élevés.

En juillet, moins d'un an après avoir pris possession de la société grecque, prouvant une fois encore que les gestionnaires de fonds de LBO ne sont pas tous des investisseurs à long terme, Apax et TPG jetaient les bases d'une revente. Le mois précédent, ils avaient retenu les services de KPMG pour établir un rapport de due diligence. Fin juillet, ils recevaient des propositions d'une dizaine de banques d'investissement désirant gérer le processus de vente. Deux mois plus tard, ils mandataient Morgan Stanley et Lehman pour organiser une vente aux enchères.[16] Avec une date limite du 30 novembre pour soumettre une offre, plusieurs repreneurs potentiels souhaitaient se disputer l'entreprise. Etilasat des Émirats Arabes Unis, l'opérateur de téléphonie mobile turque Turkcell et la firme de capital-investissement américaine Providence Equity figuraient parmi les candidats.[17]

Parallèlement, Apax et TPG envisageaient une distribution de dividende par recapitalisation. Dans des marchés aussi dynamiques, les refinancements étaient la voie la plus sure et la plus courte de dégager des plus-values. En décembre, des rumeurs émergeaient selon lesquelles le processus de cession était annulé. Les offres étaient inférieures au prix attendu de 3,4 milliards d'euros – Turkcell et Providence Equity avaient déposé des offres finales de 2,7 milliards d'euros et 3,2 milliards d'euros, respectivement.[18]

À la place, TIM Hellas planifiait une émission de dette à haut rendement. Avec cette deuxième recapitalisation en seulement neuf mois, le duo de capital-investissement était sur le point de se gaver. Le paquet de dette était très innovant, mais comme le disait avec optimisme un banquier de financement : "La société est d'une bonne qualité de crédit et tout ira bien".[19] La recapitalisation de l'opérateur grec se joignait à un long défilé d'émissions de dette dans le secteur. Turkcell était sur le marché pour un prêt d'acquisition de 3 milliards de dollars.[20] Un autre refinancement massif dans les télécoms était en cours ; celui du troisième opérateur italien de téléphonie mobile, WIND. Ce dernier levait 1,7 milliard d'euros de prêts PIK (là encore, avec des intérêts cumulés et non en espèces), un record pour ce type d'instrument en Europe. L'objectif était de financer l'acquisition de la participation de 26,5 % de l'entreprise italienne Enel dans Weather Investments, le véhicule de holding derrière WIND contrôlé par Naguib Sawiris. Weather avait acheté la participation majoritaire de WIND en mai 2005 pour 12,2 milliards d'euros, à l'époque le plus grand LBO en Europe.

La recapitalisation de TIM Hellas s'élevait à 1,47 milliard d'euros dans le cadre d'une offre en quatre parties, dont un dividende en espèces de 974 millions d'euros plus un prêt relais pour faciliter une cession de la société au cas où elle aurait lieu peu de temps après.[21] Les choses évoluaient si vite qu'il était difficile de suivre, et encore moins d'anticiper, la prochaine annonce de l'opérateur mobile. Le 7 février 2007, 20 mois après avoir conclu leur LBO, Apax et TPG revendaient le groupe à Weather Investments pour 3,4 milliards d'euros, représentant 500 millions d'euros de fonds propres plus 2,9 milliards d'euros de dette nette.[22] Malgré la courte période sous LBO, le communiqué de presse d'Apax déclarait avec autorité :

> *"La société a été redressée avec succès et s'est positionnée sur une trajectoire de croissance conduisant à une amélioration significative de tous les indicateurs financiers et opérationnels clés."*[23]

Grâce à son rachat de Q-Telecom, TIM Hellas comptait désormais 3,7 millions d'abonnés. Il se classait toujours au troisième rang derrière Cosmote et Panafon, mais était un acteur du marché beaucoup plus crédible. La valorisation était supérieure de presque 80 % aux 1,9 milliard d'euros payés par Apax et TPG.

Avant de passer à la phase suivante de la chronique mémorable de TIM Hellas, récapitulons brièvement la manière dont les deux fonds de private equity se sont enrichis :

- Tout d'abord, comme l'a fait valoir TCS Capital, ils ont racheté TIM Hellas à un prix attractif à son propriétaire surendetté, Telecom Italia.
- Ensuite, ils ont utilisé un effet de levier important et ont refinancé deux fois de manière agressive au cours de la période sous LBO.
- Ils ont renforcé la position concurrentielle de l'entreprise en rachetant le quatrième et plus petit participant sur le marché grec de 11 millions d'abonnés mobiles. Avec une pénétration de 97 %,[24] le marché grec était mature, de sorte que la consolidation du paysage oligopolistique était le moyen le plus sûr d'améliorer les marges, même si ce n'est que temporairement.
- Enfin, et surtout, les deux firmes de capital-investissement ont revendu leur participation le plus rapidement possible pour bénéficier pleinement de l'impact de la valeur temps de l'argent ('time value of money'). Les 'quick flips', c'est-à-dire les reventes d'actifs dans un délai de deux ans, ont un impact extrêmement positif sur le taux de rendement annuel d'une participation (le taux de rendement interne, ou TRI, sur la base duquel tous les investissements en private equity sont évalués).

Talon d'Achille

Après le départ d'Apax et de TPG, l'opérateur de téléphonie mobile grec entrait dans une brève période de normalité trompeuse. Le nouveau propriétaire était un investisseur expérimenté dans les télécoms. Weather possédait non seulement l'italien WIND Telecomunicazioni, mais contrôlait également Orascom Telecom, un opérateur avec 50 millions d'abonnés sur les marchés à forte croissance du Moyen-Orient, d'Afrique et d'Asie du Sud.

Malgré son exercice de repositionnement coûteux trois ans plus tôt, TIM Hellas changeait de nom une fois de plus, pour être désormais connu sous le nom de WIND Hellas. L'endettement restait élevé à 12,4 fois le bénéfice d'exploitation, tandis que la couverture des intérêts diminuait à 1,2 fois. [25] Néanmoins, cela n'avait pas tellement d'importance. L'intention des Sawiris était que Weather fut introduit en bourse d'ici fin 2007 ou au début de l'année suivante.[26] Ils souhaitaient lever des capitaux pour financer les plans d'expansion ambitieux du groupe.

C'est peut-être la raison pour laquelle, en février 2008, Apax entamait des discussions avec les Sawiris pour prendre une participation de 5 % dans Weather.[27] En juin, la firme britannique déboursait 550 millions d'euros pour cette participation tandis que ses concurrents TA Associates et Madison Dearborn payaient conjointement le même montant pour une participation similaire de 5 %.[28] Les propriétaires égyptiens de Weather utilisaient ces fonds pour rembourser 1 milliard d'euros de prêts accordés par le vendeur Enel. Incidemment, ces cessions de participation attribuaient une valorisation de 11 milliards d'euros aux capitaux propres attribuables aux actionnaires de WIND Hellas.

L'IPO de Weather était ajourné pour le moment. Dans un marché du crédit survolté, personne ne pouvait battre les sponsors financiers au jeu de la surévaluation. La faillite de Lehman Brothers aurait lieu trois mois plus tard. Mais immédiatement après l'effondrement de la banque américaine en septembre 2008, dans un revirement de situation brutal, l'aventure de Weather en Grèce se transformait en une odyssée. Avec environ un quart des utilisateurs mobiles, WIND Hellas demeurait l'opérateur le plus faible du pays – la part de Cosmote était de 39 % tandis que Panafon desservait plus d'un tiers du marché. Ce positionnement concurrentiel était un sérieux handicap. Fin 2008, la crise financière se transformait en récession économique. La téléphonie mobile connaissait une guerre totale des prix. Au vu de son surendettement, cette pression sur les marges était la dernière chose dont Wind Hellas avait besoin. Au cours de son exercice 2008, la société déclarait 243 millions d'euros de charges d'intérêts, toujours bien couvertes par un EBITDA de 430 millions d'euros. [29] Mais la performance opérationnelle se détériorait rapidement.

Choisir la meilleure juridiction

Au premier semestre 2009, les ventes et les cash-flows opérationnels de la société enregistraient une baisse à deux chiffres. Avec une dette de 3 milliards d'euros, l'effet de levier de Hellas II, la société mère de WIND Hellas enregistrée au Luxembourg, dépassait 7,5 fois l'EBITDA. Sans même pouvoir souffler un peu, l'entreprise se dirigeait vers une restructuration de la dette. Début septembre, Standard & Poor's abaissait sa note des prêts garantis senior un peu plus profondément dans la catégorie spéculative, citant un possible défaut dans un proche avenir. Le même mois, WIND Hellas restructurait 500 millions d'euros de sa dette subordonnée.[30]

L'opérateur télécoms avait désespérément besoin d'une injection de capitaux de 50 millions d'euros pour faire face à un remboursement de coupon dû à la mi-octobre. Le management obtenait des créanciers un engagement de renonciation et de modification pour une partie de la ligne de crédit, mais le principal défi consistait à trouver un investisseur disposé à financer le déficit de 50 millions d'euros. WIND Hellas n'avait pas de liquidité disponible, et les Sawiris ne semblaient pas désireux d'intervenir. Le management tenait des discussions avec les fonds de private equity, actionnaires minoritaires de Weather. Apax déclinait tout intérêt. Les bénéfices étaient en chute libre – l'EBITDA avait dégringolé de 25 % au trimestre précédent.[31] Personne n'était prêt à investir à contre-courant.

En novembre, WIND Hellas était en défaut de paiement. En 2009, les charges d'intérêts s'élevaient à 222 millions d'euros. Avant même de tenir compte de la dépréciation du goodwill, le résultat d'exploitation ne s'élevait qu'à 37 millions d'euros, en baisse de près de 80 % sur l'année. Il était temps pour l'entreprise d'avoir une sérieuse conversation avec ses créanciers.

Weather Investments proposait d'effacer près de 1,5 milliard d'euros de dette subordonnée et de maintenir les prêts avec le plus de garanties en place. Mais certains créanciers n'étaient pas d'humeur bavarde. Lorsque Hellas II demandait à être placée sous administration judiciaire, les porteurs d'obligations subordonnées envisageaient de faire une offre d'achat sur la société. Pourtant, ils ne réussiraient pas à déposer leur offre à temps. Weather remportait une bataille judiciaire pour garder le contrôle de l'opérateur de téléphonie mobile grec malgré une offre supérieure par certains créanciers de la société.[32]

Basée au Royaume-Uni après que Weather avait déplacé sa juridiction du Luxembourg quatre mois plus tôt, le 13 novembre 2009 WIND Hellas devenait la plus grande restructuration judiciaire jamais orchestrée dans le pays. Après des jours de négociations houleuses, le véhicule d'investissement des Sawiris conservait le contrôle, coûtant aux détenteurs d'obligations 1,5 milliard d'euros en échange d'une minuscule participation minoritaire dans la société.[33]

Bien que ce qui précède ait pu laisser de nombreux lecteurs perplexes, il est important de comprendre pourquoi la société grecque avait pris la peine de déménager son siège social du Luxembourg à Londres. Le Royaume-Uni possède l'une des législations de faillite de sociétés les plus souples d'Europe – les émetteurs de dette et les investisseurs trouvent frustrante la rigidité des régimes de restructuration dans d'autres pays européens. Le processus administratif du Royaume-Uni permet à une entreprise en difficulté incapable de faire face à ses obligations de dette de demander une protection judiciaire, ce qui lui donne le temps d'élaborer un plan de restructuration approprié avant d'engager des pourparlers avec ses créanciers. Cela permet aux actionnaires de chercher des investisseurs pour une entreprise en difficulté tout en gardant les créanciers à distance. Le déménagement de la société grecque à Londres avait donc été conçu par la société mère italienne Weather Investments, elle-même contrôlée par les Sawiris, en prévision d'un défaut de paiement sur les engagements de dette LBO.

Cette restructuration controversée, qui vaudrait à Londres le titre douteux de 'capitale européenne de la faillite',[34] ne plaisait pas à certains porteurs d'obligations de WIND Hellas. Elle marquait le début d'une longue bataille juridique entre la société et ses actionnaires d'un côté et certains de ses créanciers chirographaires de l'autre.

La société avait accordé un traitement préférentiel aux créanciers garantis, y compris les détenteurs de prêts bancaires, mais peu de cas avait été fait des droits des détenteurs d'obligations.[35] Ces derniers, en tant que prêteurs subordonnés, étaient les plus affectés par la détérioration de la valeur de la société grecque. Et si les obligations étaient cotées sous leur valeur nominale, cela signifiait logiquement que les actions détenues par Weather Investments ne devaient rien valoir.

Mais les Sawiris et leurs co-investisseurs du private equity n'étaient pas disposés à remettre les clés aux partenaires ayant priorité sur eux dans le montage financier. Grâce au processus de restructuration judiciaire, ils pouvaient se présenter comme les bons gars qui essaient de sauver des emplois. Dans la version du capitalisme du 21ème siècle, les créanciers ne sont pas toujours prioritaires sur les actionnaires, quel que soit leurs droits contractuels. Un porteur d'obligations, Bertrand des Pallières, directeur général de SPQR Capital, se livrait à une hyperbole paillarde :

> *'La restructuration judiciaire a été utilisé [par les Sawiris] pour racheter leur propre entreprise en éliminant certaines de ses dettes. L'Angleterre est connue pour ses bonnes lois, mais cela la transforme en un bordel pour les entreprises qui font faillite.'*[36]

Ce qui compliquait les choses, c'est que les prêteurs subordonnés avaient en fait soumis une offre plus élevée, suggérant une valeur de 450 millions d'euros, composée de 200 millions d'euros de fonds propres et du rachat des 250 millions d'euros de lignes de crédit de la société. Mais ils n'avaient pas réussi à obtenir le soutien de suffisamment de créanciers avant le 30 novembre, la date butoir d'une période de blocage. Finalement, un tribunal britannique s'était prononcé en faveur de Weather dans sa tentative de restructurer le bilan de l'opérateur télécoms. Certains porteurs d'obligations voulaient entamer une procédure judiciaire. Parmi eux, Mike Hodges, Chief Investment Officer chez Aladdin Capital, protestait :

> *"Avec la transaction proposée par Weather maintenant avalisée, la société et l'équipe de direction, qui ont mis Wind Hellas dans cette difficile situation pour commencer, vont racheter ce qui était une société de 3 milliards d'euros pour 50 millions d'euros et essentiellement utiliser notre argent en empochant la valeur de notre dette radiée".*[37]

Telles étaient les méthodes modernes appliquées par les sponsors financiers pour préserver leurs intérêts. Pour garder le contrôle, les actionnaires avaient fait en sorte que la restructuration purgative fut initiée par la société elle-même, invoquant un besoin pressant de liquidités, préemptant ainsi l'action des créanciers.[38] Weather faisait valoir que son expertise dans le secteur des télécommunications – plutôt que simplement son statut de propriétaire financier – ajoutait une réelle valeur à son offre inférieure.

Les réclamations contentieuses et litigieuses se multiplieraient. Pour l'instant, la société allait de l'avant, initiant le déménagement de son siège social au Luxembourg, un remaniement du management et la nouvelle émission d'un autre prêt PIK (avec intérêts cumulés). En décembre 2009, Nassos Zarkalis, précédemment responsable du fournisseur de services fixes Hellas On-Line et directeur commercial chez Vodafone en Grèce, devenait président-directeur général de WIND Hellas. Le nouveau patron allait probablement concevoir un redressement urgent. Et les actionnaires de l'entreprise n'en avaient pas tout à fait fini avec la restructuration de la dette. Le mois de la prise de fonction de Zarkalis, WIND Hellas émettait un emprunt à long terme d'un montant total de 950 millions d'euros.

Étonnamment, pour une entreprise qui venait de faire défaut sur une partie de sa dette, WIND Hellas suscitait un vif intérêt sur les marchés du crédit. Plusieurs participants, cependant, s'offusquaient du moment choisi pour cette émission et du fait que le produit de la collecte de fonds fut distribué en amont à Weather pour aider les propriétaires à financer leur acquisition de l'opérateur mobile nouvellement restructuré. À ceux qui n'avaient aucun scrupule à soutenir une entreprise et ses fonds propriétaires qui avaient été si ouvertement indifférents aux intérêts des porteurs d'obligations, un acteur du marché répliquait que cela était "de mauvais goût", ajoutant : "Je ne m'impliquerai pas dans cette transaction par principe, et j'ai parlé à un certain nombre d'autres investisseurs qui ressentent la même chose".[39]

Filer à l'égyptienne

Rapidement, les revers désespérés de WIND Hellas en matière de réputation et de performance commerciale se transformaient en déroute financière. À la suite de la restructuration judiciaire, Hellas II était liquidée et Weather Finance III, une autre entité de la structure du groupe, devenait la nouvelle société holding, déposant et déclarant les comptes financiers. Mais ce redémarrage frais et plein d'espoir ne servait à rien si la société d'exploitation sous-jacente se montrait incapable d'exécuter son plan. Début mars 2010, en raison de faibles résultats commerciaux, les obligations subordonnées du groupe tournaient autour de 60 % sous leur valeur nominale ; elles encaissaient une décote de 70 % à la fin du mois.[40]

Parallèlement aux malheurs de WIND Hellas, la Grèce connaissait sa propre crise de la dette, déclenchée par la tourmente de la récession mondiale et les faiblesses structurelles de l'économie nationale. Stable en 2008, le PIB du pays chutait de 4,3 % l'année suivante. Fin avril 2010, les agences de notation de crédit procédaient au déclassement des obligations d'État, leur assignant le statut de titres à haut risque ('junk'). Cela provoquait une crise de confiance, qui n'était pas aidée par les révélations selon lesquelles les gouvernements successifs avaient manipulé les statistiques économiques pendant la majeure partie de la décennie pour soutenir, en 1999, la demande d'adhésion du pays à l'Union monétaire européenne, la zone euro. En mai 2010, le déficit budgétaire du gouvernement grec était révisé et estimé à 13,6 %.

La seule bonne nouvelle dans ces révélations était que la Grèce n'avait pas le pire déficit budgétaire : celui-ci, rapporté au PIB, était le deuxième plus élevé au monde, derrière celui de l'Islande à 15,7%.[41] Pour tenter de sauver la situation, le gouvernement levait 13 milliards d'euros sur les marchés obligataires. Mais la combinaison de données économiques médiocres, de révélations de rapports budgétaires louches et de multiples émissions de dette entraînait une hausse des rendements des obligations souveraines, augmentant le coût de l'assurance contre les risques sur les contrats d'échange sur défaut de crédit (dits Credit Default Swaps, ou CDS) de la Grèce par rapport aux autres pays de la zone euro.

Alors que le pays sombrait dans une crise géante de la dette, mettant en péril son affiliation à la zone euro, WIND Hellas glissait dans une misère insondable. La restructuration judiciaire fin 2009 avait effacé la dette subordonnée, réduisant l'endettement de 9 fois à 5,5 fois l'EBITDA.[42] Six mois plus tard, les obligations non garanties du groupe se négociaient entre 85 % et 90 % sous leur valeur nominale tandis que les prêts garantis changeaient de mains à 50 centimes par euro.[43] Au cours de cette période, la performance de l'opérateur mobile avait suivi la trajectoire économique du pays. WIND Hellas était une fois de plus au pied du mur.

En juin 2010, la société et ses créanciers étaient de retour à la table des négociations – 55 millions d'euros de paiements de dette étaient dus au cours de la dernière semaine du mois, mais l'entreprise n'avait que 35 millions d'euros en banque. Malgré les tentatives de redressement du bilan, WIND Hellas continuait de lutter pendant que le pays sombrait dans un profond bourbier financier. Face aux mesures d'austérité du gouvernement grec, les dépenses de consommation s'affaissaient, menant le marché de la téléphonie mobile à une guerre des prix très compétitive. Au premier trimestre 2010, le chiffre d'affaires de WIND Hellas chutait de 18,5 % alors que ses abonnés se serraient la ceinture.[44]

Malgré les 125 millions d'euros de nouveaux fonds propres investis par les sponsors financiers fin 2009, la réduction des dépenses d'investissement, et des économies annuelles de l'ordre de 80 millions d'euros en paiements de coupons après un allègement la dette de près de 1,5 milliard d'euros, les flux de trésorerie de WIND Hellas n'étaient toujours pas capables de couvrir les engagements cumulés des emprunts restants. Une façon pour les investisseurs de Weather de faire cause commune avec les prêteurs garantis lors de la restructuration purificatrice de l'année précédente avait été de payer des commissions de consentement – près de 55 millions d'euros avaient été consacrés à ces commissions.[45] Mais l'injection de capital de Weather pour protéger son investissement ne valait désormais plus rien.

Cette fois-ci, des paiements de pénalités ne suffiraient pas pour obtenir l'approbation des créanciers. Afin de préparer le terrain pour une autre restructuration judiciaire, et comme illustration supplémentaire des techniques de poursuite vers la juridiction la plus favorable, en juillet 2010 WIND Hellas transférait trois de ses filiales en Grande-Bretagne.[46] Par désespoir, le même mois, la société annonçait sa mise en vente après avoir convenu d'un statu quo avec ses créanciers.[47] À la date limite du 15 septembre, six offres étaient soumises, notamment celles de la société d'investissement Argo Capital, du fournisseur grec de haut débit On Telecoms, du groupe norvégien Telenor, du fonds américain Saban Capital (qui était l'un des porteurs d'obligations garanties), et même une de l'insatiable et inébranlable entrepreneur égyptien Naguib Sawiris, désireux de conserver le contrôle.[48] Le groupe technologique grec Info-

TIM/WIND Hellas

Quest, ancien propriétaire de Q-Telecom jusqu'à sa vente à TIM Hellas en 2006, figurait également sur la liste des parties intéressées.

Quelle que soit l'offre retenue, l'entreprise avait besoin de prises de décision immédiates. Selon le management, en 2010 WIND Hellas devait enregistrer 180 millions d'euros d'EBITDA contre 317 millions d'euros l'année précédente.[49] Mais aucune des offres soumises n'était considérée comme suffisamment généreuse. Aux commandes depuis le défaut de paiement de l'été, les porteurs d'obligations décidaient qu'ils n'allaient plus se laisser bousculer.

Le 18 octobre 2010, Weather Finance III annonçait que certains des créanciers de la société avaient été choisis comme repreneurs privilégiés. Un consortium de prêteurs garantis avait déposé sa propre proposition d'échange de dette contre des actions. Représentant 57 % des obligations garanties, les investisseurs spécialistes en restructuration de dette Mount Kellett, Taconic, Providence Equity, Anchorage Capital, Angelo Gordon et Eton Park injectaient 420 millions d'euros en espèces en échange de 90 % des actions de WIND Hellas. Les 10 % restants étaient alloués aux porteurs d'obligations qui ne voulaient pas ou ne pouvaient pas participer au refinancement. En contrepartie, WIND Hellas serait libérée de ses obligations au titre de 1,2 milliard d'euros de prêts garantis et de 355 millions d'euros de prêts non garantis.[50]

Après avoir échoué à redresser l'entreprise, les fonds de capital-investissement et les Sawiris étaient congédiés. Approuvée par plus des trois quarts des détenteurs de titres de créance garantis,[51] cette deuxième restructuration financière en moins de 12 mois marquait une nouvelle ère sans dette pour WIND Hellas. Bien que les cadres dirigeants, y compris le P-DG Zarkalis, restaient en place, le conseil d'administration était considérablement remanié et renforcé avec des vétérans de l'industrie et des membres du monde des affaires grec.

Avec la nécessité de procéder à cinq mises en faillite distinctes, le scénario WIND Hellas s'avérait être l'une des restructurations les plus techniques et les plus alambiquées d'Europe.[52] Bien que largement utilisée aux États-Unis, la politique de 'prêter pour racheter' (loan to own) adoptée par les six spécialistes de restructuration de dette était un développement assez récent en Europe. Les nombreuses entreprises zombies engendrées par la crise financière de 2008 avaient forcé les créanciers à être plus agressifs et proactifs. Les créanciers s'étaient rendu compte que, malgré toute leur vantardise et leur soi-disant expertise sectorielle, les fonds de capital-investissement se souciaient rarement des droits prioritaires des prêteurs lorsqu'il s'agissait de régler leurs propres erreurs passées. Après avoir été maltraités en 2009, les gérants de dette avaient pris les choses en main, créant une nouvelle société de portefeuille, Largo Limited, celle-ci basée dans le paradis fiscal de Guernesey, pour remplacer le label déshonoré 'Weather'.

Purgé des derniers vestiges de son expérience sous la houlette du private equity, WIND Hellas clôturait une période difficile qui avait vu le chiffre d'affaires et la marge d'EBITDA perdre respectivement 35 % et 12 points de pourcentage au cours des deux dernières années, comme le montre la figure 8.2. L'effondrement de WIND en Grèce signifiait la fin de l'aspiration des Sawiris à construire un empire des télécoms prospère. Après avoir perdu le contrôle des opérations grecques, ils annonçaient la vente pour 6,8 milliards de dollars du groupe Weather – comprenant l'italien WIND Telecom et la participation de 51,7 % dans Orascom – à VimpelCom, un opérateur mondial sur les marchés émergents contrôlé par le groupe russe Alfa et le norvégien Telenor.

Figure 8.2 – Chiffre d'affaires et marge d'EBITDA de TIM/WIND Hellas de 2007 à 2010

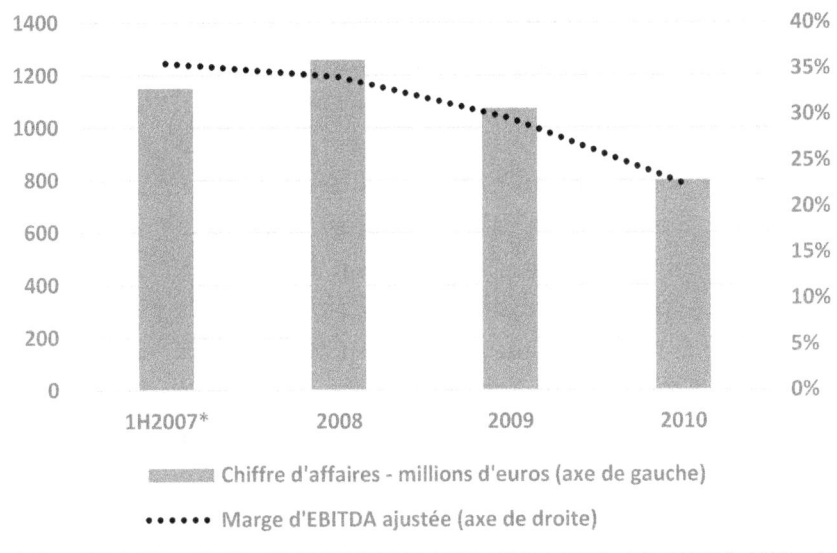

Notes : *TIM Hellas changea son nom pour WIND Hellas le 29 mai 2007 – *Douze derniers mois à juin 2007 – Sources : documents de la société et analyse de l'auteur*

Weather était évalué à 8 milliards de dollars lors de sa fusion avec VimpelCom,[53] environ la moitié de la valeur attribuable aux actionnaires en 2008. Devenus actionnaires minoritaires de la société VimpelCom, les Sawiris acceptaient que, dans un environnement où le financement par la dette était démodé, ils devaient rejoindre des investisseurs avec de gros moyens afin de financer leur ambition de domination mondiale. La fusion créait le cinquième plus grand opérateur de téléphonie mobile au monde par le nombre d'abonnés, avec un chiffre d'affaires de 21,5 milliards de dollars et un EBITDA de 9,5 milliards de dollars.[54]

De Charybde en Scylla

À l'été 2011, Vodafone révélait des discussions au sujet d'une fusion avec WIND Hellas pour renforcer sa filiale grecque Panafon.[55] Le fait que le P-DG Zarkalis était un ancien employé de Vodafone aurait dû faciliter les négociations, mais les discussions échouaient. Les actionnaires de Vodafone ne comprenaient pas la logique économique d'accentuer la présence du groupe sur un marché chancelant. En 2010, le PIB de la Grèce avait chuté de 5,5 %, sa pire performance depuis 1974, l'année où le pays était sorti de la dictature militaire, et 2011 allait réécrire les livres d'histoire du pays : cette année-là, l'économie sombrerait de plus de 9 %. Et malgré le désespoir du pays, les régulateurs auraient hésité à approuver la fusion entre les deuxième et troisième plus grands opérateurs du pays. Pourtant, cela démontrait que WIND Hellas n'était pas le seul groupe de télécommunications dans la tourmente – avant la fin de l'année, Vodafone reconnaîtrait une dépréciation de 450 millions d'euros de la valeur de ses activités grecques.[56]

Grâce à la position proactive adoptée par ses créanciers, WIND Hellas réagissait dans un marché qui restait extrêmement difficile. Pour preuve, en 2012, le PIB national baissait encore de 7,3 %. Finalement, l'entreprise atteignait un nouveau seuil d'activité, avec une marge d'EBITDA oscillant entre 18 % et 19 % (voir figure 8.3).

Alors que la société traversait un environnement économique exécrable, les porteurs d'obligations subordonnées qui avaient été éjectés de la structure du capital lors du refinancement de novembre 2009 intensifiaient leur campagne de rétribution. Ils allaient recevoir une aide extérieure.

En décembre 2011, deux ans après sa restructuration judiciaire, l'ancienne société holding de WIND Hellas, Hellas II, entamait une procédure de liquidation.[57] Les liquidateurs judiciaires allaient s'en prendre aux anciens fonds actionnaires, et ils ne le feraient pas discrètement, dénigrant et mettant en cause publiquement les agissements d'Apax et de TPG au cours des mois précédant la vente aux

Sawiris en 2007. En effet, les aspects de cette histoire qui sont les plus intéressants à étudier, du moins d'un point de vue anthropologique du capital-investissement, ont trait aux coutumes transactionnelles révélées lors du processus de liquidation de Hellas II. Après une longue autopsie médico-légale, en mars 2014, les liquidateurs décidaient de poursuivre les anciens actionnaires de Hellas II pour "transfert frauduleux et enrichissement injustifié", décrivant leur distribution de dividendes de 1 milliard d'euros en 2006 comme "l'un des pires abus de l'industrie du private equity", comparable au Sac de Troie.[58] Le fait que l'acquisition de Q-Telecom avait été baptisée 'Projet Hélène' – après la reine de Sparte dont l'enlèvement provoquerait la guerre de Troie dans *l'Iliade* d'Homère – ajoutait une dimension mythologique à ce drame.

Une tragédie grecque

Lors de son rachat par effet de levier en 2005, la société connaissait déjà une période difficile. Rappelons que l'EBITDA avait baissé de plus de 10 % en 2004. Les cash-flows opérationnels s'étaient effondrés d'un tiers. Ceci en dépit du fait qu'Athènes avait accueilli les Jeux olympiques d'été cette année-là – les frais d'itinérance des visiteurs étrangers ainsi que l'utilisation plus élevée des abonnés locaux avaient été une aubaine. La pression concurrentielle accrue avait vu la base d'abonnés de l'opérateur s'éroder deux années de suite, passant de 2,5 millions à 2,3 millions d'abonnés entre 2002 et décembre 2004. Alors que tous les opérateurs de téléphonie mobile connaissaient une migration des clients prépayés vers des tarifs contractuels, TIM Hellas en avait perdu certains au profit de ses concurrents moins chers et déjà beaucoup plus puissants : Cosmote et Panafon. Ce n'était pas une tendance rassurante. Les abonnés contractuels sont généralement ceux qui offrent une marge plus élevée. Ils sont également plus fidèles, apportant des parts de marché durables. Au cours des trois années précédant le LBO, bien que le chiffre d'affaires eût augmenté régulièrement, la marge d'EBITDA de la société avait perdu dix points de pourcentage (comme le montre la figure 8.1).

Ce ne sont pas des caractéristiques que l'on associe généralement aux candidats de LBO. La stabilité, la croissance et la prévisibilité sont des facteurs préférables pour faire face à des engagements stricts liés à la dette. L'entreprise grecque pourrait être décrite comme un candidat au redressement.

Une opération à effet de levier de TIM Hellas était risquée, à moins de ne pas avoir l'intention de traîner trop longtemps pour juger des conséquences corrosives de la dette sur une entreprise à faible croissance confrontée à une érosion des marges. À la suite de la fusion avec Q-Telecom, six mois après le LBO de TIM Hellas, Apax et TPG avaient réussi à produire des gains temporaires, poussant la marge d'EBITDA au-dessus des 35 % au premier semestre 2007 contre moins de 30 % en 2005. Mais entre 2001 et 2005, le taux de marge avait perdu huit points de pourcentage face à la concurrence tarifaire. Alors que la consolidation du marché engendrée par le regroupement des troisième et quatrième opérateurs de téléphonie mobile était susceptible de réduire la pression sur les prix, la maturité grandissante des services mobiles signifiait que Cosmote et Panafon étaient susceptibles de maintenir la pression, ne serait-ce que pour préserver leurs parts de marché. Dans les trois ans qui avaient suivi son acquisition par Weather, WIND Hellas avait vu sa marge d'EBITDA perdre 10 points de pourcentage. Ce genre d'érosion des bénéfices équivaut à un arrêt de mort pour toute société endettée. WIND Hellas était plongée dans une rigidité quasi cadavérique.

Weather et WIND avaient déjà été maltraitées par les Sawiris avant que l'opérateur grec ne soit ajouté à la structure en 2007. Les effets d'un refinancement effectué à la manière détachée et insouciante de l'époque n'avaient pas donné au groupe de télécommunications une marge de manœuvre suffisante lorsque les nuages de la crise financière s'étaient amoncelés fin 2008.

Si nous devions imputer à quelqu'un la responsabilité pour les erreurs qui rendirent la restructuration de WIND Hellas par ses créanciers indispensable, nous aurions à blâmer notre version moderne du capitalisme non réglementé. On ne peut s'attendre à ce que les investisseurs financiers attribuent des limites à l'effet de levier si la réglementation n'établit pas une position claire sur ce qui est acceptable et ce qui ne l'est pas. Les Sawiris avaient une ambition insatiable. À l'époque, tout le monde voulait consolider le marché. La filiale T-Mobile de Deutsche Telekom, Vodafone en Grande-Bretagne et la division de téléphonie mobile Orange de France Télécom menaient la danse en Europe. Naguib Sawiris avait besoin de dette pour financer son projet, ne serait-ce que pour égaler la puissance de feu de ce trio. En 2005, l'empire des Sawiris était déjà assis sur 10 milliards d'euros d'emprunts.[59] Cinq ans plus tard, il s'était effondré.

Une autre leçon à tirer concerne la structure du marché plutôt que la structure du capital. Pour protéger les flux de trésorerie dans le secteur des télécommunications, dominer le marché est très important. Le deuxième opérateur mondial de téléphonie mobile offre de précieux conseils. En décembre 2016, Vittorio Colao, P-DG de Vodafone, expliquait que l'objectif de son entreprise était d'être numéro 1 ou 2 dans toutes ses zones géographiques. Il indiquait : "L'écart par rapport aux numéros 3 est non seulement stable, mais même croissant. Il s'agit vraiment de créer un marché à deux vitesses".[60] Les deux principaux acteurs d'un pays donné sont en mesure de se différencier grâce à des réseaux et des services de qualité supérieure, garantissant une plus grande protection et une meilleure visibilité des flux de trésorerie.

Ce point de vue était étayé par les faits. En Grèce, Cosmote avait des marges d'EBITDA proches de 40 % tandis que celles de Panafon tournaient autour de 35 %.[61] En tant que troisième opérateur sur un petit marché européen, WIND Hellas ne disposait pas des armes nécessaires pour différencier ses services, ce qui rendait ses flux de trésorerie vulnérables et menaçait sa survie compte tenu d'un endettement excessif. Dépassée par des rivaux plus importants et affectée par les effets à long terme de la dette ainsi que par le bras de fer entre ses actionnaires et ses créanciers, la société enregistrait une marge d'EBITDA inférieure à 25 % en 2010 (voir figure 8.2).

Retombées négatives du LBO

Pour les organismes prêteurs qui exprimaient leur colère par le biais de plusieurs poursuites judiciaires, le sujet en question concernait la responsabilité d'Apax et de TPG dans ce chaos. Dans le cadre classique du modèle de private equity, basé essentiellement sur des commissions, les deux firmes recevaient des honoraires de conseil d'une valeur de 2 millions d'euros par an. En outre, ils avaient gagné 15 millions d'euros pour des services de conseil fournis lors du placement de la dette et de la préparation des plans opérationnels et stratégiques au moment du LBO en 2005.[62]

Lorsque le duo Apax-TPG avait revendu deux ans plus tard, le groupe de télécoms grec avait 20 fois plus de dettes qu'avant le LBO, en raison du versement de dividendes à ses sponsors financiers fin 2006.[63] Comme indiqué précédemment, cette recapitalisation faisait l'objet de poursuites judiciaires intentées en septembre 2015 contre Apax et TPG par les liquidateurs de Hellas II, la société mère du groupe qui avait fait faillite trois ans après la distribution de dividendes. Les liquidateurs judiciaires cherchaient à récupérer l'argent au nom des créanciers, soutenant que la société n'avait pas suffisamment de bénéfices pour couvrir le paiement de dividendes et affirmant qu'il s'agissait d'un transfert frauduleux. À leur avis, le bilan n'était pas seulement tendu, il était à l'agonie.

À première vue, le point semble absurde, voire tendancieux. Non seulement les paiements de dividendes élaborés par des fonds de private equity sont rarement, voire jamais, couverts par les bénéfices de la société sous-jacente, mais dans de nombreux cas, de telles distributions conduisent la société à une position de passif net (ce qui signifie que ses actifs ne sont pas suffisants pour couvrir ses passifs, car ces distributions de dividendes par recapitalisation sont financées par des dettes bancaires ou des obligations). Nous avons déjà rencontré ce concept dans l'étude de cas de Bhs au chapitre 7.

TIM/WIND Hellas

Toutefois, une allégation plus pertinente formulée par les liquidateurs judiciaires concernait les instruments de capitaux propres utilisés par les deux firmes de capital-investissement pour acquérir TIM Hellas. Ces titres – connus sous le nom de certificats d'actions privilégiées convertibles – étaient censés suivre des règles de rachat strictes énoncées par la loi luxembourgeoise. Encaissés à une prime énorme – 35 fois leur valeur nominale – en vertu de la loi luxembourgeoise, ces certificats n'accordent aucun droit aux dividendes en l'absence de bénéfices distribuables dans la société. Rendant ces paiements encore plus laborieux, avant toute distribution, la société doit obtenir une évaluation indépendante.[64] Pour couronner le tout, les autorités fiscales de diverses juridictions enquêtaient pour savoir si des impôts appropriés avaient été payés sur cette distribution gigantesque. Jusqu'à 200 millions d'euros de retenue à la source pouvaient être dus si ces certificats convertibles étaient traités comme des capitaux propres (comme ils le seraient aux États-Unis et dans d'autres juridictions) plutôt que comme de la dette (comme cela est autorisé au Luxembourg).[65]

Un deuxième litige s'appliquait aux obligations fiduciaires des anciens administrateurs de l'opérateur télécoms, ce qui concernait directement les sponsors financiers puisque plusieurs de leurs représentants siégeaient au conseil d'administration de l'époque. Comme ligne de défense contre les deux procédures, les fonds de capital-investissement soutenaient que Hellas II respirait la santé lors de sa vente en 2007 et que l'implosion ultérieure de la société était une conséquence de la crise économique du pays. Pourtant, divers courriels échangés entre des exécutifs des deux fonds d'investissement montraient que certains membres de leurs équipes craignaient que l'ampleur de la recapitalisation de 1,4 milliard d'euros ne mette l'opérateur en danger. Un investisseur chez TPG faisait remarquer à son homologue d'Apax que leurs agissements "mettaient l'entreprise sous une énorme pression". Les deux firmes arguaient que ces extraits étaient pris hors contexte.

Parlant de "pillage trompeur et catastrophique", les liquidateurs judiciaires comparaient la conduite d'Apax et de TPG à "un super cheval de Troie conçu pour infiltrer financièrement TIM Hellas et Q-Telecom, puis piller systématiquement leurs actifs de l'intérieur en accumulant des dettes afin d'assurer des distributions importantes aux actionnaires".[66] Ajoutant à ce barrage de reproches, des Pallières, l'ancien détenteur d'obligations et créancier chez SPQR Capital, se plaignait amèrement:

> *"Cette affaire affiche l'industrie du capital-investissement dans tout ce qu'elle a de plus négatif. Apax et TPG ont chargé Hellas de dettes et ont utilisé le produit des recapitalisations pour se reverser d'énormes distributions de dividendes. C'était immoral et illégal, comme nous le dirons au tribunal de Luxembourg. Vous ne pouvez pas soutirer 1 milliard d'une entreprise qui n'a pas de réserves. C'était une manœuvre cupide et cynique qui a laissé les créanciers et l'entreprise elle-même à la dérive",*[67] avant d'ajouter : *"Cela ouvrirait la porte au pillage massif des entreprises".*[68]

Mais il s'avère que vous pouvez retirer autant d'argent que vous désirez d'une entreprise sans fonds propres. Le 23 décembre 2015, les trois juges du tribunal de district de Luxembourg jugeaient qu'Apax et TPG n'avaient rien fait de mal, rejetant toutes les poursuites introduites à leur encontre.[69]

Cela étant, ce n'était pas la fin de l'histoire. Un procès civil avait été lancé contre les deux accusés aux États-Unis. En septembre 2016, une cour d'appel de New York statuait que Wilmington Trust, un fiduciaire désigné par les porteurs d'obligations de Hellas Telecommunications, pouvait intenter des actions contre les anciens fonds actionnaires. Wilmington demandait 565 millions de dollars pour les obligations en défaut, accusant Apax et TPG d'avoir empoché le produit de l'annulation de ces obligations. Les cofondateurs de TPG, David Bonderman et James Coulter, ainsi que l'ancien P-DG d'Apax, Martin Halusa, étaient cités comme prévenus.[70] Près d'une décennie après les faits, la distribution controversée des dividendes par recapitalisation était une source intarissable de problèmes.

Communication interrompue

Alors que les créanciers et les liquidateurs judiciaires de TIM Hellas peinaient à amener Apax et TPG à rendre compte de leurs erreurs présumées, ils peuvent peut-être se consoler du fait que les véhicules d'investissement levés avant la crise financière par les deux gestionnaires avaient réalisé de très mauvais résultats. Apax Europe VII et TPG Partners V, respectivement levés en 2007 et 2006, affichaient tous deux un taux de rendement annuel de 5 %, n'atteignant ainsi pas les 8 %, le rendement garanti standard de l'industrie du private equity.[71] Les partisans de l'économie de marché toute-puissante comprendront que, dans cette forme la plus pure de justice karmique, les dirigeants d'Apax et de TPG n'avaient pas eu droit à partager les plus-values avec leurs investisseurs institutionnels puisque leurs rendements ne dépassaient pas le taux critique de rentabilité (le 'hurdle rate') de 8 %.

Comme nous l'avons vu, le groupe italien WIND était déjà très endetté avant même d'acquérir TIM Hellas. Son propriétaire, Weather Investments, s'était parfaitement adapté au moule LBO en levant le plus grand emprunt PIK jamais vu en Europe. En septembre 2009, la société mère qui contrôlait à la fois les activités italiennes et grecques arborait 4,2 milliards d'euros de dette bancaire senior et 700 millions d'euros de prêts de rang inférieur. À la fin de cette année-là, Weather avait dû utiliser le bilan des opérations italiennes de WIND pour soutenir sa division grecque en difficulté.[72]

L'entreprise souffrait d'un cas aigu de 'mal de dette' : un véritable casse-tête causé par un excès d'injection de dette. À vrai dire, l'entreprise avait fonctionné dans un contexte économique hostile. Entre 2008 et 2015, l'économie grecque avait vu son PIB passer de 355 milliards de dollars à environ 200 milliards de dollars, soit une baisse de 44 % en seulement sept ans. Le gouvernement était contraint de vendre des actifs à des prix avantageux. Même les joyaux de la base industrielle du pays avaient besoin du soutien de l'État. En novembre 2008, OTE avait été partiellement renfloué par l'État et par l'opérateur allemand Deutsche

Telekom, chacun d'eux prenant une participation de 25 % dans le premier groupe de télécoms du pays. Deutsche Telekom portait sa participation à 30 % en 2009, puis à 40 % cinq ans plus tard, les besoins de liquidités du gouvernement grec ne cessant d'augmenter.

Dans une économie capitaliste moderne, une entreprise de la taille de WIND Hellas reste rarement sans dette très longtemps. Au dernier trimestre 2016, Crystal Almond, la société mère luxembourgeoise de WIND Hellas, lançait une série de présentations pour promouvoir un emprunt de 250 millions d'euros à haut rendement garanti sur cinq ans. Mais alors que le management et les actionnaires avaient changé, la réputation de l'émetteur au sein de la communauté bancaire et des fonds spéculatifs restait entachée. Compte tenu d'un tel contexte, toute émission de dette était vouée à recevoir un accueil glacial.

L'intérêt du marché était en effet timide, mais avec des risques de litige estompés, les investisseurs étaient prêts à donner une nouvelle chance à l'opérateur grec, même si les contrôles de capitaux introduits par le gouvernement en juin 2015 ajoutaient de l'incertitude – 'les flux de trésorerie générés par WIND Hellas seraient-ils librement accessibles pour rembourser les engagements de la dette?' n'était qu'une des questions auxquelles l'émetteur ne serait pas en mesure de répondre catégoriquement. Le processus d'offre de dette progressait. Pour attirer les investisseurs, l'entreprise était obligée de proposer un taux d'intérêt sur coupon à deux chiffres. Les actionnaires existants devaient également apporter 25 millions d'euros de nouveaux fonds propres pour encourager les prêteurs potentiels.

À la suite de cette émission d'obligations, WIND Hellas était armée d'un ratio d'endettement très raisonnable de 1,2 fois l'EBITDA.[73] Après avoir connu une stabilisation de ses bénéfices au cours des quatre années précédentes, et même une hausse de son chiffre d'affaires, comme la figure 8.3 l'indique, l'entreprise reprenait vie. Bien qu'il fût peu probable que sa faible création de liquidités en fasse un candidat au LBO approprié pendant un certain temps.

Figure 8.3 – Chiffre d'affaires et marge d'EBITDA de WIND Hellas de 2013 à 2016

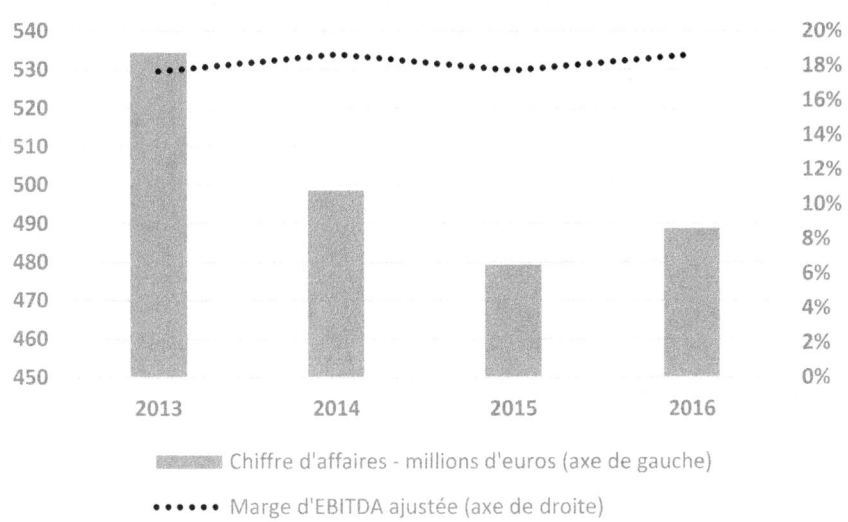

Sources : documents de la société et analyse de l'auteur

À en perdre son latin

Il est indéniable que, pendant de nombreuses années, TIM Hellas avait souffert de son endettement démesuré, indépendamment de la transformation profonde que l'opérateur endurait sous la direction des fonds de private equity. Bien que les cadres supérieurs eussent concentré leur attention sur la réduction de l'endettement, ils n'étaient pas en mesure de tirer parti des opportunités du marché ou de s'adapter à une débâcle économique sans précédent. Comme le soulignait des Pallières, de SPQR Capital :

> *"L'industrie du capital-investissement souligne toujours à quel point elle est constructive en tant que force d'investissement pour créer des emplois et de la*

croissance. Mais il y a des fonds de capital-investissement qui s'enrichissent en brisant des entreprises et en appauvrissant les autres – qu'ils soient créanciers, l'État ou les employés".[74]

La querelle surréaliste entre les créanciers – qui avaient perdu 1,4 milliard d'euros – et les anciens actionnaires du groupe montre que de nombreux participants impliqués dans cette transaction n'ont pas su se familiariser avec les techniques modernes utilisées par les sponsors financiers pour soutirer de la valeur à une société de portefeuille.

L'influence irrésistible de financiers comme les Sawiris, Apax et TPG avait même conduit le cabinet d'audit Ernst & Young à commettre une grave erreur de jugement. En juin 2015, l'un de ses associés était 'sévèrement réprimandé' et condamné à une amende par l'Institute of Chartered Accountants pour un 'grave conflit d'intérêts' causé par sa nomination en 2009 en tant qu'administrateur de Hellas II, ce dernier se trouvant être également un client d'audit d'Ernst & Young.[75] Déjà en 2011, Ernst & Young avait perdu son mandat de liquidateur judiciaire, après qu'une Haute Cour eut statué que plusieurs pistes d'investigation "ne semblaient pas avoir fait l'objet d'une évaluation critique approfondie par les administrateurs, comme en ce qui concerne le rôle d'Ernst & Young Luxembourg en tant qu'auditeur des comptes de Hellas II". En réponse, la Haute Cour avait annulé une décision du cabinet d'audit de dissoudre Hellas II et ordonné à la place la nomination d'un administrateur judiciaire indépendant.[76] Ce n'était pas l'heure de gloire d'Ernst & Young. Cela dit, peu des parties intéressées dans ce fiasco étaient présentées sous leur meilleur jour.

Le cas de TIM Hellas est une conséquence involontaire de notre décision de déréglementer l'économie et de compter sur les acteurs du marché pour se comporter de manière qu'ils puissent anticiper comment leurs actions seront perçues à la lumière des conceptions morales de leur époque. Que l'on prenne le parti des fonds d'investissement, des créanciers, des conseillers, du management ou, dans une plus large mesure, de notre société dans l'évaluation de la transaction TIM Hellas, nous devons reconnaître que l'éthique des affaires n'est pas codifiée et évolue avec le temps. D'où la nécessité d'une réglementation pour aider à guider les acteurs économiques.

L'EFFET AMPLIFICATEUR DU LEVIER FINANCIER

Quand, dans les années 1980, le monde financier faisait activement campagne pour une libéralisation accrue du marché, il obtenait le résultat escompté : une croissance économique rapide, grâce à l'expansion des marchés du crédit. Mais la conséquence inattendue de cette injection de dette était une augmentation de la volatilité des marchés. Comme l'ont écrit les macroéconomistes George Akerlof et Robert Shiller : "La hausse de l'endettement se traduit par la hausse des prix des actifs, encourageant de plus en plus l'effet de levier. Le même processus fonctionne en sens inverse dans une tendance baissière à mesure que les prix des actifs baissent".[77]

TIM Hellas, deux fois mis en faillite, montre comment ce scénario se déroule au niveau microéconomique. En 2005-07, le cycle ascendant de l'effet de levier avait permis à Apax et TPG de distribuer des dividendes par recapitalisation de manière agressive. En 2008-10, la boucle de rétroaction avait abouti à des annulations de dettes, à une conversion de créances en capital ('debt-equity swap') et, finalement, à la perte de contrôle par Weather Investments. Le capital-investissement contribue parfois à accroître la vulnérabilité des entreprises.

CHAPITRE 9

Vulgarité du private equity : collusion, corruption et conflits d'intérêts

> *Les études de cas suivantes, reproduites à l'échelle miniature, couvrent des scandales majeurs qui ont affligé le secteur ces derniers temps. Toutes les plaintes ont été réglées à l'amiable, permettant aux accusés de s'en dépêtrer sans admission de responsabilité. Pourtant, ces récits offrent un aperçu extraordinaire des méthodes et stratagèmes adoptés et éprouvés par les gestionnaires de fonds dans leur quête de maximisation des rendements.*

Le capital-investissement est un créneau du secteur des services financiers qui n'a pas été correctement supervisé depuis son émergence dans les années 1970. Ce mode de fonctionnement convient très bien aux gestionnaires de fonds. Comme les chapitres précédents ne l'ont que trop bien montré, au-delà des succès et des échecs, les transactions de private equity tournent facilement au romanesque.

Non seulement les régulateurs ont choisi de prêter peu d'attention aux pratiques avant-gardistes des fonds de LBO, mais la demande inconditionnelle des investisseurs institutionnels pour les produits à haut rendement garantit que le pouvoir de négociation demeurera du côté de l'offre.

Bien que, dans la plupart des économies occidentales, la volonté politique n'ait pas réussi à s'aligner sur l'opinion publique, la recherche universitaire et une grande partie des médias, il est maintenant admis que le capital-investissement a de graves effets secondaires indésirables. L'exploitation abusive et à court terme des actifs, l'évasion fiscale, l'endettement excessif et le sous-investissement structurel des sociétés de portefeuille sont largement condamnés, même s'ils restent impunis. Mais l'argument selon lequel les méthodes du capitalisme vont parfois à l'encontre des principes éthiques n'est pas nouveau. Dans l'intérêt de la croissance économique, cette situation a été acceptée comme un mal nécessaire.

Ce qui est plus préoccupant, c'est une série de scandales et d'actes répréhensibles révélés par les régulateurs au lendemain de la crise de 2007-08. Un siècle plus tôt, une crise bancaire s'était produite, nuisant à l'image de la communauté financière de manière semblable à ce qui s'est déroulé il y a dix ans. Comme l'écrit un historien : "Après la panique de 1907, les banquiers étaient considérés comme des voyous, des escrocs et des incompétents".[1] Des points de vue similaires étaient exprimés après la récente crise financière. Ce chapitre ne dissipera pas le sentiment que les banquiers ne sont pas les seuls financiers à se complaire dans la déchéance.

Collusion et comportement anticoncurrentiel

Contrairement au monde mono- ou duopolistique des titans de la Silicon Valley, l'industrie du capital-investissement est extrêmement compétitive. Il y a peu de différence entre les compétences d'investissement des dirigeants de diverses firmes. C'est pourquoi remporter une transaction dépend principalement du prix payé.

Dans le segment des grosses transactions, seul un petit nombre de firmes peuvent conclure des opérations de levier de plusieurs milliards de dollars. La capacité d'exécuter des méga-LBO a créé une nouvelle génération de superinvestisseurs. Comme ils faisaient partie d'une élite très exclusive, au fil des années, les dirigeants de ces fonds ont appris à se connaître et à travailler ensemble. En fait, beaucoup se sont tellement bien entendus qu'ils ont même collaboré en dehors des heures de travail.

En décembre 2015, Joshua Harris, l'un des cofondateurs d'Apollo, s'associait à David Blitzer, qui avait pendant des années dirigé les activités européennes de Blackstone avant de retourner aux États-Unis pour assumer la direction de la division Opportunités Tactiques de son employeur. Ce mois-là, les deux individus prenaient une participation majoritaire dans le club de football de Premier League anglais Crystal Palace. Harris et Blitzer étaient déjà actionnaires de l'équipe professionnelle de hockey sur glace New Jersey Devils, acquise pour 320 millions de dollars deux ans plus tôt. Tous deux étaient des anciens élèves de la Wharton School à Philadelphie, ce qui explique probablement pourquoi, à l'été 2011, ils avaient racheté pour 280 millions de dollars l'équipe de basket Philadelphia 76ers. Reprendre des équipes sportives en mal de performance était une façon de dépenser les plus-values accumulées au fil du temps.

Des liens aussi étroits seraient peu probables dans une autre industrie. Il est difficile d'imaginer Bill Gates et Steve Jobs, ou Mark Zuckerberg et Tim Cook, s'associer pour investir dans leur passe-temps préféré, à supposer qu'ils partagent les mêmes intérêts. Pourtant, les investissements tape-à-l'œil des grands prêtres du capital-investissement dans des équipes sportives malchanceuses ne sont pas ce qui intriguait les régulateurs financiers. L'essor des transactions en bande organisée ('club deals') dans une industrie arrivant rapidement à maturité créait ce problème ancestral du capitalisme : des accusations de collusion et de manipulation des marchés.

Un bref historique des pratiques anticoncurrentielles

Notre génération connaît particulièrement bien les récentes affaires antitrust qui, parfois durant des décennies, ont été menées bec et ongles par les autorités de la concurrence des États-Unis et de l'Union européenne contre les entreprises technologiques Microsoft, Intel et Google. Depuis l'expérience dramatique de la fin du 19e siècle, les gouvernements cherchent à maintenir des règles du jeu équitables dans tous les secteurs de l'économie.

La meilleure façon de comprendre les comportements anticoncurrentiels est d'examiner les raisons de l'introduction de lois antitrust. En 1890, le Congrès américain adoptait le Sherman Antitrust Act pour protéger les consommateurs contre les pratiques tarifaires déloyales appliquées par des entreprises monopolistiques restreignant illégalement le libre-échange ou l'approvisionnement. Ce qui poussait le gouvernement américain à proposer une telle loi, c'était la consolidation de diverses industries dans la seconde moitié du 19e siècle.

Entre 1860 et 1890, des centaines de petites lignes de chemin de fer d'intérêt local étaient rachetées et consolidées dans des réseaux géants par des magnats qui font maintenant partie du folklore capitaliste : James Hill, Jay Gould et Cornelius Vanderbilt, entre autres.[2] En parallèle, Andrew Carnegie lançait sa carrière dans les chemins de fer avant d'amasser une fortune dans l'industrie sidérurgique en plein essor au cours des deux dernières décennies du 19e siècle.

Les secteurs de l'acier et des chemins de fer étaient finalement démantelés par l'intervention du gouvernement, mais l'affaire qui recevait le plus de couverture médiatique était sans aucun doute la dissolution en 1911 de la Standard Oil en 34 sociétés distinctes. Cette société de production et de distribution de pétrole avait été créée en 1870 par John D. Rockefeller qui avait ensuite réussi à verrouiller le marché pétrolier américain en signant des accords secrets avec ses concurrents. Alors que le siècle touchait à sa fin, Standard Oil contrôlait environ 90 % des raffineries de pétrole du pays. La société était finalement assignée en justice en vertu du Sherman Act, ce qui conduisait à sa déconglomération.

L'illustration du private equity

Lorsque tout a commencé, les gestionnaires de fonds de capital-investissement préféraient réaliser des acquisitions sans collaborer avec leurs rivaux, ne serait-ce que pour démontrer leurs prouesses uniques en matière de négociation et se différencier du reste du peloton. Cela leur permettait également d'avoir un contrôle total sur le destin de leurs sociétés de portefeuille. S'ils devaient s'associer, les gérants de fonds devaient s'assurer que leurs partenaires avaient des intérêts similaires. Les stratégies devaient être alignées ; les programmes maximisant la valeur devaient être en symbiose. Cette approche nécessitait la recherche d'un consensus, ce qui prend du temps et de l'énergie, et n'est pas garanti de produire les résultats escomptés.

Au fur et à mesure que les pratiques de l'industrie devenaient plus répandues, la taille des cibles d'acquisition augmentait. Dans les années 1980, outre le LBO très inhabituel et peu performant de RJR Nabisco par KKR pour 25 milliards de dollars, l'opération à effet de levier la plus importante avait été l'acquisition pour 5 milliards de dollars du conglomérat de biens de consommation Beatrice par le même KKR. Dans les années 1990, le plus grand LBO avait été celui de Borden (toujours par KKR), conclu pour 2 milliards de dollars en 1994. Des partenariats entre plusieurs firmes de capital-investissement avaient lieu, mais seulement occasionnellement. Tout cela changeait pendant la période d'exaltation du début des années 2000.

Entre 2001 et 2005, la taille moyenne d'un LBO passait de moins de 400 millions de dollars à près de 1 milliard de dollars.[3] De nombreuses transactions d'une valeur de plusieurs milliards de dollars étaient entreprises dans les années qui précédaient la crise financière, en partie parce que le boom du crédit contribuait à ce que les multiples de valorisation augmentent de 6 fois l'EBITDA en 2001 à presque 10 fois six ans plus tard.[4] Des transactions plus chères imposaient aux repreneurs de s'associer. Environ 15 % des LBO réalisés en 2005 étaient des 'club deals'.[5]

Il y a deux raisons principales avancées par les fonds d'investissement pour collaborer. La première concerne la diversification des risques. Une bonne gestion des risques nécessite de limiter l'impact qu'une seule transaction pourrait avoir sur la performance d'un véhicule d'investissement. Si TPG avait conclu seule le LBO d'Univision, la firme aurait dû investir 3,7 milliards de dollars de ses capitaux au lieu des 837 millions de dollars qu'elle mettait sur la table au sein du consortium Broadcasting Media Partners. Étant donné que le fonds TPG V avait des engagements en capital de 15 milliards de dollars, allouer la totalité des 3,7 milliards de dollars d'Univision à ce véhicule l'aurait rendu dépendante de manière disproportionnée au succès de cette seule transaction. Compte tenu de ce qui est arrivé au radiotélédiffuseur au cours de la décennie suivante, diversifier la base actionnariale en s'associant à Madison Dearborn et aux autres fonds était certainement la chose prudente à faire pour TPG (et pour ses investisseurs LP).

Même si un gestionnaire de fonds ne ressent pas le besoin de répartir le risque du portefeuille sur un grand nombre de transactions, dans certaines situations, il peut ne pas disposer d'un capital suffisant pour acquérir une très grande cible. S'associer devient donc la seule option. Après trois décennies de rivalité intense, les cadres exécutifs du secteur en étaient naturellement arrivés à connaître leurs homologues dans d'autres fonds. Leur respect mutuel se transformait progressivement en confiance, ce qui leur permettait d'envisager de travailler ensemble à grande échelle et de manière quasi systématique, y compris hors du cadre professionnel dans le cas de Harris et Blitzer.

Mauvais départ

En octobre 2006, des informations faisant état d'une enquête antitrust par le ministère américain de la Justice, sur des accords de collaboration entre fonds de capital-investissement, étaient publiées dans le *New York Times* et le *Wall Street Journal*.[6] Une poursuite au civil était également intentée devant un tribunal fédéral contre 13 groupes de private equity, alléguant qu'ils avaient conspiré pour fixer le prix de certaines transactions.⁷ Le Department of Justice (DoJ) examinait quelques deals importants pour détecter d'éventuels comportements anti-concurrentiels. Plusieurs des plus grandes firmes américaines du secteur, dont Carlyle, Clayton Dubilier et KKR, étaient informées que leurs pratiques et leur participation à des enchères remontant à trois ans faisaient l'objet d'une investigation.

L'émergence et l'adoption généralisée de consortiums de private equity dans la poursuite de cibles spécifiques pourraient limiter la concurrence et faire baisser artificiellement le prix des offres publiques d'achat. Les parties lésées en l'occurrence seraient les actionnaires à la vente. À une époque où les LBO avaient atteint des niveaux records, tant en taille qu'en nombre, l'intégrité du monde des affaires était menacée. Des transactions récentes de plusieurs milliards de dollars avaient vu Toys "R" Us et Freescale Semiconductors tomber entre les mains ou devenir la cible de consortiums de private equity. Si elles étaient truquées, ces enchères pourraient avoir des retombées sur le reste du marché des fusions et acquisitions.

Les lettres que le DoJ envoyait aux différents groupes de capital-investissement demandaient des informations sur une base volontaire. Il ne s'agissait ni d'assignations à comparaître ni de demandes d'enquête civile, mais simplement de requêtes d'information. Les avocats spécialistes du droit antitrust estimaient qu'il serait extrêmement difficile de prouver qu'il y avait collusion, car la plupart des ventes aux enchères concernaient des entreprises qui avaient choisi de vendre plutôt que des vendeurs forcés et en difficulté.⁸ Les firmes de capital-investissement avaient de gros moyens. La bataille promettait d'être longue et ardue.

Entre-temps, d'autres allégations faisaient l'objet d'une enquête par des juges aux quatre coins du pays, sans grand succès. En février 2008, Francisco Partners et Vector Capital étaient blanchis d'actes répréhensibles lorsqu'un recours collectif antitrust contre eux était classé sans suite par un tribunal fédéral de district.

Fin 2005, le conseil d'administration du fournisseur de services informatiques WatchGuard avait organisé un processus d'enchères pour vendre l'entreprise. Les parties intéressées avaient été invitées à soumettre des offres. Jusqu'à 50 prétendants potentiels avaient exprimé un certain niveau d'intérêt. Alors que le processus progressait, Francisco Partners et Vector avaient soumis des offres formelles. Fin juin 2006, l'offre de Francisco était de 4,60 dollars par action et celle de Vector de 4,65 dollars par action.

Le 26 juin 2006, Vector s'était retiré du processus. Peu après, Francisco avait réduit son offre à 4,25 dollars par action. Le conseil d'administration de WatchGuard avait finalement accepté cette offre le 25 juillet. Trois semaines plus tard, Vector avait annoncé un accord avec Francisco pour prendre une participation de 50 % dans WatchGuard, déboursant en conséquence la moitié des sommes dues par Francisco.

Le tribunal de district estimait qu'il était raisonnable pour les fonds de capital-investissement d'unir leurs forces pour faire jeu égal avec leurs concurrents plus importants. Le tribunal considérait aussi que les deux accusés ne possédaient pas de ressources combinées leur permettant d'abuser de leur pouvoir de marché. Le vaste univers de prétendants potentiels qui auraient pu soumettre une offre pour WatchGuard prouvait qu'il y avait suffisamment de concurrence sur les prix. Enfin, le tribunal ajoutait que les actionnaires de WatchGuard auraient pu rejeter l'offre s'ils l'avaient jugée trop basse.[9] Ce dernier point montre à quel point le tribunal comprenait mal le monde des fusions et acquisitions.

Lorsqu'une entreprise initie un processus de vente, elle espère qu'il y aura un réel appétit pour ses actifs. Ne pas trouver de repreneur ferait passer le message que l'entreprise a des difficultés. Ce ne serait certainement pas un signe positif à transmettre au marché. Il pourrait même inviter les fournisseurs et les clients existants et potentiels à reconsidérer leur relation avec l'entreprise ; ils pourraient craindre que l'échec de la transaction soit dû à des problèmes cachés par le management. Une vente aux enchères avortée déstabiliserait également la stratégie de l'entreprise ; cela minerait le moral du personnel et entraînerait probablement le départ d'employés performants. Enfin, cela rendrait toute relance ultérieure d'un processus de vente, des mois ou des années plus tard, beaucoup plus difficile. Tous les investisseurs participant au deuxième processus se souviendraient que l'entreprise n'avait pas réussi à trouver de repreneur lors de la première vente aux enchères. Cela inviterait les acquéreurs potentiels à faire preuve de prudence et à réduire leurs offres en conséquence.

En résumé, bien que le tribunal eût effectivement raison de souligner que 'les actionnaires de WatchGuard auraient pu rejeter l'offre s'ils l'avaient jugée trop basse', une telle décision aurait nui aux perspectives de l'entreprise à plusieurs titres. Sachant tout cela, les fonds de capital-investissement sont incités à employer la manière forte chaque fois qu'ils sont en position avantageuse dans un cycle de négociations, et à baisser leur offre une fois qu'ils ont obtenu le statut d'exclusivité.

Deuxième chance

Ainsi, les 'club deals' offrent l'avantage de réduire les valorisations des transactions. À partir de là, ce n'est qu'un tout petit pas avant de tenter de restreindre la concurrence en acceptant de s'écarter de ses rivaux dans un processus d'enchères. Un type d'arrangement qui peut se résumer comme étant un service rendu par réciprocité, ou un renvoi d'ascenseur.

Il est difficile de distinguer la collaboration de la collusion. C'est pourquoi les fonds de capital-investissement peuvent facilement contester les arguments accusateurs d'un régulateur. Néanmoins, si Microsoft et Apple ou Alphabet et Facebook choisissaient de s'associer sur bon nombre de leurs projets, il serait tout aussi normal que les régulateurs enquêtent sur de telles pratiques.

Le procès antitrust contre les plus grandes firmes de private equity au monde était finalement élargi pour inclure bon nombre des méga-LBO effectués au sommet de la bulle du crédit, en 2005-08. Onze firmes étaient accusées d'une collusion généralisée visant à manipuler le marché des acquisitions de plusieurs milliards de dollars. En septembre 2011, le juge Edward Harrington du tribunal fédéral de district du Massachusetts statuait que les plaignants – d'anciens actionnaires des sociétés acquises, et notamment le gestionnaire du fonds de retraite de la police et des pompiers de la ville de Détroit – pouvaient requérir des informations sur plusieurs transactions importantes, y compris le plus grand LBO jamais orchestré, le rachat pour 44 milliards de dollars du groupe énergétique TXU par Goldman Sachs, KKR et TPG.

Les plaignants affirmaient que les 'club deals' en vogue à l'époque représentaient une tentative illégale des fonds de capital-investissement de s'arranger entre eux et de faire baisser les prix des LBO qu'ils concluaient conjointement. Parmi les autres transactions pouvant faire l'objet de l'investigation figuraient Toys "R" Us, Harrah's Entertainment (qui avait fusionné avec Caesars Entertainment, les anciennes activités de casino de Hilton, peu de temps avant le rachat),* et Univision (ce qui pourrait expliquer pourquoi Blackstone et d'autres partenaires s'étaient retirés du consortium d'investissement de Televisa, transformant la défaite de ce dernier en un échec humiliant). Les firmes impliquées dans ces enchères étaient tenues de remettre les documents internes et les courriels aux plaignants.

Incapables d'offrir la preuve directe d'un accord entre les accusés de ne pas se faire concurrence, les plaignants faisaient valoir qu'un tel arrangement pouvait être déduit des diverses pratiques de collaboration employées par les participants. Ils offraient quelques brefs courriels des dirigeants des fonds concernés pour démontrer que ces derniers agissaient de concert plutôt que de manière indépendante.

Les accusés qualifiaient le procès de "théorie tirée par les cheveux en ne faisant rien de plus que de décrire les activités standard de fusions et acquisitions et de les qualifier d'anticoncurrentielles", mais cette distraction indésirable les forçait à dépenser plus de 100 millions de

---

* Pour un examen complet des LBO de Caesars et de TXU, reportez-vous à *The Debt Trap* (2016)

dollars en honoraires d'avocats.[10] Soucieux de protéger leur réputation, les accusés exigeaient que le juge émette une ordonnance de protection générale pour garder toutes les preuves confidentielles. Certaines des accusations avancées par les plaignants dépeignaient une culture corrompue où des offres fictives et des attributions secrètes de transactions entre les plus grandes firmes de capital-investissement étaient des pratiques établies. L'interprétation correcte des échanges entre collègues, pairs ou concurrents est à juste titre sujette à débat. C'est pourquoi cela vaut la peine d'examiner certains d'entre eux. Les lecteurs en tireront leurs propres conclusions.

En septembre 2006, le président de Blackstone, Hamilton James, envoyait un courriel à ses collègues au sujet d'une conversation qu'il avait eue avec Henry Kravis, de KKR. Les deux firmes étaient dans les dernières phases d'un processus de rachat pour le géant de la technologie Freescale Semiconductors lorsque James écrivait : "Henry Kravis vient d'appeler pour dire félicitations et qu'ils se désistaient parce qu'il m'avait dit avant qu'ils ne court-circuiteraient pas l'une de nos transactions signées". Comme le rapportait le *New York Times*, deux jours plus tard, James envoyait un courriel au cousin et cofondateur de Kravis, George Roberts : "Nous préférerions de loin travailler avec vous plutôt que contre vous. Ensemble, nous pouvons être imparables, mais en concurrence, nous pouvons nous coûter mutuellement beaucoup d'argent".[11]

Un autre échange intrigant fait référence à la décision par Blackstone de ne pas soumettre d'offre à l'été 2006 pour le groupe d'hôpitaux HCA. Neil Simpkins de Blackstone envoyait un courriel à son collègue Joseph Baratta: "La raison pour laquelle nous n'avons pas procédé [à une offre concurrente sur HCA] était essentiellement une décision de ne pas court-circuiter la transaction de quelqu'un d'autre", ce à quoi Baratta répondait: "Je pense que la transaction se fait à un prix avantageux et c'est dommage que nous laissions KKR s'en tirer avec un tel brigandage, mais je comprends la décision".[12] Selon un article de *Fortune*, publié en mars 2011, lors de la réintroduction en bourse de HCA, le co-investisseur de

KKR, Bain Capital, devait empocher plus de 4,3 milliards de dollars sur sa mise initiale de 1,1 milliard de dollars. "Une très bonne affaire", observait le journaliste de *Fortune*. Justement, le même journaliste déclarait que les rendements de Bain ne pouvaient pas être qualifiées de "brigandage", comme le *New York Post* l'avait laissé entendre dans un autre article.[13] À l'époque, la communication interne de Baratta concernant le processus d'appel d'offres de 2006 n'avait pas encore été rendue publique.

KKR avait expressément demandé à ses concurrents de "se retirer de HCA", conduisant deux exécutifs de Texas Pacific Group à noter : "Tout ce que nous pouvons faire, c'est faire aux autres ce que nous voulons qu'ils nous fassent. Cela sera payant à long terme, même si cela fait mal sur le court terme".[14] L'élite de l'industrie fonctionnait en vase clos et préférait la collaboration à la rivalité hostile. Comme l'écrivait un autre responsable de TPG : "Personne dans le capital-investissement ne court-circuite jamais une transaction annoncée".[15] Au fil des années, les échelons supérieurs des plus grands groupes de private equity avaient tramé un esprit de corps où la coopération amicale semblait plus naturelle que la concurrence impitoyable. Ils avaient peu d'intérêt à nuire aux rendements en payant plus pour les actifs que ce qui était strictement nécessaire. Les 11 accusés avaient essayé d'obtenir l'annulation du procès près d'une douzaine de fois en quatre ans ; en vain. Un juge fédéral de Boston décidait en 2013 qu'il y avait suffisamment de preuves pour huit des 27 transactions initialement visées par l'action en justice.[16]

Mettre leur capital en commun pour faire des acquisitions plus importantes était compréhensible. Rester à l'écart les uns des autres dans une sorte d'accord tacite ne l'était pas. Le juge acceptait les revendications des plaignants selon lesquelles derrière les acquisitions conclues au sommet de la bulle des LBO figuraient des accords informels entre les principaux groupes de capital-investissement pour se distribuer les grosses transactions entre eux et réduire artificiellement les valorisations. Un commentaire envoyé par courriel par un employé de Goldman Sachs selon lequel il existait un 'protocole de cercle d'affaires' de ne pas surenchérir les uns sur les autres amenait le juge à croire que cela excluait "la possibilité d'une action indépendante".[17] Les plaignants avaient demandé une indemnisation punitive de 10 milliards de dollars, mais les fonds d'investissement risquaient jusqu'à 36 milliards de dollars d'indemnités si les dommages potentiels étaient triplés en vertu du Sherman Act.

Pour finir, tous les accusés entraient dans le rang et acceptaient un règlement à l'amiable, ne serait-ce que pour éviter d'avoir à divulguer des faits délicats sur certaines de leurs pratiques les plus controversées. Comme le disait un avocat d'affaires : "C'est trop laid. Les courriels ne prouvent peut-être pas ce qu'ils sont censés prouver, mais ils sont tout simplement trop embarrassants." En août 2014, Blackstone, KKR et TPG payaient 325 millions de dollars pour mener à bonne fin des accusations de collusion sur les valorisations. Carlyle acceptait de débourser 115 millions de dollars le mois suivant. Bain Capital, Goldman Sachs et Silver Lake avaient déjà versé respectivement 54 millions, 67 millions et 29,5 millions de dollars.[18] La perspective de subir un procès et de devoir rendre des comptes était le catalyseur de ces décisions, même si elles leur coûtaient près de 600 millions de dollars d'amendes... plus les frais juridiques.

Les consortiums ne sont certainement pas une nouveauté. Dans la Rome antique, les alliances politiques étaient monnaie courante pour étendre sa base de pouvoir. Pensez à la 'Bande des Trois', mise en place par Jules César, Crassus et Pompée pour assurer l'ordre politique par la corruption et l'intimidation. Celui-ci avait duré plus d'une décennie. Octave, Marc Antoine et Lépide avait également formé un triumvirat pour régner immédiatement après l'assassinat de Jules César. Leur collaboration avait été très fructueuse, légitimant le meurtre de Cicéron et l'expansion de l'empire jusqu'à leur brouille éventuelle, qui avait dégénéré en guerre civile.

Ainsi, pour étendre leur poids financier et leurs empires transactionnels, les gestionnaires de fonds de capital-investissement appliquaient une pratique ancestrale : ils unissaient leurs forces, comme le font les cartels de la drogue ou les membres de l'Organisation des pays exportateurs de pétrole chaque fois qu'ils souhaitent manipuler les marchés en fixant les prix. Il est difficile de leur reprocher de s'associer. Alors qu'ils se disputaient pour participer à la plus grande bulle du crédit de mémoire d'homme, la coopération était devenue la norme. C'était une excellente recette pour améliorer les rendements en réduisant la pression haussière sur la valeur des actifs.

Dans le cas de Toys "R" Us, la plupart des analystes estimaient que l'offre de KKR et Bain avait dépassé les attentes en matière de prix.[19] Leurs offres individuelles auraient-elles été encore plus élevées s'ils n'avaient pas coopéré ? Il est difficile de spéculer. Mais si nous répondons oui, cela signifierait simplement que la chaîne de magasins de jouets aurait déposé le bilan bien avant septembre 2017. Il n'est pas clair que les employés et les créanciers du groupe auraient bénéficié d'une vente aux enchères encore plus téméraire.

L'histoire nous enseigne que les comportements anticoncurrentiels sont plus faciles à vaincre en laissant d'autres acteurs du marché réagir qu'en imposant l'intervention des gouvernements ou des autorités de régulation. Mais il faudra du temps avant que les concurrents aient un impact réel. Bien que cela puisse sembler risible aujourd'hui compte tenu de la faible position sur le marché du spécialiste des films photo, Kodak avait fait l'objet tout au long de son histoire d'importantes pressions antitrust: d'abord dans les années 1920 (dans la distribution de films sous marque de distributeur), puis dans les années 1950 (lorsque qu'il avait été forcé par le gouvernement américain de mettre en licence le processus de coloration de ses films), et à nouveau dans les années 1990 (dans la distribution et la réparation de copieurs-duplicateurs). Il avait fallu l'émergence de la photographie numérique, suivie par les téléphones avec appareil photo, au 21e siècle pour que la domination de Kodak se voit infligée un coup humiliant et fatal. À moins que les régulateurs financiers ne se montrent plus déterminés, il faudra des décennies avant que le pouvoir des gestionnaires de fonds alternatifs de taille mondiale ne soit atténué. En attendant, ces derniers continueront à produire des profits monopolistiques.

Corruption – 'payer pour jouer' des sales coups

Les investisseurs institutionnels, en particulier les fonds de pension, sont soucieux de générer des rendements solides sur les sommes colossales qu'ils gèrent. Pour trouver les bonnes opportunités, ils font appel à des intermédiaires appelés agents de placement. De l'autre côté de la table, les financiers qui gèrent des fonds d'arbitrage, immobiliers et de capital-investissement sont tout aussi désireux d'accéder aux vastes quantités de capital (nous parlons de milliers de milliards de dollars) détenues par les fonds de pension et d'autres institutions comme les assureurs, les banques et les fonds de dotation universitaires.

Lorsque la loi Dodd-Frank était adoptée en 2010 par l'administration Obama en réponse à la crise financière, elle visait à mettre fin aux irrégularités qui avaient eu lieu dans le processus de sélection des conseillers en investissement par les agences gouvernementales. Parmi les réformes introduites figurait une règle conçue pour lutter contre les abus d'une pratique dite 'payer pour jouer' (pay to play) impliquant des contributions de campagne faites par certains conseillers à des fonctionnaires capables d'influencer la sélection des gestionnaires de fonds de pension publics (et d'autres actifs gouvernementaux).[20]

En échange d'une commission – payée par le fonds de capital-investissement cherchant à attirer des investisseurs – un agent de placement pourrait promouvoir le dernier véhicule d'investissement d'une firme de private equity. En Amérique du Nord, deux processus de collecte de fonds sur cinq faisaient appel à de tels entremetteurs.[21] Les nouvelles règles interdisaient aux conseillers en investissement, y compris les gestionnaires de private equity, de fournir des services à toute agence du gouvernement fédéral pendant deux ans après que les conseillers ou l'un de leurs associés eurent octroyé une contribution politique. Sinon, ces commissions seraient traitées comme de prétendus pots-de-vin ou dessous-de-table versés à des fonctionnaires.

Le procureur général de l'État de New York, Andrew Cuomo, menait la charge pour s'assurer que les entreprises qui enfreignaient la règle soient punies. Mais des enquêtes concernant des actes de corruption étaient également ouvertes au Kentucky, au Nouveau-Mexique, en Californie et dans d'autres États. Plusieurs grands noms de l'industrie du capital-investissement finissaient par être impliqués dans cette nouvelle croisade. Parmi une longue liste de cas prestigieux figurait une firme soutenue à l'origine par Carlyle, basée à Washington, DC : en 2009 le spécialiste de l'énergie Riverstone acceptait de payer une amende de 30 millions de dollars dans le cadre de l'enquête menée par Cuomo. Le fondateur de Riverstone, David Leuschen, devait payer 20 millions de dollars supplémentaires pour le rôle qu'il avait joué personnellement dans l'affaire.[22] La même année, et pour un même montant de 20 millions de dollars, Carlyle, politiquement connectée, parvenait à un arrangement à l'amiable pour adresser toute accusation de corruption. L'équipe de Cuomo avait découvert qu'au cours des six années précédentes, Carlyle avait effectué plus de 13 millions de dollars de paiements à un intermédiaire politique mis en examen, ce dernier ayant fait en sorte que la firme reçoive des capitaux d'un fonds de pension new-yorkais. La firme avait payé ce représentant par l'intermédiaire de sociétés écrans et avait par la suite reçu plus de 730 millions de dollars des fonds de pension de l'État de New York pour cinq projets différents.[23]

Une autre firme bien connue sous investigation était l'expert du secteur des médias, Quadrangle. Il devait rembourser 7 millions de dollars au New York Common Retirement Fund. Dans le cadre de son règlement, elle imputait publiquement la responsabilité à l'un de ses associés, Steve Rattner, en publiant la déclaration suivante :

> *"Nous désavouons totalement la conduite de Steve Rattner, qui a embauché le consultant politique du contrôleur de l'État de New York, Hank Morris, pour organiser un investissement du New York State Common Retirement*

Vulgarité du private equity

Fund. Cette conduite était inappropriée, inadmissible et contraire à l'éthique".[24]

C'était un moment gênant pour l'administration Obama puisque Rattner avait rejoint ses rangs en tant que conseiller principal du groupe de travail présidentiel sur l'industrie automobile peu de temps avant que Cuomo n'ait lancé son enquête.

Bien que le scandale du 'pay to play' n'ait jamais atteint le profil public des allégations de collusion déjà mentionnées, en décembre 2010, l'enquête de Cuomo "avait conclu des accords à l'amiable avec vingt et une firmes et quatre personnes, recueillant plus de 161 millions de dollars pour New York et le fonds de pension". L'investigation de Cuomo aboutissait aussi à huit plaidoyers de culpabilité,[25] démontrant que plusieurs des parties concernées par le Dodd-Frank Act savaient que leur conduite n'était pas irréprochable.

Le scandale qui faisait le plus de vagues n'était pas revendiqué par Cuomo, mais par ses homologues sur la côte ouest. En juillet 2014, le plus grand fonds de retraite public aux États-Unis – le California Public Employees' Retirement System (CalPERS) – voyait son ancien P-DG, Fred Buenrostro, plaider coupable de corruption et de fraude. À la tête de CalPERS entre 2002 et 2008, il admettait de nombreuses infractions, notamment avoir reçu de l'argent, des jetons de casino et d'autres petits cadeaux de l'ancien membre du conseil d'administration de CalPERS, Alfred Villalobos, qui était lui aussi inculpé.

La combine (qui avait commencé en 2005) consistait à orienter les engagements de capitaux de CalPERS vers certaines firmes de private equity, et aurait impliqué des paiements par des gestionnaires de fonds allant jusqu'à 50 millions de dollars entre 2005 et 2009 pour les services de Villalobos (un ancien maire adjoint de Los Angeles) en tant qu'agent de placement de CalPERS.[26] Dans un cas bien précis, Villalobos avait reçu 14 millions de dollars d'honoraires après avoir aidé Apollo Global Management à décrocher auprès de CalPERS une promesse de capital de 3 milliards de dollars. Bien que Villalobos ait nié ces allégations, nous ne connaîtrons peut-être jamais tous les faits puisqu'il s'est suicidé en janvier 2015.[27] À la suite de ce scandale, CalPERS introduisait des changements significatifs à sa gouvernance d'entreprise, mais il n'est peut-être pas surprenant que, deux ans plus tard, le groupe entamait une réorganisation et externalisation d'une partie de ses activités de capital-investissement.[28]

Conflits d'intérêts – faiblesses de la relation agent-client

Parachevant le triptyque de la face cachée et honteuse de l'industrie est un problème commun à toutes les relations mandant-agent : les conflits d'intérêts.

La priorité des investisseurs LP devrait être d'aligner les mécanismes de rémunération et les intérêts des gestionnaires de fonds de capital-investissement sur les leurs. Cette section montre que ceci est plus facile à dire qu'à faire. Il existe de nombreuses recherches universitaires qui prouvent que, malgré leurs rémunérations incroyablement généreuses, les gestionnaires de fonds n'agissent pas toujours dans l'intérêt de leurs investisseurs.

Il est très tentant pour les agents intermédiaires de garder une part plus importante des gains s'ils le peuvent, une situation fréquente du fait du manque de supervision. Au fil du temps, les firmes de capital-investissement ont développé une vaste gamme de techniques innovantes pour y parvenir, au risque de transformer leur entreprise en un jeu institutionnalisé d'attrape-nigaud, ou 'phishing for phools', pour utiliser la formule des économistes George Akerlof et Robert Shiller.

D'où la manipulation du taux de rendement interne, le critère de performance par rapport auquel tous les gestionnaires de fonds sont évalués, comme expliqué précédemment. Par exemple, en juillet 2014, Blackstone avait utilisé une ligne de crédit de 2,25 milliards de dollars appelée prêt sur marge ('margin loan') – empruntant de l'argent à quelques banques tout en mettant en gage ses 628 millions d'actions Hilton – pour accélérer le redéploiement du capital à ses investisseurs LP alors que la firme de private equity cherchait toujours une porte de sortie pour sa participation de sept ans dans Hilton. La restitution anticipée des liquidités contribuait à augmenter le rendement des capitaux investis par Blackstone dans le groupe hôtelier sans créer de valeur tangible pour ce dernier. D'autres moyens d'affiner la performance comprennent les 'quick flips', c'est-à-dire les reventes d'actifs dans un délai très court, et les distributions de dividendes par recapitalisation, tous deux détaillés dans les chapitres 7 et 8.

Un autre exemple de conflits d'intérêts voyait certaines firmes de capital-investissement manipuler leurs rapports de rentabilité sur les fonds existants pour influencer la décision des investisseurs potentiels d'engager des capitaux dans des levées de fonds à venir.[29] En énonçant des rendements futurs plus élevés que ce qu'ils sont susceptibles d'atteindre de manière réaliste, les gérants de fonds peuvent tromper les investisseurs LP.

Mais le scandale qui occupait la Securities and Exchange Commission à la suite de la crise financière est la surfacturation des commissions. À un niveau plus large, les groupes de private equity les plus gros se sont vus accusés de surfacturation des dépenses et de création de nouvelles commissions de façon quelque peu désinvolte.

La règle d'engagement commune à l'industrie de la gestion d'actifs est d'offrir aux investisseurs des rendements supérieurs, et ce quoi qu'il en coûte. Deux façons de réaliser cet exploit sont de maximiser les plus-values et de minimiser les sorties de trésorerie (ce qui explique pourquoi les participations sont généralement gérées par le biais de structures offshore pour éviter de lourdes ponctions fiscales de la part des gouvernements). Cependant, un facteur qui a un impact négatif sur les rendements sont les commissions facturées aux investisseurs par ceux qui gèrent leur argent. Ce type de décaissement est difficile à surveiller.

La plupart des gens acceptent généralement que les gestionnaires d'actifs soient autorisés à partager les plus-values avec leurs clients, même si la part de 20 % que les firmes de capital-investissement allouent pour elles-mêmes semble perversement élevée si l'on considère qu'un élément majeur de leur performance est dû à la chance ou à des facteurs hors de leur contrôle (comme la politique monétaire très souple adoptée par les banques centrales entre 2009 et 2017).

Blackstone générait plus de 15 milliards de dollars en commissions de performance au cours des dix années allant jusqu'en 2016, signe que la firme réalisait de solides plus-values pour ses investisseurs LP. À juste titre, elle gardait ces gains pour elle-même. Là où les résultats de Blackstone sont moins impressionnants, c'est que, sur la même période, la firme engendrait 20 milliards de dollars en commissions de gestion et de conseil.[30] En résumé, les gérants de fonds gagnent plus d'argent en facturant une commission annuelle fixe sur les actifs sous gestion qu'en offrant des rendements supérieurs à ceux qui leur confient des capitaux.

Dans le secteur du private equity, la décision de pénétrer de nouveaux segments d'investissement est rarement le résultat d'un examen rigoureux et minutieux. Il découle plutôt d'un appétit carnassier pour les commissions. Progressivement et imperceptiblement, les LP ont été soumis à un nombre croissant de frais onéreux. Les gestionnaires de fonds ont créé de nouvelles façons d'imputer aux clients leurs coûts de fonctionnement. Ceux-ci n'étaient pas nécessairement recouvrés directement auprès de leurs investisseurs – sinon, ces derniers auraient pu remarquer le subterfuge. Au lieu de cela, les firmes de capital-investissement prélevaient des commissions de due diligence, de transaction, d'administrateur, de conseil, de surveillance (et d'autres commissions portant des noms tout aussi fantaisistes) directement sur leurs sociétés de portefeuille. Bien que, à l'occasion, les gestionnaires aient déduit ces honoraires des commissions qu'ils facturaient à leurs clients, cette pratique était loin d'être universelle.

Vulgarité du private equity

Entre 2014 et 2017, la Securities and Exchange Commission infligeait des amendes à certains des plus grands noms de l'industrie pour leurs pratiques insidieuses. En juin 2015, par exemple, KKR payait 30 millions de dollars pour régler les accusations selon lesquelles la firme n'avait pas divulgué correctement la façon dont elle facturait aux investisseurs les frais encourus pour ses tentatives de LBO infructueuses. La société avait 'mal alloué' plus de 5 % des 338 millions de dollars de dépenses engagées entre 2006 et 2011 pour des transactions avortées.[31] Quatre mois plus tard, c'était au tour de Blackstone d'être condamnée à une amende de 39 millions de dollars après que le régulateur ait accusé la société d'arnaquer ses clients sur les frais de gestion du portefeuille – 29 millions de dollars de l'amende devaient revenir aux investisseurs LP de Blackstone. Ce qui s'était passé, c'est que chaque fois que Blackstone facturait des frais de gouvernance à une société de portefeuille, elle ne transmettait que la moitié des commissions à ses clients et conservait l'autre moitié. Ces commissions créaient un conflit d'intérêts. Chaque dollar versé à Blackstone réduisait la valeur de l'entreprise sous gestion d'un dollar, mais augmentait les revenus de Blackstone de 50 cents.[32]

Puis, à l'été 2016, l'investisseur milliardaire et futur secrétaire au Commerce du président Trump, Wilbur Ross, devait verser 2,3 millions de dollars de dommages et intérêts pour avoir dissimulé des commissions à ses investisseurs. Au cours de la décennie qui précédait 2011, les investisseurs de sa société de conseil WL Ross avaient payé plus de 10 millions de dollars de commissions en trop, que la firme acceptait de rembourser, en sus des intérêts.[33] Mais cette sanction était faible par rapport aux 53 millions de dollars qu'Apollo devait rembourser pour avoir trompé ses investisseurs. Le mot 'tromper' doit être compris dans son sens large : l'un des associés de la firme avait facturé environ 200.000 dollars en dépenses personnelles (telles que le coût de faire voyager sa petite amie vers des destinations romantiques) aux fonds et aux sociétés de portefeuille d'Apollo.[34]

Une autre affaire très médiatisée émergeait en décembre 2017 lorsque TPG réglait à l'amiable des accusations selon lesquelles la firme avait exigé des paiements de frais de gouvernance accélérés entre 2013 et 2015 sans les divulguer à ses investisseurs. TPG était condamné à une amende de 13 millions de dollars, y compris une indemnité de 3 millions de dollars et 10 millions de dollars en redressement et intérêts pour les investisseurs dans trois de ses fonds : TPG Partners V, TPG Partners VI et TPG Biotech Partners III. Dans un cas, la firme avait accéléré le paiement des commissions malgré le fait que le fonds TPG concerné avait déjà revendu la société de portefeuille et que TPG ne lui fournirait plus de services.[35] En substance, la firme avait perçu des avances d'honoraires pour des services de conseil à venir qu'elle ne fournirait jamais puisqu'elle ne détenait plus la société dans son portefeuille. Certes, ce genre d'excès était répandu dans le capital-investissement, et Blackstone et Apollo étaient accusées de pratiques similaires.

Le modèle du private equity, fortement dépendant de la production de commissions, avait transformé le rôle de gestionnaire de fonds en une sinécure. Mais l'absence de déclarations appropriées aux investisseurs LP avait été interprétée par les régulateurs comme une violation des obligations fiduciaires. Pourtant, la question n'est pas seulement de nature éthique ou de gouvernance. Les commissions sont à un portefeuille d'investissement ce que le tabac est au corps humain. Les commissions tuent les rendements. Ils le font lentement, sans relâche, sans que la victime s'en aperçoive. L'impact à long terme est extrêmement dommageable pour la santé financière des retraités et des investisseurs. Déduction faite des commissions annuelles facturées par les gérants de fonds, le secteur sous-performe la plupart des autres classes d'actifs à haut risque une fois que l'impact de l'effet de levier est pris en compte. Mais comme l'illustre la génération de revenus sur dix ans de Blackstone, ces commissions représentent plus de la moitié de la rémunération des groupes de capital-investissement les plus performants.

Les investisseurs n'avaient aucune raison de se méfier. Tout au long des années 1990 et au début des années 2000, les gestionnaires de fonds de LBO avaient obtenu de solides rendements grâce à la prospérité économique, à un flux régulier et généreux de crédit bon marché et à un environnement des marchés boursiers très porteur. Tirant parti des performances passées, dont nous apprendrions plus tard qu'elles n'étaient pas dues à des compétences supérieures, mais à une utilisation extravagante de l'effet de levier et de l'innovation financière, les gestionnaires de fonds accumulaient de nouvelles commissions. Celles-ci étaient facilement dissimulées tant que les marchés se portaient bien. Mais lorsque les gains théoriques, existant seulement sur le papier, s'étaient traduit par des pertes réelles, les commissions étaient plus difficiles à camoufler.

On pourrait s'étonner que les investisseurs institutionnels aient été si vulnérables aux ruses des firmes de private equity. Mais considérez que certains de ces investisseurs avaient plus de 100 relations de fonds (CalPERS et CalSTRS, basés en Californie, en étant deux exemples), et qu'en plus de leurs engagements de capitaux dans le segment des LBO, ils étaient positionnés dans les hedge funds, le capital-risque, l'immobilier, les infrastructures, les marchés d'actions et de la dette. Ainsi, la complexité de leur tâche est plus facile à appréhender.

Garder une trace de toutes les commissions facturées par les gestionnaires de fonds via des structures opaques et volontairement déroutantes n'est pas une priorité lorsque l'accent est mis sur la maximisation des plus-values. Pour ces raisons, et le fait que les gérants de fonds sont des agents, des pratiques de maximisation de rente – dans le sens de revenu périodique, non obtenu par le travail – se sont imposées par la manipulation et la tromperie. Akerlof et Shiller appellent cette méthode de tromperie 'l'extraction basée sur la réputation',[36] par laquelle les agents profitent de leur renommée, établie sur plusieurs décennies, pour tromper leurs clients.

Toute une histoire pour rien ?

La corruption, la collusion et les conflits d'intérêts ont reçu le plus de couverture médiatique, mais le capital-investissement a flirté avec toutes sortes de controverses. Les incidents faisant l'objet d'une enquête de la SEC et d'autres organismes de réglementation ne sont que la partie visible de l'iceberg. Compte tenu de la complexité croissante de la finance mondiale, des pratiques douteuses impliquent de nombreux acteurs du marché. Loin d'être exhaustive, la section qui suit vise à présenter les deux types de risques les plus courants auxquels les marchés sont exposés lorsque des firmes de capital-investissement poursuivent des transactions sur les marchés boursiers, en particulier lors de retraits de la cote et d'introductions en bourse.

L'une des principales tendances de la dernière décennie et demie, alors que les opérations à effet de levier devenaient un domaine de la finance plus mature, voire saturé, était l'interaction croissante entre le private equity et les marchés boursiers et obligataires. Celle-ci, en conséquence, a conduit à des cas de manipulation de marché et de délits d'initié. Voici des exemples liés à nos études de cas.

- *Manipulation de marché*

Lorsque Toys "R" Us tentait de se réintroduire en bourse en 2010, les sponsors financiers avaient organisé la série de présentations habituelle auprès des banques de Wall Street. L'IPO de 800 millions de dollars d'une société censée valoir 8 milliards de dollars suscitait beaucoup d'intérêt, en particulier durant une année comme 2010, témoin du marasme de la plus grande récession depuis les années 1930.

Ainsi, les banques se disputaient un rôle dans le processus d'introduction. En décembre 2014, le régulateur financier FINRA infligeait à dix firmes de Wall Street une amende totale de 43,5 millions de dollars pour conflits d'intérêts. Bien que la SEC soit devenue le croquemitaine du capital-investissement en raison de ses enquêtes tenaces sur les intrigues et les cabales du secteur, le militantisme de la

Vulgarité du private equity

FINRA traînait des noms sacrés tels que Barclays, Citi, Credit Suisse, Deutsche Bank, Goldman Sachs, JP Morgan et Morgan Stanley dans la boue.

Voici ce que la FINRA avait découvert :

> *"Toys "R" Us avait demandé aux analystes financiers de chacune des 10 firmes de faire des présentations séparées au management et aux sponsors de Toys "R" Us afin de s'assurer que les points de vue des analystes sur les questions clés, y compris les facteurs d'évaluation, étaient alignés sur les points de vue exprimés par les banquiers d'affaires des mêmes firmes. Chaque firme avait compris que la performance de ses analystes lors des présentations serait un facteur clé pour déterminer si la firme recevrait un rôle de souscription dans l'IPO."*

Hélas, par l'intermédiaire de mesures de répression au sujet de rapports de recherche douteux par des analystes boursiers à la suite de la bulle des dotcoms des années 1990, les régulateurs financiers avaient appliqué des règles plus strictes concernant la sollicitation d'analystes, ne serait-ce que pour prévenir les abus découlant de pressions exercées par les banquiers d'affaires sur ces analystes internes pour fournir une couverture favorable du client. L'objectif était d'éviter les rapports de recherche trop flatteurs et des valorisations excessives – les moyens les plus sûrs de manipuler les marchés. La FINRA accusait les dix banques impliquées dans l'IPO finalement avortée de Toys "R" Us d'avoir ignoré "les interdictions concernant la sollicitation d'analystes et la promesse de rapports de recherche favorables".

Les transcriptions de communication examinées par le régulateur comprenaient un courriel d'un analyste de Citigroup déclarant: "Je veux tellement que la banque obtienne ce deal !," et un message interne d'un banquier de JP Morgan soulignant qu'il était important que "le processus de validation des analystes soutienne nos points de vue". [37] Étonnamment, l'une des lignes de défense avancées par certains banquiers sujets à l'investigation était que le comportement cité par la FINRA dans cette affaire était répandu plutôt qu'isolé ![38]

Pour être clair, au cas où le lecteur aurait le moindre doute, "en payant des amendes et mettant fin à cette affaire, les 10 entreprises n'ont ni admis ni nié les accusations". Mais le point le plus intéressant à noter est qu'en vertu de la réglementation en vigueur, seules les banques sont tenues de respecter les règles séparant le département recherche de la banque d'affaires.[39] Leurs clients, qu'il s'agisse de firmes de private equity ou de sociétés de portefeuille comme Toys "R" Us, peuvent faire ce qu'ils veulent.

- *Délit d'initié*

L'offre de Blackstone sur la société Hilton Hotels Corporation, cotée en bourse, était annoncée le 3 juillet 2007. Ce jour-là était un mardi, et ce n'était qu'une demi-journée de trading avant les célébrations du 4 juillet – les marchés boursiers américains fermaient à 13 heures, heure de la côte est, les marchés obligataires fermant à 14 heures.[40] Le 2 juillet, la veille de l'annonce de la transaction, les actions Hilton s'échangeaient à 33,87 dollars. Le 3 juillet, elles connaissaient l'une de leurs fluctuations les plus importantes, clôturant en hausse de près de 7% à 36,05 dollars, avec le double du volume de transactions normal.[41] Ce qu'il y avait de surprenant dans cette évolution des prix, c'est qu'elle avait lieu *avant* l'annonce de l'offre publique d'achat (OPA).

En octobre 2009, le milliardaire et gestionnaire de hedge fund Raj Rajaratnam était inculpé de 13 chefs d'accusation de fraude et de manipulation. L'une des plaintes portées contre lui comprenait la communication d'une information en juillet 2007 d'un analyste de l'agence de notation Moody's selon laquelle la chaîne Hilton devait être le sujet d'une OPA. Rajaratnam avait acheté des milliers d'actions Hilton et réalisé un gain de 4 millions de dollars lorsque l'offre de Blackstone avait été annoncée.[42] Bien qu'ayant plaidé son innocence, Rajaratnam était reconnu coupable de tous les chefs d'accusation en mai 2011 ; il était ensuite condamné à 11 ans de prison. Son complice, l'analyste de Moody's Deep Shah, était déclaré fugitif et se cacherait en Inde.[43]

Les délits d'initiés sont répandus et ne sont pas spécifiques aux retraits de la cote orchestrés par le private equity. Nous avons déjà couvert ce point lors de l'étude de cas de Mergermarket, en déclarant qu'environ un quart des transactions de fusions et acquisitions montrent des évolutions inhabituelles avant une annonce et, dans de nombreux cas, les cours des actions avant la divulgation publique ne suivent pas les fluctuations aléatoires augurées par la loi de distribution normale (voir le chapitre 2).

Ce qui fait l'objet de peu de commentaires, c'est une pratique qui est, de facto, une opération d'initié légale : le droit, sur la base d'informations privilégiées, des fonds de private equity d'organiser de façon précise la vente d'actions de sociétés qu'ils introduisent en bourse. Même après qu'une société de portefeuille a réalisé son IPO, les gestionnaires de fonds conservent généralement le droit de siéger au conseil d'administration jusqu'à ce que leur participation dans la société ait été cédée dans sa totalité. Ce que cela leur permet de faire, c'est de décider du moment approprié pour se délester. Nous avons vu que Jonathan Gray de Blackstone siégeait au conseil d'administration de Hilton tant que son employeur conservait une participation, même très petite, dans le groupe hôtelier. Si un gérant de fonds assiste aux réunions du conseil d'administration et apprend que la performance commerciale ou opérationnelle s'améliore, il peut retarder la vente de sa participation dans la société. Inversement, si les résultats faiblissent, le gestionnaire peut accélérer la vente d'actions. Il est rare de voir les résultats s'améliorer ou se détériorer soudainement ; les indicateurs de performance permettent généralement d'anticiper.

Pas de fumée sans feu

Les médias libéraux et les politiciens égarés semblent choqués par la montée récente et soudaine des partis populistes. Dix ans après le début de la crise financière, aucune véritable réforme n'a eu lieu. Cela contraste grandement avec les mesures prises dans les années 1930 à la suite du krach boursier. En 1932, le Sénat américain lançait une investigation complète sur les causes du krach de 1929. Le comité Pecora, nommé en l'honneur du conseiller juridique responsable de l'enquête, conduisait finalement à la séparation des banques commerciales et d'affaires en vertu de la loi Glass-Steagall de 1933 et à la création d'un organisme d'application de la loi indépendant, la Securities and Exchange Commission.

Cette fois-ci, les garanties gouvernementales et les sauvetages financés par les contribuables en 2009 balayaient d'un revers de main toutes les erreurs commises par des financiers et des chefs d'entreprise surpayés. Les fondamentalistes du marché qui avaient l'habitude de soutenir que l'État ne devrait pas être autorisé à s'immiscer dans le monde des affaires exhortaient les gouvernements à sauver le système d'un effondrement complet dans une forme de tour de magie idéologique.

En raison de la complexité grandissante du système financier mondial, les régulateurs sont occupés à essayer de contrôler le secteur bancaire (capable de mettre l'économie mondiale à l'arrêt, comme nous l'avons vu en 2008) et le secteur de la gestion d'actifs (supervisant 70 à 80.000 milliards de dollars d'actifs dans le monde). Par comparaison, les 5.000 milliards de dollars administrés par les segments du capital-investissement, de l'immobilier, de la dette privée et du capital-risque sont minuscules et ne valent pas la peine d'y consacrer du temps. Cela laisse beaucoup de liberté aux gestionnaires de fonds de LBO. Leurs pratiques de maximisation des commissions et de collecte de fonds ont été très peu supervisées, en raison de politiques de surveillance graduelles et diluées. Nous ne pouvons donc pas prétendre être surpris par des accusations de comportements clandestins ou de collusion. Le pouvoir corrompt, et les montants croissants d'engagements de capitaux dans le secteur a accordé aux plus grands groupes de capital-investissement des pouvoirs quasi illimités. Grâce au jeu d'attaque et de riposte des politiques de libre concurrence instituées au cours des dernières décennies, le capitalisme a lentement dégénéré en un modèle économique recherchant une rente optimale.

PRIVATE EQUITY ET ÉTHIQUE

Les cas de myopie morale sont fréquents dans l'histoire du capitalisme. Si cela est évident sur les marchés boursiers, personne ne devrait être surpris qu'une arène sous-réglementée comme le private equity souffre de la même maladie.

Les cas revus dans ce chapitre illustrent un fait alarmant. Malgré des soupçons fondés de mauvaise conduite pathologique, l'autorégulation accorde aux gestionnaires de fonds le droit tacite de tester les limites de ce qui est permis sans craindre des représailles autres que quelques sanctions.

La Rome antique justifiait l'invasion de territoires étrangers pour promouvoir la civilisation tandis que ses détracteurs faisaient valoir qu'elle provoquait des dévastations – inspirant la phrase "ils créent la désolation et lui donnent le nom de paix".[44] Des doutes similaires sont exprimés au sujet du pot-pourri de techniques de création de valeur de l'industrie du capital-investissement. Il entraîne souvent des pertes d'emplois et des sorties de trésorerie importantes au profit d'investisseurs avides de dividendes ou de créanciers à la recherche de meilleurs rendements. Les accusations de collusion et de corruption n'aideront pas à altérer la perception selon laquelle, comme les Romains avant eux, les gestionnaires de fonds actuels ne reculeront devant rien dans leur quête de domination mondiale et de gains économiques.

ÉPILOGUE

Un problème de sous-performance

Le capital-investissement est l'un des symboles du capitalisme moderne. À leur insu, les citoyens ont confié à une coterie de gestionnaires autoproclamés et indomptables leurs fonds de pension et leur épargne personnelle. En retour, les gestionnaires bénéficient d'une emprise monopolistique sur ces actifs, et ceci pendant une longue période, généralement plus de dix ans. Pendant ce temps, ces investisseurs professionnels ont le droit de disposer de l'argent des autres comme bon leur semble.

Ce dont nous avons également été témoins au cours de la première décennie du 21e siècle est le résultat d'un accès débridé et quasi illimité au crédit pour des pans entiers de la communauté financière. Comme toute tendance destinée à engendrer une succession d'opportunités jusqu'à ce que le filon se soit asséché, les opérations à effet de levier ont eu des conséquences désastreuses.

Le problème n'est pas seulement que de nombreuses sociétés de portefeuille, telles que Toys "R" Us, ne se sont jamais remises de leur aventure sous LBO. Ce n'est pas non plus qu'une panoplie d'artistes en fusions et acquisitions comme 3i aient dû réduire leurs opérations et faire marche-arrière pêle-mêle, pas juste une fois, mais à plusieurs reprises, pour tenter de survivre. Le vrai sujet est que, depuis la crise financière, aucun changement approprié n'a été introduit pour surveiller et réglementer cette activité en pleine expansion. Au contraire, parce que les régulateurs et les législateurs étaient occupés à limiter l'influence de banques représentant des risques trop élevés ('too big to fail'), le secteur du capital-investissement a connu un essor fulgurant.

Nous ne devrions pas déduire des différentes études de cas que des transactions comme Bhs, TIM Hellas et Univision ont été délibérément sabotées. Leurs épreuves respectives étaient plutôt le résultat d'une compréhension insuffisante de la structure du marché, du cycle économique et de produits de dette innovants mais dangereux. Nous avons vu au chapitre 9 qu'il y a un sujet plus inquiétant aux yeux de l'opinion publique concernant l'absence de principes moraux dans nombre de pratiques adoptées par l'industrie. Pourtant, il y a un problème encore plus grave.

L'une des questions au cœur d'investissements désastreux vient du fait que deux générations de gérants de fonds ont reçu les mauvais enseignements et programmes incitatifs. La théorie économique classique présuppose que les gens n'agissent que pour des motifs économiques. Ce que les défenseurs du marché libre croient, c'est que la poursuite mercenaire de l'intérêt personnel profite en fin de compte à tous, dans une sorte d'équilibre magique parfait. Dans ce monde imaginaire, la réglementation est à juste titre inutile, voire nuisible. La meilleure disposition du gouvernement à l'égard du marché est celle d'une tolérance accommodante, et non d'une ingérence active. C'est de cela qu'il s'agit : la conviction que les investisseurs sont considérés comme rationnels. Mais si tel est le cas, qu'est-ce qui peut expliquer les différences de résultat entre le bon, le mauvais et le pire du capital-investissement ?

Tout d'abord, nous devons recalibrer notre point de vue sur le rôle du savoir-faire des investisseurs en tant qu'interprétation de la performance, en reconnaissant l'importance du hasard. En outre, sous le couvert de titres fantaisistes, de diplômes et de qualifications impressionnants, les êtres humains sont chargés d'émotion. C'est en partie la raison pour laquelle leurs erreurs sont si répandues ; pas seulement dans le monde des affaires, mais dans tous les domaines. La crise financière de 2008 a montré que les investisseurs sont irrationnels et que les marchés sont inefficients (nous y reviendrons plus tard). Les marchés et les investisseurs peuvent fréquemment et facilement être manipulés par des monopoles qui imposent leurs prix ou par des parties bénéficiant d'asymétries de l'information. Alors qu'en principe, les gestionnaires de fonds sont tenus à tout moment d'agir dans l'intérêt de leurs investisseurs, en réalité, ils sont victimes de lacunes psychologiques importantes.

À juste titre, il n'y a pas qu'une seule cause ou un seul motif derrière les nombreuses erreurs observées dans le private equity. Mais d'une manière générale, les raisons se répartissent en deux catégories principales. Certaines sont motivées par une nature humaine imparfaite, d'autres par la vulnérabilité des institutions.

ERREURS HUMAINES ET ORGANISATIONNELLES

La dernière crise financière, comme toutes les précédentes, a montré que les marchés ne sont pas tant influencés par les indicateurs économiques que par la psychologie humaine. L'une des raisons majeures pour lesquelles les investisseurs peuvent échouer est comportementale. Une fois profondément enracinées, les mauvaises habitudes sont difficiles à corriger et conduisent souvent à une justification a posteriori. Il existe de nombreuses théories pour expliquer le comportement humain. Comme nous venons de le voir, dans les années 1960 et 1970, la plupart des économistes tenaient pour acquise l'idée que les humains, et donc les investisseurs, étaient des créatures rationnelles. Mais un groupe de renégats allait finalement développer une idéologie très différente.

Excès de confiance et prise de décision intuitive

Nous avons commencé ce livre en soulignant la nature trop optimiste de nombreux investisseurs, y compris les gestionnaires de fonds de capital-investissement. Le psychologue et lauréat du prix Nobel d'économie Daniel Kahneman a fait valoir que de nombreuses décisions d'investissement sont des jugements et des choix émotionnels. Les investisseurs ayant une expérience considérable essaient de trouver une solution intuitive, basée sur l'expertise ou l'heuristique, cette dernière étant une méthode pratique non garantie d'être optimale ou parfaite mais suffisante pour une prise de décision rapide.

Lorsque ce mode de pensée pratique et rapide achoppe, les investisseurs reviennent à une méthode plus délibérée. Malheureusement, en raison de l'excès de confiance généralisé au sein de la communauté des investisseurs et d'une tendance par défaut à ce que Kahneman appelle la paresse, la pensée raisonnée méthodique n'est pas si fréquente. Elle est généralement débordée par le 'sentiment instinctif'. Le danger survient lorsque les gestionnaires de fonds transforment les investissements en décisions de routine. Pour citer Kahneman : "La paresse est profondément ancrée dans notre nature".[1] Un moment d'inattention peut conduire à une erreur monumentale.

L'excès de confiance est à l'origine de la décision de Madison Dearborn et de Providence Equity d'engager des capitaux dans Univision non pas à partir d'un seul mais de deux véhicules d'investissement, malgré les risques notables de surexposition et les conflits d'intérêts découlant de l'utilisation de fonds engagés au cours d'années différentes par des investisseurs distincts. Que se passe-t-il, par exemple, lorsque les investisseurs LP dans un fonds levé en 2005 veulent récupérer leur argent tandis que ceux dans le véhicule levé en 2007 gardent un soutien indéfectible ?

L'excès de confiance explique pourquoi 3i continuait à lancer de nouvelles initiatives dans des segments de produits et des pays où elle n'avait aucune expérience préalable (par exemple, la technologie,

Épilogue

l'infrastructure, le Japon, le Brésil) au lieu de s'en tenir à son cœur de métier.

L'excès de confiance contribuait aussi à la décision prise par Philip Green de recapitaliser Bhs au lieu de réinvestir tout l'argent disponible dans la chaîne de magasins pour faire face à la menace de la fast fashion et de la vente en ligne. Bien que la cupidité – le désir d'empocher des gains au plus vite et avant que le cycle économique n'engage sa descente – et l'absence de réglementation pour empêcher ce genre de recapitalisations imprudentes soient également à blâmer, comme nous l'avons vu avec TIM Hellas.

La pensée intuitive précipitée n'est pas la seule raison derrière les mauvais choix des investisseurs en private equity. Contrairement aux spéculateurs sur séance ('day traders'), les gestionnaires de fonds de LBO passent par un processus de prise de décision qui dure des semaines, voire des mois. Les décisions intuitives sont fréquentes, mais les erreurs d'investissement émanent aussi d'autres sources.

La chance, ou l'absence de chance

Dans l'ensemble de l'industrie, il existe une fixation obsessionnelle sur le taux de rendement interne, ou TRI, en tant que tableau de bord du rendement des placements. Nous avons vu dans la première partie que, lorsqu'il s'agit de ce dernier, il n'est pas facile de séparer le succès dû à la chance de facteurs dérivés des compétences. Pour citer Kahneman :

> *"La chance joue un grand rôle dans chaque réussite ; il est presque toujours facile d'identifier un petit changement dans une histoire qui aurait transformé un succès remarquable en un résultat médiocre"*.[2]

Les études de cas montrent que de nombreux investisseurs avec de bons résultats pendant les périodes de croissance économique stable et sans incidents, comme les années 1980 et 1990, échouent de manière spectaculaire dès que les conditions économiques se détériorent.

Providence Equity, TPG et 3i étaient en mesure de lever d'énormes fonds grâce aux résultats dérivés de la croissance économique de 2002-07 alimentée par le crédit, mais leur chance avait finalement tourné et ils avaient dû réduire la voilure.

Comportement grégaire et 'groupthink'

Outre les arguments solides de Kahneman contre la pensée intuitive, la psychologie humaine influence également la prise de décision d'autres manières. Les économistes ont longtemps soutenu que les acteurs du marché font rarement des jugements vraiment indépendants. Les firmes de capital-investissement ne font pas exception.

Si leurs concurrents investissent dans un secteur particulier, les gestionnaires de fonds supposent que ceux-ci ont fait leurs devoirs. Ils concluent que le secteur est une bonne cible d'investissement. Ce comportement grégaire a des bases psychologiques (et culturelles) profondes. Kahneman décrit dans *Thinking, Fast and Slow* que notre cerveau fonctionne par un processus appelé activation associative. Une fois que nous avons lu ou appris qu'une transaction dans le secteur X a été particulièrement fructueuse, nous avons une réaction émotionnelle, cognitive et même physique qui est cohérente sur le plan associatif. À l'avenir, chaque fois qu'ils envisageront des opportunités de transaction dans le secteur X, les membres du comité d'investissement connaîtront une réponse positive complètement automatique et hors de leur contrôle. Ils auront internalisé la relation entre ce secteur et une bonne performance.

Cette mentalité d'imitateur est susceptible d'affecter chacun à l'échelle d'une communauté, d'où ce que j'ai appelé dans le passé le 'jeu d'imitation'. Le comportement grégaire est provoqué par l'association inconsciente de deux idées – le 'secteur X' et le 'succès' – en tant que représentations de la réalité. Notez que l'inverse est également vrai. Il y a de nombreuses années, l'une de mes transactions potentielles en

Belgique avait été rejetée par mes associés parce qu'une de nos sociétés de portefeuille en difficulté avait son siège social dans ce pays. Parlez de comportement irrationnel !

Bien sûr, ce problème est accentué par le manque de formation appropriée. L'incompétence et l'ignorance rendent les comportements grégaires plus répandus. Si un investisseur ne sait pas ce qu'il fait et n'a pas pris la peine d'apprendre des erreurs du passé, il peut se rassurer en copiant les méthodes appliquées par ses pairs, qui copient eux-mêmes les autres participants du marché, en supposant bien sûr que ces derniers savent ce qu'ils font.

Ce phénomène, qui implique de 'suivre le troupeau', est amplifié par le manque de diversité parmi la profession d'investisseur. Beaucoup d'observateurs ont fait valoir que les erreurs d'investissement, non seulement dans le private equity, mais dans de nombreuses classes d'actifs, sont en partie dues à l'homogénéité de la communauté des investisseurs. Bien que cet argument ait été utilisé par les défenseurs de l'égalité des sexes, en vérité, il s'applique à toutes les facettes de la diversité. En raison de l'homophilie – l'habitude commune des individus de s'associer et de créer des liens avec des personnes qui leur ressemblent – les firmes de capital-investissement recrutent les mêmes types d'individus selon une longue liste de paramètres, qu'ils soient de nature ethnique, culturelle, sociale, éducative ou professionnelle. Nous sommes tous motivés par le désir d'appartenance et le besoin d'approbation, limitant ainsi notre volonté de nous opposer. Cela conduit à ce que les psychologues appellent le 'groupthink' (pensée de groupe), qui consiste à prendre des décisions homogènes au sein d'une équipe qui ne parvient pas à offrir des points de vue différents.

Qui décide ?

De nombreux membres de la communauté des investisseurs souffrent du syndrome du mâle dominant. Convaincus de leur propre génie, ils voient toute suggestion qu'ils pourraient se tromper comme un défi à leur statut de maître incontesté. Cet ascendant hiérarchique fait de tout désaccord une proposition très risquée. C'est probablement la raison pour laquelle, en 2008, peu de ses collègues auraient osé remettre en question la décision de Philip Yea d'ajouter de la dette au bilan de 3i, un choix qui allait rendre nécessaire une recapitalisation et l'exclusion de la firme de l'indice FTSE 100.

En fin de compte, dans la gestion d'actifs, il appartient aux cadres supérieurs de prendre des décisions d'investissement (l'équivalent du droit exclusif de reproduction chez les singes). La prochaine fois que vous croyez que votre patron a tort, essayez de lui dire... rappelez-vous, tout est une question de survie (cela ne s'applique pas à un degré semblable si votre patron est une femme car le syndrome de la femme dominante a tendance à être plus modéré).

C'est un enjeu majeur. Comme Kahneman le souligne à juste titre, il est plus facile de repérer les erreurs des autres que les nôtres. Si les autres craignent d'exprimer leur désaccord, de mauvaises décisions peuvent et vont être prises. De plus, notre besoin d'acceptation crée une politique interne malsaine. Comme tous les primates, les êtres humains sont des animaux sociaux. La façon dont cette notion se traduit dans le monde de l'investissement est par la formation de coalitions au sein des firmes. Nombre de professionnels de l'investissement ont été témoins de la façon dont des membres de l'équipe soutiennent une transaction parrainée par un autre collègue, parfois indépendamment de ses mérites, simplement parce que ce même collègue a soutenu l'une de leurs transactions dans le passé. Cela peut difficilement conduire au meilleur résultat et n'est certainement pas dans l'intérêt des investisseurs LP.

Crainte et cupidité

La peur de passer à côté d'une opportunité est commune à tous les aspects de la vie humaine. Je pourrais vouloir acheter un smartphone le premier jour de sa mise en vente si je pense que l'article sera en rupture de stock peu de temps après en raison d'une demande inhabituellement élevée. Dans le monde de la finance, cette peur est appelée FOMO ('fear of missing out') et est aggravé par le fait que les investisseurs manquent de discipline. Des contrôles inadéquats, tels que l'absence de fixation d'un prix auquel se retirer lors d'un processus de vente, peuvent avoir des effets néfastes lorsque des comportements irrationnels entrent en jeu. Le risque de perdre une transaction au profit d'un concurrent conduit les firmes de capital-investissement à user d'expédients afin de conclure une transaction.

Il est tout aussi courant pour un investisseur aguerri d'acquérir un actif à un prix élevé afin de se vanter. J'ai été témoin d'un cas où un collègue soumettait une offre légèrement plus élevée, disons 1 milliard de dollars, parce qu'une valorisation plus faible (par exemple, 950 millions de dollars) ne serait pas considérée comme un LBO aussi prestigieux. La réalisation de transactions plus grosses renforce le prestige d'une firme et l'ego d'un praticien.

Ancrage

Bien que la pensée intuitive ne soit pas aussi répandue dans le capital-investissement que dans le 'day trading', en partie parce que la période de due diligence donne l'opportunité de mettre en jeu un mode de pensée analytique, un autre phénomène psychologique a une forte influence. Les entreprises à la recherche d'acquéreurs assignent souvent leur valorisation en la divulguant à la presse ou en l'indiquant au début du processus de vente via leurs banquiers d'affaires. Cela affecte grandement les offres soumises par les repreneurs potentiels, car ces derniers ont tous tendance à soumettre des offres autour du prix demandé ou à se retirer immédiatement s'ils se rendent compte qu'ils ne seront pas en mesure de répondre aux attentes du vendeur. Ce phénomène d'ancrage est amplifié par la présence d'acquéreurs pugnaces (dont certains cherchent désespérément à déployer des capitaux) lors de nombreuses enchères compétitives.

Incompétence et négligence

Il n'existe pas de programme de formation formel dans la plupart des firmes de capital-investissement. On s'attend à ce que les gestionnaires de fonds apprennent sur le tas, par tâtonnements. En raison du manque de formation appropriée, mais aussi d'une tendance à prendre des raccourcis dans la réflexion comme indiqué précédemment, la négligence est une raison notable de l'échec. Elle est en partie lié à l'idée de paresse soulevée par Kahneman.

La négligence peut prendre de nombreuses formes. Un exemple concret et tangible prévaut dans le capital-investissement. Pour tout gestionnaire de fonds, l'innovation financière est une proposition très tentante, car son influence ne peut pas être facilement avérée lorsqu'on essaie d'évaluer quels éléments du retour sur investissement sont dérivés de véritables améliorations opérationnelles et lesquels sont dus à des astuces financières. Il est beaucoup plus facile de créer de la valeur en émettant des emprunts sans clauses restrictives ('covenant-lite), et dont les intérêts sont déductibles des impôts, que de rechercher des moyens d'améliorer la structure opérationnelle et le positionnement stratégique d'une société de portefeuille. Les gains d'efficacité opérationnelle prennent du temps à se réaliser. Les bénéfices de l'effet de levier sont instantanés. Ce besoin exagéré de résultats immédiats (ou du moins à court terme) est une source majeure de négligence, et la raison derrière les échecs de transactions comme TIM Hellas et Toys "R" Us.

Stimulus monétaire

On ne peut pas parler de l'importance du rôle de la psychologie humaine dans le secteur de l'investissement sans commenter les gratifications financières. Les êtres humains, comme les animaux, réagissent aux stimuli. Les comportements dépendent énormément des récompenses. Parce qu'il est plus facile pour les gestionnaires de fonds de s'enrichir en percevant des commissions de gestion que d'attendre de nombreuses années pour déterminer si les décisions d'investissement généreront des plus-values, le chapitre 9 a démontré comment les gestionnaires ont choisi d'optimiser cet aspect de leur équation rémunératrice en le transformant en rente.

De même, étant donné que les reventes d'actifs accélérées ('quick flips') et les distributions de dividendes par recapitalisation ont un impact positif et prononcé sur le taux de rendement d'un investissement, les gérants ont appris à les privilégier plutôt que de compter sur des améliorations opérationnelles plus lentes à mettre en œuvre mais durables.

REMÉDIER AUX ERREURS HUMAINES ET ORGANISATIONNELLES

Avec plus de 180 biais cognitifs identifiés,[3] il existe un risque comportemental important associé à toute activité humaine, qu'elle soit liée ou non à l'investissement. Une façon de remédier aux nombreuses faiblesses de la prise de décision humaine consiste à 'pousser' les gens vers les meilleures options. Cette approche paternaliste libertaire est celle suggérée par un autre lauréat du prix Nobel d'économie, Richard Thaler.

Encourager ('nudging')

Comme nous venons de le décrire, les comportements irrationnels sont nombreux et, dans le cas des décisions d'investissement, souvent coûteux. Si nous suivons les arguments présentés par Thaler et son coauteur Cass Sunstein dans leur livre *Nudge*, une façon de contrecarrer l'optimisme collectif des gestionnaires de fonds, ou du moins d'atténuer leur excès de confiance, est de leur rappeler les mauvaises (et pires) études de cas comme celles décrites dans les Deuxième et Troisième Parties. C'était la principale motivation derrière ma décision de publier ce livre.

Pour limiter au minimum les décisions instinctives, les gestionnaires de fonds de private equity doivent adopter un processus systématique de due diligence, quelle que soit la transaction envisagée. Les jeunes cadres ont généralement besoin de temps pour se décider sur une opportunité d'investissement en raison de leur manque d'expérience. Ils doivent engager ce que Thaler appelle leur 'reflective system', ou système de réflexion (pensée délibérée, pour utiliser la terminologie de Kahneman). Les professionnels accomplis font beaucoup plus confiance à leurs tripes, pas toujours avec les meilleurs résultats.

Mon analyse de Mergermarket, en 2006, me disait que c'était une superbe opportunité. Cette conclusion était en partie facilitée par mon expérience de due diligence sur les éditeurs de données durant des transactions passées. Mes collègues chez GMT Communications suivaient leur instinct, réagissant négativement à une jeune start-up avec une histoire et un palmarès limités. Ces gestionnaires chevronnés avaient une solide connaissance des entreprises de médias traditionnels comme les éditeurs de journaux ; leur compréhension des modèles opérationnels basés sur le Web n'était pas aussi solide. Mergermarket était une entreprise des nouveaux médias, qui connaissait une croissance rapide et perturbait le marché journalistique. Il est difficile de convaincre les gens qui ont investi dans une industrie pendant vingt ans ou plus qu'ils ne devraient pas prendre de décisions par instinct, mais plutôt passer par un processus de pensée analytique compréhensif.

Grâce à des coups de pouce ('nudges'), il ne serait pas interdit aux gestionnaires de fonds d'agir à leur guise ; ils seraient encouragés à se comporter d'une certaine manière. La meilleure approche pour y parvenir serait de modifier les incitations ou d'appliquer des mesures dissuasives. Quelques exemples incluent :

- Détenir les commissions (c'est-à-dire les primes) en dépôt fiduciaire pendant un certain nombre d'années pour les récupérer dans les situations où un gestionnaire de fonds sous-performe. À l'heure actuelle, seules les plus-values sont partiellement placées sous séquestre, ce qui permet aux gestionnaires de devenir très riches simplement en facturant des commissions annuelles.
- Les investisseurs pourraient demander le droit de retirer, de réduire ou même d'augmenter leurs engagements de capital en fonction de la performance d'un fonds ou du comportement d'un gestionnaire.
- Les investisseurs dans différents fonds du même gestionnaire pourraient même rendre leurs engagements conditionnels des performances passées, présentes et futures. Cela inciterait les gestionnaires à rester disciplinés.

Thaler et Sunstein recommandent également des stratégies de maîtrise de soi pour résister à la tentation. Une façon de freiner la prédisposition des gestionnaires à se transformer en guérilleros épris de reventes rapides et de refinancements en série serait pour leurs investisseurs LP d'appliquer un taux de rendement cible ('hurdle rate') différent selon que les transactions utilisent de l'ingénierie financière agressive ou non, vu que beaucoup de ces entreprises surendettées deviennent des zombies (Univision) ou finissent par faire faillite (Toys "R" Us).

Les améliorations opérationnelles et stratégiques devraient être récompensées à moins qu'elles ne nuisent à la viabilité à long terme de l'entreprise ou ne conduisent à la faillite – auquel cas les gouvernements devraient être en mesure de récupérer des capitaux pour couvrir divers coûts pris en charge par le contribuable, combler les déficits des plans de retraite et assumer les allocations-chômage, par exemple.

De même, les gouvernements pourraient pénaliser l'utilisation exorbitante de la dette en supprimant le bouclier fiscal sur les intérêts pour les entreprises dont le ratio d'endettement dépasse un certain seuil.

Les régulateurs américains ont introduit des directives pour que les banques limitent l'effet de levier attribué aux LBO à 6 fois l'EBITDA. Pourquoi ne pas rendre les intérêts imposables au-delà de ce ratio ? C'est déjà le cas dans certaines juridictions si l'effet de levier dépasse une certaine proportion de la structure du capital.

Les gouvernements pourraient également appliquer un taux d'imposition beaucoup plus élevé pour la partie des plus-values générées par des ventes ou des sorties partielles accélérées au cours des deux premières années de la période de détention. Encore une fois, cela pourrait dissuader les gestionnaires d'agir de manière imprudente et devrait les encourager à créer de la valeur sur le long terme.

Le 'nudging' semble innovant, mais l'idée d'influencer les comportements n'est pas nouvelle : dans les années 1950 et 1960, cette approche s'appelait l'ingénierie sociale. Elle n'avait pas tout à fait tenu ses promesses, en partie à cause de l'absence de dispositifs de surveillance fiables à l'époque. Les améliorations récentes apportées à l'extraction de données et aux outils d'analyse donnent plus de crédibilité à ces politiques.

Amélioration de la formation et de la structure d'entreprise

Outre les techniques comportementales, l'industrie du private equity devrait apporter des améliorations organisationnelles. En raison de la faillibilité humaine, il est préférable pour les apporteurs de capitaux (investisseurs LP) d'engager leur capital uniquement auprès de gestionnaires qui adoptent une approche collégiale de la prise de décision. Étant donné que tout leader (comme tout être humain) sera soumis à des préjugés, il risque de guider la firme sur des chemins semés d'embûches. Plusieurs firmes de capital-investissement sous l'influence dominante d'une seule personne (en tant que P-DG ou fondateur) commirent des erreurs majeures dans les années précédant la crise financière de 2008. Les investisseurs désireux de suivre les meilleures pratiques devraient éviter les fonds contrôlés par un seul individu. Mais ce n'est qu'un début.

Les idées diffusées par les spécialistes des sciences sociales ont été étudiées et appropriées par les gestionnaires de hedge funds. Ces derniers ont introduit des formations pour prendre en compte le rôle de la psychologie humaine dans les erreurs commises par les traders individuels.

Les thèses de l'économie comportementale n'ont pas encore imprégné l'industrie du capital-investissement. Elles sont considérées d'une substance trop légère, comme inutiles. De plus, elles sont plus faciles à ignorer lorsque votre performance est seulement comparée à celle de vos concurrents et des indices boursiers sur une durée pluriannuelle, plutôt que mensuellement comme c'est le cas pour les traders de hedge funds. Dans le capital-investissement, il faut au moins cinq ans pour que les taux de rendement internes soient considérés comme fiables, et n'incluent pas un élément disproportionné d'estimations.

Pourtant, même dans le secteur du private equity, les équipes peuvent être formées pour communiquer de manière plus disciplinée. S'exposer à des opinions diverses réduit le risque de développer une vision étroite des choses. Une façon d'éviter la pensée de groupe, par exemple, est prescrite par Kahneman. Avant qu'une question ne soit discutée en comité, chaque membre doit écrire sa position et lire son script durant son temps de parole. La pratique courante de la discussion ouverte donne trop de poids aux opinions de ceux qui parlent tôt ou avec assurance. Suivre la suggestion de Kahneman rend les opinions indépendantes les unes des autres.

Robots à la rescousse

Les transactions et les gestionnaires de fonds examinés dans ce livre attestent de manière convaincante que la création de valeur dans le private equity n'est pas garantie. Il est effarant de considérer combien des individus intelligents gaspillent leur intellect en essayant de complexifier inutilement les processus d'investissement, proposant des ruses pour tirer constamment des gains marginaux au lieu de choisir une voie plus noble. Comme nous l'avons noté, les actes les plus excessifs, axés exclusivement sur le profit, peuvent s'expliquer par la cupidité et, parfois, par un grave manque d'éthique. En partie à cause de l'absence de procédés de supervision et de contrôle des risques, de nombreux échecs ont une cause plus gênante : l'irrationalité.

Ce qui peut sembler paradoxal, c'est que, fréquemment, les décisions d'investissement sont prises en fonction de facteurs émotionnels, y compris les manœuvres politiques et jeux de pouvoir, les considérations personnelles et promotionnelles, la jalousie (interne et externe à la firme), des dates butoirs du calendrier d'investissement ou de la collecte de fonds à venir, et bien d'autres. Ce n'est pas nouveau.

Une solution susceptible d'être disponible pour tous les gestionnaires de fonds au cours de la prochaine décennie est l'intelligence artificielle (IA). Pour les experts en investissement qui croient fermement en la supériorité du cerveau humain, cette idée semblera tirée par les cheveux. Pourtant, les robots se sont révélés plus fiables que les humains pour les activités complexes telles que la collecte et l'indexation d'informations (moteurs de recherche) et le transport autonome (trains sans conducteurs). De nombreux hedge funds ont déjà adopté des algorithmes de trading pour éliminer les dangers et le manque de fiabilité de la psychologie humaine, en particulier les angles émotionnels, la fatigue, les contraintes intellectuelles et les comportements frauduleux.[4] Sur ce dernier point, l'IA est le meilleur espoir des régulateurs financiers pour lutter contre les délits d'initiés et autres méfaits. Dans son livre *Principles*, Ray Dalio, gestionnaire chevronné de hedge funds, reconnaît

Épilogue

les avantages qu'il a obtenus en complémentant l'imagination humaine avec une modélisation informatisée. Les prévisions et la prise de décision sont plus précises grâce à une combinaison des deux.

Les observateurs avisés souligneront que le trading est une activité avec des prises de décision rapides alors que l'investissement en private equity se déroule à un rythme plus lent, ce qui devrait aider à éliminer la plupart, sinon la totalité, des lacunes liées au trading. Le capital-investissement est influencé par un mélange d'analyse et d'intuition. Cela exige un bon jugement et dépend de paramètres qui diffèrent de ceux des marchés publics. Pour commencer, le manque de liquidité exige de la prudence. D'une certaine manière, c'est là que l'incapacité des algorithmes à prendre des décisions instinctives peut jouer un rôle. Ils complètent les sentiments par la raison, en gérant les facteurs prévisibles et répétitifs de la transaction.

Bien que je ne sois pas aussi naïf ou idéaliste que de nombreux investisseurs en capital-risque et entrepreneurs de la Silicon Valley en pensant que la technologie peut résoudre tous les maux de l'humanité, je suis d'avis que, dans le capital-investissement, l'automatisation et les logiciels basés sur des faits peuvent éliminer bon nombre des pièges associés aux jeux de pouvoir au niveau du comité d'investissement, aux analyses biaisées pendant la phase de due diligence, et aux émotions répandues même dans le monde plus lent des transactions LBO – la peur et la cupidité en tête de liste. Il est intéressant de noter qu'il s'agit d'un point de vue partagé par l'un des plus grands investisseurs LP en Europe, l'assureur britannique Standard Life, dans un article publié en septembre 2013.[5] Après de longues et fructueuses années de collaboration, la plupart des gestionnaires de fonds sont réticents à contredire leurs supérieurs hiérarchiques ou à critiquer leurs transactions. C'est dans la nature humaine. Un robot n'aurait pas de tels scrupules ; il offrirait des arguments rationnels pour ou contre les opportunités d'investissement défendues par les dirigeants exécutifs les plus expérimentés.

Le potentiel de l'IA va au-delà de l'analyse. Des études de chercheurs indiquent que les algorithmes peuvent aussi pallier les lacunes psychologiques humaines et aborder des jugements et des résolutions complexes. La société de capital-risque Deep Knowledge Ventures, basée à Hong Kong, annonçait en mai 2014 qu'elle avait nommé un algorithme informatique comme membre du conseil d'administration. Tout en reconnaissant que leur robot ne pouvait pas égaler les humains pour des décisions intuitives, son approche logique et impartiale était un excellent complément à la contribution des membres humains du conseil d'administration.[6]

Peu de firmes de capital-investissement, voire aucune, utilisent des outils adéquats de gestion des risques. Investir de manière aléatoire n'est pas approprié lorsqu'on gère l'argent des autres. Les robots aideraient à normaliser la prise de décision et à signaler les risques tels que l'innovation disruptive comme obstacles à la transaction, épargnant aux gestionnaires de LBO des erreurs humiliantes, leur évitant toute controverse s'ils peuvent prouver que leurs décisions étaient en partie basées sur des calculs algorithmiques.

ABSENCE DE RESPONSABILISATION ET DE RÉGLEMENTATION

Une meilleure formation et un meilleur 'nudging' aident à corriger ou anticiper les erreurs de gestion. Ils peuvent avoir un impact positif sur la prise de décision. Bien que je sois un fervent partisan de la règle de base de Hanlon, selon laquelle nous ne devrions pas chercher à attribuer à la corruption ou à la malice ce qui s'explique de manière appropriée par l'ignorance ou la négligence, il est évident que le 'nudging' est totalement inadapté pour lutter contre les actions malveillantes du type décrit dans la Troisième Partie.

Les critiques du capital-investissement soutiennent que le principal problème avec les gérants de fonds de LBO tient aux conflits d'intérêts.

Épilogue

Nous, retraités et épargnants, n'avons pas notre mot à dire sur la façon dont notre argent est administré par les gestionnaires d'actifs. Nous, les mandants, n'exerçons aucun contrôle adéquat sur ces gestionnaires. Bien qu'il y ait sans aucun doute du vrai dans cette explication et que celle-ci s'applique à de nombreuses relations mandant-agent, je soutiens que le problème est aggravé par la complexité croissante des marchés financiers et la décision – prise par des législateurs et des régulateurs débordés – d'adopter une solution allégée à la fonction centrale de supervision. Dans certains milieux, le capitalisme tient pour acquis la logique déformée selon laquelle les êtres humains sont entreprenants, productifs et fiables alors que les institutions, et en particulier les gouvernements, sont pour la plupart sclérosés, inefficaces et corrompus. Appelons cette vision fondamentaliste du marché, noble mais chimérique, l'école de pensée Ayn Rand, en référence à cette philosophe libertaire d'après-guerre qui défendait l'économie de marché de manière intransigeante.

Un véritable sujet de discorde est la croyance répandue dans l'hypothèse des marchés efficients (efficient market hypothesis, ou EMH). Elle était formulée dans les années 1960 et devenait l'évangile dans la plupart des cours d'économie et de finance dans les décennies qui suivaient. En bref, avec l'EMH, les marchés reflètent toutes les informations ou les plus pertinentes. À leur tour, ces informations sont largement disponibles et se traduisent dans les prix des actifs. Cela rend les marchés imprévisibles car les prix fluctuent de manière aléatoire en réponse à toute nouvelle information.

L'EMH traduisait la confiance arbitraire dans des marchés de capitaux débridés. Ces derniers et leurs participants doivent être laissés à eux-mêmes. La 'science' émergente de la modélisation économique a fini par pénétrer dans l'arène politique. Conformément à l'idée fantaisiste selon laquelle les marchés efficients détiennent une information parfaite, il y a la conviction qu'il y a peu à craindre des marchés, car les événements inattendus sont susceptibles d'avoir un impact limité et facilement défini sur les prix. Si l'EMH est exacte et que les investisseurs sont pleinement informés, il n'y a pas besoin de réglementation du marché. Cette philosophie – car l'appeler science est exagéré – a agi comme un préambule aux politiques économiques. En parallèle, dans les années 1980, les administrations Reagan et Thatcher promulguaient de nouvelles doctrines célébrant la capacité des marchés à s'autogouverner. Le corollaire évident était la déréglementation.

Cette dernière conduisait à l'innovation financière et à l'expansion sans relâche de l'industrie de la gestion de fonds à partir des années 1980. Les barrières à l'entrée étaient considérablement affaiblies, engendrant un boom de la gestion d'actifs institutionnelle, indépendamment des principes posés par l'EMH qui impliquaient l'impossibilité de générer des rendements supérieurs aux marchés sur une période prolongée. En effet, la théorie suggère qu'aucun investisseur ne peut s'attendre à produire régulièrement de meilleurs rendements que le marché sur une base constante. Il est donc difficile d'expliquer comment, dans ce contexte, le secteur de la gestion d'actifs a pu croître de manière exponentielle au cours des trois dernières décennies.

À première vue, la théorie du marché efficient et la gestion active des capitaux sont antithétiques – si les marchés sont efficients, les gestionnaires de fonds ne devraient pas avoir la possibilité de vivre de la découverte active des prix. L'investissement passif devrait représenter la majeure partie des volumes de négociation, avec seulement un espace limité pour l'arbitrage des prix. Au lieu de cela, les fonds passifs ne gèrent qu'un cinquième des portefeuilles d'investissement agrégés à l'échelle mondiale.

Les experts du marché estimaient que la relation entre l'information, les décisions d'investissement et la performance du marché pouvait être modélisée avec une précision presque chirurgicale. Cet idéalisme peut être attachant, voire captivant pour certains, mais il est préférable de ne pas y porter beaucoup d'importance. Compte tenu de l'histoire du capitalisme, bien fournie en fluctuations du marché provoquées par des réactions émotionnelles à des événements aléatoires, il était évident que les hypothèses de l'EMH ressemblaient peu à ce qui pouvait être observé dans le monde réel. Mais ce genre de contradiction n'a jamais empêché les économistes et les responsables gouvernementaux d'approuver des politiques de grande envergure. Il est surprenant qu'il ait fallu attendre les années 2000 avant que de nouvelles théories économiques se fassent accepter.

L'inefficacité des marchés exige plus de réglementation

Peu à peu, deux séries de preuves ont ébranlé l'EMH. Premièrement, la longue liste de bulles et de krachs a corroboré l'argument selon lequel les marchés sont quelque peu inefficients ou, à tout le moins, ne reflètent pas 'pleinement' toutes les informations disponibles pour tous les participants. Il est important de noter que l'efficience du marché et les attentes rationnelles des investisseurs ont été réfutées par le mathématicien Benoît Mandelbrot, qui a expliqué que les variations de prix sur les marchés financiers ne suivent pas une distribution normale mais montrent une variance pratiquement infinie. De nos jours, seuls les idéologues et les universitaires libertaires les plus ardents s'opposeraient à ce point de vue.

Deuxièmement, un très petit nombre de gestionnaires d'actifs ont réussi à fournir des performances de haut niveau sur une base constante. Bizarrement, mais sans surprise, compte tenu du point que nous avons soulevé plus tôt au sujet de l'heuristique relative à l'excès de confiance des humains, cela a conduit de nombreux investisseurs à croire qu'ils pouvaient également faire mieux que le marché. D'où les entrées massives d'argent allouées aux gestionnaires d'actifs alternatifs, en particulier les hedge funds et le private equity. Comme annoncé dans le Prologue, la plupart des gestionnaires de fonds spéculatifs estiment qu'ils peuvent générer de l'alpha de manière persistante, même face à des données contradictoires. La plupart des professionnels du capital-investissement croient qu'ils peuvent produire des performances permanentes du quartile supérieur. Mais ce livre, ainsi qu'une liste croissante d'articles de chercheurs universitaires, offrent suffisamment de preuves que ce n'est absolument pas le cas.

La fréquence des fluctuations du marché, la volatilité accrue, ainsi que le catalogue de combines et de fraudes qui ont tourmenté les marchés au cours des trois dernières décennies – du délit d'initié de Michael Milken dans les années 1980 à la fraude comptable d'Enron dans les années 2000, en passant par le scandale plus récent de Bernard Madoff – ont mis un coup d'arrêt au dogme randien et à la notion sacrée selon laquelle l'autorégulation est la méthodologie appropriée pour surveiller les marchés financiers.

Même si nous admettons que l'hypothèse de rationalité des partisans du laisser-faire est farfelue, d'autres facteurs jouent un rôle dans les mauvais résultats du secteur financier observés ces dernières années. Dois-je mentionner qu'une approche disciplinée et responsable en matière d'investissement a toujours été fondamentale pour une performance fiable et supérieure ? Permettez-moi de le souligner quand même.

Dans une économie de marché, tout comme dans un système démocratique, les comportements et les résultats dépendent de la responsabilisation des participants lorsque leurs projets trébuchent de manière prévisible. Bon nombre des pires pratiques décrites dans ce livre découlent directement de l'abus de la responsabilité limitée, un concept qui a permis au capitalisme de prospérer, mais qui peut avoir de profondes conséquences lorsqu'on en use avec excès. Ce que nous avons appris des cas de Bhs et de TIM Hellas, c'est que, dans un système capitaliste, l'échec est toujours la faute de quelqu'un d'autre. Poussant l'argument à son extrême légitime, la philosophie par défaut de l'économie de marché postule que le succès a de nombreux parents alors que l'échec est orphelin.

Gérer l'argent des autres sans responsabilité aucune ou de façon limitée si les choses tournent mal ne peut pas donner de résultats satisfaisants. Comme l'a dit Joseph Stiglitz, lauréat du prix Nobel d'économie, l'autorégulation est un oxymore. Bien qu'elle soit synonyme du succès démesuré de l'industrie du capital-investissement et de son extraction de rente, ce n'est pas la solution appropriée pour superviser un secteur financier de plus en plus complexe. L'autogestion a démontré ses déficiences dans de nombreuses activités humaines en dehors du monde consanguin de la gestion d'actifs. En voici quelques exemples familiers.

Coup franc

Le football (soccer en Amérique) est incontestablement le sport le plus populaire de la planète. Chaque semaine, des millions de fans suivent les performances des équipes locales et étrangères. Les droits télévisuels de la Premier League anglaise pour les trois saisons allant de 2013-14 à 2015-16 totalisaient 3 milliards de livres sterling.[7] Les passions sont vives parmi les fans, et les équipes qui gagnent leur ligue nationale ou un championnat d'Europe peuvent amasser une fortune.

Mais le tournoi le plus attendu et le plus prestigieux du football est, sans l'ombre d'un doute, la Coupe du Monde. Organisée tous les quatre ans, sa finale entre la France et la Croatie le 15 juillet 2018 a attiré une audience télé de plus d'un milliard de personnes et des millions de spectateurs en ligne et sur portables. À chaque fois, le tournoi est organisé par un pays différent. C'est une opportunité pour le pays hôte de se vendre au monde entier. Les pays se livrent une concurrence intense pour remporter le processus de sélection. Pourtant, le coût de l'organisation du tournoi peut être astronomique. En prévision de l'édition 2014, le Brésil avait dépensé 12 milliards de dollars pour rénover et construire des stades, améliorer les transports publics et promouvoir l'événement, soit l'équivalent de 61 % du budget de l'éducation nationale du pays.[8] Pour un pays aussi pauvre que le Brésil, cela ressemble à une extravagance. Mais pour l'organisation en charge de coordonner ce concours de beauté, c'est une aubaine.

La Fédération Internationale de Football Association (FIFA), un organisme autorégulé dont le siège est à Zurich, en Suisse (avec des avantages fiscaux bien connus), est responsable du processus de nomination des pays. Compte tenu du phénomène mondial qu'est le football, la FIFA est une organisation importante. Ses bénéfices accumulés dépassaient 1,5 milliard de dollars en 2014. La Coupe du monde cette année-là rapportait 4,8 milliards de dollars, dont 2,4 milliards de dollars en droits télévisuels (un point brièvement discuté durant l'étude de cas d'Univision). Cela est à comparer au coût total des récompenses bien maigre de 358 millions de dollars, de sorte que le tournoi est toujours une proposition gagnante pour l'organisation, quelle que soit l'équipe qui finit par triompher.[9]

En tant qu'organe autorégulé, la FIFA jouit d'une certaine autonomie juridique. Cela implique que tout litige ne soit pas transmis aux tribunaux civils, mais qu'il soit résolu par les propres mécanismes de l'organisation. La FIFA est gérée comme n'importe quel pays indépendant. Elle fonctionne selon ses lois particulières et élit son président selon ses propres statuts. Un peu comme beaucoup de dictateurs de républiques bananières, dans le passé les présidents de la FIFA ont été si difficiles à déloger qu'ils n'étaient souvent remplacés que s'ils mouraient en poste ou démissionnaient d'épuisement – le Français Jules Rimet a occupé le poste pendant trente-trois ans jusqu'à sa retraite en 1954 à l'âge de 81 ans, et le Brésilien João Havelange est resté en fonction pendant vingt-quatre ans avant de tirer sa révérence un mois après son 82e anniversaire. Entre 1904 et octobre 2015, la FIFA n'a eu que huit présidents. Trois d'entre eux sont en fait morts en exercice. Ainsi, lorsqu'en mai 2015 le Suisse Sepp Blatter remportait un cinquième mandat pour commencer sa dix-huitième année aux commandes, il n'y avait rien d'anormal pour ce qui est du mode opératoire de la FIFA.

Le président de l'Association est tout puissant. Il n'est pas rare que le président sortant, se présentant à sa réélection (curieusement, seuls les hommes semblent être candidats), se trouve magiquement sans opposition. Avec la régularité d'une horloge suisse, les autres candidats potentiels ont tendance à se retirer avant les élections ou après le premier tour. Contrairement aux élections présidentielles qui ont lieu dans de

Épilogue

nombreux pays, les suffrages de la FIFA ne sont pas surveillés par des observateurs extérieurs. Le choix du pays hôte de la Coupe du Monde est fait par le comité exécutif. Comme chacun pourrait prédire, ce type de gouvernance encourage les ententes déguisées et les alliances secrètes. Naturellement, compte tenu des intérêts commerciaux en jeu, au fil des années, la FIFA a eu sa juste part de mauvaise presse. Aucune affaire, cependant, n'a atteint le degré d'indignation soulevé par la décision prise en 2010 d'attribuer la Coupe du monde 2022 au Qatar, un État-nation du Moyen-Orient de moins de 2 millions d'habitants dont l'équipe nationale de football n'avait jamais réussi à se qualifier pour participer à un tournoi de la Coupe du monde.

Peu de temps après, la stupéfaction donnait place à des allégations de corruption. Au cours de l'année 2012, une controverse émergeait concernant des allégations d'achats de votes. Après avoir orchestré une enquête interne de deux ans, en novembre 2014 la FIFA publiait les conclusions d'un rapport qui l'exonérait totalement. Le rapport était immédiatement discrédité lorsque son auteur démissionnait et révélait que la version publique contenait "de nombreuses représentations matériellement incomplètes et erronées".[10] Diverses investigations indépendantes exposaient des bakchichs payés pour plusieurs sélections passées de pays hôtes de la Coupe du monde. Chaque processus de candidature depuis Italia 1990 était impliqué dans une forme d'irrégularité financière. Quant à la décision d'attribuer l'édition 2022 au Qatar, il s'avère que le plébiscite du comité exécutif aurait été influencé par l'intervention du président de la République française de l'époque, Nicolas Sarkozy, après une réunion avec le prince héritier du Qatar.[11] Sous pression, Blatter était contraint de démissionner un mois après sa réélection et était condamné à six ans d'interdiction de participer à toute activité de la FIFA.

Bien sûr, la FIFA ne doit pas être la seule cible de critiques. Il serait faux de supposer qu'il s'agit de la seule fédération sportive à être gérée de manière aussi médiévale et néfaste. Le Comité International Olympique (dont le siège est à Lausanne, en Suisse) et l'Association Internationale des Fédérations d'Athlétisme (IAAF), basée à Monaco (un autre paradis fiscal), fonctionnent selon un modèle autorégulé qui laisse beaucoup à désirer. En 2015, l'Agence mondiale antidopage publiait un rapport révélant que la police enquêtait sur l'ancien président de l'IAAF, Lamine Diack, à propos d'allégations selon lesquelles il avait accepté des pots-de-vin pour couvrir des infractions de dopage généralisé commises par des athlètes russes.[12] Que des athlètes soient accusés de dopage n'était pas nouveau. Plusieurs cas mémorables de dopage incluent Ben Johnson (un Canadien déchu de sa médaille d'or peu après les Jeux olympiques d'été de 1988), les athlètes américains Marion Jones et Justin Gatlin, et une longue liste de coureurs jamaïcains, de Sherone Simpson à Yohan Blake.

Aucune organisation sportive n'a été autant entachée de scandales que l'Union Cycliste Internationale (UCI), également basée en Suisse pour des raisons fiscales. Régulièrement ébranlée par des allégations de dopage chaque fois que des événements majeurs comme le Tour de France voient les coureurs générer des performances surhumaines (y compris celles du septuple vainqueur du Tour, Lance Armstrong), l'UCI a été accusée de chercher à dissimuler des preuves de manière proactive. Armstrong faisait partie d'un système. De nombreux récents vainqueurs du Tour avaient été reconnus coupables d'infractions de dopage. Armstrong avait poussé le système à sa conclusion logique : si tout le monde triche, trichons mieux et plus que le reste du peloton.

Pas d'autre maître que Dieu

Pour de nombreux fans, le football est une religion. Ils assistent à tous les matches du week-end. Comme les pèlerins, ils se rendent fidèlement dans d'autres villes pour des matchs à l'extérieur. Ils vénèrent les joueurs vedettes comme des idoles. Il n'est donc pas exagéré d'établir un parallèle entre la FIFA et l'Église catholique.

Épilogue

Cette dernière est l'une des institutions les plus puissantes et les plus ambitieuses : elle compte plus d'un milliard de fidèles dans le monde. Elle fonctionne selon ses propres lois puisqu'elle a son siège au Vatican, un État indépendant, avec tous les avantages associés à un tel statut. Avec le pape, l'Église à l'un des chefs d'État les plus influents du monde – son 'élection' est aussi opaque et antidémocratique que celle du président de la FIFA. Les candidats sont aussi exclusivement des hommes.

L'Église catholique a sa propre armée et n'a jamais hésité à recourir à la force pour élargir sa base de fans, comme en attestera une étude même superficielle de son histoire, des croisades à l'Inquisition. De nos jours, elle a tendance à privilégier la manière douce. Au cours des dernières décennies, alors qu'elle perdait progressivement une partie de son prestige et de son auditoire en Occident et que les médias devenaient moins révérencieux, l'Église catholique a été confrontée au déshonneur public, en partie à cause de comportements sexuels abusifs de membres du clergé. Un nombre étonnamment élevé de ses représentants ont trahi la confiance des fidèles.

Un autre genre d'infractions qui est beaucoup plus pertinent, compte tenu du thème de ce livre, concerne les épreuves et les échecs des activités financières du Vatican, en particulier celles entourant l'Institut pour les œuvres de religion, plus communément connu sous le nom de Banque du Vatican. Le blanchiment d'argent, les liens avec des familles mafieuses telles que les Gambinos aux États-Unis et les Spatolas en Sicile, ainsi que la fraude et la corruption – y compris la chute de Banco Ambrosiano et l'assassinat du président de cette banque, Roberto Calvi, en 1982 – ont fait la une des journaux. Malgré les mandats d'arrêt ordonnés par les ministères de la Justice dans divers pays, à plusieurs reprises les responsables de la banque ont été bénis de l'immunité diplomatique ou de la protection du pape.[13]

Les problèmes de la Banque du Vatican au cours des quarante dernières années sont une preuve supplémentaire que laisser une institution autorégulée administrer une banque sans supervision adaptée peut être fatal. Alors que les régulateurs n'ont aucun contrôle sur le fonctionnement de la Banque du Vatican, cette dernière peut tout de même affecter négativement le système financier mondial et enfreindre les lois internationales en blanchissant de l'argent, en finançant des marchands d'armes, en commanditant des coups d'État militaires ou en subventionnant le grand banditisme, comme le raconte Eric Frattini dans son livre *The Entity*.

REMÉDIER AUX LACUNES RÉGLEMENTAIRES ET À L'ABSENCE DE RESPONSABILISATION

Si l'autorégulation avait montré de graves carences dans tant de domaines de la vie publique, pourquoi les gouvernements ont-ils pensé qu'il serait judicieux d'appliquer un modèle similaire au monde économiquement stratégique de la finance ? Les cas couverts au chapitre 9 devraient tous nous inquiéter. Les problèmes rencontrés par 3i et beaucoup de ses pairs démontrent également que les marchés sont inefficients et que les investisseurs, même institutionnels, sont loin d'être rationnels. Ce type d'environnement nécessite une régle-mentation appropriée. Sinon, nous risquons de laisser les spéculateurs aux commandes.

Surveillance et transparence

Il n'est pas possible de faire des recommandations sur la réglementation et la législation sans d'abord comprendre les raisons derrière la décision de laisser le capital-investissement s'autoréguler. La principale justification est que les gestionnaires de fonds servent un ensemble de clients financiers jugés 'sophistiqués', ce qui implique que ces derniers ont suffisamment d'expérience et de connaissances pour peser les risques et les mérites d'une opportunité d'investissement. L'une des

Épilogue

principales implications est que cela limite les possibilités offertes à ces investisseurs avertis de demander réparation devant le régulateur financier.

Nous ignorerons les conséquences qu'une renonciation aussi radicale peut avoir sur le comportement des intermédiaires à qui l'on confie l'argent des autres. Encore une fois, les études de cas des Deuxième et Troisième Parties fournissent des exemples clairs de la façon dont le système de réglementation financière fragmenté des années 1990 et 2000 a permis aux gestionnaires de fonds de faire fortune, non pas grâce à des plus-values et à des performances supérieures, car celles-ci étaient souvent temporaires ou illusoires, mais à une litanie de commissions.

Le problème le plus troublant est plutôt que, en certifiant que les administrateurs de fonds de pension, les banques et les assureurs sont sophistiqués, les gouvernements et les organismes de régulation ont ignoré un fait majeur. Le client final des gestionnaires de fonds est le retraité, le titulaire d'un compte bancaire et l'assuré, et non pas les institutions où ces individus ont choisi de placer leur épargne. Pour cette seule raison, l'autorégulation semble tout à fait inappropriée. Si un investisseur LP choisit le mauvais gestionnaire de fonds de capital-investissement, la partie lésée n'est pas l'investisseur institutionnel lui-même, mais le retraité ou l'épargnant individuel.

La transparence des activités de private equity doit être améliorée pour encourager un meilleur comportement. Cela aiderait également le monde extérieur à superviser ce segment d'activité en pleine croissance. Les défenseurs de la gouvernance d'entreprise citent souvent Louis Brandeis, juge à la Cour suprême des États-Unis, qui prononçait les mots suivants en 1933, pendant la Grande Dépression causée par le krach boursier de la fin des années 1920 :

> *"On dit que la lumière du soleil est le meilleur des désinfectants ; la lumière électrique le policier le plus efficace".*[14]

Régulation

Il s'avère que l'hypothèse d'un marché efficient et la présomption concernant les attentes rationnelles des investisseurs étaient fallacieuses. Nous avons vu que ces théories erronées ont convaincu les économistes, les responsables politiques et les hommes d'affaires que la réglementation ne pouvait que nuire à l'économie. Mais cela a eu un autre effet secondaire, qui s'est avéré crucial dans le développement du capital-investissement.

L'efficience du marché à long terme évoque la prévisibilité. Comme nous l'avons vu, cette dernière est l'un des paramètres clés qui encourage le flux de crédit dans une économie, car il offre plus de certitude quant à la solvabilité des emprunteurs et au coût de la dette. Les opérations à effet de levier sont devenues de plus en plus fréquentes parce que, si les marchés étaient efficients, l'économie pouvait être considérée comme plus prévisible qu'elle ne l'est réellement. La crise financière de 2008 a montré les failles d'un tel raisonnement.

Pourtant, la réglementation n'est pas seulement nécessaire pour tenir compte de la nature imprévisible des marchés. Elle sert également d'instrument pour punir les mauvais comportements. Si un nombre significatif d'acteurs du marché s'accordent pour manipuler les prix des transactions, soudoyer des représentants du gouvernement afin d'obtenir un avantage injuste ou abuser de la confiance des investisseurs en facturant des commissions dissimulées, les marchés peuvent difficilement être qualifiés d'efficients, n'est-ce pas ?

Les gestionnaires de fonds ont montré très peu de désir d'apprendre de leurs erreurs passées. Cette attitude ne découle pas seulement d'insécurités profondes ou d'une incapacité intrinsèque à apprendre. Cela vient également du fait qu'ils ont très peu à perdre lorsqu'ils se font prendre. Ils ne sont pas punis autrement que par des amendes négligeables et sans conséquence. Et ils ne perdent presque jamais un accès complet au capital : pour chaque fonds de pension ou de dotation universitaire refusant de soutenir le prochain millésime, les firmes de capital-investissement accèdent à de nouveaux investisseurs parmi la pléthore de family offices et de fonds souverains.

L'un des problèmes de l'autorégulation est qu'elle suppose que le coup de pouce ('nudging') est une panacée ; qu'il convient à toutes les situations. Bien que les techniques d'encouragement soient sans aucun doute bénéfiques pour influencer la prise de décision irrationnelle, elles sont inutiles pour remédier aux mauvais comportements, où le manque de réformes prend au piège des millions de personnes dans des plans de retraite qui chargent des commissions exorbitantes.

Législation

Les membres du pouvoir législatif doivent également agir. Certains prétendent que la raison pour laquelle les représentants du gouvernement ou les législateurs n'interviennent pas est qu'ils sont de connivence avec la haute finance, y compris les riches gestionnaires de fonds – on appelle cette situation critique 'emprise réglementaire'. Si c'est le cas, il faut espérer que les affaires de corruption sont rares. Parce que pour mettre fin au genre de pratiques dont il est question au chapitre 9, il est nécessaire de légiférer. Contrairement aux bilans surchargés de dette, la collusion et les conflits d'intérêts ne sont pas des faux pas accidentels et malheureux. Ce sont des défauts structurels.

Le dilemme pour les politiciens est de trouver un équilibre entre ce qui est toléré ou encouragé à juste titre et ce qui est condamné ou même interdit. L'année après avoir critiqué Philip Green en avril 2016 pour être "le genre de capitaliste à donner au capitalisme une mauvaise réputation", le représentant du gouvernement David Davis portait le drapeau de l'économie de marché débridée lors de ses négociations sur le Brexit avec l'Union européenne. Il est facile d'oublier que Philip Green avait simplement adopté des techniques universellement appliquées par les firmes de capital-investissement. Comme le faisait impérieusement remarquer un journaliste, la chute de Bhs était "une histoire d'échec politique ainsi que le produit d'une mauvaise gestion d'entreprise."[15] Punir et intimider les entrepreneurs – souvent avec plus d'indignation que de conviction – tout en ignorant les gestionnaires de fonds afin de préserver la puissance des milieux financiers de Londres a peu de chances de produire des résultats significatifs. Aucun politicien britannique n'avait critiqué Bain Capital ou KKR quand, début 2018, la division britannique du distributeur en difficulté Toys "R" Us avait déposé le bilan avec un déficit du fonds de pension de 25 millions de livres sterling. Sans réformes structurelles et sans législation ferme, les comportements ne changeront pas.

Il y a beaucoup de frustration parmi les régulateurs, le public (comme en témoigne la montée du populisme) et les experts (les économistes Joseph Stiglitz et Thomas Piketty entre autres) parce que peu de choses ont été entreprises pour changer les mentalités et la culture d'entreprise dans la haute finance. Mais les mentalités prennent beaucoup de temps à s'adapter. Pensez qu'il aura fallu attendre les années 1980, un siècle après l'invention de l'automobile, pour que les ceintures de sécurité deviennent obligatoires dans la plupart des pays occidentaux. Le principal obstacle à l'introduction de lois sur la ceinture de sécurité était la suggestion des défenseurs de la liberté que cela porterait atteinte aux libertés individuelles. Les gens devraient être libres de choisir de porter ou non la ceinture de sécurité, quels que soient les coûts pour la société.

Notre obsession très moderne pour les marchés libres est un obstacle à l'application de restrictions et de protection contre l'utilisation irresponsable de l'effet de levier et des commissions excessives. Les fondamentalistes du marché affirment que les économies devraient être laissées en paix, qu'elles fonctionnent mieux sans ingérence du gouvernement. Ce que les scandales entourant diverses fédérations sportives démontrent, c'est que les institutions ne devraient avoir le droit de s'autoréguler que si elles respectent des normes de gouvernance strictes. Contrairement à ce que les libertariens veulent nous faire croire, le socialisme n'est pas la seule alternative aux marchés libres rampants.

Une meilleure option est une économie mixte, un mélange sain de libre entreprise et de supervision.

Si, comme le suggèrent les différentes études de cas, les gens sont au cœur d'une mauvaise prise de décision et de son corollaire – la sous-performance – alors les individus doivent soit être soustraits de l'équation d'investissement (en utilisant l'intelligence artificielle), soit étroitement supervisés. Le statu quo n'est plus tenable. Il appartient aux législateurs et aux investisseurs d'exiger des dirigeants du capital-investissement des comportements plus responsables sur les plans social et économique.

Chien de garde sans mordant

Pour tirer les leçons des fautes du passé, les individus doivent appréhender deux choses. Premièrement, que leurs erreurs sont bien des erreurs. Deuxièmement, que celles-ci ont des conséquences négatives, ce qui implique que leurs auteurs doivent changer d'attitude. Parce que les régulateurs ont refusé à plusieurs reprises d'intervenir pour punir ou corriger les erreurs commises, accidentellement ou volontairement, par les gestionnaires de fonds, ces derniers sont arrivés à la conclusion erronée que leur comportement préjudiciable peut continuer.

Cette réaction n'est pas aussi irrationnelle qu'il n'y paraît. S'ils ne sont pas punis pour des actions qui conduisent à une forte destruction de valeur – et qu'on leur dit plutôt que tout cela fait partie des mécanismes souhaitables et indispensables de destruction créatrice et de réinvention constante du capitalisme – il s'ensuit que les gestionnaires de fonds n'ont aucune raison de se maîtriser ou d'introduire des mesures correctrices.

S'il est convenablement réglementé, le capitalisme a le potentiel de se transformer en une moissonneuse batteuse, recueillant les cultures fertiles de la prospérité économique récoltée pour le plus grand nombre. Lorsqu'ils sont sans restreintes, les marchés libres ressemblent à un rouleau compresseur écrasant tous les obstacles sur son passage, récompensant principalement ceux assis au volant. L'autorégulation est un merveilleux levier pour ceux qui cherchent à nourrir et promouvoir leur richesse individuelle. Pourtant, il convient de répéter que l'autorégulation est contradictoire. Il y a peu de preuves qu'elle soit bénéfique à beaucoup d'acteurs du marché, qu'il s'agisse de travailleurs, de retraités, d'investisseurs ou de gouvernements.

Trop souvent, lorsqu'elle est tolérée, la réglementation est considérée comme un mal nécessaire. Au lieu de cela, elle devrait être traitée comme un rempart contre les excès potentiels de l'innovation financière. Bien que la supervision réglementaire puisse parfois sembler arbitraire, son absence entraîne des abus et des externalités endémiques. Comme l'expliquent les économistes Akerlof et Shiller : "les marchés concurrentiels, par leur nature même, engendrent la tromperie et la ruse".[16] Les études de cas de la Troisième Partie prouvent qu'ils ont raison.

Enfin, et peut-être d'un point de vue plus émouvant, ce qui est intrigant dans la façon dont le capital-investissement fonctionne, c'est que, contrairement à d'autres cas de toxicomanie, ce n'est pas le gestionnaire de fonds qui meurt d'une surdose de dette ou tombe dans un état léthargique. C'est la société de portefeuille qui a été gavée de dette par la force. C'est là que l'absence de responsabilité acquiert une dimension éthique. Nos politiques économiques ne devraient pas, par nécessité, engendrer un manque de morale ou entraver la conscience sociale. Si nos économies de marché persistent à donner aux investisseurs les coudées franches pour structurer le bilan d'une entreprise de manière agressive sans les tenir pour responsables des effets à long terme de leur modèle d'investissement, la vraie performance du private equity restera inconnue.

Il y a trop de facteurs comportementaux et institutionnels derrière les défaillances de l'industrie pour que les participants – investisseurs, régulateurs et législateurs – trouvent une solution facile. Pourtant, abandonner n'est pas une option. Comme le disait un jour l'abolitionniste américain Wendell Phillips : "La vigilance éternelle est le prix de la liberté ; le pouvoir consiste toujours à voler au plus grand nombre pour le bénéfice d'un petit nombre". Ce qui vaut pour la société est également vrai dans les affaires. L'autorégulation et la psychologie humaine n'ont que trop bien montré leurs carences. Il est grand temps d'introduire une gouvernance et une vigilance appropriées dans le monde de la finance.

REMERCIEMENTS

Ce livre devait faire partie de *The Debt Trap*, publié fin 2016. Craignant que le livre ne se transforme en un volume encyclopédique de plus de 700 pages, la décision fut prise de développer séparément les sujets abordés dans ce volume. Mais l'achèvement de l'ensemble du projet n'aurait pas été possible sans le soutien extraordinaire d'un certain nombre de personnes.

En plus de la contribution de spécialistes de l'industrie, beaucoup de mes étudiants dans diverses écoles de commerce ont fourni de précieux conseils, parfois sans le savoir, pour améliorer le format et le contenu des études de cas.

Merci à ceux qui ont lu et donné leur avis sur les premières ébauches du manuscrit, y compris Frédéric Chiappini, Marc Denjean, Ariane Hofmann-Maniyar, Dharmesh Maniyar, Stephen Perrin et Nathalie Romang. Ils ont pris le temps d'examiner diverses sections et versions et m'ont fourni des recommandations et corrections utiles. D'autres contributeurs ont choisi de rester anonymes en raison de leur implication dans la finance. Je remercie toutes ces personnes d'avoir contribué à la qualité et à la livraison du produit final.

Enfin, je suis redevable à beaucoup d'autres amis pour leurs encouragements.

À PROPOS DE L'AUTEUR

Sébastien Canderlé fit ses études en France et aux États-Unis. Il a plus de 20 ans d'expérience professionnelle dans les secteurs du conseil et de la finance à New York et à Londres, notamment en tant qu'investisseur pour diverses firmes de capital-investissement. Il est l'auteur de plusieurs livres sur le sujet et a été conférencier dans des écoles de commerce pendant de nombreuses années. Ses articles ont été publiés dans Economia, Financial Times, Hedge, La Tribune, Les Echos, MoneyWeek, Naked Capitalism, Real Deals, ValueWalk et d'autres publications. Il est membre de l'Institute of Chartered Accountants in England and Wales et a obtenu un MBA de la Wharton School.

INDEX

3i, **10**, **90**, **133**, **137-46**, **148-62**, **164**, **165**, **167-75**, **325**, **328**, **330**, **332**, **352**
    FCI, **134**, **136**

    FFI, **135**, **136**

    ICFC, **135**, **136**, **140**, **142**, **151**, **167**, **170**

    Investors in Industry, **136**

ABC, **104**, **117**
ABN AMRO, **75**
Acuris. *See* Mergermarket
Akerlof, George, **293**, **313**, **318**, **358**
Allders, **229**
Alliance Boots, **195**
Allianz Capital Partners, **89**
Alphabet, **304**
Altegrity, **131**
Amazon, **113**, **121**, **185**, **188**, **196**, **204**, **206**, **207**, **211**
Amber Day, **217**, **218**, **220**, **224**
Anchorage Capital, **279**
Angelo Gordon, **279**
Anselmo, Rene, **97**

Apax, **10**, **260**, **263-5**, **267-71**, **273**, **283**, **284**, **286**, **288**, **289**, **292**, **293**
    Esprit Telecom, **264**

    Inmarsat, **264**

    Intelsat, **264**

    Rue21, **260**

Apollo, **22**, **82**, **89**, **179**, **180**, **297**, **312**, **316**
Apollo Global Management, **241**
Apple, **77**, **208**, **304**
Arcadia, **218**, **221-5**, **227-31**, **233**, **234**, **237-40**, **242**, **246-8**, **254-7**
Asda, **222**
Association Internationale des Fédérations d'Athlétisme (IAAF), **350**
Atlee, Clement, **133**
Azcárraga Jean III, Emilio Fernando, **129**
Azcárraga Milmo, Emilio, **129**
Azcárraga Vidaurreta, Emilio, **97**, **129**
Bain & Company, **182**

Bain Capital, 10, 179, 181-3, 193, 195, 198, 209, 211, 260, 306-8, 356
Bally Entertainment, 15
Banco Ambrosiano, 351
Bank of Scotland, 221, 222, 225, 226, 239
Banque d'Angleterre, 134, 135, 175
Banque du Vatican, 351
Baratta, Joseph, 306
Barclay, David et Frederick, 218
Barclays Bank, 173, 319
Baugur, 221, 231
BC Partners, 59, 61-3, 66-8
Bear Stearns, 23, 32
Bertelsmann, 80
Best Buy, 208
Bhs, 191, 217-24, 227-60, 287, 326, 329, 346, 356
    Duff & Phelps, 252
    fonds de pension, 236, 245, 250, 254, 256, 259
    PricewaterhouseCoopers, 256

Blackstone, 10, 13, 16-23, 25-8, 32-6, 38-43, 45, 46, 89, 93, 99, 124, 148, 165, 189, 297, 304-7, 313-7, 320, 321
Blatter, Sepp, 348, 350
Blitzer, David, 297, 300
Bloomberg, 26, 45, 52, 60
Bloomberg, Michael, 53
BMG Rights, 80
Bollenbach, Stephen, 15
Bonderman, David, 289
Borrows, Simon, 161, 167

Brandeis, Louis, 354
Brandon, David, 198, 199, 204
Brexit, 356
British Growth Fund (BGF), 173-5, *See* 3i
British Home Stores. *See* Bhs
British Telecom, 264
British Venture Capital Association (BVCA), 142
Broadcasting Media Partners, 99, 110, 300
Brown, Gordon, 172
Buenrostro, Fred, 312
Buffett, Warren, 159
Bureau van Dijk (BvD), 48, 49, 50
Burger King, 182
Burton, 221, 234, 248
Caesars Entertainment, 15, 130, 304
CalPERS, 10, 131, 132, 311, 312, 317
CalSTRS, 10, 130-2, 317
Cameron, David, 172, 250
Candover, 48, 49, 156
Carlyle, 68, 92, 93, 99, 165, 301, 307, 310
Carnegie, Andrew, 298
Cascade, 99
CBS, 99, 104, 113, 117, 126
Cerberus Capital, 180, 181
Chappell, Dominic, 240, 241, 243, 245, 250, 252-4, 256
    Retail Acquisitions, 236, 240, 243, 245, 250, 252, 256, 259

Citi, 319, 320
Clayton Dubilier, 301
Clear Channel, 101, 131

Index

Colao, Vittorio, **285**
Cook, Tim, **297**
Cosmote, **262, 270, 272, 284, 285**
Costco, **206**
Coulter, James, **289**
covenant-lite, **89, 106, 194, 334**
Creasey, Clay, **197**
credit crunch, **19, 22, 25, 32, 106, 107, 153, 154, 160, 162, 165, 175, 189, 230**
crédit revolving, **8, 101, 106**
Credit Suisse, **180, 319**
crédit, bulle du, **85, 97, 124, 149, 150, 156, 170, 180, 181, 183, 211, 268, 271, 300, 304, 308**
crise financière, **7, 25, 32, 57, 63, 78, 89, 90, 93, 95, 129, 132, 154, 155, 159, 161, 171, 172, 193, 209, 212, 230, 234, 244, 272, 280, 285, 289, 296, 299, 309, 314, 322, 325, 327, 339, 354**
Crow, Bob, **250**
Cuomo, Andrew, **310, 311**
CVC, **68**
Daily Mail, **252**
Dalio, Ray, **341**
Davis, David, **251, 356**
Debenhams, **219, 229, 231, 237**
Deep Knowledge Ventures, **342**
Dell, **1**
Deutsche Bank, **114, 319**
Deutsche Telekom, **285, 290**
Diageo, **150, 155**
Dodd-Frank Act, **309, 311**
Dollarama, **182**
Domino's Pizza, **182, 198**
Dorothy Perkins, **221, 234, 248**
dotcoms, bulle des, **142, 149, 171, 238, 319**
dotcoms, krach des, **145, 146, 152, 158, 160, 165**
Dreams, **235**
Eagle, Angela, **251**
EMH (efficient market hypothesis), **343-5**
EMI Music, **80**
Enron, **80, 346**
Eton Park, **279**
Financial Times, **55, 56, 241**
Financial Times Group, **55**
FINRA, **319, 320**
First Chicago Corporation, **128, 129**
Fortune, **306**
Four Seasons, **24**
Fox, **104, 117, 120, 126**
France Télécom, **285**
Francisco Partners, **302**
Frattini, Eric, **352**
Freescale Semiconductors, **301, 305**
Fuller, Richard, **251**
Galavision, **98**
Game Group, **208**
Gamestop, **208**
Gates, Bill, **99, 297**
Gateway, **139, 140**
General Electric, **77, 99, 107**
general partner (GP), **10**
Getty, J. Paul, **32**
GIC (Government of Singapore Investment Corporation), **10, 67, 68**
Gillette, **77**
Glass-Steagall Act, **322**
GMT Communications Partners, **48, 49, 51, 54, 60, 66, 69, 336**
Goldman Sachs, **114, 180, 181, 226, 227, 252, 304, 307, 319**

Google, 60, 77, 80, 298
Gordon Brothers, 244
Gould, Jay, 298
Grande Dépression, 192, 354
Gray, Jonathan, 25, 38, 321
Green, Cristina, 231
Green, Philip, 217-30, 232, 234-40, 242-8, 250-9, 329, 356
    Alan Sugar, 252

    Etam, 229

    Evans, 234

    Harrods, 222

    Kate Moss, 246

    Lord Grabiner, 222

    Mark One, 222

    Olympus, 218, 245

    Opération Socrate, 224

    Outfit, 248

    Owen Owen, 218

    Revival Acquisitions, 226

    Shoe Express, 218

    Taveta, 231, 233, 234, 236, 238-40, 246, 248, 254, 256

    Tony Blair, 253

    Warehouse, 218, 222

    Xceptions, 218

Green, Terry, 220, 243
groupthink, 330, 331
Guinness, 150
Gymboree, 260
Habitat, 216
Hallmark Cards, 128, 129
Halusa, Martin, 289
Hamleys, 231
Harrah's Entertainment, 15, 304
Harris, Joshua, 297, 300
Hasbro, 185, 202, 206
HCA, 195, 306
Heinz, 1
Hertz, 1
Hill, James, 298
Hilton, 7, 13-46, 66, 77, 79, 94, 304, 313, 320-2
Hilton Grand Vacations (HGV), 25, 37, 38, 39, 41
Hilton Worldwide. *See* Hilton
Hilton, Barron, 14, 15, 17
Hilton, Conrad, 13, 14
Hilton, Paris, 13, 17
Hispanic Broadcasting, 98
HNA, 38, 42
Hobson, Andrew, 114
homophilie, 74, 331
House of Fraser, 231
HSBC, 173
Hunter, Tom, 218
Iceland, 231
Intel, 298
Interamerican, 262
InterContinental, 21, 45
Investcorp, 148
investisseurs LP (limited partners), 4, 68, 76, 90, 91, 93, 300, 312-6, 328, 332, 337, 339, 341

Index

IPO (initial public offering) also listing, flotation, **29, 39, 115, 141, 319**
J.Crew, **246**
James, Hamilton, **305**
Jobs, Steve, **297**
JP Morgan, **23, 319, 320**
Kahneman, Daniel, **328, 329, 330, 332, 334, 336, 339, 340**
Kaplan, Steven, **23, 28**
Karen Millen, **231**
Kay, Christopher, **182**
KB Toys, **178, 182, 209, 211**
Kimco Realty, **180, 181**
KKR, **10, 22, 80, 82, 89, 93, 99, 124, 148, 179-81, 183, 184, 189, 192, 193, 195, 209, 222, 299, 301, 304-8, 315, 356**
Kmart, **178**
Kodak, **309**
Kravis, Henry, **305**
La Forgia, Robert, **26**
La Quinta, **17**
Larcombe, Brian, **147, 159**
Lazarus, Charles, **177**
LEGO, **185, 208**
Lehman Brothers, **22, 32, 154, 189, 268, 271**
Leighton, Allan, **219, 243**
Leonard Green & Partners, **246**
Leuschen, David, **310**
Littlewoods, **229**
Lloyds Bank, **173**
LXR Luxury Resorts, **17**
Macmillan Gap, **134**
Macy's, **207**
Madison Dearborn, **99, 101, 131, 271, 300, 328**
Madoff, Bernard, **346**
Mail on Sunday, **220**

Mandarin Oriental, **24**
Mandelbrot, Benoît, **345**
Marks & Spencer (M&S), **218, 221, 224-9, 232, 233, 235, 237, 241, 242**
Marriott, **21, 34, 42, 45**
Matalan, **229**
Mattel, **185, 202, 206**
May, Theresa, **258**
Mergermarket Group, **7, 47-52, 54-7, 59-63, 65, 66, 68, 77-9, 86, 94, 122, 321, 336**
Metro-Goldwyn-Mayer, **131**
Microsoft, **298, 304**
Midland Bank, **137**
Milken, Michael, **346**
Mint, **25**
Miss Selfridge, **218, 221, 230, 248**
Mizuho, **160, 165**
Moody's, **61, 67, 106, 111, 113, 115, 181, 189, 321**
Morgan Stanley, **114, 268, 319**
Morrisons, **222**
Mothercare, **216, 217**
Mount Kellett, **279**
Myners, Paul, **226**
Nasdaq, **144, 145, 262**
Nassetta, Christopher, **17, 29, 32, 45**
NBC, **99, 104, 117**
Nelson, Jonathan, **101**
Netflix, **112, 113, 121**
New Look, **218, 229, 237**
New York Common Retirement Fund, **311**
New York Post, **306**
New York Times, **28, 301, 305**
Nordstrom, **246**
OBO (owner buyout), **191, 220, 222, 257**

Omnicom, **104**
Orascom Telecom, **271, 280**
OTE, **262, 290**
Panafon (Vodafone), **262, 270, 272, 282, 284, 285**
Park Hotels & Resorts, **38, 39, 41**
Patricof, Alan, **263, 264**
Peacocks, **229**
Pearson, **55-8, 61, 64, 66, 69**
Pecora (comité), **322**
Perenchio, Andrew Jerrold, **97, 100, 104, 129, 130**
Permira, **179**
PIK (payment-in-kind), **264, 269, 276, 289**
Piketty, Thomas, **356**
PricewaterhouseCoopers, **231**
Primark, **242**
Promus, **15**
ProSiebenSat, **100**
Providence Equity, **10, 99, 101, 108, 125, 131, 132, 268, 269, 279, 328, 330**
Rajaratnam, Raj, **321**
Reagan, Ronald, **344**
Reuter, Paul Julius, **53**
Riverstone, **92, 310**
RJR Nabisco, **85, 299**
Roberts, George, **305**
Rockefeller, John D., **298**
Rodriguez, Ray, **104, 109**
Rose, Stuart, **225**
Ross, Wilbur, **316**
Rothschild, Nathan, **53**
Rowlands, Chris, **172**
Royal Bank of Scotland, **75, 173**
Russell, George, **145**
Saban Capital, **99-101, 105, 132, 279**
Saban, Haim, **100**

Safeway, **222**
Sarkozy, Nicolas, **350**
Saunders, Robin, **219**
Sawiris, Naguib, **266, 269, 271-4, 279, 280, 283-5, 292**
Schwarzman, Stephen, **18, 25, 27**
Sears, **178, 218, 221, 227, 245**
SEC (Securities and Exchange Commission), **125, 314, 315, 322**
Selecta, **89**
Shah, Deep, **321**
Sheraton, **35**
Shiller, Robert, **293, 313, 318, 358**
Silver Lake, **307**
Simpkins, Neil, **306**
Slim Domit, Carlos, **99**
Slim, Carlos, **98, 99, 120**
Smith, Keith, **241**
Standard & Poor's, **67, 102, 106, 107, 181, 272**
Standard Chartered, **173**
Standard Life, **341**
Starwood, **24, 34, 35, 36**
Stevenson, Lord, **225**
Stiglitz, Joseph, **347, 356**
Storch, Gerald, **187, 195, 196, 197, 206**
Storehouse, **216, 217, 219, 237, 245, 246, 256**
Sunday Telegraph, **247**
Sunday Times, **252**
Sunstein, **337**
Sunstein, Cass, **336**
Taconic, **279**
Target, **178, 185, 187, 206**
taux de rendement interne (TRI), **28, 69, 131, 270, 313, 329, 339**

Index

Technologieholding, **144**
Telecom Italia Mobile, **231**, **262**, **263**
TeleFutura, **98**
Telemundo, **103**, **107**, **110**, **117**, **119**, **120**, **123**
Televisa, **98**, **99**, **105-8**, **110**, **111**, **115**, **120**, **122**, **123**, **125**, **126**, **129**, **130**, **304**
Tesco, **222**
Thaler, Richard, **335**, **336**, **337**
Thatcher, Margaret, **139**, **167**, **171**, **344**
Thomas H. Lee, **99**, **101**, **131**
TIM/WIND Hellas, **87**, **88**, **262-71**, **279-81**, **283**, **284**, **287-9**, **292**, **293**, **326**, **329**, **334**, **346**
    Ernst & Young, **292**

    Q-Telecom, **265**, **266**, **267**, **270**, **279**, **283**, **284**, **288**

    STET Hellas, **231**, **262**

    TCS Capital, **265**, **270**

    Troy GAC, **263**, **265**

Time Warner, **113**
Topman, **221**, **230**, **233**, **246-9**
Topshop, **221**, **228**, **230**, **233**, **234**, **242**, **246-8**, **257**
Towerbrook, **260**
Toys "R" Us, **1**, **81**, **83**, **87**, **88**, **177-83**, **185-92**, **194-212**, **301**, **304**, **308**, **319**, **320**, **325**, **334**, **337**, **356**
    Babies "R" Us, **178-80**, **184**, **186-8**, **191**, **192**, **204**, **208**

Global Toys Acquisition, **183**

Imaginarium, **179**, **185**

Kids "R" Us, **178**, **179**

TPG (Texas Pacific Group), **10**, **99-101**, **108**, **110**, **114**, **125**, **130**, **131**, **263**, **265**, **267-71**, **283**, **284**, **286**, **288**, **289**, **292**, **293**, **300**, **304**, **306**, **307**, **316**, **330**
Trump Organization, **15**, **115**, **191**
Trump, Donald, **39**, **115**, **120**, **128**, **191**, **257**, **258**, **259**, **316**
Turkcell, **268**, **269**
Union Cycliste Internationale (UCI), **350**
UNITE HERE, **127**
Univision, **117**, **127-32**, **300**, **304**, **326**, **328**, **337**, **348**
Urcelay, Antonio, **196**, **198**
Uva, Joe, **104**, **111**
Vanderbilt, Cornelius, **298**
Vanity Fair, **257**
Vector Capital, **302**
Venevision, **99**
Verizon, **231**
Villalobos, Alfred, **312**
Vodafone, **276**, **282**, **285**
Vornado Realty Trust, **179-81**, **183**, **189**, **193**, **209**
Waldorf Astoria, **14**, **24**, **35**
Walker, Simon, **251**
Wall Street Journal, **301**
Wallis, **218**
Wal-Mart, **178**, **179**, **185**, **188**, **206**, **211**, **219**

Wasserstein, Bruce, **139**
WatchGuard, **302, 303**
Weather Investments, **269, 271-6, 278, 280, 281, 284, 289, 293**
Welch, Jack, **77**
Westin, **35**
WestLB, **219**
WIND Telecomunicazioni, **266, 271**
Wood Mackenzie, **48-50, 64**
Woolworth, **216, 221**
Yea, Philip, **148-50, 153, 155, 156, 158, 159, 161, 171, 332**
Zara, **225, 242**
zombie (entreprise), **97, 127, 132, 204**
Zuckerberg, Mark, **297**

NOTES

Prologue

[1] Casey Research, 2012; Institute of International Finance, 2017
[2] Polaris Wealth Advisers, Polaris Educational Series, 2015 Market Commentary, March 2015
[3] Axios, 21 November 2017, quoting research from MIT Sloan School of Management Professor Antoinette Schoar

Chapitre 1 - Hilton

[1] Hiltonfoundation.org, history page
[2] Hilton Hotels Corporation, annual report 1948
[3] Hilton Hotels Corporation, annual report 1978 - 'a pioneer in the highest sense of the word'
[4] Hilton Hotels Corporation, annual report 1999
[5] Hilton Hotels Corporation, Forms 10-K for the fiscal years ended December 31, 2005 and December 31, 2006
[6] DealBook, New York Times, 3 July 2007
[7] Reuters, 26 December 2007
[8] Financial Times, 3 July 2007
[9] Scotland on Sunday, 8 July 2007
[10] United Press International, 3 July 2007
[11] DealBook New York Times, 21 June 2007; CNNMoney.com, 22 June 2007
[12] Independent, 5 July 2007
[13] New York Times, 9 August 2007
[14] Daily Telegraph, 14 August 2007
[15] Financial Times, 3 July 2007
[16] Hilton 2006 annual report
[17] Financial Times, 13 November 2007
[18] GlobalCapital, 25 January 2008
[19] Financial Times, 4 February 2008

[20] Times, 11 March 2008
[21] Times, 7 November 2008
[22] Daily Telegraph, 22 November 2008
[23] Ibid
[24] GlobalCapital, 11 August 2009
[25] DealBook New York Times, 12 December 2013
[26] GlobalCapital, 28 October 2009; Wall Street Journal, 29 October 2009
[27] Wall Street Journal, 20 February 2010; Financial Times, 7 October 2010
[28] DealBook New York Times, 12 December 2013 - "It was like refinancing your mortgage when interest rates were low. They basically paid off their debt when it was very cheap to do so, because everybody was frightened and the price of their debt went very low."
[29] Wall Street Journal, 23 April 2009; Reuters, 15 January 2010; New York Times, 24 December 2010
[30] Independent on Sunday, 20 March 2011
[31] Financial Times, 25 February 2012
[32] International Financing Review, 5 to 11 January 2013; Financial Times, 1 April 2013
[33] International Financing Review, 3 to 9 August 2013
[34] GlobalCapital, 11 September & 14 November 2013; International Financing Review, 21 to 27 September 2013 & 14 November 2013
[35] Reuters, 11 December 2013
[36] New York Times, 12 December 2013 - "They almost lost the company, and might have without the debt restructuring."
[37] Hilton 2016 annual report
[38] Hilton Worldwide Holdings Inc. IPO prospectus dated December 11, 2013
[39] Ibid
[40] International Financing Review, 12 September 2013 - "When you can have that kind of growth in EBITDA with the kind of leveraged capital structure that is on, equity accretion is tremendous. You kind of want to let your winners run a little bit because you're accreting a lot of value for our shareholders every quarter"
[41] New York Times, 12 December 2013 - "This is a good deal if you're measuring it relative to the public market. But it's not a home run." et "In dollars, a $10 billion profit is a lot of money, even to them."
[42] Irish Independent, 14 May 2015
[43] Hilton Hotels Corporation, Form 10-K for the fiscal year ended December 31, 2006; Hilton 2008 and 2010 annual reports
[44] Hilton Worldwide Holdings Inc. IPO prospectus dated December 11, 2013
[45] Ibid
[46] International Financing Review, 7 to 13 December 2013
[47] Financial Times, 19 August 2013

Notes

[48] Ibid
[49] Travel Weekly, 30 June 2014; International Financing Review, 14 to 20 June 2014
[50] International Financing Review, 4 November 2014; PERE News, 6 November 2014
[51] Dow Jones Institutional News, 11 May 2015; International Financing Review, 11 May 2015 & 12 to 18 August 2017
[52] Hilton website, 11 February 2015; Daily Mail, 8 April 2015
[53] The Deal, 11 March 2016
[54] The Blackstone Group L.P., Form 10-K for the year ended 31 December 2015
[55] CreditSights, 2 & 8 August 2016; International Financing Review, 20 to 26 August 2016
[56] Wall Street Journal, 24 October 2016
[57] Financial Times, 21 April 2016
[58] International Financing Review, 12 to 18 November 2016
[59] CreditSights, 14 November 2016
[60] Times, 27 February 2016; Park Hotels & Resorts website
[61] Hilton Worldwide Holdings Inc., Form 10-K for the year ended 31 December 2016
[62] International Financing Review, 4 to 10 March 2017
[63] Law360, 2 June 2017
[64] International Financing Review, 10 to 16 June 2017
[65] Law360, 15 June 2017; International Financing Review, 17 to 23 June 2017
[66] seekingalpha.com, 20 September 2017
[67] International Financing Review, 30 September to 6 October 2017
[68] BusinessWire, 6 November 2017
[69] Hilton 2016 annual report
[70] The Economist, 11 February 2017

Chapitre 2 - Mergermarket

[1] Informed Options Trading prior to M&A Announcements: Insider Trading? By P. Augustin, M. Brenner, M. Subrahmanyam (2014); Equities.com, 19 June 2014; Times, article on insider deals, 19 January 2018
[2] Financial Times, 15 July 2017 – FTMoney supplement - Comment by Stuart Veale, Managing Partner of Beringea, which manages ProVen VCT funds
[3] Dealbook, New York Times, 8 August 2006
[4] https://exithub.com/bc-partners-portfolio-company-mergermarket-reported-to-sell-infinata-for-under-20m/

[5] GlobalCapital, 16 January 2014; International Financing Review, 18 to 24 January 2014; Financial Times Group Limited accounts for the year ended 31 December 2013; multiple based on information in Mergermarket Topco Limited consolidated financial statements for the 54-week period 16 December 2013 to 31 December 2014
[6] Moody's Investors Service, 15 January 2014
[7] Private Equity Wire, 30 June 2014; AVCJ, 22 September 2015; Unquote, 12 November 2015; Private Equity Wire, 6 January 2016; Sunday Times, 23 April 2017; Unquote, 24 May 2017
[8] Mergermarket Limited – annual reports and financial statements for the years ended 2005, 2008 and 2014

[9] International Financing Review, 29 July to 4 August 2017
[10] Operating EBITDA and cash EBITDA differed due to adjustments for foreign exchange and deferred income. Multiples also depended on last-twelve-months or forward data. Financial Times, 30 June 2017; Mergermarket Topco Limited consolidated financial statements for the year ended 31 December 2016
[11] Moody's, 5 July 2017; GlobalCapital, 20 July 2017
[12] PEHub, 11 April 2017

Chapitre 3 – Schéma pragmatique

[1] Benjamin Franklin, *Poor Richard's Almanack*, 1736 - "diligence is the mother of good luck"
[2] Merrill Corporation, 19 January 2018
[3] Guardian, 7 July 2010; Private Equity News, 8 July 2010; http://carlylecapitallawsuit.com/
[4] Financial Times, 30 November 2009
[5] Financial Times, 28 August 2016 & 8 February 2017

Chapitre 4 - Univision

[1] Los Angeles Times, 28 April 2006; Univision Communications Inc. form 10-K for the year ended 31 December 2006
[2] Univision Wikipedia page
[3] Univision Communications Inc. form 10-K for the year ended 31 December 2006
[4] Thomas H. Lee press release, 27 June 2006
[5] Univision Communications Inc. Form 10-K for the Fiscal Year Ended December 31, 2006
[6] MarketWatch, 27 June 2006
[7] New York Times, 21 June 2006

Notes

[8] Financial Times, 22 June 2006
[9] U.S. Equity News, 28 June 2006; International Financing Review, 1 to 7 July 2006
[10] Univision press release, 29 March 2007
[11] New York Times, 15 December 2006
[12] Los Angeles Times, 30 March 2007
[13] Financial Times, 27 December 2006
[14] 2008 Preqin Global Private Equity Review
[15] GlobalCapital, 16 February 2007
[16] International Financing Review, 17 to 23 February 2007 & 3 to 9 March 2007
[17] GlobalCapital, 2 February 2007
[18] Reuters, 15 February 2007
[19] Financial Times, 28 February 2007
[20] MarketWatch, 27 June 2006
[21] New York Times, 9 February 2006
[22] Univision Communications Inc. form 10-K for the year ended 31 December 2006
[23] U.S. Census Bureau
[24] Financial Times, 15 April 2012
[25] U.S. Equity News, 5 March 2007
[26] Financial Times, 28 February 2007
[27] New York Times, 6 July 2006; Wall Street Journal, 7 July 2006; U.S. Equity News, 21 July 2006
[28] U.S. Equity News, 9 April 2007
[29] CreditSights, 30 December 2007
[30] GlobalCapital, 27 July 2007 & 25 January 2008
[31] International Financing Review, 1 to 7 March 2008
[32] International Financing Review, 27 September to 3 October 2008
[33] International Financing Review, 12 to 18 April 2008
[34] GlobalCapital, 23 May & 15 August 2008
[35] GlobalCapital, 21 November 2008
[36] GlobalCapital, 30 October 2008
[37] Fox News, 23 January 2009; San Diego Union Tribune, 23 January 2009; GlobalCapital, 23 January 2009
[38] CreditSights, 25 May 2009
[39] Financial Times, 6 January & 5 May 2009
[40] Los Angeles Times, 9 July 2009
[41] GlobalCapital, 3 April 2009
[42] International Financing Review, 2 to 8 June 2007
[43] International Financing Review, 27 June to 3 July 2009
[44] GlobalCapital, 11 June 2009; International Financing Review, 27 June to 3 July 2009; CreditSights, 28 June 2009
[45] https://www.c21media.net/univision-axes-300-jobs/

[46] Variety, 31 July 2009
[47] Dealbook, New York Times, 14 June 2010
[48] New York Times, 5 October 2010; International Financing Review, 9 to 15 October 2010
[49] Moody's, 6 October 2010; International Financing Review, 23 to 29 October 2010
[50] International Financing Review, 13 to 19 November 2010 & 10 January 2011
[51] Financial Times, 15 March 2011
[52] Financial Times, 30 June 2011
[53] International Financing Review, 25 April 2011
[54] CreditSights, 3 May & 15 August 2012; International Financing Review, 4 to 10 February 2012 & 15 August 2012
[55] International Financing Review, 9 to 15 February 2013 & 16 May 2013; CreditSights, 16 May 2013
[56] International Financing Review, 11 to 17 January 2014
[57] Wall Street Journal, 12 June 2014
[58] Univision Holdings, Inc. Amendment No 6 to form S-1, as filed with the Securities and Exchange Commission on October 20, 2016
[59] Moody's, 29 December 2914; Los Angeles Times, 31 December 2014
[60] Financial Times, 11 March 2015; International Financing Review, 14 to 20 March 2015; Univision Holdings, Inc. Form S-1, as filed with the Securities and Exchange Commission on July 2, 2015
[61] Financial Times, 11 March 2015
[62] CreditSights, 13 April 2015; International Financing Review, 2 July 2015
[63] Financial Times, 30 June 2015; New York Times, 3 July 2015
[64] PrivCo, 29 October 2015
[65] International Financing Review, 2 July 2015
[66] Moody's, 7 July 2015
[67] MarketWatch, 7 July 2015; UNITE HERE report, April 2016
[68] Seeking Alpha, 15 July 2015
[69] CreditSights, 28 October 2015
[70] CreditSights, 23 February 2016
[71] Wall Street Journal, 4 December 2015
[72] Univision Holdings, Inc. Form S-1, as filed with the Securities and Exchange Commission on July 2, 2015
[73] Guardian, 19 January 2016; Los Angeles Times, 21 April 2016; Adweek, 18 August 2016
[74] CreditSights, 10 November 2016; Forbes, 16 November 2016; Los Angeles Times, 2 January 2017
[75] Los Angeles Times, 2 January 2017
[76] ZeroHedge, 18 January 2017
[77] Nielsen data, The Economist, 3 September 2015

[78] Univision Communications Inc. form 10-K for the year ended 31 December 2006; Univision Holdings, Inc. Amendment No 6 to form S-1, as filed with the Securities and Exchange Commission on October 20, 2016
[79] Los Angeles Times, 28 February 2009 & 3 April 2014; money.cnn.com, 16 November 2016; Washington Post, 16 November 2016; Media Moves, 8 March 2017; Latin Times, 4 April 2017
[80] New York Times, 22 June 2006
[81] United Press International, 23 June 2006; CreditSights, 27 June 2006
[82] www.portada-online.com, 4 January 2017
[83] International Financing Review, 2 July 2015
[84] CreditSights, 27 June 2006
[85] medialifemagazine.com, 27 December 2016
[86] UNITE HERE report, April 2016
[87] UNITE HERE report, April 2016; Fees, Fees and More Fees: How Private Equity Abuses Its Limited Partners and U.S. Taxpayers, CEPR, May 2016
[88] New York Times, 21 November 1987; Chicago Tribune, 31 March 1990
[89] Chicago Tribune, 26 April 1990
[90] New York Times, 9 April 1992
[91] medialifemagazine.com, 27 December 2016
[92] Financial Times, 13 June 2010; CalPERS, Private Equity Program Fund Performance Review, as of December 31, 2016; California State Teachers' Retirement System, Private Equity Portfolio Performance, As of September 30, 2017; 2017 Preqin Global Private Equity & Venture Capital Report
[93] CalPERS, Private Equity Program Fund Performance Review, as of December 31, 2016
[94] New York Times, 24 April 2015

Chapitre 5 – 3i

[1] Times, 14 July 1931
[2] Times, 24 January 1945
[3] Times, 1 February 1945; Times, 20 March 1948; Times, 21 October 1963; Times, 10 February 1975
[4] International Private Equity, by Eli Talmor and Florin Vasvari
[5] Times, 29 October 1974; Times, 10 February 1975
[6] International Private Equity, by Eli Talmor and Florin Vasvari
[7] Times, 13 October 1983
[8] Times, 5 July 1983
[9] Times, 19 May 1987
[10] Times, 3 April 1986; Times, 7 July 1987
[11] Times, 14 March 1988
[12] Ibid

[13] Times, 19 May 1988
[14] Times, 9 April 1992
[15] Times, 5 October 1992
[16] International Private Equity, by Eli Talmor and Florin Vasvari
[17] Times, 9 February 1994
[18] Times, 6 & 19 July 1994
[19] Times, 8 September 1994
[20] Times, 18 February 1995
[21] 3i Group plc - Report and accounts for the year ended 31 March 1998
[22] Guardian, 26 January 1999
[23] 3i Group plc - Preliminary statement of annual results for year to 31 March 2000
[24] 3i Group plc - Reports and accounts for the years ended 31 March 1995 and 31 March 2000
[25] 3i Group plc – press release of preliminary statement of annual results for the year ended 31 March 2002
[26] Ibid
[27] Ibid
[28] 3i Group plc - Reports and accounts for the year ended 31 March 2003
[29] Evening Standard, 25 March 2004
[30] 3i Group plc - Reports and accounts for the year ended 31 March 2005
[31] 3i Group plc – annual results investor presentation for the year ended 31 March 2005
[32] 3i Group plc – annual results supplementary information for the year ended 31 March 2006
[33] 3i Group plc – annual results investor presentation for the year ended 31 March 2007
[34] Ibid
[35] 3i Group plc – annual results investor presentation for the year ended 31 March 2008
[36] Ibid
[37] 3i Group plc - Reports and accounts for the year ended 31 March 2009
[38] 3i Group plc – Reports and accounts for the year ended 31 March 2011
[39] 3i Group plc – Reports and accounts for the year ended 31 March 2009
[40] thisismoney.co.uk, 8 May 2009
[41] 3i Group plc – Reports and accounts for the year ended 31 March 2009
[42] 3i Group plc – annual results investor presentation for the year ended 31 March 2009
[43] 3i Group plc – Reports and accounts for the year ended 31 March 2011
[44] 3i Group plc – annual results investor presentation for the year ended 31 March 2010
[45] 3i Group plc – Reports and accounts for the year ended 31 March 2010

Notes

⁴⁶ 3i Group plc – annual results investor presentation for the year ended 31 March 2011
⁴⁷ 3i Group plc – annual results investor presentation for the year ended 31 March 2013
⁴⁸ Ibid
⁴⁹ 3i Group plc – Reports and accounts for the year ended 31 March 2013
⁵⁰ Ibid
⁵¹ Reuters, 2 June 2014
⁵² 3i Group plc – Reports and accounts for the year ended 31 March 2015
⁵³ 3i Group plc – Reports and accounts for the year ended 31 March 2017
⁵⁴ Times, 9 April 1993
⁵⁵ Times, 19 February, 29 April & 20 October 1986
⁵⁶ Psychology Today, How We Make the Same Mistakes Over and Over, 31 October 2014
⁵⁷ Quote attributed to Benjamin Franklin, Mark Twain and Albert Einstein among others

Chapitre 6 – Toys "R" Us

¹ Guardian, 12 August 2004
² New York Times, 13 August 2004, 14 September 2004 & 18 March 2005
³ New York Times, 13 August 2004
⁴ Financial Times, 12 August 2004; Guardian, 12 & 24 August 2004; International Financing Review, 5 to 11 March 2005
⁵ Independent, 2 March 2005; Financial Times, 4 & 6 March 2005
⁶ Times, 10 March 2005; Financial Times, 11 March 2005
⁷ Toys "R" Us, Inc. Form 10-K for the fiscal year ended January 28, 2006; GlobalCapital, 11 March 2005; Financial Times, 18 March 2005; New York Times, 18 March 2005
⁸ International Financing Review, 26 March to 1 April 2005; KKR & Co. L.P., Form S-1, 3 July 2007
⁹ CreditSights, 17 March & 31 May 2005; Toys "R" Us, Inc. Form 10-Q for the quarter ended June 30, 2005
¹⁰ CreditSights, 22 June 2005
¹¹ International Financing Review, 25 June to 1 July 2005
¹² CreditSights, 1 July 2005
¹³ New York times, 25 May 2004; Financial Times, 29 June 2004; Wall Street Journal, 29 June 2004; Toys "R" Us, Inc. Form 10-K for the fiscal year ended January 28, 2006; Quartz Media, 18 September 2017
¹⁴ CreditSights, 27 March 2006
¹⁵ New York Times, 8 February 2006

[16] GlobalCapital, 13 January 2006; International Financing Review, 14 to 20 January 2006
[17] GlobalCapital, 23 June 2006; International Financing Review, 24 to 30 June 2006
[18] New York Times, 18 July 2006
[19] Financial Times, 26 July 2006
[20] Wall Street Journal, 2 May 2006
[21] Toys "R" Us, Inc. Forms 10-K for the fiscal years ended January 31, 2004 and February 2, 2008
[22] GlobalCapital, 27 March 2009
[23] International Financing Review, 4 to 10 July 2009
[24] GlobalCapital, 25 June 2009; International Financing Review, 4 to 10 July 2009
[25] GlobalCapital, 19 October 2009; International Financing Review, 14 to 20 November 2009
[26] Les Echos, 31 May 2010
[27] Toys "R" Us, Inc. Form S-1 registration statement to the Securities and Exchange Commission, May 27, 2010; Financial Times, 29 May 2010
[28] Daily Telegraph, 4 July 2010; New York Times, 15 July 2010
[29] International Financing Review, 11 & 17 August 2010
[30] CreditSights, 26 January 2011
[31] Toys "R" Us, Inc. Form 10-K for the fiscal year ended January 29, 2011; CreditSights, 16 February & 7 March 2011
[32] International Financing Review, 19 to 25 March 2011; CreditSights, 14 June 2011
[33] Toys "R" Us, Inc. Form 10-K for the fiscal year ended January 28, 2012
[34] International Financing Review, 24 to 30 March 2012
[35] Sunday Times, 29 April 2012
[36] International Financing Review, 26 July 2012
[37] Wall Street Journal, 9 March 2011
[38] GlobalCapital, 21 February 2013; CreditSights, 3 April 2013
[39] Toys "R" Us, Inc. withdrawal notice to the Securities and Exchange Commission, March 29, 2013
[40] International Financing Review, 3 to 9 August 2013
[41] Toys "R" Us press release, 21 August 2013
[42] Les Echos, 4 December 2013
[43] Wall Street Journal, 23 October 2013; FierceRetail, 23 October 2013
[44] Toys "R" Us, Inc. Form 10-K for the fiscal year ended February 1, 2014; Les Echos, 4 December 2013
[45] CreditSights, 11 January 2015
[46] International Financing Review, 27 September to 3 October 2014 & 11 to 17 October 2014
[47] Forbes, 2 June 2015

Notes

[48] Financial Times, 15 June 2016
[49] Toys "R" Us, Inc. Form 10-K for the fiscal year ended January 28, 2017; CreditSights, 12 April 2017
[50] Toys "R" Us, Inc. Forms 10-K for the fiscal years ended January 31, 2004, January 29, 2005, January 28, 2006, January 31, 2015, January 30, 2016, and January 28, 2017
[51] International Financing Review, 19 September 2017
[52] GlobalCapital, 21 September 2017
[53] New York Times, 19 September 2017; Telegraph, 19 September 2017
[54] Toys "R" Us, Inc. Form 10-K for the fiscal year ended January 28, 2006
[55] CreditSights, 26 January 2011
[56] Market Realist, 19 January 2016
[57] CreditSights, 17 March 2005
[58] CreditSights, 26 January 2011
[59] Oneclickretail.com, The Amazon Effect U.S. Toys Market, 26 January 2017
[60] CreditSights, 8 March 2011
[61] Toys "R" Us, Inc. Form 10-K for the fiscal year ended January 28, 2006
[62] CreditSights, 16 June 2017
[63] Daily Telegraph, 21 January 2014

Chapitre 7 - Bhs

[1] Herald Scotland, 25 April 2016
[2] Daily Telegraph, 25 January 2015; Herald Scotland, 25 April 2016
[3] Herald Scotland, 25 April 2016
[4] Daily Telegraph, 4 April 2009
[5] Daily Telegraph, 17 March 2002
[6] Times, 25 September 1992
[7] Daily Mail, 9 July 1999
[8] Times, 28 March 2000
[9] Storehouse plc - Annual report and accounts 2000
[10] Scotland on Sunday, 20 January 2002
[11] Storehouse plc - Annual report and accounts 1999
[12] Independent, 16 July 2000
[13] Daily Mail, 16 September 2000; Guardian, 7 November 2000
[14] Evening Standard, 22 May 2002
[15] Sunday Times, 26 May 2002
[16] Sunday Telegraph, 3 November 2002
[17] Evening Standard, 21 January 2002; Mail on Sunday, 24 February 2002
[18] Sunday Times, 19 May 2002
[19] New Statesman, 16 September 2002
[20] Evening Standard, 14 June 2002

[21] Financial Times, 7 September 2002; Taveta Investments Limited – Report for the period ended 30 August 2003
[22] Evening Standard, 19 March 2002; Sunday Times, 7 April 2002; Times, 30 August 2002
[23] Sunday Times, 8 September 2002
[24] Times, 1 November 2002; Financial Times, 1 November 2002
[25] Daily Telegraph, 14 December 2002; Evening Standard, 13 July 2003; Independent, 15 November 2004
[26] Sunday Times, 8 December 2002
[27] Daily Mail, 20 January 2003
[28] Taveta Investments Limited – Report for the period ended 30 August 2003
[29] Times, 24 October 2003
[30] Sunday Telegraph, 26 October 2003
[31] Ibid
[32] Evening Standard, 6 November 2003
[33] Bhs Group Limited – Financial statements, Directors' and Independent Auditors' Reports for the 52 weeks ended 27 March 2004
[34] Independent, 23 December 2003; Herald, 30 March 2004
[35] Daily Telegraph, 29 May 2004; Sunday Telegraph, 30 May 2004; Sunday Times, 30 May 2004
[36] Independent, 2 June 2004
[37] Evening News, 3 June 2004; Western Mail, 4 June 2004
[38] Daily Mail, 18 June 2004; Daily Telegraph, 18 June 2004
[39] Daily Telegraph, 9 July 2004; Financial Times, 4 October 2004; Marks and Spencer Annual report and financial statements 2004
[40] Breakingviews.ie, 30 May 2004; Evening Standard, 8 June 2004
[41] Daily Mail, 16 July 2004
[42] Daily Telegraph, 6 September 2004; Daily Mail, 14 October 2004
[43] Arcadia Group Limited – Annual reports for the years ended 30 August 2003 and 28 August 2004; Daily Telegraph, 22 October 2004
[44] Daily Telegraph, 4 November 2004
[45] Financial Times, 7 January 2005
[46] Independent, 13 October 2005
[47] Taveta Investments Limited – Annual report for the year ended 27 August 2005
[48] Independent, 15 February 2005; Bhs Group Limited – Financial Statements, Directors' and Independent Auditors' Reports for the 52 weeks ended 1 April 2006
[49] Daily Mail, 19 February 2005; Sunday Times, 27 February 2005
[50] Daily Mail, 14 July 2005
[51] Bhs Group Limited, Arcadia Group Limited, and Taveta Investments Limited financial statements and annual reports for the fiscal years 2004, 2005 and 2008
[52] Financial Times, 8 October 2008

Notes

[53] Herald, 22 October 2008
[54] Financial Times, 4 February 2009; Evening Standard, 5 February 2009
[55] Sunday Times, 8 March 2009
[56] Independent, 27 May 2009
[57] Daily Mail, 16 July 2009
[58] Bhs Group Limited – Financial Statements, Directors' and Independent Auditors' Reports for the 74 weeks ended 29 August 2009
[59] Taveta Investments Limited – Annual Report for the year ended 29 August 2009
[60] Marks & Spencer – Annual reports, 2006, 2008, 2009, 2010
[61] Independent, 13 March 2010
[62] Evening Standard, 18 November 2010
[63] Taveta Investments Limited – Annual report for the year ended 28 August 2010
[64] Times, 30 May 2011; Independent, 11 September 2011
[65] Bhs Limited – Report and financial statements for the year ended 27 August 2011; Financial Times, 24 November 2011
[66] CityAM, 22 November 2012
[67] Sunday Times, 10 November 2013
[68] Bhs Limited – Reports and financial statements for the year ended 30 August 2014
[69] Sunday Times, 25 January 2015
[70] Taveta Investments Limited – Annual Report for the year ended 29 August 2015
[71] Times, 26 May 2000; Daily Mail, 10 July 2002
[72] Storehouse plc - Annual reports and accounts 1999 & 2000
[73] Times, 14 July & 25 September 2006
[74] Bhs Group Limited – Financial Statements, Directors' and Independent Auditors' Reports for the 52 weeks ended 30 March 2002
[75] Guardian, 3 November 2004
[76] Herald, 30 March 2004
[77] Taveta Investments Limited – Annual report for the year ended 28 August 2004; Daily Telegraph, 18 October 2004; Taveta Investments Limited – Annual report for the year ended 27 August 2005
[78] Sunday Times, 11 November 2012
[79] Financial Times, 13 March 2015
[80] Ibid
[81] Daily Telegraph, 12 March 2015
[82] Ibid
[83] Associated British Foods plc - Annual Report and Accounts 2009
[84] Mintel.com, 15 September 2017; Statista
[85] Daily Mail, 3 December 2007
[86] Daily Mail, 13 March 2015
[87] Sunday Times, 24 April 2016
[88] Daily Telegraph, 7 March 2016

[89] Observer, 30 May 2004
[90] Bhs Limited – Financial Statements, Directors' and Independent Auditors' Reports for the 52 weeks ended 1 April 2006; Bhs Limited – Annual report and financial statements for the year ended 30 August 2014
[91] Sunday Times, 19 April 2015; BBC News, 7 March 2016
[92] Chappell was first declared bankrupt in 2005 when he failed to pay fees on a property sale, and again 2009 over the unsuccessful Island Harbour Marina development on the Isle of Wight (Daily Mail, 26 April 2016)
[93] Sunday Times, 6 March 2016; Times, 7 March 2016; Financial Times, 8 March 2016
[94] Independent, 1 May 2007; Arcadia Group website, August 2017
[95] Financial Times, 6 December 2012
[96] Times, 28 October 2002
[97] Financial Times, 16 November 2005
[98] Sunday Telegraph, 20 January 2002
[99] Daily Post, 12 April 2008; Evening Standard, 5 September 2008
[100] Daily Mail, 3 March 2006; Sunday Telegraph, 15 July 2007; Daily Post, 14 April 2008
[101] Daily Mail, 29 September 2006
[102] Taveta Investments Limited – Annual Report for the year ended 30 August 2014
[103] Taveta Investments Limited – Annual Report for the year ended 29 August 2015
[104] Sunday Times, 15 November 2015
[105] Daily Mail, 18 September 2015
[106] Daily Telegraph, 25 April 2015
[107] Sunday Times, 12 April 2015
[108] Daily Mail, 14 August 2010
[109] Daily Mirror, 14 August 2010
[110] Financial Times, 27 April 2016
[111] Daily Telegraph, 25 April 2016
[112] Independent, 3 June 2016
[113] Evening Standard, 13 June 2002
[114] Financial Times, 25 April 2016
[115] Evening Standard, 15 June 2016; Independent, 15 June 2016
[116] Evening Standard, 25 April 2016
[117] Taveta Investments Limited – Annual report for the fiscal years 2006 to 2016
[118] Independent, 8 June 2016
[119] Times, 5 January 2006
[120] Guardian, 25 May 2016
[121] Financial Times, 28 February 2017

[122] Taveta Investments Limited – Annual Report for the year ended 27 August 2016; Guardian, 27 June 2017
[123] Over the years Green and his family chalked up significant gains from Bhs through property deals and interest payments. Once these are added, Bhs generated almost £590 million (Financial Times, 27 April 2016). On that basis, Green made a net loss of £260 million out of the business over a 15-year holding period
[124] Independent, 13 November 2010
[125] Evening Standard, 6 December 2010
[126] Daily Mirror, 4 June 2016; Daily Mail, 9 June 2016
[127] BreakingNews.ie, 5 December 2012; Daily Mail, 10 June 2016
[128] Newsweek, 16 March 2018
[129] Telegraph, 19 May 2017
[130] USA Today, 16 May 2017; cnbc.com, 12 July 2017; wolfstreet.com, 12 October 2017

Chapitre 8 – TIM/WIND Hellas

[1] TIM Hellas annual report 2004; New York Times, 19 March 2005
[2] GlobalCapital, 21 June 2005
[3] Financial Times, 29 September 2005; Wall Street Journal, 24 November 2005
[4] GlobalCapital, 22 July, 26 August & 23 September 2005; International Financing Review, 17 September to 23 September 2005; TIM Hellas annual report 2005
[5] International Financing Review, 1 October to 7 October 2005
[6] http://www.ekathimerini.com/35442/article/ekathimerini/business/tims-merger-with-troy-gac-hits-an-obstacle
[7] TIM Hellas annual report 2004
[8] TIM Hellas Telecommunications S.A. debt offering memorandum, 28 November 2005
[9] TIM Hellas annual report 2005
[10] New York Times, 7 December 2005
[11] TIM Hellas annual report 2005
[12] Apax Partners press release, 7 February 2007
[13] International Financing Review, 28 January to 3 February 2006
[14] District Court of Luxembourg, Commercial ruling no. 1648/15 of the 15th division, Handed down on 23 December 2015
[15] Financial Times, 5 April 2006; GlobalCapital, 7 April 2006; International Financing Review, 8 April to 14 April 2006
[16] Daily Telegraph, 13 July 2006; District Court of Luxembourg, Commercial ruling no. 1648/15 of the 15th division, Handed down on 23 December 2015; Times, 25 September 2006

[17] ekathimerini.com, 18 October 2006; Gulf News, 26 November 2006; PE News, 4 December 2006
[18] District Court of Luxembourg, Commercial ruling no. 1648/15 of the 15th division, Handed down on 23 December 2015
[19] Times, 7 December 2006; GlobalCapital, 8 December 2006 & 5 January 2007
[20] International Financing Review, 16 December to 5 January 2007
[21] International Financing Review, 6 January to 12 January 2007, 10 February to 16 February 2007 & 25 February to 2 March 2012; New York Times, 15 March 2010
[22] Apax Partners press release, 7 February 2007
[23] Ibid
[24] TIM Hellas annual report 2004
[25] US Bankruptcy Court, Southern District of New York, Memorandum opinion and order granting in part and denying in part defendants' motions to dismiss, Case No. 12-10631 (MG), 29 January 2015
[26] GlobalCapital, 20 July 2007
[27] Sunday Telegraph, 10 February 2008
[28] International Financing Review, 7 June to 13 June 2008
[29] Weather Finance III S.A.R.L. annual report for the year ended 31 December 2009
[30] GlobalCapital, 28 August, 18 & 25 September 2009
[31] International Financing Review, 9 & 17 to 23 October 2009
[32] International Financing Review, 21 to 27 November 2009
[33] Daily Telegraph, 13 November 2009
[34] Thisismoney.co.uk, 6 March 2010
[35] International Financing Review, 21 to 27 November 2009
[36] Thisismoney.co.uk, 6 March 2010
[37] International Financing Review, 28 November to 4 December 2009
[38] International Financing Review, 11 May 2010
[39] International Financing Review, 12 to 18 December 2009
[40] International Financing Review, 6 to 12 March 2010 & 20 to 26 March 2010
[41] Daily Telegraph, 19 February 2010
[42] International Financing Review, 11 May 2010
[43] International Financing Review, 15 to 21 May 2010 & 29 May to 4 June 2010
[44] Independent, 26 June 2010; International Financing Review, 19 to 25 June 2010
[45] International Financing Review, 15 to 21 May 2010
[46] Mail on Sunday, 18 July 2010
[47] International Financing Review, 3 to 9 July 2010
[48] International Financing Review, 25 September to 1 October 2010
[49] International Financing Review, 25 September to 1 October 2010; Weather Finance III S.A.R.L. annual report for the year ended 31 December 2009
[50] Financial Times, 18 October 2010

Notes

[51] International Financing Review, 23 to 29 October 2010
[52] International Financing Review, 18 December to 7 January 2011
[53] Apax Partners Annual Report 2011
[54] Cellular News, 4 October 2010
[55] Financial Times, 30 August 2011
[56] Financial Times, 8 November 2011 & 6 February 2012; Daily Telegraph, 7 February 2012
[57] Wall Street Journal, 24 December 2015
[58] Wall Street Journal, 13 March 2014; Financial Times, 14 March 2014; The Economist, 20 June 2015
[59] Wall Street Journal, 24 November 2005
[60] Wall Street Journal, 12 December 2016
[61] M2 Presswire, Research and Markets, 22 October 2008
[62] New York Times, 15 March 2010
[63] Ibid
[64] New York Times, 7 September 2015
[65] https://www.thepressproject.gr/article/69714/Wind-Telecom-and-the-largest-capital-drain-in-Greek-financial-history; The Economist, 20 June 2015
[66] Independent, 28 October 2015
[67] Ibid
[68] Observer, 31 October 2015
[69] Wall Street Journal, 24 December 2015
[70] Law360, 16 September 2016
[71] California State Teachers' Retirement System, Private Equity Portfolio Performance, As of September 30, 2017
[72] GlobalCapital, 15 December 2009
[73] International Financing Review, 25 October 2016; GlobalCapital, 28 October 2016
[74] New York Times, 15 March 2010
[75] Financial Times, 16 June 2015
[76] Daily Telegraph, 2 December 2011
[77] *Animal Spirits: How human psychology drives the economy, and why it matters for global capitalism*, George A. Akerlof and Robert J. Shiller (2009)

Chapitre 9 – Vulgarité du private equity

[1] Ron Chernow, The Warburgs (1993)
[2] https://www.american-rails.com/railroad-tycoons.html
[3] Bear Stearns, 8 December 2006 presentation by Dan Katsikas
[4] S&P Capital IQ
[5] New York Law Journal, 29 June 2006
[6] Wall Street Journal, 10 & 11 October 2006; New York Times, 12 October 2006

[7] StayCurrent, A client alert from Paul Hastings, April 2007
[8] New York Times, 12 October 2006
[9] Dechert, OnPoint, March 2008
[10] New York Times, 10 September 2011
[11] New York Times, 12 October 2012
[12] Pomerantz Monitor, May/June 2013
[13] Fortune, 12 March 2011
[14] New York Times, 12 October 2012
[15] Pomerantz Monitor, May/June 2013
[16] Ibid
[17] New York Times, 15 March 2013
[18] Financial Times, 7 August 2014; Cartelcapers.com, 5 September 2014
[19] International Financing Review, 19 to 25 March 2005
[20] dodd-frank.com
[21] New York Times, 12 May 2015
[22] Wall Street Journal, 4 December 2012; New York Times, 19 June 2013
[23] Abcnews.com, 14 May 2009
[24] Fortune, 7 October 2010
[25] ag.ny.gov, 15 December 2010
[26] sfgate.com, 12 July 2014
[27] LA Times, 14 January 2015
[28] cnbc.com, 7 September 2017
[29] Do Private Equity Funds Manipulate Reported Returns?, G.W. Brown, O. Gredil, S.N. Kaplan, 2013
[30] Blackstone, Forms 10-K for the years ended 31 December 2007 to 2016
[31] Financial Times, 29 June 2015
[32] Bloomberg, 7 October 2015
[33] Reuters, 25 August 2016
[34] New York Post, 24 August 2016
[35] Pensions & Investments, 22 December 2017
[36] *Phishing for Phools: The Economics of Manipulation and Deception*, George A. Akerlof and Robert J. Shiller (2015)
[37] International Financing Review, 11 December 2014
[38] International Financing Review, 21 to 27 February 2015
[39] FINRA news release, 11 December 2014; Dealbook, New York Times, 11 December 2014; Bloomberg, 11 December 2014
[40] CNNMoney, 3 July 2007
[41] Financial Times, 9 July 2007
[42] Guardian, 17 October 2009
[43] DealBook, New York Times, 24 August 2011; Washington Post, 13 October 2011
[44] The Agricola, Tacitus

Notes

Épilogue

[1] Daniel Kahneman, *Thinking, Fast and Slow* (2011)
[2] Ibid
[3] https://en.wikipedia.org/wiki/File:The_Cognitive_Bias_Codex_-_180%2B_biases,_designed_by_John_Manoogian_III_(jm3).png
[4] Bloomberg, 27 February 2015
[5] The Daily Telegraph, 11 September 2013
[6] Observer.com, 13 May 2014; Wired UK Edition, January 2015
[7] Evening Standard, 2 July 2014
[8] Forbes, 11 June 2014
[9] Business Insider, 20 March 2015
[10] Times, 12 June & 18 December 2014; bbc.co.uk, 13 November 2014; Guardian, 18 December 2014; Independent, 18 December 2014; Wall Street Journal, 18 December 2014
[11] Spiegel, 16 July 2012; Evening Standard, 27 May 2015; Financial Times, 31 October/1 November 2015; Sunday Times, 1 November 2015
[12] Times, 13 November 2015; Observer, 15 November 2015; Time, 23 November 2015
[13] Eric Frattini, *The Entity*, JR Books
[14] *Other People's Money and How the Bankers Use It*, Louis D. Brandeis (1914)
[15] Guardian, 1 May 2016
[16] *Phishing for Phools: The Economics of Manipulation and Deception*, George A. Akerlof and Robert J. Shiller (2015)

www.ingramcontent.com/pod-product-compliance
Lightning Source LLC
Chambersburg PA
CBHW071348210526
45465CB00001B/12